Cross-border E-commerce Practice

跨境电子商务实务

宋 晶　刘轶华　吴泽恩　主编

电子工业出版社
Publishing House of Electronics Industry
北京·BEIJING

内 容 简 介

本书以在全球最大的跨境电子商务平台——亚马逊上的实际操作过程为例,从实际角度帮助读者熟悉和掌握具体的跨境贸易操作流程。作者与企业联手合编,以企业真实案例为基础进行操作演示。本书理论和实践相结合,结合跨境电商的最新发展动态,全面阐述了亚马逊的生态特征、运营思路、操作技巧及各类实用的推广技能。

本书可作为高等院校经济管理类专业的教材,也可作为其他类型本科院校、大专院校、职业培训的教学用书,也适合作为从零开始学习亚马逊运营策略的职场人士的学习参考资料。

未经许可,不得以任何方式复制或抄袭本书之部分或全部内容。
版权所有,侵权必究。

图书在版编目(CIP)数据

跨境电子商务实务 / 宋晶,刘轶华,吴泽恩主编. —北京:电子工业出版社,2019.12
(华信经管创新系列)
ISBN 978-7-121-37718-1

Ⅰ.①跨… Ⅱ.①宋… ②刘… ③吴… Ⅲ.①电子商务—高等学校—教材 Ⅳ.①F713.36

中国版本图书馆 CIP 数据核字(2019)第 237654 号

责任编辑:石会敏
印　　刷:三河市君旺印务有限公司
装　　订:三河市君旺印务有限公司
出版发行:电子工业出版社
　　　　　北京市海淀区万寿路173信箱　邮编:100036
开　　本:787×1 092　1/16　印张:19.5　字数:494.4千字
版　　次:2019年12月第1版
印　　次:2025年1月第12次印刷
定　　价:53.00元

凡所购买电子工业出版社图书有缺损问题,请向购买书店调换。若书店售缺,请与本社发行部联系,联系及邮购电话:(010)88254888,88258888。
质量投诉请发邮件至zlts@phei.com.cn,盗版侵权举报请发邮件至dbqq@phei.com.cn。
本书咨询联系方式:738848961@qq.com。

序

近年来，出口跨境电商持续高速发展，成为我国对外贸易发展的新趋势。跨境电商是电子商务与外贸行业相结合的产物，是"互联网+外贸"的具体体现，是"一带一路"的重要落脚点，得到了多项政府政策的支持。

大量中国外贸企业积极入驻亚马逊、eBay、速卖通、Wish 等跨境电商平台，通过新渠道，让中国"质造"走向全世界。在这样的大趋势下，企业对跨境电商人才的需求，推动了高等院校及职业院校教学的改革，跨境电商实务课程的开设正是为满足这一需求的结果。

作者从事跨境电商的相关教学与研究多年，不仅具有丰富的跨境电商的理论知识，而且具有深厚的实践经验。此外，作者还经常带领学生深入外贸企业调研，获得了大量的最新资讯和案例素材，为相关课程建设、教材改革做了积极的准备。

本书具有以下鲜明特征：

一、时代性。作者选取了时下最大的跨境电商平台——亚马逊作为实践平台，结合跨境电商行业的最新发展动态，全面介绍了亚马逊平台的生态特征和电商运营思路。

二、可操作性。作者详细介绍了平台的实操步骤，以企业真实平台为操作基础，并结合企业的实战经验进行讲解。

三、案例典型性。作者以企业平台经营过程为主线，选取了店铺注册、选品、品牌策略、运营策略、推广策略、支付渠道、物流渠道、客户服务、账号风险等方面的典型案例，有助于加深读者对跨境电商实务的理解。

本书可以作为外贸、电商专业院校学生从事亚马逊平台操作的实用手册，也可作为跨境电商从业人员的操作指南。

厦门大学管理科学系教授、博士生导师
教育部高等学校电子商务类专业教学指导委员会 副主任
2019 年 12 月 10 日

作者简介

宋晶 2005年7月获得厦门大学工学学士学位（专业：计算机科学与技术），2009年7月获得厦门大学文学硕士学位（专业：英语语言文学）；现任福建师范大学协和学院电子商务专业教研室副主任，福建师范大学协和学院跨境电商研究中心副主任、讲师；兼任福建省电子商务协会导师；长期从事电子商务、跨境电商等领域的研究与教学工作；主持或参与国家级、省部级、厅级等多项项目，在国内外期刊上发表多篇论文。

刘轶华 1996年7月获得天津大学工学硕士学位，福州空中邮车网络科技有限公司总经理，中国最早一批跨境电商企业经营者，兼任一带一路（澳门）电子商务公共服务中心副主任、深圳电子商务协会专家、四川省电子商务协会专家、湖南省电子商务协会专家、福建师范大学经管学院硕士生导师、闽江大学经济学院客座教授；长期从事跨境电商及高校跨境电商实训的研究及培训工作。

吴泽恩 2013年7月获得集美大学工学学士学位，厦门宜众贸易有限公司跨境电商部运营总监；具备多年亚马逊、eBay平台实操及团队管理经验，见证厦门宜众贸易有限公司2013年在传统贸易转型初期在亚马逊平台上月销售额从1万美元到500万美元的跨越式增长，与团队一起成功打造过亚马逊汽配、户外、家居类目里多个Best Seller产品，擅长运营后期优化及站外营销。

前　言

近年来，跨境电商在我国发展迅猛，特别是 B2C 出口跨境电商市场的增速高于出口跨境电商整体和 B2B 出口增速，成为新的经济增长点。B2C 出口跨境电商的发展不仅加速了国内生产型企业升级转型，也为贸易型创新创业提供了巨大的机会和空间。发展跨境电商，符合"实行更加积极主动的开放战略，构建面向全球的高标准自由贸易区网络，加快推进自由贸易试验区，形成更大范围、更宽领域、更深层次对外开放格局"的二十大精神。

本书作为跨境电商实务教材，力求在以下方面有所突破。

第一，思政导向。本书将习近平新时代中国特色社会主义思想、党的二十大精神融入教材，从课程内容、案例选择、政府政策、职业选择等方面充分融入思政内容，课程思政元素丰富，引导学生树立正确的世界观、人生观和价值观。

第二，理论新颖。本书理论与实践相结合，结合跨境电商行业的最新发展动态，全面阐述了亚马逊电商的生态特征、运营思路、操作技巧及各类实用的推广技能。

第三，实践性强。作者与企业联手合编，以企业真实平台为基础进行操作演示，操作界面均为 2019 年亚马逊平台改版后的最新界面。

第四，启发性强。本书对跨境电商内容的介绍紧紧围绕企业真实案例分析来展开。特别在每章开篇导入引例，启发读者思考；章节之中贯穿案例，拓展读者思维；在每章结尾提供补充阅读资料，加深读者对跨境电商实务的理解。

在实训教学上，教师可以通过在已有亚马逊账号上设置子账号的办法来进行实训（参考本书"3.3.3 子账号的设置"一节），也可以在模拟实训平台上进行操作实训。本书模拟跨境电商实务中的核心环节，共设置三个实验项目和四项小组任务，教师可以组织学生以小组为单位来完成实验报告和小组展示，尽可能地发挥学生的创造力和能动性，同时，学生也能在团队任务中得到锻炼。

本书作为高等院校经济管理类专业的教材，特别适合我国应用型本科院校的电子商务专业、跨境电商专业、国际商务专业、国际贸易专业的学生，也可作为其他类型本科院校、大专院校、职业培训的教学用书，也适合作为从零开始学习亚马逊运营策略的职场人士的学习参考资料。

本书提供配套的精美电子课件（可直接使用）、课程教学大纲、实验教学大纲、实验教学指导书和视频资源等，为使用者带来极大的便利。有需要的老师可到华信教育资源网（http://www.hxedu.com.cn）免费注册并下载。

本书由宋晶负责全书的整体构思、章节设计和编写；吴泽恩负责提供全书的案例、图片及实操经验，并对全稿进行审阅及修改；刘轶华负责部分章节的审阅及修改，并对章节设计提出建设性建议。

在本书的前期构思中，厦门大学管理科学系彭丽芳教授给予了许多宝贵建议。彭丽芳老师在跨境电子商务研究领域中拥有的非凡的洞察力，为本书的完善和提高提供了可贵的指导与帮助，在此表示由衷的感谢！

在本书编写过程中，我们得到厦门宜众贸易有限公司的大力支持，作为亚马逊大卖家，该公司不吝分享跨境电商行业案例及成功经验，在此，向公司董事长陈志雄先生、鲁翠霞女士表示深深的敬意与诚挚的感谢！此外，福州空中邮车网络科技有限公司、福建御金跨境电商产业园有限公司、杭州 Pingpong 智能技术有限公司、亚马逊全球开店招商部（福建区域）等企业或团队也为本书提供了许多资讯与案例，感谢他们无私的帮助！正是许多像上述这些走在跨境电商实践与服务前沿的组织和个人，为我们提供了进行跨境电商知识创新和业务创新实践的空间，产学研的有机结合和良性互动让本书更有生命力。

本书是福建师范大学协和学院院级教育教学改革项目"跨境电商产教融合校企合作项目"（编号：JG20190205）的阶段性成果之一。

在本书编写过程中，我们适当参阅了中外同行、专家、学者的有关著作、论文、行业报告、行业标准以及相关行业资讯，为了充分尊重原作者知识产权，我们尽可能在参考文献中详细列出，以便读者追本溯源，扩大阅读面。但是，难免会由于疏忽致使个别被引用的内容没有列在参考文献中。若存在以上情况，我们在此对原作者或版权所有者表示诚挚的歉意，并希望获得谅解。

尽管我们在本教材的内容编写和特色把握方面做了大量的探索和尝试，但是限于时间和水平，书中难免存在不足甚至错误之处，敬请广大读者提出改进意见（请发邮件至86823224@qq.com），以便我们在修订时完善。此外，由于亚马逊平台页面经常有调整，书中展示内容可能与读者看到的亚马逊实际页面稍有差异，仅供读者参考。

衷心祝愿本教材助力跨境电商从业人士在亚马逊平台运营中如鱼得水！感谢所有关注并给予我们支持和帮助的人！

主编
2024 年 8 月

目　录

第1章　跨境电商概述 ………………… 1
1.1　跨境电商简介 ………………… 2
1.1.1　跨境电商的概念 ………… 2
1.1.2　跨境电商的分类 ………… 2
1.1.3　跨境电商的一般流程 …… 3
1.1.4　跨境电商的发展现状 …… 3
1.2　发展跨境电商的意义 ………… 5
1.3　跨境电商的发展瓶颈 ………… 6
1.3.1　产品同质化严重 ………… 6
1.3.2　物流时间长且波动较大 … 7
1.3.3　通关障碍 ………………… 7
1.3.4　跨境电商人才缺失 ……… 7
1.3.5　本土化经验不足 ………… 7
1.4　全球跨境电商市场现状 ……… 8
1.4.1　全球跨境电商市场概述 … 8
1.4.2　全球跨境电商市场可选平台 … 8
1.4.3　全球跨境电商市场可选平台简介 … 8
【本章小结】 ………………………… 10

第2章　亚马逊平台概述 ……………… 13
2.1　亚马逊平台简介 ……………… 14
2.1.1　亚马逊发展历程 ………… 14
2.1.2　亚马逊全球开店的平台基础 … 14
2.2　亚马逊平台页面介绍 ………… 15
2.2.1　亚马逊前台主页界面介绍 … 15
2.2.2　亚马逊商品详情页介绍 … 16
2.2.3　亚马逊卖家后台板块介绍 … 19
2.3　亚马逊的商业理念及运营思维 … 20
2.3.1　亚马逊的"飞轮理论" … 20
2.3.2　亚马逊平台的运营原则 … 21
2.3.3　亚马逊卖家应该如何运营 … 22
【本章小结】 ………………………… 22

第3章　亚马逊店铺账号注册 ………… 26
3.1　亚马逊全球开店入驻条件 …… 27
3.1.1　亚马逊卖家账号类型及特点 … 27
3.1.2　亚马逊卖家账号注册方式 … 28
3.1.3　亚马逊卖家账号注册资料准备 … 29
3.2　亚马逊卖家账号注册流程 …… 29
3.2.1　账号注册流程概要 ……… 29
3.2.2　账号注册分步指导 ……… 30
3.3　账号操作相关 ………………… 36
3.3.1　账号关联 ………………… 36
3.3.2　VPS多账户操作 ………… 37
3.3.3　子账号的设置 …………… 39
3.3.4　如何找客服开Case ……… 42
【本章小结】 ………………………… 45

第4章　跨境电商选品 ………………… 47
4.1　选品概述 ……………………… 48
4.1.1　选品的重要性 …………… 48
4.1.2　选品的基本原则 ………… 49
4.2　产品开发的思路 ……………… 49
4.2.1　从市场需求出发 ………… 50
4.2.2　摸清市场总量、产品趋势和盈利空间 … 53
4.2.3　产品调研 ………………… 55
4.3　产品开发 ……………………… 57
4.3.1　对样品进行评估，确定选品并解决货源 … 58
4.3.2　进行产品优化或微创新 … 59
4.3.3　选品的其他问题 ………… 59
4.3.4　选品案例 ………………… 59
4.4　品牌打造的高阶路径 ………… 64
4.4.1　"小而美"的概念 ……… 65
4.4.2　"小而美"商业模式的竞争力 … 66
4.4.3　哪些卖家适合走"小而美"路线 … 66
【本章小结】 ………………………… 67

第5章　品牌打造与视觉设计 ………… 71
5.1　亚马逊商品图片概述 ………… 72
5.1.1　什么是主图、辅图 ……… 72
5.1.2　亚马逊商品图片要求 …… 73
5.1.3　上传图片的数量 ………… 76
5.2　打造更好的视觉体验 ………… 76

  5.2.1 图片的质量 ················· 76
  5.2.2 主图展示技巧 ··············· 77
  5.2.3 辅图展示技巧 ··············· 79
 5.3 视频展示 ························ 81
  5.3.1 视频的作用 ················· 82
  5.3.2 商品视频上传要求 ········· 83
  5.3.3 视频展示技巧 ··············· 84
 5.4 如何在亚马逊上打造品牌 ···· 84
  5.4.1 品牌备案注册 ··············· 85
  5.4.2 EBC/A+页面的制作 ······· 88
  5.4.3 利用 HSA 增加品牌知名度 ··· 90
 【本章小结】 ·························· 91

第 6 章　亚马逊商品详情页刊登 ········ 94

 6.1 商品刊登的基本流程 ·········· 95
  6.1.1 商品刊登的步骤 ············ 95
  6.1.2 确定商品的类目 ·········· 101
  6.1.3 分类审核 ···················· 102
  6.1.4 UPC 码、EAN 码与 GCID 码 ··· 105
  6.1.5 SKU、ASIN 码与其他编码 ··· 106
 6.2 商品名称 ······················· 107
  6.2.1 商品名称的必要因素 ···· 108
  6.2.2 商品名称的基本格式 ···· 108
  6.2.3 商品名称的优化 ·········· 109
 6.3 关键词 ·························· 111
  6.3.1 什么是关键词 ············· 111
  6.3.2 精准关键词、宽泛关键词和长尾
     关键词 ························ 111
  6.3.3 寻找核心关键词的方法 ··· 112
 6.4 商品特性 ······················· 115
  6.4.1 商品特性的基本格式 ···· 116
  6.4.2 商品特性的优化 ·········· 116
 6.5 商品描述 ······················· 118
  6.5.1 内容的设置 ················ 119
  6.5.2 格式上的设置 ············· 120
  6.5.3 A+页面的设置 ············ 120
 6.6 搜索关键词 ··················· 121
  6.6.1 什么是搜索关键词 ······ 121
  6.6.2 如何填写搜索关键词 ··· 121
 6.7 定价 ····························· 122
  6.7.1 影响定价的因素 ·········· 123

  6.7.2 利润最大化的定价策略 ··· 123
 【本章小结】 ························ 125

第 7 章　亚马逊全阶运营 ············ 128

 7.1 Review ························· 129
  7.1.1 Review 与 Feedback ······ 129
  7.1.2 Review 的重要性 ········· 131
  7.1.3 亚马逊 Review 评价体系概况 ··· 132
  7.1.4 如何获取高分评价 ······ 135
 7.2 Q&A ···························· 137
  7.2.1 什么是 Q&A ··············· 137
  7.2.2 Q&A 的重要性 ············ 138
  7.2.3 如何设置 Q&A 里的问题 ··· 138
  7.2.4 Q&A 权重的提升方法 ··· 138
 7.3 商品详情页优化的时机 ···· 139
  7.3.1 初次上架 ···················· 139
  7.3.2 销量稳定期 ················ 140
 7.4 类目排名 ······················· 140
  7.4.1 什么是类目排名 ·········· 141
  7.4.2 影响类目排名的因素 ···· 142
 7.5 搜索排名 ······················· 142
  7.5.1 什么是搜索排名 ·········· 143
  7.5.2 影响搜索排名的因素 ···· 143
 7.6 卖家绩效 ······················· 144
  7.6.1 账户绩效指标查看路径 ··· 145
  7.6.2 买家之声——客户体验指标 ··· 147
 7.7 亚马逊后台数据报告 ······· 148
  7.7.1 亚马逊业务报告概述 ···· 148
  7.7.2 销售图表 ···················· 149
  7.7.3 业务报告 ···················· 150
  7.7.4 亚马逊销售指导板块 ···· 153
 7.8 跟卖与黄金购物车 ·········· 156
  7.8.1 跟卖与黄金购物车的概念 ··· 156
  7.8.2 亚马逊的"跟卖逻辑" ··· 157
  7.8.3 跟卖的设置 ················ 157
  7.8.4 如何预防被跟卖 ·········· 160
  7.8.5 被跟卖如何维权 ·········· 160
 【本章小结】 ························ 161

第 8 章　亚马逊站内外引流 ········ 165

 8.1 CPC 推广 ······················ 166
  8.1.1 CPC 广告的类型 ·········· 167

- 8.1.2 投放 CPC 广告的基本要求 ·········· 169
- 8.1.3 自动投放与手动投放概述 ·········· 170
- 8.1.4 动态竞价 ································ 170
- 8.1.5 创建 CPC 的方法和步骤 ············ 171
- 8.1.6 关键词的匹配 ························ 177
- 8.1.7 搜索词报告分析及优化 ············ 177
- 8.1.8 搜索词报告里挑选关键词 ········· 181
- 8.1.9 手动投放如何初选关键词 ········· 183
- 8.1.10 定位报告分析及关键词优化 ····· 183
- 8.1.11 CPC 广告排名的影响因素 ········ 184
- 8.1.12 CPC 投放的几个关键问题 ········ 185
- 8.1.13 CPC 的阶段投放策略及预算 ····· 188
- 8.1.14 CPC 广告测试阶段的重要性 ····· 189
- 8.1.15 其他广告报表及广告策略解读 ··· 190
- 8.2 促销活动推广 ····························· 193
  - 8.2.1 创建促销：免运费 ···················· 195
  - 8.2.2 创建促销：购买折扣（满减及关联促销）
    ·· 196
  - 8.2.3 创建促销：买一赠一 ················ 200
  - 8.2.4 优惠码 ································ 201
  - 8.2.5 创建促销：社交媒体促销代码 ···· 203
- 8.3 其他站内推广方式 ······················· 205
  - 8.3.1 优惠券 ································ 205
  - 8.3.2 秒杀活动推广 ························ 210
  - 8.3.3 Prime 专享折扣 ····················· 213
  - 8.3.4 节日营销活动推广 ·················· 216
- 8.4 站外营销 ································ 218
  - 8.4.1 Facebook 主页引流 ················· 218
  - 8.4.2 Facebook 广告投放 ················· 220
  - 8.4.3 红人营销 ······························· 221
  - 8.4.4 促销平台推广 ······················· 221
- 【本章小结】 ···································· 223

第 9 章 跨境电商物流与海外仓 226

- 9.1 亚马逊物流（FBA） ······················ 227
  - 9.1.1 哪些产品适合使用 FBA ············ 228
  - 9.1.2 亚马逊 FBA 费用的计算 ··········· 228
  - 9.1.3 亚马逊 FBA 头程 ···················· 229
  - 9.1.4 FBA 头程发货前的包装 ············ 230
  - 9.1.5 亚马逊 FBA 整体流程 ·············· 230
  - 9.1.6 FBA 的注册 ··························· 230
- 9.1.7 FBA 后台发货计划创建流程 ······· 231
- 9.1.8 FBA 标签注意事项 ·················· 238
- 9.1.9 FBA 合仓设置 ························ 239
- 9.1.10 管理 FBA 库存 ······················ 241
- 9.1.11 多渠道配送订单处理 ·············· 241
- 9.1.12 移除订单操作 ······················· 243
- 9.2 卖家自发货（FBM） ····················· 244
  - 9.2.1 适用自发货的情况 ·················· 245
  - 9.2.2 自发货的注意事项 ·················· 245
  - 9.2.3 自发货的方式 ······················· 245
  - 9.2.4 如何优化国际物流 ·················· 246
  - 9.2.5 亚马逊订单自发货处理流程 ······· 246
  - 9.2.6 在亚马逊后台批量上传跟踪号 ···· 249
  - 9.2.7 亚马逊自发货订单退货处理流程··· 250
- 9.3 海外仓 ····································· 252
  - 9.3.1 第三方海外仓 ······················· 253
  - 9.3.2 选择海外仓需要考量的因素 ······· 253
- 【本章小结】 ···································· 254

第 10 章 跨境电商支付 256

- 10.1 跨境电商支付概述 ······················ 257
  - 10.1.1 买家支付方式 ······················· 257
  - 10.1.2 卖家收款方式 ······················· 257
- 10.2 WorldFirst 注册与亚马逊绑定 ········ 258
  - 10.2.1 WorldFirst 账户注册 ··············· 258
  - 10.2.2 在亚马逊店铺上绑定 WorldFirst 存款方式 ··································· 260
  - 10.2.3 WorldFirst 账户提现 ··············· 262
- 【本章小结】 ···································· 264

第 11 章 亚马逊客户服务 265

- 11.1 客户服务的工作内容 ··················· 266
  - 11.1.1 买家邮件回复 ······················· 266
  - 11.1.2 亚马逊订单处理的注意事项 ······ 268
  - 11.1.3 退货处理 ····························· 269
  - 11.1.4 差评处理 ····························· 271
  - 11.1.5 A-to-Z 索赔纠纷处理 ·············· 271
  - 11.1.6 服务信用卡拒付纠纷处理 ········ 272
- 11.2 客户服务的沟通技巧 ··················· 273
  - 11.2.1 邮件沟通的技巧 ···················· 273
  - 11.2.2 电话沟通的技巧 ···················· 273
- 【本章小结】 ···································· 274

第 12 章　亚马逊账号风险与安全管理 ············ **276**

12.1　亚马逊账号风险概述 ················ 277
　　12.1.1　卖家账户状态 ················ 277
　　12.1.2　商品政策合规性 ············· 278
　　12.1.3　亚马逊账号申诉流程 ········ 279
12.2　侵权问题导致账户被封 ············· 280
　　12.2.1　侵权后果 ···················· 280
　　12.2.2　应对措施 ···················· 282
　　12.2.3　申诉要点 ···················· 282
　　12.2.4　如何避免未来侵权 ·········· 284
　　12.2.5　商标是否侵权的自判 ······· 284
12.3　违规操作导致账户被封 ············· 287
　　12.3.1　账号关联 ···················· 287
　　12.3.2　违规刷评论 ················· 287
　　12.3.3　使用非正规 UPC/EAN ········ 287
　　12.3.4　Listing 违规 ················ 288
　　12.3.5　引流到其他平台 ············ 288
12.4　店铺绩效不达标导致账户被封 ········ 288
　　12.4.1　商品问题 ···················· 288
　　12.4.2　服务问题 ···················· 288
　　12.4.3　发货问题 ···················· 289
12.5　账号被审核 ······················· 289
　　12.5.1　账号被审核的原因 ·········· 289
　　12.5.2　新账号被二次审核 ·········· 290
【本章小结】 ···························· 290

附录 A　亚马逊常用专有名词解释 ················ **293**

附录 B　亚马逊各项指标释义 ···················· **298**

参考文献 ························· **300**

第 1 章

跨境电商概述

【学习目标】

1. 了解跨境电商的概念、分类、一般流程和发展现状
2. 了解发展跨境电商的意义
3. 了解跨境电商的发展瓶颈

【思维导图】

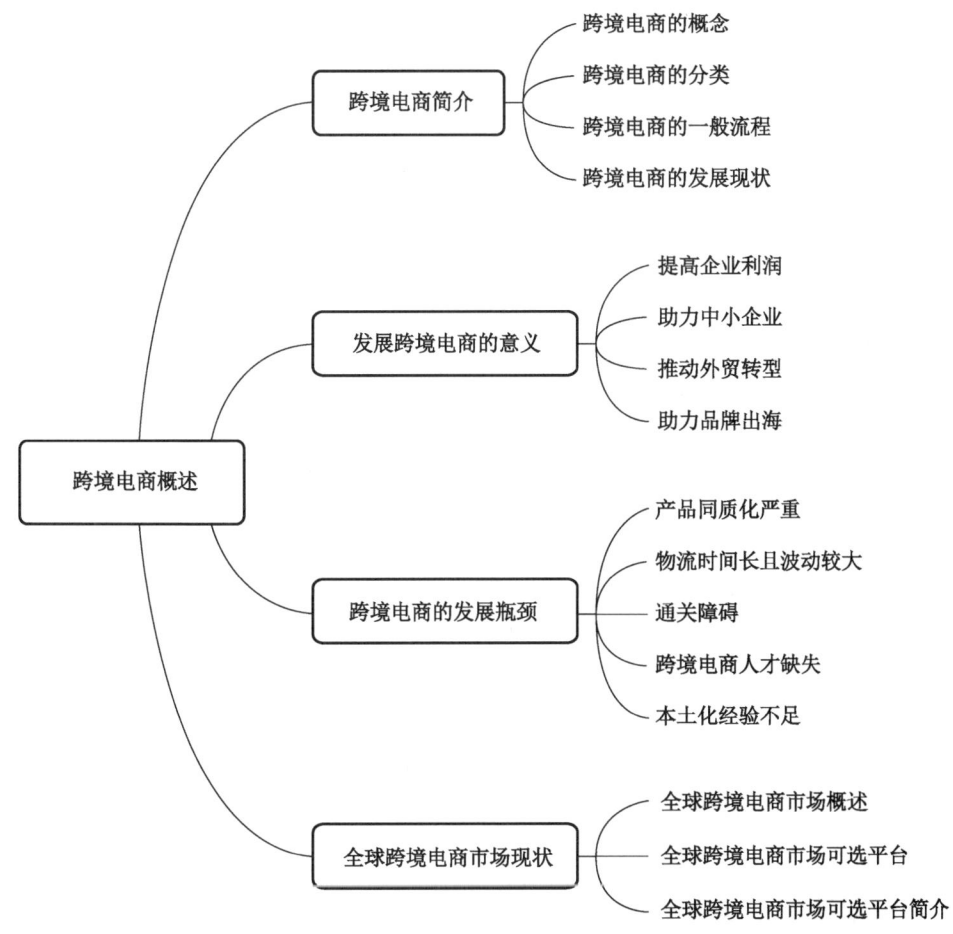

【导入案例】

2018年2月7日,"李宁"惊艳亮相纽约时装周,在国内外时尚媒体圈引起一阵骚动,而国内的网友们更是在评论区中直接"炸"了:

"这样Fashion有型的'李宁',请再来一打!"

那个在大家印象中沉寂了一段时间的中国李宁,带着极具时尚感的设计赚足了眼球;同时这家有十几年出海经验的著名中国品牌,在面对品牌出海的新形势时也有了新变化。

2018年3月29日,"李宁"正式入驻亚马逊美国站点,并上线了此次在纽约时装周发布的最新产品。

"李宁"带着尝试更多可能性的初衷,入驻亚马逊美国站点,短短数月收获各种"没想到",美国站销售涨了5倍,紧接着上线的日本站,也取得了不错的反响。从亚马逊美国站和日本站上获取的用户反馈,给了"李宁"不少品牌出海的新思路。比如,这两个市场对价格的敏感度都不高,但在对新的外来品牌接受点上却又大有不同。美国消费者是只要产品设计足够独特、新颖,新旧品牌一样买账;但在日本站点,打开品牌知名度的要点更多在于产品的不可替代性。

李宁国际事业部的电商主管孙微洁举了一个例子:"我们在亚马逊美国站点开店初始,并没有打算把羽球类产品作为主打,毕竟羽毛球比较火的区域是在亚洲及北欧一些国家。但是在没有做大力推广的前提下,羽球产品就迅速出单了。"

这一出人意料的发现,让李宁团队开始继续在亚马逊美国站点上投放羽球类产品。接下来"李宁"将会把羽球类产品作为主推品类之一,加强产品备货,线上广告投入也会增加。

在传统的出海模式里,如果要在当地开一家门店,从调研、核查、分析,再到确认选址、装修、开张,这里面对人力、财力的需求是相当大的,而一家门店能够辐射的区域相对较小。

"李宁"从接触亚马逊全球开店到正式入驻,周期变短、投入变小,入驻后产品销售也迅速出单了,这是跨境电商独有的"快感"。传统的商业模式,需要品牌自己去"苦寻"业务增长点;而在亚马逊站点上,消费者能"自创"商机。

从"中国制造"迈向"国际品牌",中国品牌正面临新的历史机遇。

(资料来源:亚马逊全球开店,

https://gs.amazon.cn/sellerstories/sellerstorieslining.html/ref=as_cn_ags_ss_stroy_lining)

1.1　跨境电商简介

1.1.1　跨境电商的概念

跨境电商,是跨境电子商务的简称。跨境电子商务是指分属不同关境的交易主体,通过电子商务平台达成交易、进行支付结算,并通过跨境物流送达商品、完成交易的一种国际商业活动。

1.1.2　跨境电商的分类

从交互主体的角度,当前主流的跨境电商经营模式可以分为B2B(Business to Busines,商家对商家)、B2C(Business to Customer,商家对个人)、C2C(Customer to Customer,个人

对个人）三种类型。在 B2B 模式下，企业通常是线上发广告和信息，线下成交和通关，本质上还是属于传统贸易，目前被纳入海关一般贸易统计。在 B2C 模式下，企业直接面向消费者，主要通过航空小包邮寄和快递等物流方式销售个人消费品，目前大多未纳入海关登记。

以进出口方向进行区分，跨境电商可以分为出口跨境电商和进口跨境电商两种。

从经营主体的角度，跨境电商主要可分为平台型、自营型和混合型三种。

出口跨境电商方面，跨境 B2B 平台有阿里巴巴国际站、中国制造网、环球资源网等；第三方跨境 B2C 平台有 Amazon、eBay、Aliexpress、Wish 等；自营型跨境 B2C 平台有兰亭集势、DX、米兰网等。

进口跨境电商方面，跨境 B2B 平台有海豚供应链、行云全球汇、海带供应链等；第三方跨境 B2C 平台有天猫国际、淘宝全球购、洋码头等；自营型跨境 B2C 平台有网易考拉、京东全球购、小红书等。

1.1.3 跨境电商的一般流程

从跨境电商出口的流程来看，生产商或制造商将生产的商品在跨境电商企业的平台上展示，在商品被选购下单并完成支付后，跨境电商企业将商品交给物流企业进行投递，经过两次（出口国和进口国）海关通关的商检，最终送达消费者或企业手中。跨境电商进口的流程除了与出口流程的方向相反，其他内容基本相同。也有的跨境电商企业直接与第三方综合服务平台合作，让第三方综合服务平台代办物流、通关商检等一系列环节，从而完成整个跨境电商交易的过程。

图 1-1 完整地呈现了跨境电商进出口的全过程。

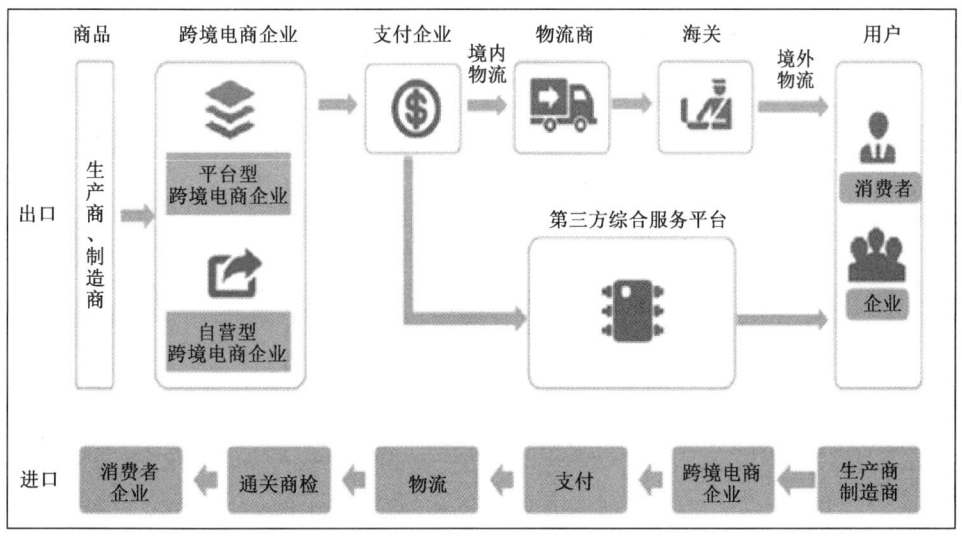

图 1-1

1.1.4 跨境电商的发展现状

近年来，跨境电商在我国的发展十分迅猛，2018 年跨境电商的市场交易规模突破 9 万亿元，同比增长 11.7%（如图 1-2 所示）。其中，出口跨境电商市场交易规模为 7.1 万亿元，同比增长 12.7%（如图 1-3 所示）。

数据来源：网经社—电子商务研究中心。

图 1-2

数据来源：网经社—电子商务研究中心

图 1-3

在中美贸易冲突背景下，出口跨境电商依然保持高速增长态势。2018 年，出口跨境电商 B2B 市场交易规模为 5.7 万亿元，同比增长 11.8%（如图 1-4 所示）；出口跨境电商网络零售（B2C）市场交易规模为 1.4 万亿元，同比增长 16.6%（如图 1-5 所示）。

借助互联网普及、支付便利、跨境物流快速发展的有利条件，出口跨境电商网络零售（B2C）市场增长迅猛，高于出口跨境电商整体和出口 B2B 整体增速。B2C 出口跨境电商的发展不仅加速了国内生产型企业升级转型，也为贸易型创新创业提供了巨大的机会和空间。

本书所谈及跨境电商，主要指的是 B2C 出口跨境电商。

在跨境电商刚刚兴起的时候，主要参与者为小微企业、个体商户及网商。2013 年以后，很多外贸公司、传统工厂和品牌商也参与进来，跨境电商开始逐渐走向专业化和规模化道路。

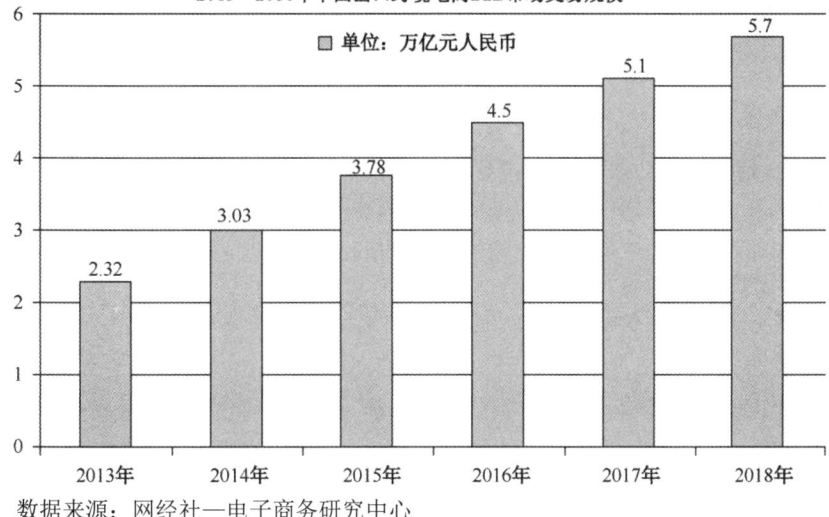

图 1-4

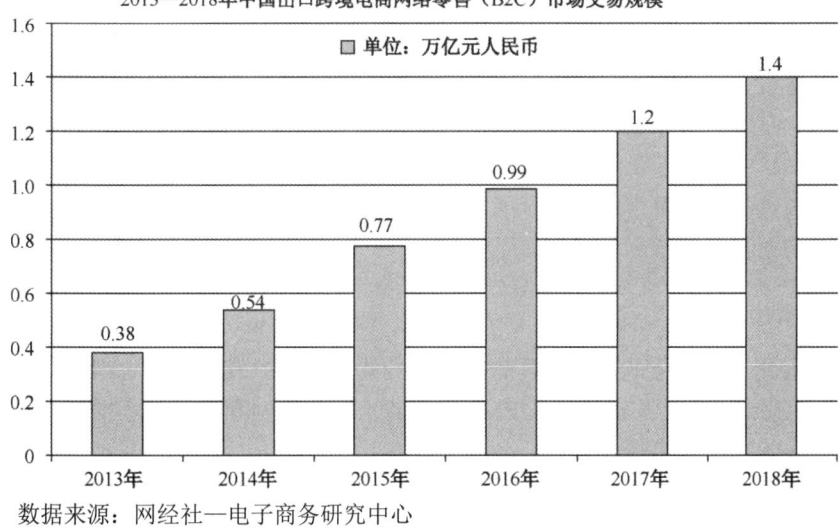

图 1-5

目前我国跨境电商面向的市场区域主要以美国、法国、英国、德国等成熟市场为主，正在向俄罗斯、巴西、印度等消费需求旺盛的新兴市场快速推进，东南亚、拉丁美洲、中东和非洲等地区也有一些中国的跨境商家正在布局。

1.2 发展跨境电商的意义

随着我国"一带一路"政策和全球经济贸易一体化的深度融合，跨境电商已经成为推动我国外贸产业发展的一匹"黑马"。发展跨境电商，符合"实行更加积极主动的开放战略，构建面向全球的高标准自由贸易区网络，加快推进自由贸易试验区，形成更大范围、更宽领域、更深层次对外开放格局"的二十大精神。相对于传统的对外贸易方式而言，在现有经济条件下，跨境电商具有极大的发展潜力。具体来说，发展跨境电商具有以下几个方面的重要意义。

1. 提高企业利润

跨境电商是对传统大型贸易模式和零售模式的颠覆。跨境电商打破了传统外贸模式下出口商、进口商、批发商、分销商甚至是零售商的垄断地位，使出口贸易的供应链更加扁平化。这可以有效减少国际贸易的中间环节，降低相应的商品流通成本，实现从工厂发货到消费者收货的最短路径，提高企业利润。

2. 助力中小企业

跨境电商降低了中小企业进入国际市场的门槛，对中小企业的成长有很大帮助。跨境电商是典型的"互联网+"产业，中小企业依靠快捷、高效的互联网平台和国际物流，直接面对全球各个国家的客户，在电子商务平台上展示商品并与海外的客户交流，能够更加充分、及时地了解国际市场的发展动态并迅速捕捉和响应客户需求，不断增强商品创新能力。

3. 推动外贸转型

跨境电商可以帮助传统企业与终端消费者建立密切的联系，保持信息的畅通，有效推动传统企业的升级转型。自2008年国际金融危机爆发以来，海外进口商倾向于将大额采购转变为中小额采购，将长期采购转变为短期采购。传统外贸集装箱式的大额交易逐渐被小批量、多频次的"碎片式"贸易方式所取代。外贸企业通过发展跨境电商，拓展和深化电子商务应用，能够适应国际市场这种新的发展趋势。党的二十大报告提出，要发展数字贸易，加快建设贸易强国，而跨境电商正是数字贸易的典型形式。

4. 助力品牌出海

跨境电商减少了中间环节，使大量的中国企业走上前台，发展自主品牌。企业通过掌握销售渠道，直接连接终端客户，改变了OEM贴牌加工模式，为开创品牌、提升品牌知名度和美誉度创造了更好的机会和途径。

在"一带一路"的背景下，相关的政策性红利也不断释放，跨境电商有望形成一个巨大的经济生态链，带动国内的制造业、外贸业、运输业等产业一同转型升级。

1.3 跨境电商的发展瓶颈

在跨境电商快速发展的同时，我们也必须正视跨境电商现阶段在产品、物流、通关、人才、本土化体验等方面尚未解决的一些行业性难题，这些难题是制约跨境电商进一步发展的主要因素。虽然目前在国内报关通关、检验检疫、出口退税、外汇结算等方面的政策性问题已基本解决，但想要实现全球化的无缝对接，仍需要一定的时间。

1.3.1 产品同质化严重

随着近几年跨境电商行业的迅速发展，大量的中国商家涌入，这些商家各有优势，水平也参差不齐，使得行业竞争加剧。尤其是 3C 产品（计算机通信和消费类电子产品）及附件、服装等热销产品，更是跨境电商卖家竞争激烈的领域，但产品之间差异化并不明显，卖家们只能在价格战中苦苦挣扎。此外，许多中国卖家缺乏知识产权意识，因为卖仿货、产品侵权造成店铺被封的现象屡见不鲜。跨境电商的转型升级和产品的差异化是必由之路，但目前大部分的跨境商家显然还没有做好这一点。

1.3.2　物流时间长且波动较大

跨境电商由于涉及跨境产生了比较多的环节，这些环节只有少数几家公司能够全部独立完成，大部分只能通过外包或者合作的模式来操作，难以把控整体的服务质量和妥投的时效。另外，由于各国的政策差异，绝大多数企业也很难通过自建物流的方式来解决这个问题，以至于货物运到巴西、俄罗斯这些国家一般要 25~35 天。与此同时，物流还存在着投递不稳定的情况，收货时间波动比较大，有时甚至会相差几十天。

1.3.3　通关障碍

跨境电商在货物投递的实际操作中，存在一定的通关障碍，因为它需要经过两道海关关卡——出口国海关和目的国海关。中国卖家在目的国海关面临的具体情况各有不同，在有些国家可能会出现海关扣货的情况，处理的结果一般有三种：没收、退回或要求补充文件。

通关障碍影响了跨境电商的交易效率，在某种意义上也增加了跨境贸易成交的难度。虽然像亚马逊这样的巨头已提供了 FBA（Fulfillment br Amazon，亚马逊提供的代发货业务）和"亚马逊全球物流"服务，但如何更好地把控库存也是考验中国卖家的一个难题。尤其是到了圣诞节、"黑色星期五"，陡增的订单量会对现有的国际物流系统提出较大的挑战，爆仓现象特别普遍。

1.3.4　跨境电商人才缺失

跨境电商的人才缺口极大，这是业内的共识和常态，这主要源于两个方面的原因：一个是语种；另一个是经验。目前跨境电商的大部分从业者是从传统的外贸行业转型而来的，以英语人才居多，小语种（如俄语、印地语、葡萄牙语等）人才稀缺。除了语言方面的要求，相关人才还需要熟悉各个平台的操作规则，目标国家的风土人情、购物喜好、市场需求、政策法规、支付方式、消费习惯等。

1.3.5　本土化经验不足

目前，本土化经验不足已经成了制约跨境电商发展的主要因素之一。卖家如果对目标国家当地的语言习惯、风俗习惯、营销方式、支付方式、物流方式等缺乏了解，就难以吸引客户，更难以带来客户的心理认同。只有卖家了解了这些，并且使海外买家获得了本土化的购物体验，才能获得当地消费者的支持和认同。即便是退（换）货的流程和制度、客户投诉的处理，也要尽量本土化，只有所有的环节都向本土化这个方向去调整，才能在残酷的竞争中脱颖而出。目前，大部分中国卖家本土化经验不足，这在相当程度上影响了运营的效果。

发展跨境电商，在克服以上发展瓶颈基础上，还应注意提高企业的全要素生产率，着力提升产业链供应链韧性和安全水平。坚持科技是第一生产力、人才是第一资源、创新是第一动力，开辟发展新领域新赛道，不断塑造发展新动能新优势。这不仅是"提升国际循环质量和水平，加快建设现代化经济体系"的二十大精神导向，也是推动跨境电商产业的高质量发展的内在要求。

1.4 全球跨境电商市场现状

1.4.1 全球跨境电商市场概述

根据研究机构 eMarketer 的《2019 年全球电子商务研究报告》，2019 年全球最大的电商市场依次为中国、美国、英国、日本、韩国、德国、法国、加拿大、印度和俄罗斯。这些国家的网络购物环境较好，配套服务相对完善，是做跨境电商时必须考虑的市场因素。

另外，东南亚、中东、非洲等地区，由于自身庞大的人口基数，加上本土 B2C 和 C2C 电商逐渐兴起，也成为非常具有诱惑力的市场，这对中国的跨境电商卖家而言将是一个全新的挑战和机遇。

1.4.2 全球跨境电商市场可选平台

根据 2019 年 8 月流量排名网站 Alexa.com 的数据，对国家/地区的流量进行统计（选取每个国家/地区排名前 50，由高到低进行统计），全球跨境电商市场可选平台如下：

- 北美：Amazon、eBay、Wish、Walmart；
- 英国：eBay.co.uk、Amazon.co.uk、Tesco；
- 日本：Amazon.co.jp、Rakuten、Amazon；
- 韩国：Gmarket、11Street；
- 德国：Amazon.de、eBay.de、Amazon；
- 法国：Amazon.fr、eBay.fr、Cdiscount；
- 印度：Amazon.in、Flipkar、Amazon、eBay.in；
- 俄罗斯：速卖通、Ulmart、eBay；
- 澳大利亚：eBay.com.au、Amazon、eBay；
- 新西兰：Trademe、Amazon、eBay；
- 东南亚：Lazada、Amazon、速卖通、Shopee；
- 南美：Mercadolivre、Amazon、速卖通；
- 中东：Amazon、Souq、速卖通、eBay；
- 南非：Amazon。

1.4.3 全球跨境电商市场可选平台简介

1. Amazon（www.amazon.com）

网站简介：全球最大的网络零售商。

2. Amazon.co.uk（www.amazon.co.uk）

网站简介：亚马逊旗下英国站点。

3. Amazon.co.jp（www.amazon.co.jp）

网站简介：亚马逊旗下日本站点。

4. Amazon.de （www.amazon.de）

网站简介：亚马逊旗下德国站点。

5. Amazon.fr （www.amazon.fr）

网站简介：亚马逊旗下法国站点。

6. Amazon.in （www.amazon.in）

网站简介：亚马逊旗下印度站点。

7. eBay （www.ebay.com）

网站简介：eBay（易趣）是一个老牌的电子商务购物网站，1995 创立于加利福尼亚州，是全球四大跨境电商网站之一。

8. eBay.co.uk （www.ebay.co.uk）

网站简介：eBay 旗下英国站点。

9. eBay.de（www.ebay.de）

网站简介：eBay 旗下德国站点。

10. eBay.fr（www.ebay.fr）

网站简介：eBay 旗下法国站点。

11. eBay.in（www.ebay.in）

网站简介：eBay 旗下印度站点。

12. eBay.com.au（www.ebay.com.au）

网站简介：eBay 旗下澳洲站点。

13. 速卖通（www.aliexpress.com）

网站简介：全球速卖通（AliExpress）正式上线于 2010 年 4 月，是阿里巴巴旗下唯一面向全球市场打造的在线交易平台，被广大卖家称为"国际版淘宝"。全球速卖通面向海外买家，通过支付宝国际账户进行担保交易，并使用国际快递发货。它是全球第三大英文在线购物网站。

14. Wish（www.wish.com）

网站简介：全球四大跨境电商网站之一。Wish 是一家 2011 年在美国硅谷成立的高科技独角兽公司。Wish 最早抓住跨境电商移动端，通过分析用户行为判断用户偏好，通过算法对用户进行产品匹配推送。目前，Wish 92%的用户来自移动端，并且已成为北美和欧洲最大的移动电商平台。

15. Walmart（www.walmart.com）

网站简介：零售巨头沃尔玛（Walmart）的在线商店。沃尔玛是全球三大零售企业之一，1962 年在美国阿肯色州成立。

16. Tesco(www.tesco.com)

网站简介：英国乐购超市的在线商店。乐购是英国领先的零售商，也是全球三大零售企业之一。

17. Rakuten（www.rakuten.com）

网站简介：日本最大电子商店街"乐天市场"的经营者。

18. Gmarket（www.gmarket.co.kr）

网站简介：Gmarket 是韩国最大的综合购物网站，在韩国在线零售市场中的商品销售总值方面排名第一，主要销售书籍、化妆品、计算机、家电、衣服等。

19. 11Street（www.11st.co.kr）

网站简介：韩国最受欢迎的综合购物网站之一。

20. Cdiscount（www.cdiscount.com）

网站简介：Cdiscount 是除 Amazon、eBay 之外，目前法国本土最大的电子商务平台。

21. Flipkart（www.flipkart.com）

网站简介：Flipkart 是由亚马逊的两名前员工萨钦·班萨尔（Sachin Bansal）和比尼·班萨尔（Binny Bansal）于 2007 年创建的，是印度最大的电子商务零售商。

22. Ulmart（www.ulmart.ru）

网站简介：Ulmart 是俄罗斯较大较有名的商务网站之一，是线上/线下零售商，商品种数达到近千万种，相当于中国版的淘宝网。

23. Trademe（www.trademe.co.nz）

网站简介：Trademe 是新西兰一个买卖网站，成立于 1999 年，业务领域横跨新品出售和二手转卖，包括汽车、房产和招聘，是近几年新西兰网上贸易业的领头羊。

24. Lazada（www.lazada.com）

网站简介：Lazada 成立于 2012 年，是东南亚地区最大的在线购物网站之一。Lazada 的目标主要是印尼、马来西亚、菲律宾及泰国的用户。

25. Shopee（www.shopee.com）

网站简介：Shopee 是东南亚及中国台湾的电商平台。2015 年于新加坡成立并设立总部，随后拓展至马来西亚、泰国、中国台湾、印度尼西亚、越南及菲律宾，共七大市场。

26. Mercadolivre（www.mercadolivre.com.br）

网站简介：MercadoLivre 是拉美地区的知名电商平台，在拉美地区的电商市场份额高于 eBay 和亚马逊，被称为拉美版 eBay。

27. Souq（www.souq.com）

网站简介：Souq 是中东最成功的电商平台，被称为"中东亚马逊"。

【本章小结】

本章介绍了跨境电商的概念、分类、一般流程和我国跨境电商的发展现状，阐述了发展跨境电商的意义及现阶段的发展瓶颈，并对全球跨境电商市场现状和主流平台进行了简单介绍。

【进一步阅读资料】

2019 亚马逊全球开店中国出口跨境品牌百强报告

2019 年 6 月 28 日，在 2019 年亚马逊全球卖家高峰论坛上，亚马逊全球开店发布了《2019 亚马逊全球开店中国出口跨境品牌百强报告》，完整名单如图 1-6 所示。Anker、傲基、波司登、李宁、特步等多个品牌均入榜。

据了解，该百强品牌榜单通过品牌基础、品牌趋势、品牌影响力和品牌潜力四个维度进行评选。

百强榜单从地域分布、行业品类、卖家类型、创新元素、全球布局五个方面呈现出鲜明的特点。

1. 地域分布

百强品牌地域分布广泛，来自全国 11 个省、直辖市的 32 个城市，涵盖华南、华东、华北、华中、西南地区，并呈现出从东南沿海向北部和中部辐射、延伸的趋势。其中，东南沿海相对集中，以深圳、广州为核心的珠三角地区卖家，凭借传统外贸优势和积累多年的外贸资源占据了百强榜超过半数名额。杭州、宁波、上海组成的长三角地区卖家依靠当地富有特色的产业带和对品牌建设的关注，占据了榜单 1/5 左右的席位。北京得益于雄厚的科技实力和人才资源，在华北地区表现突出。同时，以厦门为核心的福建依托深厚的对外贸易传统展示出发展潜力。

图 1-6

2. 行业品类

百强品牌行业分布多元，横跨数码电子、服饰鞋靴、家具家居、美容个护、户外运动、厨具园艺、宠物玩具、计算机办公等 21 大品类。其中表现突出的优势品类，一方面是在外贸领域扎根多年的消费电子品牌，在亚马逊以无线产品、电子数码及计算机周边配件几大品类为主，占榜单近三成；另一方面是具有传统优势的纺织、服装、家具、鞋靴等领域，这些品牌通过出口跨境电商，在国际站点积累了忠实的消费群体，在榜单中占四成比例。

3. 卖家类型

出海卖家的类型丰富，既有从品牌诞生之初便上线，并跟随亚马逊一起成长起来的亚马逊原生品牌；也有像出门问问、ROMWE 这类注重产品性能、外观设计及用户体验的互联网原生品牌；同时也不乏像李宁、波司登这样登录亚马逊北美、欧洲等国际站点的传统知名品牌；此外，较早涉足跨境电商领域的制造商、贸易商也意识到品牌的重要性，开始向品牌商转型，包括绿联、丝棠、安致等（如图 1-7 所示）。

4. 创新元素

百强品牌体现越来越多的创新元素，包含技术及设计创新。以技术创新为例，来自出门问问的 TicWatch Pro 正是通过亚马逊的客户评价而研发出来的一款更符合用户预期的划时代产品。出门问问通过客户评价了解到消费者对 TicWatch 电池续航的需求强烈，从而突破性地采用双层屏设计，这一创新设计使这款智能手表的续航时间更长，广受客户好评。在设计方面，中国品牌也在斩获越来越多的国际大奖。2019 年年初，UGREEN 绿联设计打造的移动电源和 Apple Watch 充电支架，荣获三项 iF 设计大奖。快时尚品牌 ROMWE 拥有强大的设计师团队，产品设计紧跟时尚潮流，吸引了大批欧美年轻粉丝。

5. 全球布局

百强品牌表现出全球化布局的趋势。数据显示，百强品牌中，布局 3 个及 3 个以上亚马逊国际站点的卖家占 80% 以上，布局 7 个及 7 个以上亚马逊国际站点的卖家占 50% 以上。同时，有近半数的卖家同时面向个人消费者及机构和企业类买家开展业务。多元化的国际站点布局、消费与商用群体的覆盖，让跨境出海的品牌能更好地抓住全球发展的机遇。

（资料来源：雨果网，https://www.cifnews.com/article/46068）

图 1-7

【练习与思考】

1. 简述跨境电商的概念、分类和一般流程。
2. 简述发展跨境电商的意义。
3. 简述跨境电商的发展瓶颈。
4. 列举跨境电商卖家在全球各个地区可选择的跨境电商平台。

第 2 章

亚马逊平台概述

【学习目标】

1. 了解亚马逊平台的发展历程
2. 了解亚马逊全球开店的平台基础
3. 熟悉亚马逊前台主页及商品详情页主要结构
4. 熟悉亚马逊后台各板块功能
5. 理解亚马逊的商业理念及运营思维

【思维导图】

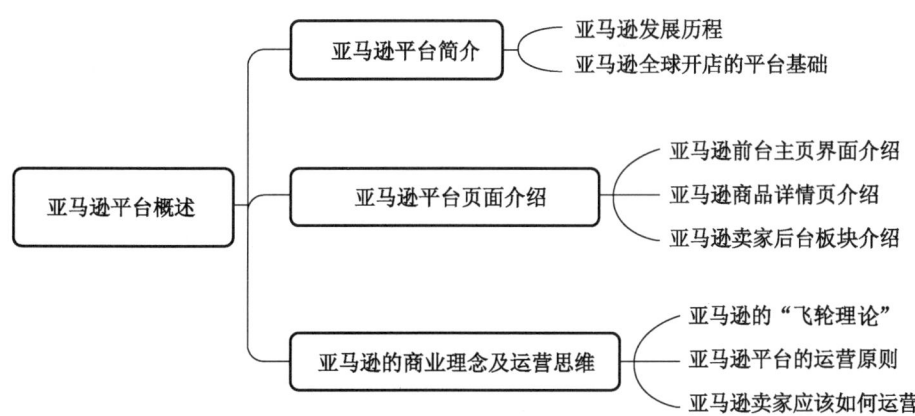

【导入案例】

当"亚马逊"这三个字出现在眼前时,你首先想到的是什么?亚马孙河?不!是 Amazon.com,即现在的亚马逊公司。

1995 年,28 岁的贝佐斯(Jeff Bezos)在西雅图租住的房子的车库里,用 30 万美元的启动资金,创建了全美第一家网络零售公司——Amazon.com。贝佐斯用全世界最大的一条河流来命名自己的公司,希望它能成为图书公司中名副其实的"亚马逊"。

现在的亚马逊已经是全球最大的网络零售商,在全球开设了 14 个站点,商品种类拓展至音像、服饰、家居用品、化妆用品、宠物用品等更多范畴,成为一家综合性网购平台,号称"提供全球最丰富的产品"。

亚马逊反对华丽的店铺,拒绝大肆铺货,以其独特的运营模式快速成长。亚马逊进入中国以来,也带给中国卖家无数的机会与挑战,就目前而言,亚马逊在众多的跨境网络平台中是最有优势、成功案例最多的平台之一。想要在亚马逊上分一杯羹，我们就要从认识平台、研究平台开始。

（资料来源：作者根据相关资料整理）

2.1 亚马逊平台简介

2.1.1 亚马逊发展历程

亚马逊总部位于美国华盛顿州的西雅图。上线伊始，亚马逊只是一家网上书店，经营图书的网络销售业务。在之后的发展过程中，亚马逊通过收购慢慢促进业务的多元化。1999 年，亚马逊推出了 Amazon Marketplace 平台业务，为小型零售商和个人提供在亚马逊出售商品的平台，商品不限于图书。

2000 年，亚马逊又往前迈进了一步，允许第三方零售商和卖家使用其他电子商务平台。数以万计的小企业和个体零售商选择亚马逊的 Selling on Amazon、Fulfillment by Amazon 等项目，希望借此获得庞大客户。

十多年来，亚马逊一直将增长置于利润之上，同时把"最以客户为中心的公司"确立为努力的目标，打造以客户为中心的服务型企业成为亚马逊的发展方向。亚马逊在仓储配送、分销网络和数据中心方面投入巨资，并拥有核心科技。

如今，亚马逊早已超越沃尔玛成为全球最大的零售商。在亚马逊平台上，亚马逊及其他销售商为客户提供数百万种商品，也包括翻新及二手商品，品类包括图书、影视、音乐、游戏、数码下载、电子产品、家居园艺用品、食品杂货、健康美容、玩具、母婴用品、服装鞋帽、珠宝、运动户外、汽车配件等。

2018 年 12 月 31 日，亚马逊第四季度财报显示，亚马逊全年净销售额为 2329 亿美元，比 2017 年的 1779 亿美元增长 31%。2018 年 9 月，亚马逊市值破万亿，成为继苹果之后第二家市值破万亿美元的美国公司。2019 年伊始，亚马逊市值超越微软，一度跃居世界第一。在 2019 年《财富》全球品牌价值 100 强的榜单中，亚马逊也从 2018 年的第 5 名提升到第 4 名。在 2019 年 BRANDZ 全球最具价值品牌百强榜单中，亚马逊名列第一。

2.1.2 亚马逊全球开店的平台基础

中国卖家加入亚马逊全球开店，可以借助亚马逊平台的强大优势开展经营，这些优势主要包括如下几项。

1. 全球市场的流量优势

目前，亚马逊在全球拥有 14 个站点，其中，亚马逊美国、加拿大、德国、英国、法国、意大利、西班牙、日本、墨西哥、澳大利亚、印度以及中东在内的 12 大海外站点已向中国卖家全面放开。美国网站 Alexa 排名中（以 2019 年 8 月数据为例），亚马逊仅次于 Google 和 Youtube，居于第 3 位。亚马逊各站点流量，如美国、英国、加拿大、法国、德国、西班牙站等，其流量在当地的购物平台中都是第一位。

2. 直面优质的客户群体

亚马逊全球的 14 个站点，主要对接发达国家，消费者的采购消费能力比较强。据统计，亚马逊在全球共有逾 3 亿活跃用户，逾 1 亿 Prime 会员用户。Prime 会员每月需交 12.99 美元的会员费，亚马逊提供免费配送，同时可以获得亚马逊针对会员的海量电子书和影音资料，因此亚马逊用户的质量和黏度都非常高。

3. 遍布全球的物流中心

亚马逊已建立起世界领先的运营中心网络。亚马逊在全球拥有 100 多个运营中心，可配送到 180 多个国家和地区，中国境内目前有 15 个运营中心。亚马逊强大的物流体系可以帮助卖家减少空海运的入仓时间，实现快速入仓，物流状态全程可视化。

亚马逊的物流技术一直走在时代最前端。2012 年起亚马逊使用 Kiva Systems 机器人进行物流作业，2015 年亚马逊已经将机器人数量增至 10 000 台，用于北美的各大运营中心。此外，亚马逊运营中心还使用智能入库管理技术、大数据驱动的智能拣货和智能算法、智能分仓和智能调拨、精准预测、二维码精准定位技术、包裹追踪技术、可视化订单作业等进行作业。亚马逊从 2013 年起开始无人机的研发，致力于在不远的将来，以无人机形式进行送货。

目前在美国本土，除了自有物流，亚马逊主要与 USPS、UPS 合作完成大部分订单的配送（在大部分城市里提供免费的当日达、一日达服务，在所有城市提供免费的两日达服务，果蔬餐饮 2 小时达服务）。根据 2019 年 7 月物流咨询公司 SJ Consulting 的数据，亚马逊的 7 月运单中，自营物流占比 45%，美国邮政（U.S. Postal Service）占比 28%，联合包裹服务（UPS）占比 21%。

4. 面向全球卖家的战略支持

亚马逊在中国有多个团队，如果卖家遇到问题可以直接联系当地的服务团队。亚马逊在其他国家亦然，卖家可以及时获得完善的技术支持。此外，通过全球开店项目注册卖家账号，对比自注册的普通卖家账号，具有起点高、安全性高、封店率较小、有客户经理指导等优势。

综上所述，亚马逊是助力企业创造自主品牌，实现品牌出海的一个非常好的渠道。

2.2 亚马逊平台页面介绍

2.2.1 亚马逊前台主页界面介绍

前面我们对亚马逊平台的发展历程及平台优势有了大致了解，接下来我们对网站的主页界面进行介绍。

在浏览器中输入网址"https://www.amazon.com"，访问亚马逊网站的前台页面（如图 2-1 所示），整体风格简洁，主页最上面有商品搜索框、买家账号登录按钮、购物车等常规项。

搜索框以下是轮播广告界面，页面再往下是按照分类进行的代表商品展示，占据主页的大部分空间，吸引买家进入购买。

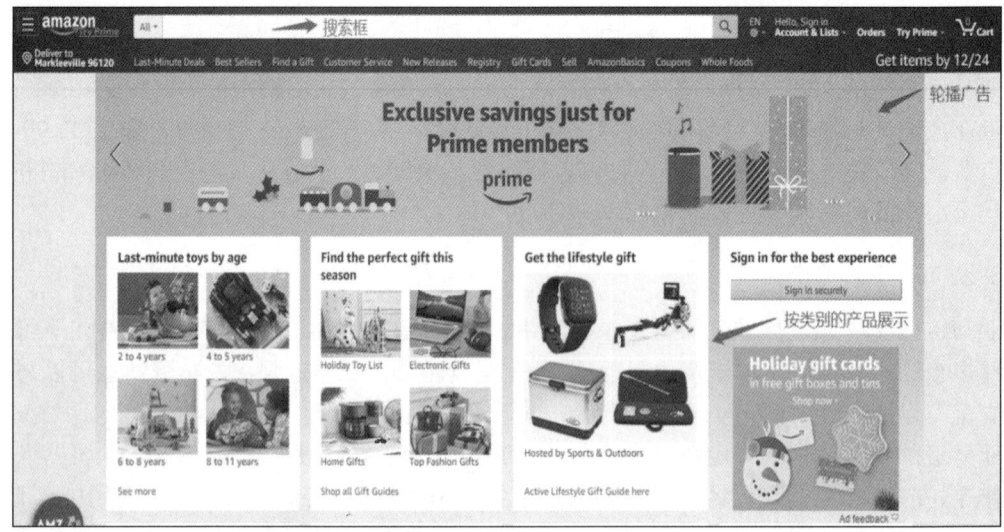

图 2-1

2.2.2 亚马逊商品详情页介绍

当买家单击商品链接并进入商品详情页（通常称为 Listing），可以发现商品详情页的结构是相对固定的，基本结构如图 2-2 所示。

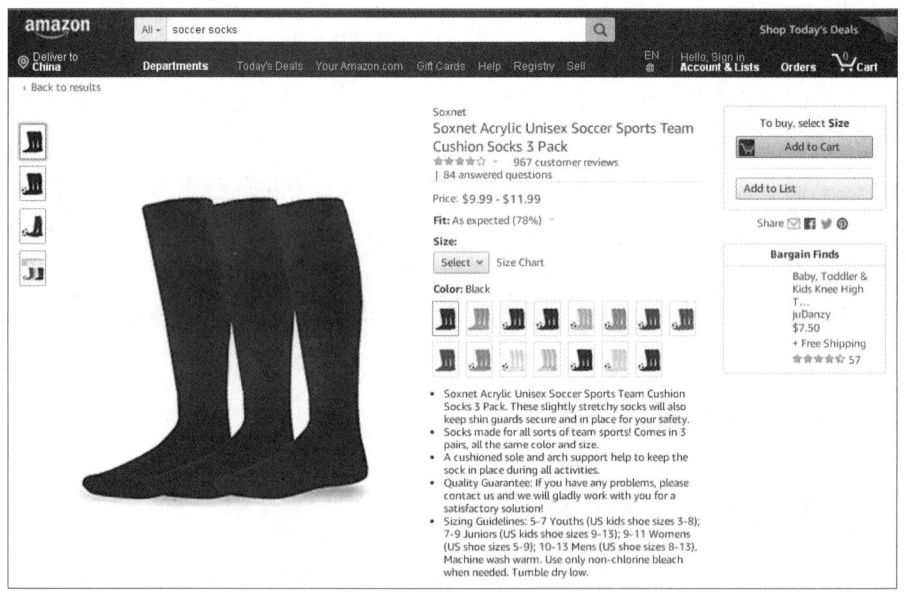

图 2-2

界面最左上区域是商品主图和若干辅图，单击图片可切换查看。图片右边区域从上往下依次是商品品牌、商品名称、商品星级评价、商品价格、可选择的颜色尺码、商品特性。选择好颜色尺码后，可在最右侧填写购买数量，单击"Add to cart"即可加入购物车（如图 2-3 所示）。不同于其他平台铺货，亚马逊卖相同商品的卖家可以进行跟卖。在"New (2) from ＄9.99 Details"这个区域，买家可以选购不同价格、不同卖家在售的商品。

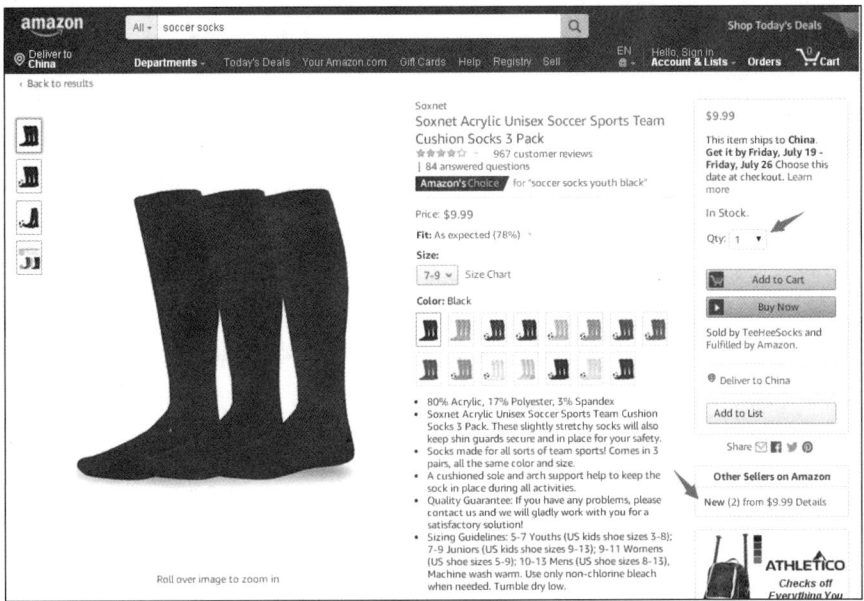

图 2-3

商品详情页的中部区域主要是亚马逊的两项推送：Sponsored products related to this item（与该商品相关的其他几款商品）和 Customers who viewed this item also viewed（浏览了该商品的同时还浏览了以下商品的顾客），如图 2-4 所示。该推送是亚马逊系统行为，旨在向买家推荐更多商品，提供更多选择。买家浏览商品详情页时看到该区域有更吸引人的商品，也可以单击后查看。

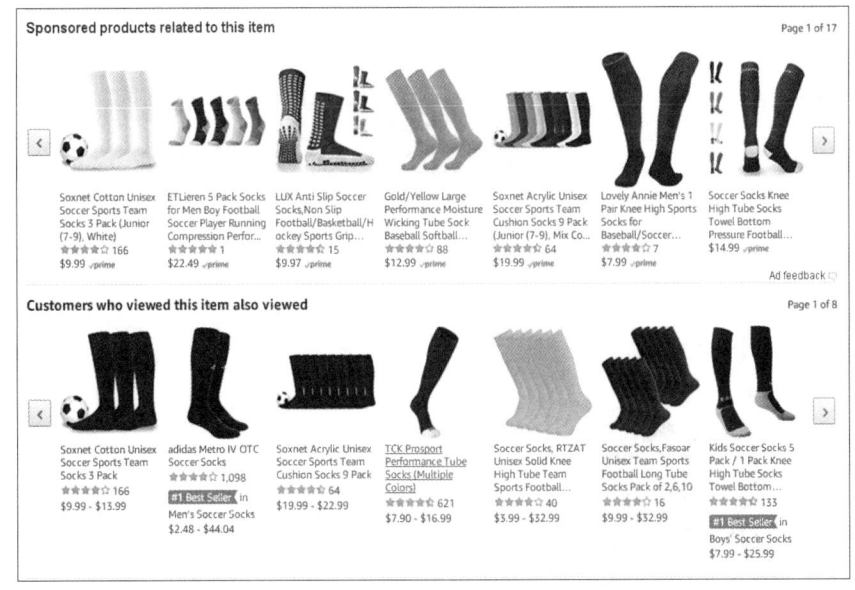

图 2-4

推送板块的下方是商品描述（Product description），有关商品的各方面的详细介绍通常显示于此，如图 2-5 所示。描述板块下方是商品的相关参数，如尺寸、重量、排名等信息。

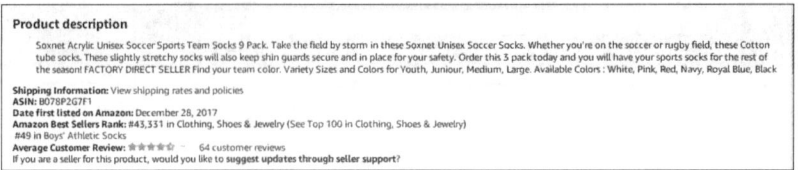

图 2-5

再下面是问答区域（Customer questions & answers），买家对该商品有疑问的，可以在此区域提问，通常卖家及对该问题有相关了解的其他买家都可以作答，如图 2-6 所示。商品详情页的最下方是各买家对商品的评价（Customer reviews），大多数买家在选购商品时会参考其他人的评价，如图 2-7 所示。

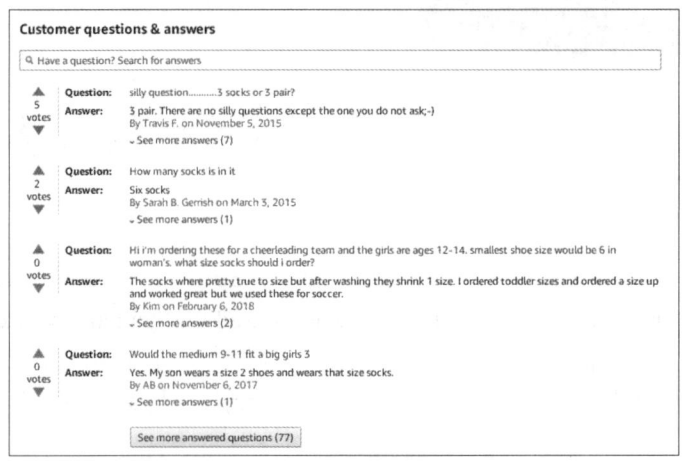

图 2-6

图 2-7

商品详情页的质量会直接影响买家是否下单购买，所以卖家在制作商品详情页时，要站在买家的角度审视界面，传递买家可能感兴趣的信息，从最基础部分着手，推广销售，打造爆款。

2.2.3 亚马逊卖家后台板块介绍

后台是相对于前台而言的，后台界面指卖家平台，本书所述的后台均指卖家账号后台操作界面。在浏览器中输入网址"https://sellercentral.amazon.com/"，访问亚马逊卖家后台主页并登录（如图 2-8 所示）。

图 2-8

1. 操作板块

界面最上部分是操作板块，功能类目分别是：目录、库存、确定价格、订单、广告、品牌旗舰店、报告、绩效、应用商店和 B2B。

2. "您的订单"板块

界面左上部分的"您的订单"，即每日产生的订单，分为 4 种情况：
（1）等待中：已下单未付款的订单。
（2）未发货的"优先配送"订单：客户加急，需要优先发送的订单。
（3）未发货：未打包发货的订单。
（4）退货请求：客户申请退货的订单。

对于各类订单，卖家都需要及时处理。订单的发货方式有两种：卖家自行配送和亚马逊配送。亚马逊配送即亚马逊物流（FBA），后续会详细介绍。

3. "绩效"板块

"您的订单"板块下方是"绩效"板块，包括三类需要及时处理的情况：
（1）买家消息：买家站内信息，内容涉及买家询盘、售后答疑、投诉异议等情况。
（2）亚马逊商城交易保障索赔：买家向亚马逊提出的一种维权方式。
（3）信用卡拒付索赔：买家向银行提出的一种维权方式。

卖家收到相应的留言索赔申请时，需要在规定时间内给出相应的回复，超时或处理不当，都会影响账号的健康状况。账号状况分为良好、一般、风险三种情况，卖家应极力保持账号处于"良好"的状态。

4. "新闻"板块

中间区域最靠上面的部分是"新闻"板块,主要是亚马逊为卖家提供最新服务举措的通知。

5. "亚马逊销售指导"板块

主页的中间区域是"亚马逊销售指导",主要是对当前 FBA 库存数量的友情提醒,以及平台推送的各项通知。

6. "付款一览"板块

位于主页右侧上方,显示的是目前账户所收到的款项。

7. "管理您的问题日志"

"付款一览"板块下是"管理您的问题日志",显示的是卖家联系亚马逊客服的邮件来往情况。

8. "销售业绩一览"

"销售业绩一览"位于首页的右侧下方,主要显示今天、7 天、15 天的销售情况。

2.3 亚马逊的商业理念及运营思维

2.3.1 亚马逊的"飞轮理论"

在亚马逊平台上经营,首先要了解亚马逊的商业理念及运营思维。

亚马逊在线上消费者心中占据着重要位置,客户的满意度极高,这都源于亚马逊重视客户体验,以客户为中心的发展方向,以及亚马逊独有的商业理念。

要了解亚马逊的商业理念,不得不提到其著名的"飞轮理论"。从图 2-9 中可以看出,客户体验是整个闭环里重要的一极,客户良好的购物体验提升了亚马逊平台的口碑,自然带来更多的流量,从而吸引更多的优质卖家入驻,卖家们提供更加丰富的商品,良性的竞争使平台内商品价格更具竞争力,再进一步满足消费者需求,提升客户体验。这样一个良性健康的循环是整个亚马逊商业帝国的根基,也为其提供了源源不断的增长动力。

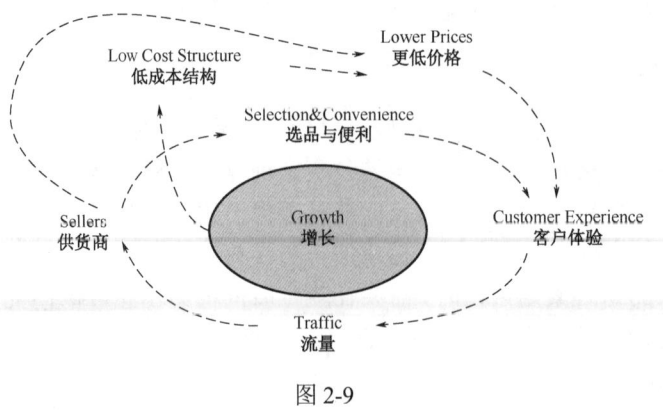

图 2-9

2.3.2 亚马逊平台的运营原则

从亚马逊的商业理念出发,亚马逊平台遵循着如下运营原则。

1. 重推荐,轻广告

我们可以发现,亚马逊平台上的站内推广形式并不多,基本上除了商品广告(Sponsored Products)和展示广告(Display Advertising)就是促销活动(Promotion)了。

但即便是广告,亚马逊也是以客户体验为导向的。客户登录亚马逊以后,系统会根据他的浏览习惯、搜索习惯、购物习惯、付款习惯等个性化数据,进行关联推荐和排行推荐,以拓展他的选择范围,增加他的访问深度。从结果看,关联推荐和排行推荐的转化率也不错,有效地触发了客户的购买动作。

亚马逊的商品详情页上有一个广告通栏为"Frequently Bought Together"(经常一起购买的商品)。比如,有的客户在购买打印机时,亚马逊系统会给客户推荐墨水;在客户购买读卡器时,会给客户推荐 SD 卡或 TF 卡。

另外,当客户再次登录亚马逊网站时,之前浏览过的商品仍会被展示,继续对他进行提醒和刺激,很多客户在这样的刺激下做出了购买决定。凭借着这样的算法和技术,亚马逊在业内有着"推荐系统之王"的美称。据统计,亚马逊有 35%的销售额都与推荐系统相关。

2. 重展示,轻客服

虽然亚马逊有在线客服,但亚马逊刻意把在线客服隐藏到不易发现的位置,这也表明了亚马逊的态度:商品描述足够齐全,从而简化购物流程,不需要客服。

因此,这就促使卖家必须在商品详情页将所有的信息表达得尽量丰富、全面和完整,同时要不断地对商品详情页进行优化,在商品名称、图片、商品特性、商品描叙等方面精心打磨,将买家想要了解的内容进行充分展示。

3. 重产品,轻店铺

在亚马逊上,没有"店铺主页装修"的概念("速卖通"等一些平台是需要"店铺主页装修"的)。买家搜索产品,搜索结果不会出现店铺,而是以统一的陈列标准展现产品。这在某种程度上说明,在亚马逊上,决定消费者产生购买行为的最重要因素,是该产品的销量、评论(Review)这些因素,而不是整个店铺的综合指数对产品的影响。

这种策略让卖家更能集中精力做好产品,进行库存管理,服务好买家。亚马逊上很多优秀卖家的经营策略是"少做产品,做精产品",整个店铺可能只有十几款产品,甚至更少。

4. 重客户,轻卖家

亚马逊设计了两套评价体系,即商品评论(Review)和卖家反馈(Feedback)。前者针对的是卖家提供的产品,后者针对的是卖家提供的服务等综合因素,这表明亚马逊非常鼓励客户表达真实的购物感受。

这两套评价体系对卖家的影响都比较大,前者影响的是销量和转化率,后者影响的是卖家的排名和黄金购物车(Buy Box),如果评价星级非常低,不但没有什么曝光和流量,甚至会受到亚马逊的警告或被移除销售权限。

针对 A-Z 索赔和信用卡拒付等纠纷,亚马逊也会根据实际情形来判断责任归属。不过,亚马逊非常在乎用户体验，在某些情况下，即便是判卖家赢，平台方也会对买家做出补偿。

2.3.3 亚马逊卖家应该如何运营

结合亚马逊商业理念，卖家在实际运营中，应注意以下几个方面。

1. 做好产品，深耕供应链

产品是在亚马逊做交易的核心，而对供应链的把握则是核心中的核心。卖家需要找到品质非常好的产品，这是首要保障，否则很难成为"爆款"。而在产品做起来以后，最怕的就是断货，因此卖家在供应链上如果有优势，对后期的成长就会帮助很大。

如果产品、供应链、服务和营销加一起共有 10 分，那么产品占 5 分，供应链占 2 分，服务占 2 分，营销只占 1 分。拥有好的产品和核心技术，才是卖家在亚马逊上胜出的关键。

2. 服务至上，引导买家留好评

有了高质量的产品和优质的服务，同时配合一定的引导策略，就能让一些买家留好评。当产品的好评多了以后，亚马逊的推荐也会多起来，卖家的产品将在更多的买家面前予以展示，所以只要自身的产品和服务足够优秀，将流量转化成订单自然是非常容易的事。

3. 尽量做到专业化、本土化

卖家需要将产品专业化、本土化，并进行全方位的包装，小到图片的拍摄、语言的表达、标点的使用，大到产品的包装、质检的标准、整体的定位，都要最大化地遵循当地标准。如说明书用当地语言撰写、客服用当地语言沟通、退货方式契合当地习惯等。当然，这不是一朝一夕能够做好的事情，要从容易实现的环节一步步去达成。

4. 重视数据、做好运营

营销和运营是有差别的，开始的时候，卖家要做的就是营销，通过站内推广和站外引流的渠道，找到适合的方式，找到差异化的手段和模式。等到销量有起色的时候，就要更侧重运营，要注重数据的分析，善于从中发现问题和解决问题。

【本章小结】

本章介绍了亚马逊平台的发展历程，以及亚马逊全球开店的平台基础。此外，对亚马逊买家前台页面、商品详情页及卖家后台页面进行了简要介绍。在此基础上，进一步介绍了亚马逊的商业理念及卖家应当具备的运营思维。

【进一步阅读资料】

亚马逊卖家故事：从积压百万库存到成为亚马逊 Best Seller

从传统外贸商到品牌商，深圳桑椹电子商务有限公司（以下简称"桑椹电子"）的成功转型并不是一蹴而就的。

企业：深圳桑椹电子商务有限公司

负责人：李承浩

主营：汽车配件

1. 2016 年入驻亚马逊全球开店北美站

"我们转型后的第一款产品,有价值上百万的库存积压。当时大家都很焦虑,难道是我们转型战略错了吗?"桑椹电子负责人李承浩表示:"我们不是单纯因为订单转移、利润下降而去做跨境电商的,更多是一种主动的较劲。明明我们有足够的产品和供应链优势,为什么要甘愿为其他大牌作嫁衣呢?当自己面对消费者时,又为什么卖不好我们的产品?"转型初期的层层疑虑,让李承浩和团队都曾陷入自我怀疑之中。

怎么从上百万积压到月销售近百万美元?

怎么成长为自己给自己下单的国际大牌?

8 年的 OEM 做得好好的,为何突然要较劲做品牌?

正式入驻亚马逊之前,桑椹电子已经为国际大牌提供了 8 年左右的 OEM 服务。与类似飞利浦这样的大品牌打交道久了,看到它们用自己生产的产品销往全球,李承浩渐渐开始思考:我们有生产优质产品的实力,也有管控供应链的能力,为什么我们只能贴牌加工?

思来想去,80 后的李承浩决定——完成企业转型,成为同样可以百年不衰的大品牌。"我认为中国制造完全有实力与它们竞争,找到对的方向,也可以成长为国际大牌的。"

于是,2016 年,桑椹电子入驻了亚马逊美国站,开始了自己的转型之路。

2. 转型刚开始就积压百万库存,怎么办

桑椹电子原本以为,凭借强大的制造供应链和品质体系,可以迅速在跨境电商上盈利乃至大卖。不曾想,刚出师就遇到了大难题——在 2016 下半年,桑椹电子在亚马逊上发布了第一款产品,可两个月过去了,最初发过去价值上百万的货品,居然连 1 万都没卖出去。

"当时除了库存积压的焦虑,更多的是想不明白到底为什么会这样?"李承浩茫然道,"不是都说只要产品质量好,使用 FBA 发货,再随便投些广告就可以坐等大卖了吗?怎么到我们这儿就卖不动了?"

最后桑椹电子经过多种尝试,花了半年时间才把所有积货清除。有此切肤体验,李承浩和团队开始意识到——必须转变思维,学会直接与海外终端消费者打交道。"以前做贴牌制造,品牌商提前做好市场调研,把消费者的需求整理成产品功能性要求给我们下单,我们埋头生产就行了。从产品到消费者的环节,其实就是跨境电商运维,但我们从未接触过。"李承浩坦言。怎么分析消费者需求、如何根据反馈快速升级产品、什么样的推广策略可以最大化实现流量导入……这些都是他们在转型初期一无所知的问题。

为了弥补短板,李承浩主动找到招商经理,加入了亚马逊专属客户经理成长计划。在专属客户经理一对一指导和帮助下,桑椹电子逐渐把企业经营管理的工厂订单思维,转变成了以消费需求为导向的跨境电商思维。

(1)时间就是金钱,高效解决问题是运营管理的第一要义。

上线亚马逊初期,有一次桑椹电子的产品被下架,整个团队琢磨了半个月都没能找到具体原因。"我们很看重消费者体验,出现问题我们也很愿意主动解决而不是逃避,可就是一直没找到问题所在。"李承浩分享道。后来几经询问,他们才发现原来是用户使用不当造成的投诉。找到原因后几天就重新上架了产品。"我们要转型,其实是在与时间赛跑。如何第一时间专业、高效地解决运营管理中所有可能发生的状况,对我们来讲是一大难题。"有了专属客户经理成长计划,桑椹电子不管是日常运营还是账号安全等,一遇到问题马上向专属客户经理咨询,再也不用自己瞎琢磨、干着急了。运营效率大大提高,团队的整体水平也得到了提升。

（2）技术和质量是基础，但选品出发点要紧紧围绕消费需求。

没有科学指导之前，桑椹电子选新品的逻辑，是以技术为导向的。"一开始我们大量积压的货物，就是一个很好的反面教材，"李承浩坦率地说，"就是基于产品质量和功能性的主观判断，觉得肯定好卖，一拍脑门就把货全发过去了。"而如今，专属客户经理会帮助他们做细分类目的市场调查，从市场调研结果出发提供选品建议。同时，桑椹电子的客服团队会紧密关注消费者产品使用体验，把产品痛点反馈给研发团队再进行迭代更新，然后以小量投产先行试错。科学上新，节约成本，再也没吃过盲目选品的亏。

（3）爆款不是碰巧撞出来的，科学的推广策略让产品能更快成为 Best Seller。

打造爆款不是一个简单的投放和流量的加成。先前，桑椹电子的爆款打造思路比较简单，认为使用了 FBA，给产品打了广告，就可以等到爆单，缺乏策略性的推广思维。在专属客户经理的指导下，桑椹电子学会了怎么针对不同产品类型和推广阶段，合理利用 AM/CPM/VIS 等推广工具来提升转化率，增加销量，并且逐渐形成了自己的广告策略——前期着重投入广告预算，增加流量；有了流量基础就分析转化率，以提高转化率为后期推广要点。有了科学推广，他们的一款新品，日出单量迅速从 20 单左右涨到 200+，并在两个月内成为类目 Best Seller。

3. 现在才转型做跨境，真的有点儿晚了吗

三年前才步入跨境电商行列的桑椹电子，坦言上车较晚，但认为自己恰巧赶上了跨境出海打造品牌的上好时机。"也许在以前，很多人随便在亚马逊上卖个手机壳就能稳赚，"李承浩解释，"现在不一样了，跨境电商更注重科学运营和品牌化。我是一定要转型实现品牌梦的，正好亚马逊也在帮卖家打造自主国际品牌，我们这回算是赶在风口时期上了车。"

为了抓住时机，桑椹电子首先对生产模式进行了改革——从一次订单批量生产数万件的传统模式，转变为灵活应对、快速迭代的柔性生产。李承浩回忆道："刚开始，工厂没法适应，不愿意配合，我们反复沟通和尝试也很累。但我很清楚，这个阵痛必须先克服掉，才能实现我的大牌梦。"

事实证明，李承浩的坚持是正确的。生产端改造逐步完成后，精细运营也渐渐在专属客户经理成长计划的帮助下得以实现，桑椹电子的跨境电商业务发展得越来越好。如今，亚马逊上的年销售额已经占据整个公司年收入的 60%。

另外，为了铸就品牌的竞争核心，桑椹电子还在 2018 年新成立了一支研发队伍。李承浩告诉我们，赚快钱不是做生意的目的，生意要想做得长久，品牌化的长远目光不可缺失。通过亚马逊快速获得了一定的市场份额和利润后，他们就赶紧把打造研发核心提上日程，为品牌的长远发展做好储备。"我知道这种投入短期内很难收获回报，但我更清楚这才是那些大牌们百年不衰的根本。只要我们肯投入、肯钻研和创新，相信我们离'别人家的大牌'这个目标不远了！"李承浩坚定道。

同时，桑椹电子表明未来会继续深度拓展供应链，做足产品创新，更重要的是坚持投入大量的人力、物力去优化运营，推动品牌建设，逐步完成企业转型，让产品在全球畅销。

（资料来源：雨果网，https://www.cifnews.com/article/48136，原载于亚马逊全球开店）

【练习与思考】

1. 简述亚马逊平台的发展历程。
2. 简述全球开店的发展历程。
3. 简述亚马逊前台主页的各项功能。
4. 简述亚马逊后台各板块的功能。
5. 简述飞轮理论的内涵。
6. 简述亚马逊的商业理念及运营原则。

第 3 章

亚马逊店铺账号注册

【学习目标】

1. 了解亚马逊卖家账号类型及特点
2. 了解亚马逊卖家账号注册方式
3. 了解亚马逊卖家账号注册所需资料及注册流程
4. 了解亚马逊判定账号关联的因素
5. 了解避免账号关联的措施

【思维导图】

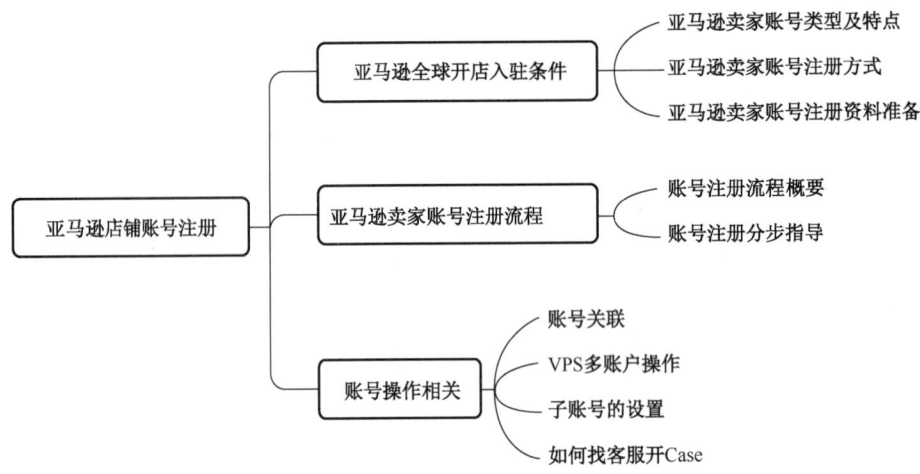

【导入案例】

厦门一包袋工厂近年来传统贸易的生意越来越不景气，原因在于人工成本逐年升高，导致产品价格相比于东南亚很多制造企业的产品价格失去了竞争力，于是很多原本通过展会、邮件辛辛苦苦积累起来的客户都不同程度地出现了转单甚至终止合作的情况。在这种大背景下，老板 David 决定试水跨境电商，为产品开辟新的销售渠道。

由于 David 是传统外贸出身，对跨境电商并不十分了解，但是工厂转型势在必行，他指派身边业务能力最强的北美地区销售代表 Kevin 来着手规划，并给出了十分严苛的时间表和业绩压力。大家都指望转型线上后能帮助公司快速打开局面，填补因为大客户流失而造成的库存积压和产能空缺。

Kevin 遇到的第一问题便是店铺申请，他顶着压力，为了求快，经圈内朋友介绍，通过中介购买了三个号称已经通过二审的转让店铺。他以为这样能节省自己注册店铺审核的时间，却不知这给后续的销售埋下了隐患。

拿到现成的店铺后，Kevin 很快便开始了销售。由于新品款式独特，在亚马逊上大受欢迎，很快就成为爆款，Listing 蹿升到了小类目第一，整个工厂又忙碌起来了，仿佛又回到了之前订单做不完的光辉岁月。

可是过了没多久，Listing 就经常收到亚马逊客户的投诉，反馈一些产品问题，也遭到了竞争对手的恶意跟卖和侵权投诉，很快 Listing 就遭到审核并强制下架，亚马逊要求提供产品生产制造资料、公司营业执照、供应商采购发票和水电账单等文件。这时候 Kevin 才意识到问题的严重性，当初购买的店铺注册公司资料并不完整，信息也与实际业务主体存在很多差异，由于信息不全，因此多次提交审核都没有通过，三个月辛辛苦苦打造起来的 Listing 直接就作废了，仓库积压了一大堆库存。更让 Kevin 焦头烂额的是，另外两个店铺也因为之前店铺的违规操作记录和关联问题相继被亚马逊关闭。Kevin 由于最开始的贪图方便买了一个深刻的教训。

不过，好在近半年团队还是沉淀下了很多宝贵的运营经验，通过联系招商经理及平台自注册等正规渠道，Kevin 和团队重新出发，新店铺的销售也在渐渐回归正常轨道。

这个案例告诉我们，平台店铺注册是跨境电商关键的第一步，要严格遵守每个平台的要求和规定，通过正规渠道完成注册，试图求快走捷径，如购买来路不明的账号、提交注册资料作假等手段都是有风险的，也会给未来运营埋下巨大隐患，最终的损失和后果也都将由卖家自己买单。

（资料来源：作者根据相关资料整理）

3.1 亚马逊全球开店入驻条件

3.1.1 亚马逊卖家账号类型及特点

亚马逊的卖家账号主要有两种类型，分别为专业销售计划（Professional Plan）和个人销售计划（Individual Plan），也就是我们常说的专业卖家和个人卖家。无论是个人还是公司都可以申请个人账号。同样，不论是个人还是公司都可以申请专业账号。这两种计划的主要区别在于费用结构和功能使用权限。以美国市场为例，个人卖家账号是按件收费的，而专业卖家账号是按月收费的。当然，两种销售计划之间是可以相互转化的，如果注册的时候选择了个人卖家，之后也可以在后台自助升级为专业卖家；如果注册的时候选择了专业卖家，后续也可以降级为个人卖家。专业卖家和个人卖家的对比如表 3-1 所示。

表 3-1 专业卖家与个人卖家对比

账号类型	专业卖家	个人卖家
注册主体	个人/公司	个人/公司
月租金	39.99 美元/月	无
单件销售费用	无	按件收费，0.99 美元/件
功能区别	单一上传/批量上传均可，可下载数据报告	单一上传，无数据报告
销售佣金	无论是专业卖家还是个人卖家，亚马逊都会根据类目收取不同比例的佣金，一般为 8%~15%	

（数据来源：亚马逊全球开店：https://gs.amazon.cn/）

专业卖家账号拥有很多个人卖家账号没有的功能和优势，建议选择注册专业卖家账号。如果只是偶尔销售一些商品，可以选择注册个人卖家账号。

3.1.2 亚马逊卖家账号注册方式

"全球开店"是亚马逊针对中国市场做的一个招商项目，是开店注册的一种方式，可以简单理解为中国公司级卖家在亚马逊平台开店。中国企业进行全球开店注册有两种方式：自注册和联系招商经理注册。无论选择哪种方式注册账号都是免费的。

1. 自注册

企业直接在亚马逊中国网站主页最下角的"全球开店"入口进行注册。

2. 联系招商经理注册

企业联系亚马逊全球开店的招商经理，通过招商经理提供的注册链接进行注册。

通过招商经理注册账号，卖家注册全程有招商经理辅导，可以申请各个站点的秒杀活动，有助于卖家快速成长。如果是自注册的，则没有这些优势。

目前来说，较多人偏向于通过招商经理注册账号。一是由于亚马逊对卖家的资质审核比较严格，卖家自己申请"全球开店"的通过率不到 5%，一旦卖家自己申请全球开店没有通过，那么用于申请的全套资料就不能再次用于全球开店的申请。二是自注册的周期非常长，卖家自己申请的话至少要在三个月以上，通过招商经理链接进行注册的平均周期一般在 7~15 个工作日。三是亚马逊的平台规则繁多，招商经理能指导和监管卖家账户运营，帮助卖家解决操作中的问题，账户有小问题会提前预警，避免踩雷。

卖家可在微信上关注"亚马逊全球开店"公众号，进入公众号后，选择"我要开店"→"联系我们"（如图 3-1 所示），并填写信息表（如图 3-2 所示），过 2~3 天检查邮箱是否有招商经理发来的邮件，并在 30 天内单击链接注册账号。

图 3-1   图 3-2

3.1.3 亚马逊卖家账号注册资料准备

以北美站为例,注册亚马逊账号所需要的材料如下。

1. 电子邮箱地址

电子邮箱可以是任意的电子邮箱,但是,需要确定的是,使用的邮箱不曾在亚马逊平台注册使用过(建议使用 hotmail、Gmail、QQ 邮箱等,不建议使用网易邮箱)。

2. 公司营业执照彩色扫描件或彩色照片

公司指的是:中国大陆境内、香港特别行政区、台湾地区注册的有限公司;非个体工商户;中国香港公司请提供"公司注册证书"和"商业登记条例"扫描件;中国台湾公司请提供"有限公司设立登记表/股份有限公司设立登记表/有限公司变更登记表/股份有限公司变更登记表";不接受中国澳门特别行政区法人;需为三证合一的更新版营业执照。

3. 法人身份证彩色扫描件或彩色照片

法人需要和营业执照上的法人保持一致;不接受黑白复印件。

4. 双币信用卡(Visa/MasterCard 等)

注册过程中需要用到信用卡,信用卡可以是法人的,也可以是其他人的,但信用卡必须是双币种的信用卡,就是我们经常使用的卡面上带有 Visa 或 Mastercard 标识的信用卡。注册前,需要将信用卡开卡激活,同时,要确保卡内的可用额度超过 40 美元才行。可使用中国境内商业银行签发的 Visa 双币信用卡(能扣美元即可);美国账户可以使用持卡人为他人的信用卡,建议使用法人信用卡;欧洲账户信用卡的持卡人必须为公司法人/受益人或由公司承债的商务信用卡。

5. 电话

固话或者手机均可,确保在注册期间可以接听,并且使用的电话号码为之前不曾在亚马逊平台注册使用过的电话号码。

此外,欧洲站的卖家身份审核制度(KYC)资料包括:对公账户(可以用一年以内的开户许可证代替,或者收款卡的收款证明代替,收款卡证明可以找收款卡工作人员开),营业执照,法人、受益人护照(护照可以用身份证加户口本代替,受益人指的是股份占比大于 20%的股东),以及法人和受益人的日常费用账单(水、电、燃气费用账单,固定话费账单,手机话费账单,网络话费账单,信用卡账单等。账单需要在 90 天内开具,地址要与之前录入卖家平台的法人居住地址一致,即双币信用卡的账单地址一致)。

3.2 亚马逊卖家账号注册流程

3.2.1 账号注册流程概要

以亚马逊北美站为例,账号注册流程包括:
(1)填写姓名、邮箱地址、密码,创建新用户;

（2）填写企业类型和企业名称；

（3）在"公司"页面，填写公司地址、邮政编码、联系方式，进行电话/短信认证；

（4）在"商城"页面，勾选卖家需要开通的站点；

（5）在"账单"页面，填写信用卡卡号、有效期、持卡人姓名、账单地址，设置账单信息；

（6）在"店铺"页面，填写店铺名称，回答相关问题；

（7）在"验证"页面，填写法定代表人身份证号与公司注册号码，上传材料并完成验证；

（8）审核完成，完成注册。

3.2.2 账号注册分步指导

本节以注册亚马逊北美站专业卖家为例介绍账号注册流程。

请注意，注册过程中，所有信息请使用拼音或者英文填写。具体亚马逊账号注册流程如下。

【步骤1】创建账户。

打开招商经理发给你的专属注册链接（自注册的直接打开亚马逊全球开店注册网址 https://gs.amazon.cn/，单击网页右上角的"立即开店"→"北美开店"）。注册页面如图 3-3 所示，填写姓名、邮箱地址、密码，创建新用户。

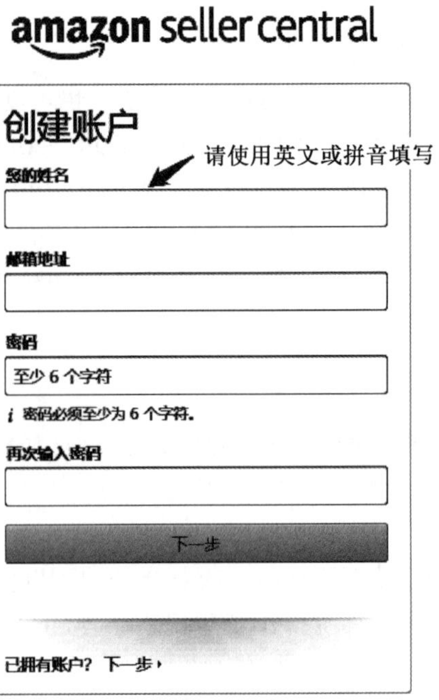

图 3-3

【步骤2】填写企业类型和企业名称。

如图 3-4 所示，选择公司地址为"中国"，选择相应的业务类型，并填写企业英文和简体中文名称。

【步骤3】填写企业信息。

如图 3-5 所示，在"公司"页面填写公司地址、邮政编码、联系方式，进行电话/短信认证。

图 3-4

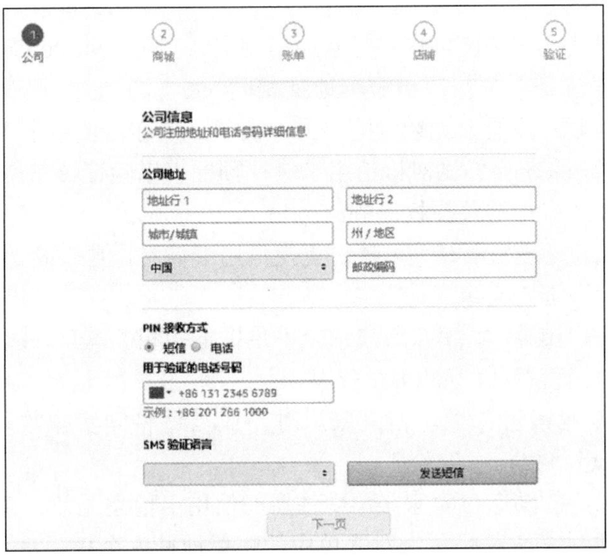

图 3-5

在图 3-5 中，选择接受 PIN 的选项有"电话验证"与"SMS"两种方式。

- 电话验证：您会接到系统打来的电话，请接起电话，把计算机中显示的 4 位数字输入手机进行验证，若验证码一致，即认证成功。当系统验证出错时，请尝试用其他语言进行验证或短信验证，3 次不成功则需等候 1 小时后才可重新验证。
- SMS 即短信验证：请输入收到的短信验证码。

请注意：验证完成后，您将无法退回至本步骤修改信息，请在验证前仔细检查本页内容。

【步骤 4】勾选开通站点。

如图 3-6 所示，在"商城"页面，勾选所需要开通的站点。

图 3-6

【步骤 5】设置账单信息。

如图 3-7 所示,在"账单"页面填写信用卡卡号、有效期限、持卡人姓名、账单地址,设置账单信息。

- 请使用可以支付美元的中国境内银行双币信用卡(Visa、MasterCard 卡均可)。
- 确认默认地址信息是否与信用卡账单地址相同。如不同,请使用英文或拼音填写地址。
- 信用卡持卡人与账户注册人无须为同一人,公司账户亦可使用个人信用卡。
- 若填写信息正确,系统会尝试对该信用卡进行预授权以验证该信用卡尚有信用额度,持卡人可能会收到发卡行的预授权提醒。
- 在注册完成和账户运营过程中,可随时更换信用卡信息,但频繁更改可能会触发账户审核,建议更换前咨询"卖家支持"。
- 此信用卡是在账户结算时,卖家账户结余不足以抵扣相关款项,系统会从信用卡中扣除每月月费及其他销售费用,如 FBA 费用。
- 如果选择的是专业销售计划,创建账户时,亚马逊将向卖家收取第一笔月度订阅费($39.99)。亚马逊将执行付款验证。
- 如果您收到通知,告知您在卖家账户中注册的信用卡信息无效,请检查以下信息:

a. 账单地址。该地址必须与信用卡对账单中的账单地址完全相同。

b. 与开户银行核实,确认您的信用卡尚未过期,具有充足的信用额度,且对被拒金额的网上扣款无任何限制。

【步骤 6】填写店铺信息。

如图 3-8 所示,在"店铺"页面,填写店铺名称,回答相关问题。

在此页面,亚马逊会列举一些问题请您回答,借此了解您的产品性质。

【步骤 7】进行卖家身份验证并完成验证。

如图 3-9 所示,在"验证"页面,填写法定代表人身份证信息与公司注册号码,并单击"提交"按钮。

对卖家进行身份验证时需要的法定代表人身份证与营业执照,亚马逊官方要求如下。

- 身份证：
a. 身份证上的姓名必须与营业执照上法定代表人的姓名一致。

图 3-7

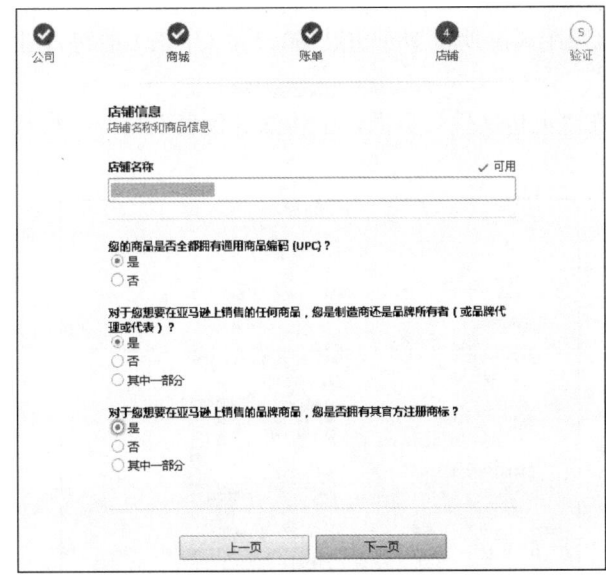

图 3-8

b. 必须由中国大陆、中国香港、中国台湾出具。
c. 请提供正反两面的彩色照片/扫描件，不接受黑白复印件。
d. 图片必须完整、清晰、可读。
e. 身份证应在有效期内。
- 营业执照：
a. 必须由中国大陆、中国香港、中国台湾出具。
中国大陆：营业执照。
中国香港：公司注册证明书和商业登记条例。
中国台湾：有限公司设立登记表/股份有限公司设立登记表/有限公司变更登记表/股份

有限公司变更登记表。

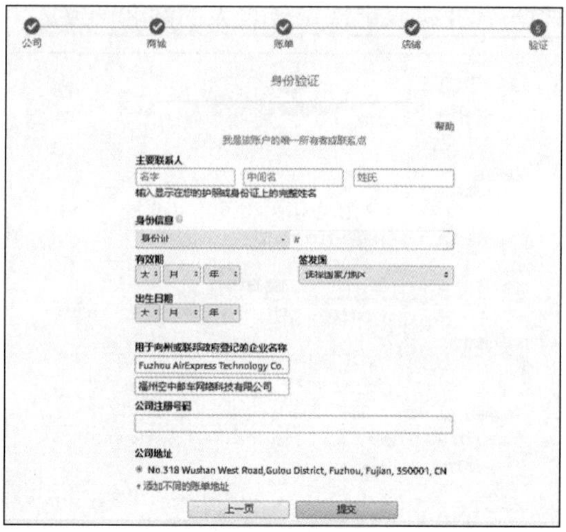

图 3-9

b. 请提供彩色照片或者扫描件，不接受黑白复印件，图片必须完整、清晰、可读。

c. 中国大陆营业执照距离过期日期应超过 60 天，（中国）香港商业登记条例距离过期日期应超过 45 天。

如图 3-10 所示，在"上传文件"页面，上传法定代表人身份证与营业执照，并单击"提交"按钮。

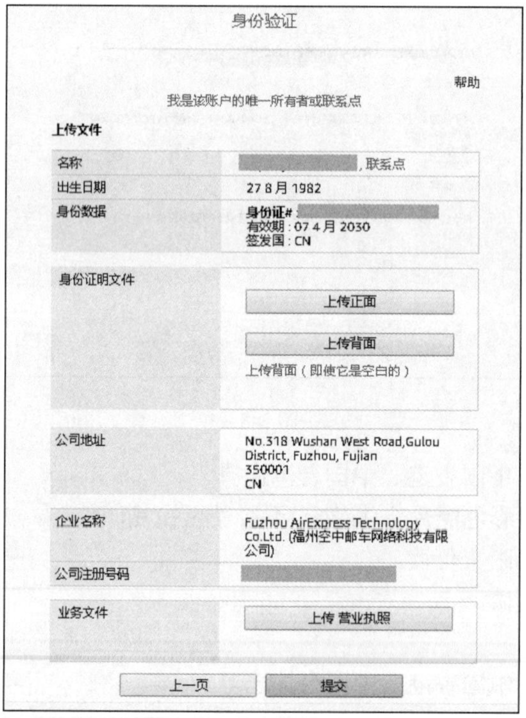

图 3-10

上传信息完成后，则会出现提交完成页面，如图 3-11 所示：

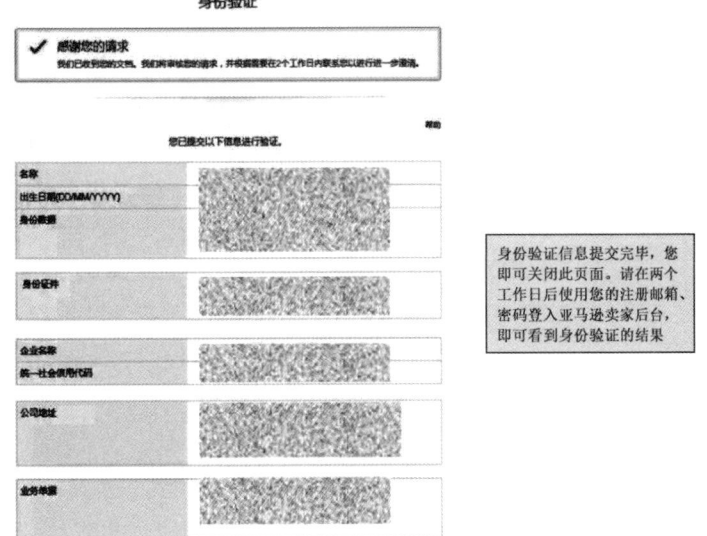

图 3-11

若您的信息无法被验证,则会收到信息更正提醒,如图 3-12 所示。

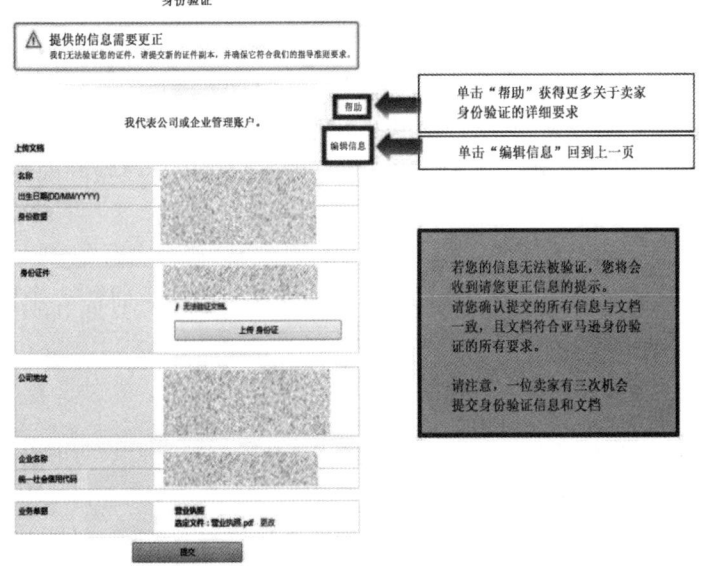

图 3-12

针对卖家常犯错误,要点提示如下:
- 多页文件(例如:中国香港公司注册证明书和商业登记条例)请合并到一个文件中进行上传。
- 卖家输入的信息(如法定代表人姓名、身份证号)务必与提交的文件中的信息相符。
- 营业执照上的公司名称若是中文,请输入中文字符,请勿自行翻译。
- 扫描或照片必须保持所有信息清晰可读。
- 平台不接受截屏。

- 平台不接受黑白复印件。

【步骤8】完成注册。

完成上述步骤后，在两个工作日内，亚马逊就会完成资料审核，并将审核结果发送到卖家注册邮箱中。账户注册成功后，买家即可登录卖家后台进行管理。可以单击右上角的"搜索/帮助"按钮，查找所有关于亚马逊北美站点卖家运营的信息，如图3-13所示。

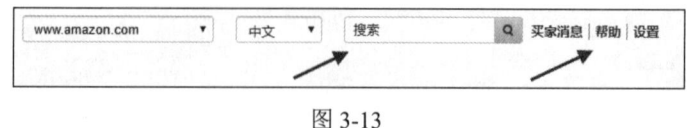

图 3-13

3.3 账号操作相关

3.3.1 账号关联

卖家在亚马逊销售产品、拓展业务，拥有多个账号运营是很正常的。作为第三方卖家，无论我们再怎么用心，都没有办法确保账号百分之百的安全，仅靠单一账号来运营的卖家，随时都处在高风险之中。如果一个团队只有一个账号，一旦账号被消除销售权限，轻则消耗了很大的原始积累，重则可能直接耗尽所有的资金。

为了避免这种情况的发生，卖家在第一个账号开始有了稳定的营业收入的同时，就应该准备第二个、第三个账号了，不同的账号承担着不同的责任，大账号为公司创造利润，中账号分担公司运营的一部分成本，小账号作为替补，这样的布局可以把风险降低到最小。不过，这个策略是和亚马逊官方政策背道而驰的。

亚马逊官方规定，一个人或一家公司只能拥有一个亚马逊卖家账号。亚马逊通过技术手段监测、核对各种数据，进行关联因素匹配，如果发现一个卖家拥有2个或2个以上同站点的亚马逊卖家账号，这些账号就会被判定为关联账号。

1. 账号关联的后果

（1）相同站点的几个账号关联，如果账号之间所售商品有交集，一般会强制下架新账号的全部Listing，只能保留旧账号。

（2）相同站点的几个账号关联，如果各账号所售商品各不相同，且账号表现良好，那么可能全部继续存活。

（3）相同站点的几个账号关联，如果关联到的账号是违规被关闭的账号，其他账号也会被关闭，并且申述成功的可能性为零。

（4）不同站点的关联账号，如果关联账号中的某一个账号由于侵权的原因被关闭，那么其他账号也会被关闭。如果关联账号中的某一个账号是由于店铺绩效的原因被关闭的，其他账号绩效没有问题的话，还是可能存活下来的。

2. 判定账号关联的因素

（1）计算机：主要指硬盘信息。

（2）网线：主要指外网IP地址，但由于国内IP多是浮动IP，难免出现多个账号IP相同的情况，所以 IP 地址仅仅是判定关联的一个因素而非唯一因素。

（3）网卡 MAC 地址：有些卖家基于成本的考虑，在一个账号被关闭后，将计算机格式化，重装系统后登录新的账号。如果计算机网卡是集成的，没有禁用网卡和更换新网卡，同样容易导致账号关联。

（4）路由器。

（5）浏览器指纹：如插件、Cookies、系统字体、操作系统版本、打字方式、打字速度等。

（6）邮件：图片或 Flash。

（7）账户信息：注册人姓名、信用卡持卡人姓名、收款账号信息、邮箱地址、地址信息、电话号码、密码等，都要尽可能做到互不相同，无规律可循。

3. 如何防止账号关联

在注册多个账号的过程中，尽可能使用新邮箱、新计算机、新系统、新路由器、新网线、新电话号码、新信用卡、新收款账号和新商品，尽可能以物理绝缘的方式来避免被亚马逊系统抓取到彼此账号之间的相似因素。账号关联的判定是基于多个因素的综合判定，单一因素可能并不会直接导致账号关联。多个因素的高度相似性必然增加被判定为关联账号的风险。

需要注意的是，亚马逊卖家账号关联是没有任何提醒的，没有邮件通知，没有客服联系，没有后台警告，是否关联只能凭卖家自己判断。另外，账号关联是不可逆的，一旦被系统判定为关联账号，就没有退出关联名录的机会。

另外，关联不止针对卖家账号和卖家账号，卖家账号和买家账号也存在关联问题，因此大家需要避免因为买家账号问题导致卖家账号受限情况的发生。

4. 被封过账号的计算机重新注册新账号的注意要点

（1）重装系统、格式化硬盘。

（2）更换网卡，如果是集成网卡的话，找技术人员禁用此网卡，重新购买一个 UBS 外接网卡。

（3）更换路由器、猫，更改网络 IP 地址（更保险的做法是直接重新牵一条网线）。

（4）新注册的所有信息要和之前的信息保持很大的差异，特别是邮箱、账号不要相似，密码也不要一样。

当然，最简单的方法还是直接换一台主机，省去前面两个步骤。

5. 手机登录亚马逊后台会不会出现关联

手机使用 4G 网络，之后再也不要连接 WiFi，要不然还是会存在关联的风险。外出的话最好是使用笔记本带无线网卡来操作。

3.3.2　VPS 多账户操作

1. 什么是 VPS

VPS，英文全称为 Virtual Private Server，也就是我们常说的"虚拟专用服务器"。简单地说，VPS 就是一台拥有公网 IP 的服务器。

使用 VPS 可以实现桌面远程访问，采用不同的浏览器，只在对应的 VPS 上登录亚马逊邮箱。尤其是多账号运营的时候，用固定 IP 注册登录账号，可以防范账户关联。目前常用的 VPS

有阿里云、华为云和亚马逊 AWS。

2. 如何操作设置 VPS

【步骤 1】在"搜索程序和文件"里输入"mstsc"然后回车，或者在"Windows 附件"里直接找到"远程桌面连接"，单击"显示选项"，如图 3-14 所示。

【步骤 2】在出现的选项卡中，在"计算机"处填入服务器外部 IP。在"用户名"处输入"Administrator"即可，"允许我保持凭据"复选框保持勾选状态，单击"连接"（如图 3-15 所示），输入购买时填写的登录密码（如图 3-16 所示），即可登录 VPS。

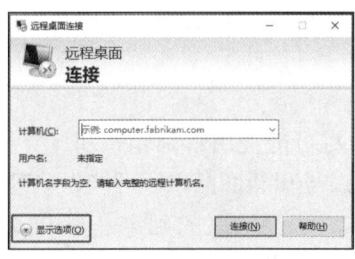

图 3-14

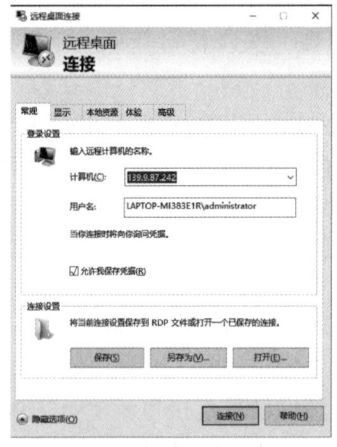 

图 3-15　　　　　　　　　　　　　　　图 3-16

【步骤 3】登录之后即进入远程桌面。可以在远程桌面的 IE 浏览器上登录卖家后台，可以在 IE 浏览器上下载您所需要的浏览器来登录卖家后台。每次工作完成后需要及时关掉浏览器。需注意的是，为了避免后台系统故障，建议退出远程之前，在卖家后台界面单击"设置"→"退出"按钮退出卖家账号。

3. 其他

（1）一个 VPS 只能对应操作一个身份的亚马逊卖家账号，但是计算机上可以登录多个 VPS，这也就相当于用一台计算机可以操作好几个账号。

（2）同一台计算机、同一根网线上被封过一个亚马逊卖家账号，也是可以通过 VPS 来另外申请注册新账号的，不会产生关联。

（3）使用 VPS 后，如果账号被封，那么已经使用过的这个 VPS 就不能再用来注册或运营其他身份的账号了。如果想注册新的亚马逊卖家账号，则需要更换一个新的干净的 VPS。当然，计算机和网线不需要更换。

（4）有些卖家反映，使用 VPS 网速会很慢。其实，购买 VPS 是可以选择配置的，最简单的处理办法就是增加带宽。此外，当服务器资源不足、经常出现运行软件占用 CPU 或占用内存时也会导致服务器速度变慢。遇到这种情况可以优化一下系统，不要运行太多没必要的软件。经常出现占用资源的情况时，建议及时升级服务器配置。

（5）如果多账户操作，建议每个账号经营不同商标、不同类目的产品。一是如果产品类目相同，后期投放关键词广告会重复，而且会浪费流量，账号间互抢流量，对于打造爆款和积累好评非常不利；二是容易疑似关联。

（6）需要提醒的一点是，使用 VPS 也不是绝对安全的，如果 VPS 供应商有大量的卖家客户，有可能因为服务到期，和其他卖家前后使用同一个 VPS 造成账户关联。使用独立的网络+计算机依旧是最安全的方式。

3.3.3 子账号的设置

亚马逊子账号就是在亚马逊申请的主账号的附属账号，主账号可以对子账号的权限进行设置，与主账号之间是从属关系。

子账号可以方便不同的人员操作账号。例如，负责 Listing 的业务员，只要开通与 Listing 相关的权限即可；负责邮件的客服，只要开通订单查询、Message、Feedback 等权限即可。子账号可以拥有主账号的大部分功能，但是不管是哪种级别权限的子账号，都不能够修改收款信息，所以卖家们不需要担心把子账号授权给员工用，员工会私自卷款逃跑的情况。如果主账号没有给子账号开通相关的权限，子账号是不能进行操作的。

另外需要提醒的是，如果一台机子登录过子账号，又登录过其他账号或是其他账号的子账号，也会被亚马逊判为关联。所以，使用子账号时应保持谨慎。

设置子账号的步骤如下。

【步骤1】登录卖家后台，选择"设置"→"用户权限"，如图 3-17 所示。

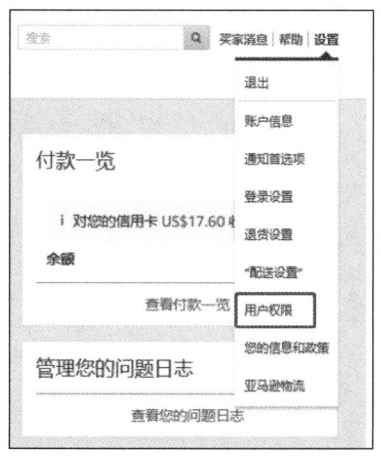

图 3-17

【步骤2】在"用户权限"页面，设置子账号名称及邮箱，并单击"邀请"，如图 3-18 所示。

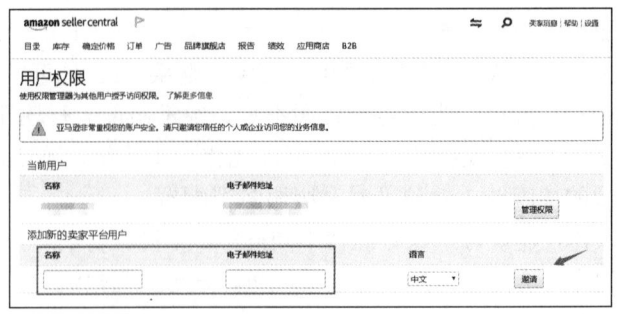

图 3-18

【步骤 3】随后该邮箱会收到一封亚马逊的邀请信,如图 3-19 所示,单击 URL 链接。

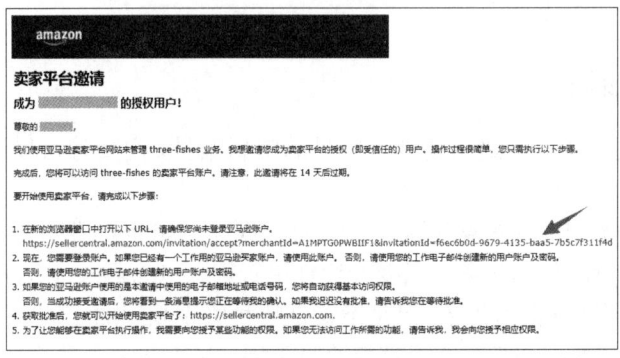

图 3-19

【步骤 4】在随后出现的卖家后台登录页面,选择"创建您的 Amazon 账户",如图 3-20 所示。

【步骤 5】输入姓名、邮箱地址和密码后,单击"创建您的 Amazon 账户",如图 3-21 所示。

图 3-20   图 3-21

【步骤 6】根据需要,在页面中选择经营的平台,如图 3-22 所示。

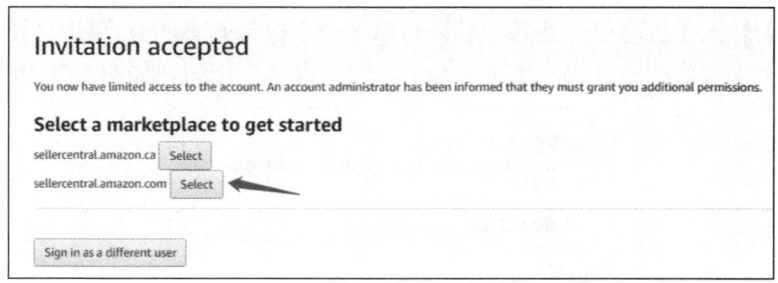

图 3-22

【步骤 7】在"Enable Two-Step Verification"页面，在"English"下拉框选择"中文"，如图 3-23 所示。

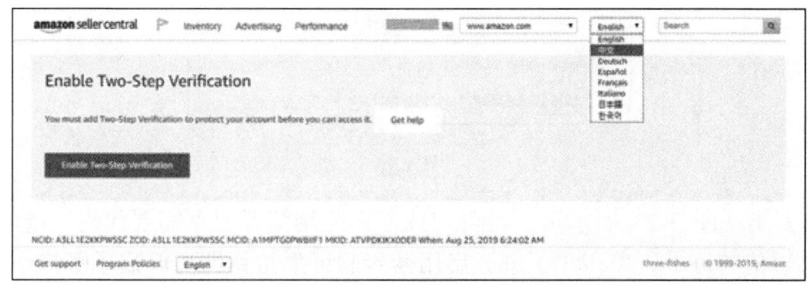

图 3-23

【步骤 8】进入中文页面后，单击"启用两步验证"，如图 3-24 所示。

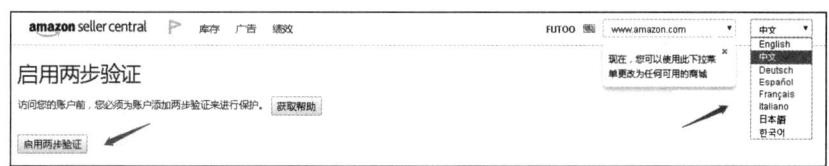

图 3-24

【步骤 9】选择合适的方式收取验证码，可以选择短信（SMS）或者语言播报。这里我们选择短信（SMS）方式，再选择正确的区，填入手机号码，单击"发送验证码"，并输入手机上收到的验证码，单击"验证代码并继续"，如图 3-25 所示。

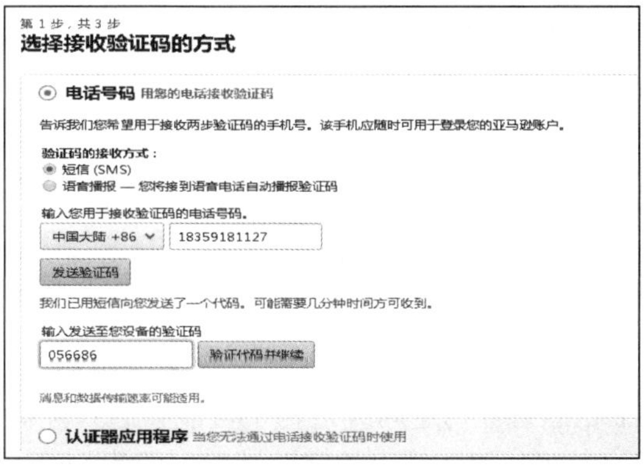

图 3-25

【步骤 10】输入手机号码（注意，必须与第一个手机号码不同），单击"发送验证码"按钮，并输入手机上收到的验证码，单击"验证代码并继续"按钮，如图 3-26 所示。

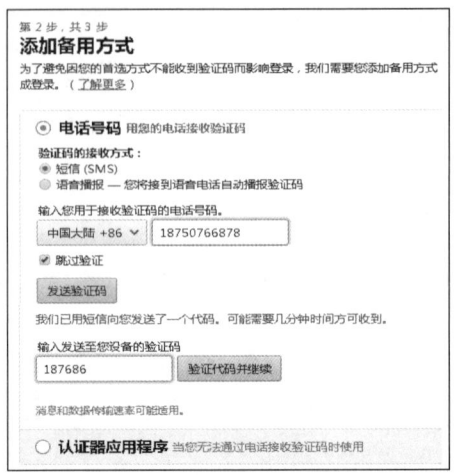

图 3-26

【步骤 11】出现图 3-27 所示页面，可勾选"在此浏览器上不需要代码"选项，以后再登录就不会要求短信验证了。单击"了解。启用两步验证"按钮即可开启子账户。 随后就可以使用子账户的邮箱地址或手机号码登录卖家后台了。

图 3-27

3.3.4 如何找客服开 Case

卖家账号注册成功后，在运营亚马逊店铺过程中可能会遇到各种各样的问题，需要向亚马逊寻求帮助或核实确认，这时可使用亚马逊的客服功能，即我们经常所说的"开 Case"。

找客服开 Case 的步骤如下。

【步骤1】在卖家后台首页，单击右上角的"帮助"按钮，如图 3-28 所示。

图 3-28

【步骤2】在"帮助"页面的最下端，单击"联系我们"，如图 3-29 所示。

【步骤3】在页面中选择问题的分类，看归属于哪一种类型，如图 3-30 所示。

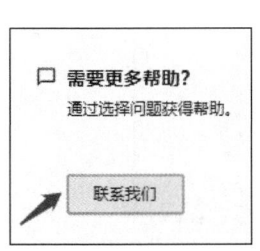 

图 3-29　　　　　　　　　　图 3-30

【步骤4】假设卖家想要询问关于账户的问题，可以通过选择"我要开店"→"您的账户"→"其他账户问题"，在下拉框可以选择"English"（如图 3-31 所示），这样可以直接联系英文客服；如果选择"中文"，会联系中国客服，但是由于中国客服的权限较少，许多问题还要再转接英文客服，容易耽误卖家时间。

图 3-31

【步骤5】在页面中填上主题、问题描述及邮件地址后，单击"Send"按钮即可（如图 3-32

所示）。如果非常紧急，可以选择"Phone"，在"Country"的下拉框选择"United States"，并输入号码（如图 3-33 所示），写上问题的简要描述，并勾选"This issue is urgent and requires immediate attention."，随后美国客服就会打来电话。

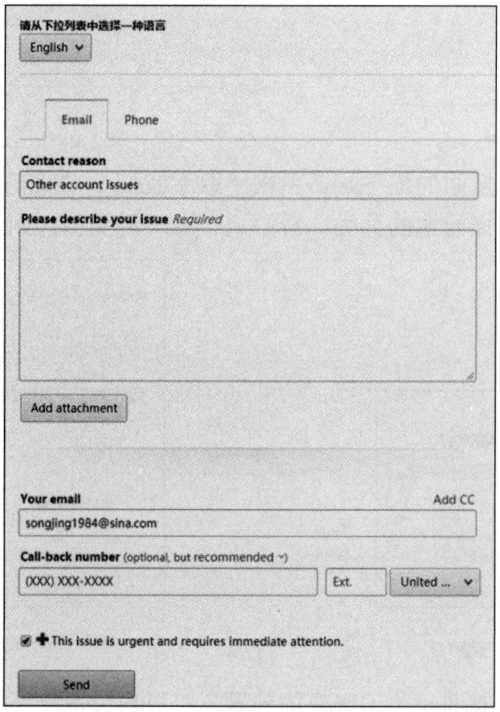

图 3-32

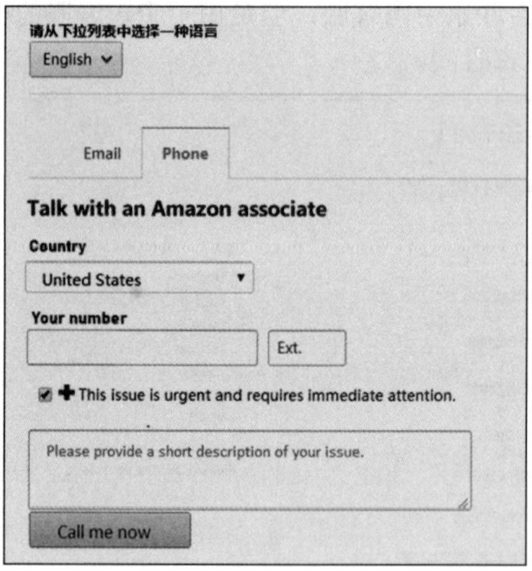

图 3-33

【步骤 6】提交问题后，会在卖家后台首页的"管理您的问题日志"生成记录，如图 3-34 所示，方便日后查看。

图 3-34

【本章小结】

本章介绍了亚马逊全球开店的入驻条件,并以专业卖家为例,详细介绍了亚马逊账号的注册流程。同时进一步介绍了亚马逊判定账户关联的因素,以及避免账户关联的措施。

【进一步阅读资料】

什么是 VC 账号?

亚马逊卖家账号的类型大概分为三类:SC、VE 和 VC。

SC 账号是指 Seller Central 账号,是最普通的一种账号,当前我们谈及的和运营的账号,99.9%以上的都是 SC 账号,无论是自注册的还是招商经理帮忙注册的账号,只要登录后,页面左上角显示着 Seller Central 标识的,就是 SC 账号。这类账号最普通,具备作为亚马逊平台的第三方卖家需要的基本权限。

VE 账号是指 Vendor Express 账号,是亚马逊推出的一个针对供应商的平台,即 VE 账号原本的目的是为了向亚马逊供货的,VE 账号的要求是卖家是美国公司,具有美国税号等条件,如果具备这些条件,卖家可自行申请,经过亚马逊相关审核后即可。但根据亚马逊的公告,VE 账号项目于 2019 年 1 月 1 日起全面停止申请。

VC 账号是指 Vendor Central。和 VE 账号相同,VC 账号也是亚马逊针对供应商推出的平台。相比 VE 账号来说,VC 账号具有更大的权限,可以在后台获取亚马逊平台上比较多的销售方面的数据。而和 VE 账号不同的是,VC 账号是邀请制的,要求十分严苛,亚马逊注重这类卖家的整体实力,包括产品研发、供应链响应速度、品牌建设等多方面的综合能力。近年来,亚马逊 VC 账号的招商团队除了会考虑销售额达到 1 千万美元以上的大中型卖家,还会经常在各类展会实地调研,邀请拥有某个品类多年专业制造经验的工厂型卖家加入。亚马逊 VC 账号的主要特点包括如下几项。

1. Listing 方面

VC 账号可以为自己的 Listing 添加三个类目节点,而普通卖家只能增加一个节点,这就相当于为自己的产品多增加了几个产品入口。

2. 站内广告

亚马逊站内广告有三种,没有品牌备案的 SC 账号只能设置 Sponsored 形式的 CPC 广告,而 VC 账号则可以选择 CPC、HSA、PDA 多种样式的广告,增加产品的曝光入口。

3. 秒杀

在秒杀方面,普通账号报秒杀需要根据不同的产品类型、不同的秒杀时段,向亚马逊付不同的秒杀费用,而 VC 账号可以免费申请参加各种秒杀(Deal of the Day, Lighting Deals 与

Savings & Sales），不过最近 Lighting Deals 对 VC 卖家开始收费了，具体费用可咨询亚马逊。

4. ARA 数据

VC 账号可以获取平台上各种产品的销售数据，即被很多中介爆炒的 ARA（Amazon Retail Analytics Premium）数据、产品销量、购买关键词、加购关键词等，通过这些数据来规划自己的运营推广方案。

5. 零费用

卖家加入 VC 计划无须任何费用，没有店铺月租，欧洲店铺没有 VAT 税费。

6. 亚马逊定价

VC 账号的商品价格是由亚马逊根据市场数据自动调价的，所以单品的利润额可能没有 SC 的产品那么高，并且回款期比较长，60 天左右，这需要卖家有足够的资金保证账号的正常运转，并且 VC 账户还有其他额外收费，例如 Co-Op Fee，这些收费只能在收到账单时卖家才能看到具体明细。

7. 注册条件

亚马逊美国站需要完成品牌备案，欧洲站则不需要，申请通过与否需要看品牌知名度与 3pseller 账户的表现。

亚马逊 VC 账号对店铺的购买转化率有很大的帮助，有些卖家甚至不惜花费巨资购买 VC 账号，但是由于后续运营没有达到要求，买过来不久后就被封号了。因此，在亚马逊上做运营需要认清运营的规则，挑战底线、挑战规则的账号，很难走得长远。

（资料来源：雨果网，https://www.cifnews.com/article/35173）

【练习与思考】

1. 亚马逊个人卖家与专业卖家的区别是什么？
2. 简述亚马逊全球开店专业卖家所需要的注册资料。
3. 简述亚马逊专业卖家账号的注册流程。
4. 亚马逊判断账号关联的因素是什么？

第 4 章

跨境电商选品

【学习目标】

1. 理解"选品"的作用和重要性
2. 了解亚马逊平台的选品倾向
3. 理解并掌握"选品"的基本原则
4. 掌握"选品"的步骤和技巧,并能尝试性地进行选品

【思维导图】

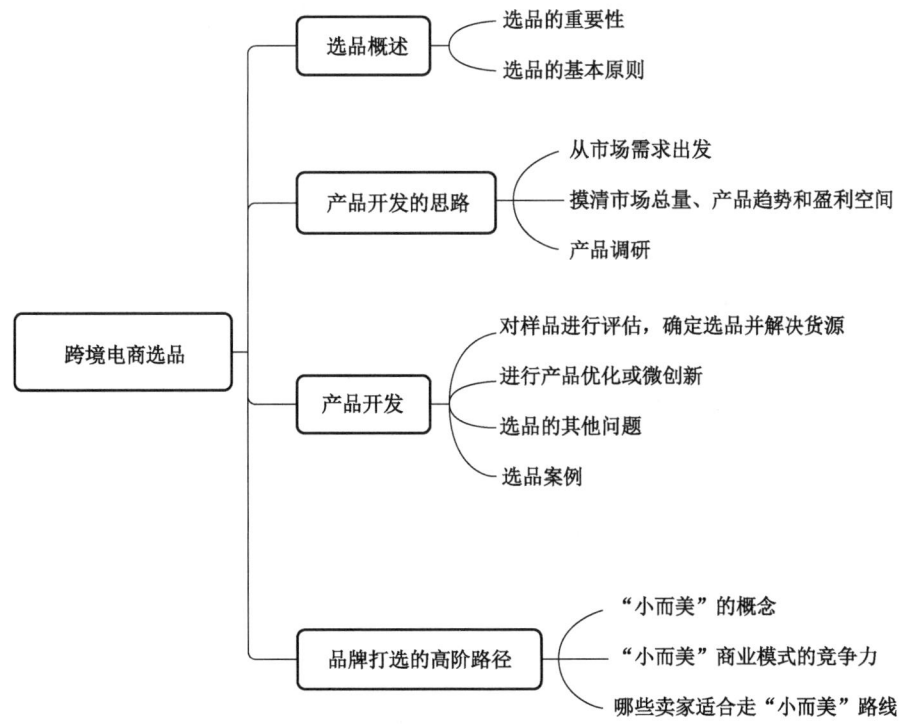

【导入案例】

小余是从 2018 年通过招商经理入驻亚马逊的。分享入行以来的经验,小余认为,自己从一个什么都不懂的新手上路,一路上算是踩了许多坑。特别是前半年,单量不大的情况下,甚至都有些灰心。在熟悉平台规则和选品方式后,慢慢地,小余的销量有了起色,目前每天销量稳定在二十来单。

小余做的是美国站和日本站,这一年来大概投了十几万。小余说,如果以现在的认知水平从头做亚马逊的话,可能只要一半的投入就能做到目前的程度。

总结自己作为新手踩的坑,小余说,其实归根结底还是选品的问题。因为不太熟悉国外的情况,我们在国内看到的和在国外看到的不太一样。就产品而言,大家的审美不太一样,生活习惯也不太一样。

一开始,小余认为自己家住山东,山东和日本纬度差不多,应该比较了解日本,真正选品的时候发现差别还是挺大的。刚开日本站那会儿,快到雨季了,小余就上了一批折叠伞,结果完全卖不动。后来发现原来日本人喜欢用长柄伞,而且是透明的那种,这样的伞在日本只卖100日元一把,折合人民币才六块多,难怪小余的折叠伞卖不动。

再说美国站。一开始,听别人说厨房用品好卖,小余就选了两种厨房秤,每种进了20个发到美国 FBA 仓。厨房秤进价便宜,十几块钱一个,体积和重量也不大,在美国卖 10~20 美元。但是等到自己做广告开始销售就发现,一个广告点击一美元多,如果两三个点击都没出单,那就亏本了,新品转化率又很低,10 个点击可能也赚不来一个成交。这个产品一开卖就不太好,后来直接下架清仓了。

小余总结,千万不要听别人说哪个好就做哪个。因为别人卖得好,可能是已经做了许多年,已经是老账号了,或者是舍得花大价钱做推广,如一美元一个点击,别人也愿意一天花上几百美元去推广。如果是小卖家,想低成本进入亚马逊,千万不要在意别人卖的是什么,最好的方法是先从自己熟悉的行业入手,或者身边有产业带的地区入手,这样进货也方便。虽然很多人从阿里巴巴进货,但实际上阿里巴巴上的好多东西其实并不是那么全,而且同质化太厉害。如果身边就有产业带,甚至可以定制产品。

另外,小余想给大家提个醒,现在亚马逊也不是那么好做的,尤其从零起步的"纯小白",如果先有其他跨境电商平台的经验再来做亚马逊,也许会容易一点。因为做亚马逊第一是要压货的,压货就是压钱,首先得准备一部分资金。过后还需要补货,那就还得有备用资金。小余说,新手做亚马逊的难度比较大,不过,也不排除有天分的人,或者说运营能力特别强的人,上来就可以做起来。

从小余的案例来看,作为新手,小余显然缺乏对品类进行数据调研的能力。为了避免在选品上"踩坑",卖家需要做足产品调研的工作,这是产品开发前非常重要的一步。

(资料来源:作者根据相关资料整理)

4.1 选品概述

4.1.1 选品的重要性

跨境电商通过电商从事跨境贸易。跨境电商与传统贸易的区别在于"电商",而"电商"的本质在于"零售","零售"的核心是"运营"。

在跨境电商的四大核心要素(产品、渠道、运营、供应链)中,产品是核心中的核心,没有好的产品,一切都是零;如果选的产品没有市场,就算后期运营能力再强也难有作为。从这一点上看,选择比努力更重要。

特别是对于亚马逊平台来说,其重产品、轻店铺的平台倾向性,决定了卖家只有实实在在地在产品品质上下功夫，才能真正提升自身的竞争力。

4.1.2 选品的基本原则

对于跨境电商来说，选品的基本原则包括：
- 高利润；
- 市场规模；
- 可控性；
- 避免侵权产品/平台违禁品。

利润往往是一些中小卖家在选品环节最关心的一点。例如，很多像手机壳/数据线等 3C 类的红海产品，虽然市场需求巨大，但是如果没有一定销售规模支撑的话，新入局的卖家就很难有利润，甚至会因为前期缺乏全面的成本分析，导致后续运营过程发生亏损情况。所以在选品一开始，就要特别关注高利润且竞争相对较小的利基产品，结合自身资源条件，选择具有一定技术壁垒和运营门槛、存在成本优化空间的产品。

利润之后需要考察市场规模。市场规模可以直观体现在搜索量、销售量及卖家数量上，市场规模越大，机会越多。充分竞争的产品线往往意味着巨大的市场需求存在，所以新卖家不用害怕竞争，只要做好产品定位和差异化，就有机会在激烈的市场上获得成功。

可控性是很多卖家容易忽视的一点，它包含供应链可控、售后可控、风险可控、成本可控等要素。供应链可控指对选择的产品必须有足够的供应链把控能力，包含产能、交期、质量。很多卖家会在 1688 等平台上选择供应商和产品，但是经常忽略对工厂进行供应链可控性的必要评估，这就会造成后期产品销售经常断货、产品不同批次质量参差不齐等问题发生，而这些都是在运营过程中十分致命的，有可能因为一次断货、一个差评造成无可挽回的巨大损失。售后可控则主要是考虑到跨境电商本身的局限性，很多时候卖家是全球销售，因此不可能为每个市场都配置强大的售后服务团队，这就限制了很多诸如大型设备、精密器械、安装使用比较复杂的产品在平台上的销售。因为后续的售后维护成本极高，这类产品销售出去只是第一步，如果缺乏本地售后服务团队的支持，卖家最终都会因为客户退货或要求赔偿而损失大部分利润。

众所周知，国外对知识产权的保护十分重视，亚马逊则更甚，一旦接到侵权的举报投诉，第一时间下架产品，再让双方协商解决（这样就能使平台自身可能承担的风险降到最低）。所以，如果前期在选品阶段没有认真做好详尽的调查了解和专利查询，意味着为了追爆款、蹭热点，贸然上新存在侵权风险的产品，其结果轻则产品下架，重则店铺关闭、货款冻结。另外，也要加强对平台各项政策的了解，不同平台因为各自定位及所在区域的宗教文化差异都有明令禁止销售的产品清单，如危险品、电子烟、酒精、包含色情、种族歧视等内容的产品都是各大平台不能触碰的红线。

4.2 产品开发的思路

早期的跨境电商卖家，多采取"铺货模式"，即不分类目、多店铺重复上架海量产品，为的是让新品获得更多曝光并快速占领市场。但是相比于"精品模式"，这种做法的弊端也很明显。

首先对于卖家而言，"铺货模式"往往只能采购工厂现货，这意味着在产品上没办法做出更多差异化，力图以数量而不是质量取胜，势必让后续产品运营的精力分散、目标模糊，如果再没有系统支撑，重复上架工作会消耗大量人力和时间，虽然短期内可能有立竿见影的效果，但从长远看，靠堆砌同类产品信息所获得的流量和销售很难持续，顾客也得不到沉淀，最终不可避免地陷入价格战的困境。

其次对于平台而言，大量重复的数据会造成平台商品同质化严重，服务器不必要的负担加重，同时增加了消费者选购目标商品的难度，严重影响购物体验，这是平台不愿意看到的，因此亚马逊禁止相同产品重复刊登，取而代之的是跟卖的模式，即一个商品页面可以有多个卖家售卖，卖家通过争夺黄金购物车获得订单。

当然，并不是所有平台都排斥"铺货模式"，相反有些平台鼓励卖家多上 sku，如东南亚的购物平台 Shopee 就要求入驻新卖家要完成 50 个 Listing 的上架任务。其他的还有 Wish、eBay、速卖通等这些平台都非常适合选择"铺货模式"的卖家。存在即合理，因此孰优孰劣、选择哪种模式并没有绝对的答案，卖家需要根据自身战略定位及平台特点选择最适合自己的产品开发思路。

以下谈谈对于目前没有工厂，有产品开发需求的新卖家的选品思路。对于已有工厂，供应链已具备优势的卖家来说，选品策略详见"4.4 品牌打造的高阶路径"一节。

4.2.1 从市场需求出发

1. 认识市场需求

卖家要认识市场需求，在充分了解市场需求的前提下进行选品。这看似简单的经济学常识往往是中国卖家最容易忽视的。多数卖家会以为，既然强调产品，那么就选自己熟悉的、有资源的产品。不熟不做是有道理的，但卖家更需要考虑自己手头上的产品是否有足够大的市场空间，如果有，那就最好不过了；如果没有还去开发的话，那等于浪费时间与资源。比如，跨境电商刚兴起时，有卖家想出售中国的特色商品，如旗袍，但纵观各大跨境电商平台，旗袍并不是销量爆款，甚至连曝光量都很少。这是因为旗袍虽然独具特色，但外国人，特别是西方欧美国家的女性身材相对较丰腴，很难像中国女性那样驾驭旗袍。

卖家要时刻注意，我们关注的是国外目标市场。有些产品在国内受众不多甚至很少见，但可能在国外是刚需必备品。例如，美国人喜欢家庭出游，大概一年都会有一到两次全家出游露营度假的计划，户外用品如帐篷、钓具等都是当地电商平台非常受欢迎的产品。因此卖家要时刻保持对目标市场的洞察力，精准把握市场消费者需求，才能在选品时少走弯路。

2. 选品建议

什么产品在亚马逊平台上畅销呢？显然来自亚马逊官方的数据更具说服力。

表 4-1 是亚马逊官方基于美国站 2018 年四个季度（Q1、Q2、Q3、Q4）内部大数据给出的家居品类的选品参考。

表 4-1 亚马逊美国站 2018 年家居品类选品数据

高增长潜力产品 Q1	高增长潜力产品 Q2	高增长潜力产品 Q3	高增长潜力产品 Q4
人造花	空气净化器	枕头套与床罩组	圣诞树吊饰
窗户清洁用品	除湿机	除湿机	绒毛毛毯
衣橱收纳器	枕头套与床罩组	家用扫地机器人	圣诞树

续表

高增长潜力产品 Q1	高增长潜力产品 Q2	高增长潜力产品 Q3	高增长潜力产品 Q4
沙发垫	气垫床	装饰用壁砖	圣诞装饰
床垫	海滩巾	重力毯	香蕉机
浴室用地毯	户外用风扇	枕头套	重力毯
滤水器	相框	枕头两件组	暖炉
收纳盒	个人用电扇	装饰用挂毯	线灯
窗用隔热纸	桌布	鸭绒床罩套组	蜡烛
便当盒	咖啡杯	午餐袋	空气炸锅
食物储存盒	醒酒器	便当盒	酒杯
装蛋器	塑料盘	食物储存盒	电子锅
塑料杯	平底杯	保温杯	马克杯
蛋糕转盘	杯用保冷带	运动用水杯	搅拌机
滤水器滤芯	冰棍模具	菜刀	电水壶
微波炉	购物袋	餐具组	调酒用具组
电水壶	制冰机	空气炸锅	红酒开瓶器
咖啡机滤芯	肉块测温计	杯垫	咖啡机

资料来源：亚马逊宣讲会官方材料。

从时间上来看，亚马逊美国站家居品类重要促销节日时间轴如表 4-2 所示。

表 4-2　亚马逊美国站家居品类促销节日时间轴

母亲节	父亲节/毕业季	离校季/开学季	年终大促
4—5 月	5—6 月	7—9 月	10—12 月
重点选品：茶具、咖啡用具，厨房用品	选品主要集中于户外用品、夏日相关选品、父亲节及毕业相关礼品	重点选品集中在家具装饰及日常生活用品	感恩节、黑五、圣诞节会带来家庭礼品的单量大爆发

注：离校季是针对毕业生首次投入职场，并在外租住所衍生出的销售机会。黑五类似于国内的双十一，是年底进行大采购的日子。

此外，运动服饰、连衣裙、西服/燕尾服、腰带、孕妇服、T 恤、内衣、新奇衣物、内裤、衬衫、塑身内衣、配饰也是亚马逊官方给出的美国站时尚品类长青选品品类建议。

3. 选品阶段可借助的工具

亚马逊并未在商品页面上显示具体的销售数据。因此，卖家只能通过其他渠道或方法来推断商品的销售情况，如历史评价数量、销售榜排名等。由于亚马逊很多数据并没有对外开放，因此市面上催生出了许多专门为卖家提供各种平台数据的第三方工具，这些数据大部分是基于爬取亚马逊页面公开的基础数据再结合工具自身设计的算法所做的模拟和预估，与真实数据存在一定误差，只能作为参考。

选品阶段非常考验卖家的数据获取和分析处理能力，成功的卖家常常能从纷繁复杂的海量数据面前打捞出新的商机。对于还没有具体产品开发方向的新卖家而言，可以从更宏观的角度、从平台整体销售上借助以下榜单和工具来获得。

（1）Amazon Best Sellers（亚马逊销售榜）。

亚马逊大类销售榜对应的网址为 https://www.amazon.com/Best-Sellers/zgbs/，如图 4-1 所示，在这里除了能看到亚马逊所推荐的若干大类的销售榜，还能一并看到 New Releases（亚马逊新品榜）、Movers & shakers（亚马逊飙升榜）、Most Wished For（亚马逊收藏榜）、Gift Ideas（亚马逊礼物榜）。

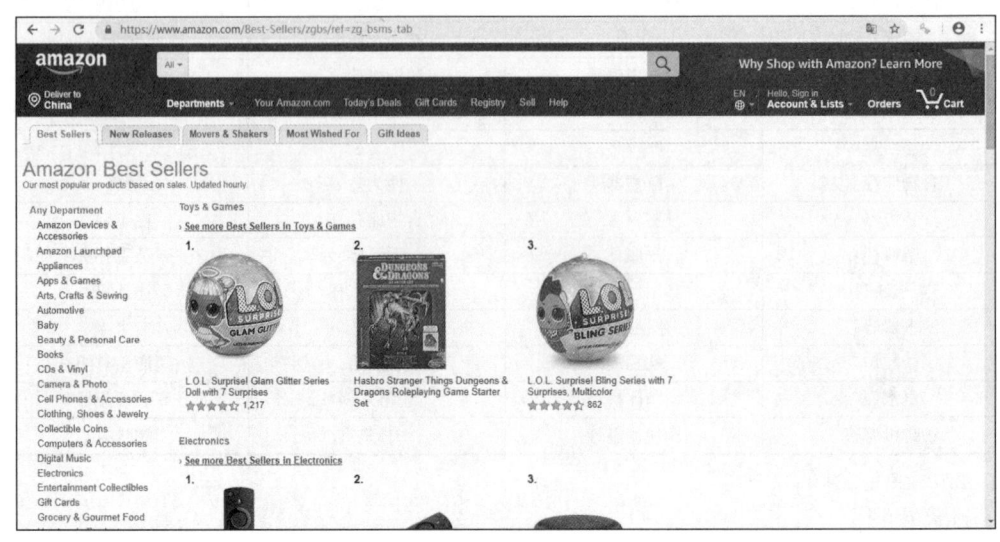

图 4-1

（2）New Releases（亚马逊新品榜）。

通过新品榜，卖家可以知道现在最新、最热的产品有哪些。在分析时结合季节、节日、推广等因素，可以对热卖品及趋势有所判断。

亚马逊新品榜对应网址为 https://www.amazon.com/gp/new-releases。

（3）Movers & Shakers（亚马逊飙升榜）。

通过飙升榜，卖家可以知道哪些商品在过去的 24 小时内有大幅上涨，并结合季节、节日、推广综合判断。

亚马逊飙升榜对应网址为 https://www.amazon.com/gp/movers-and-shakers。

（4）Most Wished For（亚马逊收藏榜）。

通过收藏榜，卖家可以知道哪些商品是大家所需要的。

亚马逊收藏榜对应网址为 https://www.amazon.com/gp/most-wished-for。

（5）Gift Ideas（亚马逊礼物榜）。

礼物榜是很有意思的一个榜单，为了避免错过某个重要的节日或是某人的生日，用户可以选择提前购买并把地址填成对方的地址，这样对方就能准时收到礼物。通过礼物榜，卖家可以知道西方节日有哪些畅销产品，作为选品参考。

亚马逊礼物榜对应网址为 https://www.amazon.com/gp/most-gifted。

（6）Deal of thd Day（亚马逊黄金秒杀）/Lightning Deals（亚马逊闪销）。

Deal of thd Day 与 Lightning Deals 都是亚马逊上的限时促销活动，所不同的是前者持续时间为 24 小时，后者为 4 小时。如果卖家的某种产品符合促销活动的要求并获得了亚马逊系统的推荐，就可以向亚马逊提出申请，加入促销活动中，并获得数以百万计的访问量。通过每日促销，卖家可以知道哪些产品更容易实现在亚马逊平台的大卖。

Deal of thd Day 及 Lightning Deals 对应的网址均为 https://www.amazon.com/gp/goldbox。

（7）kickstarter/Indiegogo（全球最大的两个众筹网站）。

kickstarter 与 Indiegogo 是全球最大的两个众筹网站，非常适合具有独特创意的产品进行项目筹资。众筹模式将成为未来商业增长的新模式，前景可期。众筹网站上筹款成功的项目一定程度上反映出明确的消费需求，代表了未来产品的更新迭代方向。卖家可以特别关注这些项目，并作为选品参考。

kickstarter 与 Indiegogo 对应网址分别为 https://www.kickstarter.com/; https://www.indiegogo.com/。

（8）Ebay Daily eBay（每日促销）。

Ebay Daily 是 eBay 平台上的每日限时促销活动，eBay 与亚马逊都是跨境电商大平台，主要客户群体都是北美用户，因此 eBay 平台上的每日大促产品对于亚马逊选品也有参考意义。

eBay 每日促销对应网址为 https://www.ebay.com/rpp/globaldeals。

（9）第三方的亚马逊产品开发数据分析工具。

前面谈到，由于亚马逊并未在商品页面上显示单个商品的销售数据，因此还催生出了许多第三方工具，专门为卖家提供亚马逊上的销售数据。目前有许多第三方能根据大数据进行选品推荐。有些第三方工具还能帮助卖家，在设定多个条件（如选定大品类、销售价格、运送方式）后，根据大数据进行选品推荐。这样的工具有 JungleScout、BigTracker、AMZScout、亚马逊船长、紫鸟、卖家精灵等，其中有些需要付费使用。

4.2.2　摸清市场总量、产品趋势和盈利空间

选品的大类确定之后，接下来卖家就应该去了解此类产品大致的市场总量、产品热度趋势及产品价格、排名、销量及利润空间。

1. 市场总量

直接在亚马逊主页搜索框中输入关键词，搜索后会有这类产品的总数量和产品显示，总数量越大，证明这类产品的市场竞争越激烈，如图 4-2 所示。

图 4-2

注：当用户在搜索框里输入关键词时，在下拉框里会出现系统推荐的关键词，这些关键词正是亚马逊用户频繁查找的产品，也可以作为选品的参考。

亚马逊平台上不缺好产品，同时也挤满了中国卖家，不少卖家还建立了品牌保护，怎么看都是红海一片。其实，红海里也有商机，一个行业或类目之所以变成红海，是因为它的规模与市场需求足够大。卖家如果能在产品上做出细节的差异化，肯定也会有盈利的空间。蓝海行业，竞争相对较小，但搜索量也比红海少很多，如果进入蓝海，卖家需要进行更多的搜索，承担更多的开发工作，蓝海也不会永远存在。因此选择红海还是蓝海，关键在于产品有没有盈利空间。

2. 产品热度趋势

我们还可以借助 Google Trends 这个工具来查看产品的热度。Google Trends 能够显示关键

字在一段时间里的相对受欢迎程度。虽然它并不能完全代表在电商平台上的搜索热度，但基本趋势和电商平台的搜索热度是变化一致的。基本上，搜索频度在 50 以上的，就代表是大热的商品。

- Google Trends 的网址为 "http://www.google.com/trends"，查询方式：输入行业或产品关键词、国家、时间。

【案例分析】

以关键词"backpack（背包）"为例，搜索其在美国市场的热度。随时间变化热度、区域热度及相关搜索词"cooler（午餐包）"，结果如图 4-3 所示。从去年一整年时间变化的热度趋势来看，"backpack（背包）"的搜索热度主要在 7 月初到 8 月底间有一次高峰，其他时间变化不大，"cooler（午餐包）"的搜索热度则主要从 4 月初到 8 月底间有小幅上涨，其他时间变化不大。

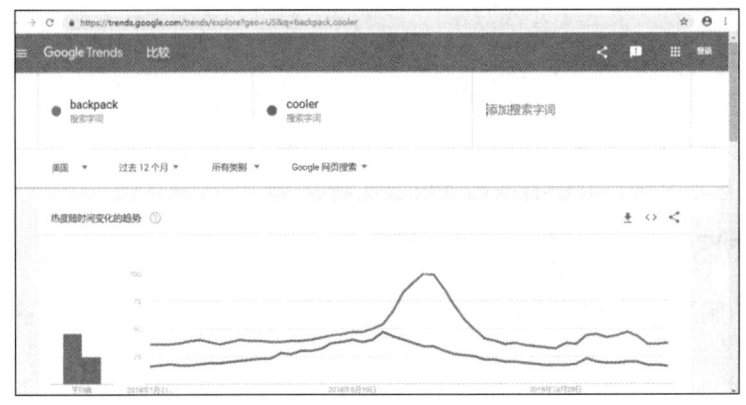

图 4-3

注：此外，Google Trends 还有地区搜索功能，如图 4-4 所示，还可以进一步细分区域进行搜索。关注度与销量基本保持一致，从地区搜索热度大致可以推断出在哪些州销量更高，这可以帮助卖家更好地进行库存的部署。

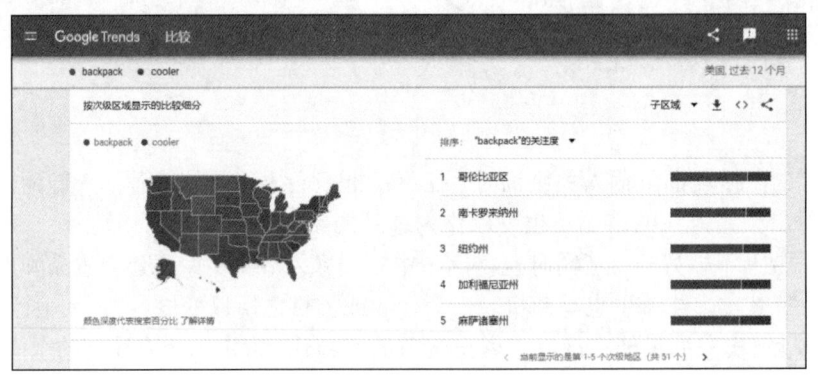

图 4-4

3. 产品价格、排名、销量及利润空间

若想知道一类产品的利润空间，可以尝试使用工具来辅助判别，再对比国内阿里巴巴网站

（https://www.1688.com/）上这类产品大致的价格，再加上产品运费、平台佣金等，就大概能推算出这类产品的利润空间了。

Jungle Scout 是一个第三方的亚马逊产品开发数据分析工具，可以帮助亚马逊卖家快速分析产品排名和获取产品实时销量数据。目前业内使用较多，功能需要付费。类似的工具还有 MerchantWords、数据脉、亚马逊船长、紫鸟、卖家精灵等，其中有些需要付费使用。

工具网址为 https://www.junglescout.cn（需要付费才能使用）。

查询方式分为网页版和 Chrome 插件版。

【案例分析】

以关键词“daypack（背包）”为例，在搜索栏输入关键词“daypack（背包）”后，结合亚马逊 Best Sellers，通过 Jungle Scout 插件，可得平均月销售量、平均销售排名、平均销售价格、平均评价量，如图 4-5 所示。

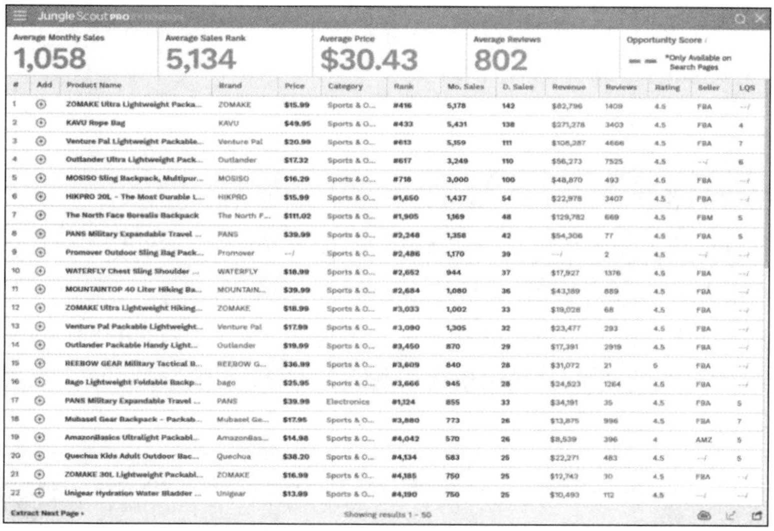
Jungle Scout PRO

Average Monthly Sales	Average Sales Rank	Average Price	Average Reviews	Opportunity Score
1,058	5,134	$30.43	802	— — *Only Available on Search Pages

#	Add	Product Name	Brand	Price	Category	Rank	Mo. Sales	D. Sales	Revenue	Reviews	Rating	Seller	LQS
1		ZOMAKE Ultra Lightweight Packa...	ZOMAKE	$15.99	Sports & O...	#416	5,178	142	$82,796	1409	4.5	FBA	--/
2		KAVU Rope Bag	KAVU	$49.95	Sports & O...	#433	5,431	138	$271,278	3403	4.5	FBA	4
3		Venture Pal Lightweight Packable...	Venture Pal	$20.99	Sports & O...	#613	5,159	111	$108,287	4666	4.5	FBA	7
4		Outlander Ultra Lightweight Pack...	Outlander	$17.32	Sports & O...	#617	3,249	110	$56,273	7525	4.5	--/	6
5		MOSISO Sling Backpack, Multipur...	MOSISO	$16.29	Sports & O...	#718	3,000	100	$48,870	493	4.5	FBA	--/
6		HIKPRO 20L - The Most Durable L...	HIKPRO	$15.99	Sports & O...	#1,650	1,437	54	$22,978	3407	4.5	FBA	--/
7		The North Face Borealis Backpack	The North F...	$111.02	Sports & O...	#1,905	1,169	48	$129,782	669	4.5	FBM	5
8		PANS Military Expandable Travel ...	PANS	$39.99	Sports & O...	#2,248	1,358	42	$54,306	77	4.5	FBA	5
9		Promover Outdoor Sling Bag Pack...	Promover	--/	Sports & O...	#2,486	1,170	39	--/	2	4.5	--/	--/
10		WATERFLY Chest Sling Shoulder ...	WATERFLY	$18.99	Sports & O...	#2,652	944	37	$17,927	1376	4.5	FBA	--/
11		MOUNTAINTOP 40 Liter Hiking Ba...	MOUNTAIN...	$39.99	Sports & O...	#2,684	1,080	36	$43,189	889	4.5	FBA	--/
12		ZOMAKE Ultra Lightweight Hiking...	ZOMAKE	$18.99	Sports & O...	#3,033	1,002	33	$19,028	68	4.5	FBA	--/
13		Venture Pal Packable Lightweight...	Venture Pal	$17.99	Sports & O...	#3,090	1,305	32	$23,477	293	4.5	FBA	--/
14		Outlander Packable Handy Light...	Outlander	$19.99	Sports & O...	#3,450	870	29	$17,391	2919	4.5	FBA	--/
15		REEBOW GEAR Military Tactical B...	REEBOW G...	$36.99	Sports & O...	#3,609	840	28	$31,072	21	5	FBA	--/
16		Bago Lightweight Foldable Backp...	bago	$25.95	Sports & O...	#3,666	945	28	$24,523	1264	4.5	FBA	--/
17		PANS Military Expandable Travel ...	PANS	$39.99	Electronics	#1,124	855	33	$34,191	35	4.5	FBA	5
18		Mubasel Gear Backpack - Packab...	Mubasel Ge...	$17.95	Sports & O...	#3,880	773	26	$13,875	996	4.5	FBA	7
19		AmazonBasics Ultralight Packabl...	AmazonBas...	$14.98	Sports & O...	#4,042	570	26	$8,539	396	4	AMZ	5
20		Quechua Kids Adult Outdoor Bac...	Quechua	$38.20	Sports & O...	#4,134	583	25	$22,271	483	4.5	--/	5
21		ZOMAKE 30L Lightweight Packabl...	ZOMAKE	$16.99	Sports & O...	#4,185	750	25	$12,743	30	4.5	FBA	--/
22		Unigear Hydration Water Bladder ...	Unigear	$13.99	Sports & O...	#4,190	750	25	$10,493	112	4.5	--/	--/

Extract Next Page ›　Showing results 1 - 50

图 4-5

从数据看来，对于 TOP100 的 Best sellers 来说，平均月销量 1058 个是一个不错的销量。平均价格 30.43 美元，对比 1688 上的价格 30～50 元，再扣除产品运费、平台佣金等，可以看出，“daypack（背包）”产品有着不错的利润空间。

4.2.3　产品调研

了解产品的市场总量和热度趋势后，接下来需要把目标从大类缩小定位至一个或几个目标产品，对目标产品的价格、排名、评论、库存、图标、图片、名称、描述、包装、链接、ASIN 码等信息进行调研，全面了解目标产品。

1. 分析产品的价格

分析产品的价格包括抢到“黄金购物车”的价格。价格直接关系到成本，只有产品单价符合卖家的店铺定位，才值得卖家花时间去进一步深入研究产品。另外，一些大件商品可能很畅销，如沙发，但它的体积大，相关成本如物流费用也会很高，一般的卖家还是无法承担的，那么可以直接放弃。如果产品的市场价格过低，可能没有利润，这些商品也不需要深入研究。

注：所谓"黄金购物车"，指的是一个产品在有跟卖的情况下，亚马逊通过自己的评价体系，使商品 Listing 的购物车按钮"Add to Cart"仅指向赢得"黄金购物车"的商家。黄金购物车不是固定不变的，根据亚马逊的测评结果常常变更。

2. 分析产品排名

产品排名是反映产品销量的最有效的参考指标，通过产品排名（如图 4-6 所示），卖家可以知道产品在某个产品类目中的位置，产品排名越靠前，证明产品越有竞争力；可以评估整体市场容量，也可以判断出某一个类目的竞争程度。

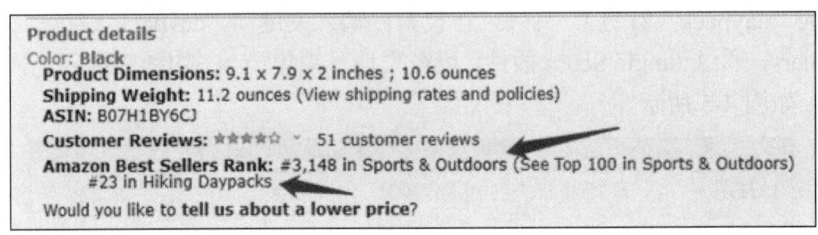

图 4-6

3. 分析产品的评论

评论的增长速度和内容有很大的参考价值（如图 4-7 所示）。当某个产品处在销售旺季或流行时段时，销量会增加，相应的评论数量增长也会加快。通过分析竞品的评论内容，也有利于卖家发掘现有市面上产品本身的品质状况、设计缺陷，从而了解客户深层次的诉求，在研发阶段对产品加以改进。但如果产品评论星级普遍低于 4 星，说明这款产品缺陷很多，就不用考虑作为选择对象了。

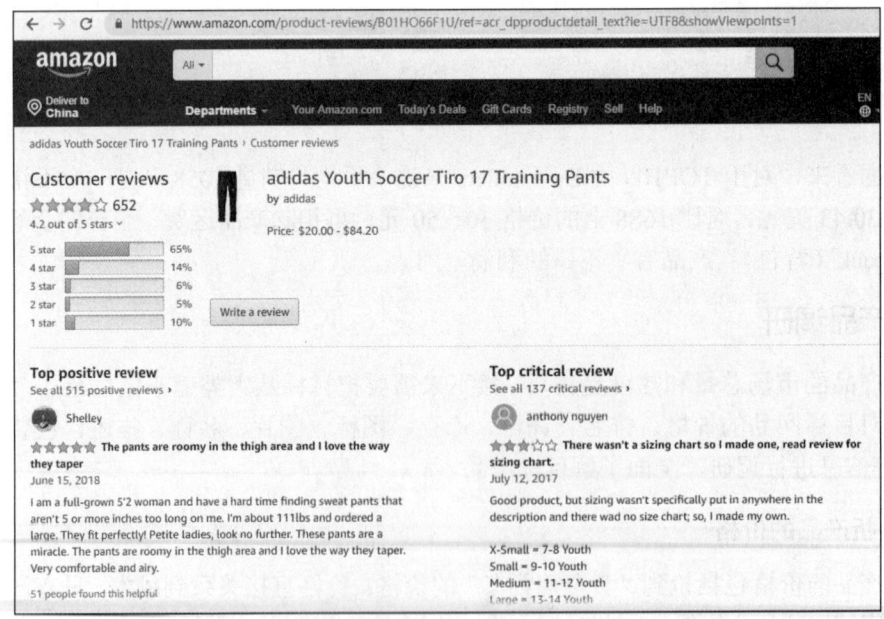

图 4-7

有些产品上架一两年，评论数量也就只有那么十几条，这时我们需要仔细查看同行近半年内评论的留评时间。我们要特别留意客户最近一个月的留评时间，如果该款产品最后一个评价的留评时间是 3 个月甚至更早的话，说明该款产品的搜索热度不够，客户没有太大需求，无须再考虑该款产品。

此外，要注意产品的首次上架时间和留评时间。如果大部分卖家的首次上架时间在近三四个月甚至更近的话，说明该款产品具备一定的市场前景。

4. 分析竞争对手的库存来推测销量

亚马逊尊重卖家的隐私，因此，在网页前端，普通用户是看不到产品销量的。美国用户没有留评的习惯，一个简便的测算方式是，如果这个产品有 N 个评价，这个产品大概就是 $N \times 100$ 的月销量。但这个数字并不精确。

产品的销量与排名有很大关系。新卖家想要了解某个产品较为精确的市场销量，可以将产品添加到购物车，通过测算竞争对手的库存，来推测出竞争对手的销量，至少观测一周时间，才能较为准确地评估这个产品的整体市场容量。或者也可以直接用第三方工具直接测出产品的销量。

注：如果一个产品在一段时间内销量比较高，但评论比较少，这种产品是值得关注的，因为它可能是一款很有潜力的还没有上升为"爆款"的产品。

5. 分析产品是否有注册品牌，可否跟卖

卖家需要注意产品是否为品牌产品，有无注册商标。如果有品牌保护，而卖家想要代理销售，可以跟在售的卖家进行沟通，看是否能拿到代理权或授权书。如果对方不肯授权，新卖家不一定非要选同款产品，可以找相似款的产品。这里所说的"找相似款"，并非是让新卖家去找仿货，而是建议新卖家去开发外观不同但功能一样或相类似的产品或升级产品。

6. 注意产品是否需要认证

一些类目是比较特别的，如某些母婴类用品，需要做强制性产品认证，如果卖家没有做认证的条件，也不建议做选品考虑。

通过分析竞争对手的各种数据，卖家可以判断哪些产品刚上市，哪些产品处在成长期，以及哪些产品处于成熟期，哪些产品处于衰退期。如果发现某一个产品在某一个细分类目下有很多卖家，而且几乎被"垄断"，那这个产品不适合开发，我们可以绕开它，去研究别的产品市场。如果对市场有很好的把握，对样品评估、采购、改进等后续开发环节将会有很大的帮助。

4.3 产品开发

至此，要开发什么样的产品就基本确定下来了。对于跨境电商新卖家来说，这是一个里程碑式的进展，因为选品至关重要，选对了就等于成功了一半。

4.3.1　对样品进行评估，确定选品并解决货源

1. 进行样品分析

经过对目标产品的价格、排名、评论、销量、商标等信息进行了解后，卖家就可以对产品进行下一步的评估了。必要时可以购买样品进行测试。比如，卖家看中了一个电路板，可以购买双面板与多层板的电路板，分别进行检测，看看两层的跟多层的构成零件有哪些差异，哪个产品的质量比较好。

2. 核算成本与利润，确定选品

一款产品经历了海选、调研、样品测试的历程之后，接下来，卖家应该核算它的成本和毛利情况了，这是非常关键的一步。

产品的成本，包括采购产品的成本、平台佣金、物流运费等方面的费用。

毛利方面，单个产品毛利=售价-采购成本价-运费-平台佣金费用-其他费用，其他费用包括推广费用、仓储费用、运营成本等。综合计算后，如果这款产品还有不小的盈利空间，那么这款产品就是可以开发的。

3. 解决货源

确定一款产品是可以盈利的，卖家就可以放心寻找货源了。找货源的方式有很多种，比如说卖家可以找到厂家或品牌代理商，或者在一些B2B平台找货源。

关于B2B平台，如国内的阿里巴巴（https://www.1688.com/），也有国外的，如欧洲黄页（https://www.europages.cn/）。大多数卖家的货源来自国内，有种叫作"一键代发"的方式，无须卖家操心产品出厂及物流跟踪问题。但有一点需提醒，亚马逊平台很重视知识产权、专利保护，有时会对产品或店铺进行审核，需要卖家提供采购发票或品牌授权书等，因此卖家在批量采购产品时要向源头供应商确认产品是否为原创，有无侵权风险，可否提供发票或采购单据，保障产品的真实性。

如果在网站上找不到好的货源（网站上找的货源也可能同质化严重不适合销售），卖家可以考虑与工厂合作，直接生产产品。如果是这种形式，找一家可靠的工厂就非常重要了。卖家要对工厂进行考察，再综合交货期、付款方式、包装、运费成本、地理位置等因素进行考量。这是很花时间与经历的过程，找七八家做对比也是常事，同时还会涉及更多的成本，如零件费用、工厂的人工和利润、产品运费等。

表4-3列出了一些国内产业带所对应区域，以供读者参考。产业带所形成的产业集聚效应，使得资源得到更合理、更有效的利用和配置。在产品的产业带选择工厂进行合作，选到好工厂、好产品的概率就会高很多。

表4-3　国内产业带对应区域

产　品	产业集群地	产　品	产业集群地	产　品	产业集群地
袜子	诸暨	3C数码	深圳	家纺	南通/盛泽
雪地靴	孟州/镇江	小商品	义乌	家具	佛山
鞋子	晋江/温州	五金	永康	渔具	威海
箱包	广州/白沟	LED灯饰	中山	泳衣	葫芦岛
服装	广州/石狮	电子配件	东莞	……	……

4.3.2 进行产品优化或微创新

如果通过各种渠道,卖家还是没有找到合适的货源,又或者是经过一段时间的销售后,发现当初看好的产品,其实并不是那么畅销,或者产品还存在着瑕疵,那么,卖家就可以对产品进行优化或微创新了。

这个步骤或许可以更早考虑进来,前面谈到,通过分析竞品的评论内容,也有利于卖家发掘产品本身的品质状况、设计缺陷,从而了解客户深层次的诉求,在研发阶段对产品加以改进。在目前的亚马逊平台上,这一策略往往能带来不错的战绩。

对于一些较为简单的产品功能,产品优化或微创新可能只需和工厂详谈,把方案定下来即可。但对于一些技术要求比较高的产品,如电子产品,它需要很强大的团队和重组资金。所以,卖家也需要先做好成本核算,开发的产品越精密,所需成本越高。

4.3.3 选品的其他问题

1. 对产品提前做好规划

当卖家的产品卖得不错的时候,竞争对手就会增加,同时利润也会下降,可能需要想更多的办法来应对可能出现的价格战,或者需要打造有差异化的产品来提高利润。所以,在选品前期,卖家需要提前做一些规划,如注册商标、建立品牌保护。前期工作做足了,后期会轻松一点,也可以减少风险。

2. 选品是一个不断更替的过程

对于产品的开发,可能卖家一开始物色了上百种产品,但经过反复筛选与对比,最终确定下来上架销售的也就两三款。同时,市场也是在不断变化的。可能今年流行的产品,明年就不流行了,到时也要寻找其他的产品来代替,重新开始新一轮的选品。

只要店铺还在运营,选品的工作就不会停止,虽然选出来的产品未必都适合市场,但卖家会获得诸多经验。

4.3.4 选品案例

A 公司已是亚马逊大卖家,所涉及产业以水上用品、户外用品居多。目前,A 公司计划试水户外背包领域。选品思路如下。

1. 大类选品

户外背包是日常装备,结合美国家庭每年都有一到两次全家出游露营度假的传统,在美国有着较大的市场。调研人员使用工具 MerchantWords 进行搜索发现,"daypack(背包)"的市场容量为 30 000 个以上,"hiking daypack(徒步旅行背包)"的市场容量为 10 000 个以上。"daypack(背包)"目前搜索量在 189 400,日搜索量/listing 数量 0.21,产品竞争程度较为激烈,产品没有明显的季节性,全年可售。工具 MerchantWords 的调研结果如图 4-8 所示。

AMAZON SEARCH	AMAZON SEARCH VOLUME	DEPTH	APPEARANCE	DOMINANT CATEGORIES
daypack	354,600	3	Evergreen	Luggage & Travel Gear
osprey daypack	35,900	3	Evergreen	Outdoor Recreation
daypack backpack	14,900	4	Evergreen	Outdoor Recreation
daypack for women	14,600	4	Evergreen	Outdoor Recreation
hiking daypack	12,000	7	Evergreen	Outdoor Recreation
packable daypack	11,700	5	Evergreen	Outdoor Recreation
daypacks for men	11,000	4	Evergreen	Luggage & Travel Gear

图 4-8

使用工具 Google Trends 进行搜索发现,"daypack（背包）"没有明显的季节性,全年可售,5、7、8、11、12 月份是使用高峰期,其余时间的销售热度基本维持在 50 以上,体现出较强的节假日属性,主要的销售区域:全美,没有地域性。近三年都维持较高的搜索热度。工具 Google Trends 的调研结果如图 4-9 所示。

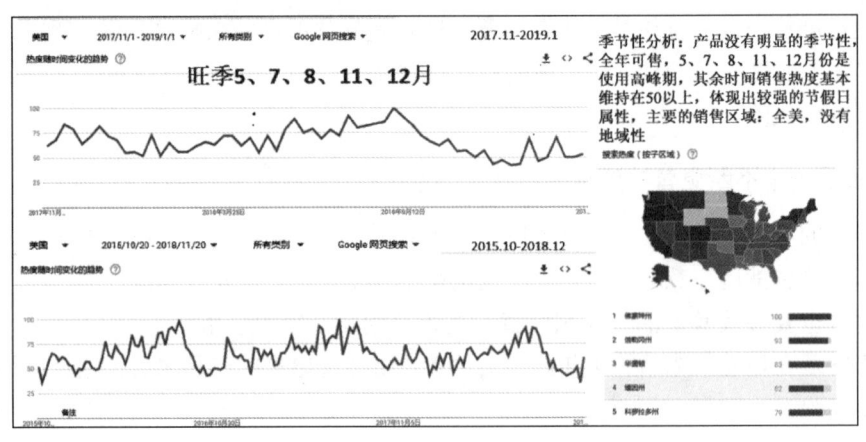

图 4-9

使用工具 Jungle Scout 对 Best Sellers 前 100 名进行搜索发现,"daypack（背包）"平均销售量在 1058 个,平均单价 30.43 美元,评价数量 802 条,且评价数量少于 100 条的较少,整体评价数量高于 500 条的居多,打分分值 4.5～5,另外基本以 FBA 为主,部分是亚马逊自营。"daypack（背包）"的市场容量大,且竞争激烈,如果能进入 Best Sellers 前 100 名,应该有不错的盈利空间。工具 Jungle Scout 的调研结果如图 4-10 所示。

2. 市场容量分析

从背包本身容积进行分类,市场产品可大概分为 20L、25L、35L、45L 四种。其中,容积为 20L～25L 的在 TOP100 占 4 位,零售价为 15.99～16.99 美元；容积为 35L 左右的在 TOP100 占 21 位,零售价为 18.99～21.99 美元；容积为 45L 左右的在 TOP100 占 2 位,零售价为 22.99 美元。从款式上看,大概集中在两种类型（如图 4-11 右下方所示）,主要颜色集中在：黑色、蓝色、灰色、橘黄、紫色、绿色。

图 4-10

图 4-11

3. 产品调研

了解产品的市场容量和趋势后，接下来就把目标缩小，定位这两类目标产品，对目标产品进行全面调研，全面了解目标产品。

（1）评价分析。

通过分析竞品的评价，可以发现竞品的缺陷主要集中在以下几点。

- 质量差。某些竞品的面料不够结实耐用；在做工上，车线不够牢固，最多的表现在拉链的车缝线，由于常常使用造成车线脱线，拉链与背包脱裂。
- 拉链。某些竞品采用了劣质拉链，在使用过程中用户感到不够顺滑。
- 尺寸。某些竞品尺寸与图片所展示的效果有出入，背包不够大。
- 内衬。某些竞品采用的是品质较差的材质，在使用一段时间后，内层防水薄膜材料脱落。
- 防水。某些竞品采用的材质不防水，无法抵御户外出行突如其来的雨雪天气。

（2）卖点分析。

竞品对手的卖点主要集中在：
- 轻巧随行，容积 35L 的背包重量仅 0.549 磅，内袋丰富，可轻松装纳旅行途中诸多杂物。
- 能将背包折叠收纳，变成一个零钱包大小，旅行出游途中更为方便。

（3）成本分析。

竞品一的平台佣金为 3.15 美元（亚马逊平台要收取 15%的佣金），运费 FBA 方式为 3.26 美元，总价 20.99 美元扣除这两项费用后，卖家收入为 14.58 美元。

竞品二的平台佣金为 3.15 美元（亚马逊平台要收取 15%的佣金），运费 FBA 方式为 3.25 美元，总价 20.99 美元扣除这两项费用后，卖家收入为 14.59 美元。

虽然一些广告营销费用和货品退损率尚未计算，但仍然可以看出，这两款产品有着不错的利润空间。

竞品对手的 FBA 运费和平台销售佣金如图 4-12 所示。

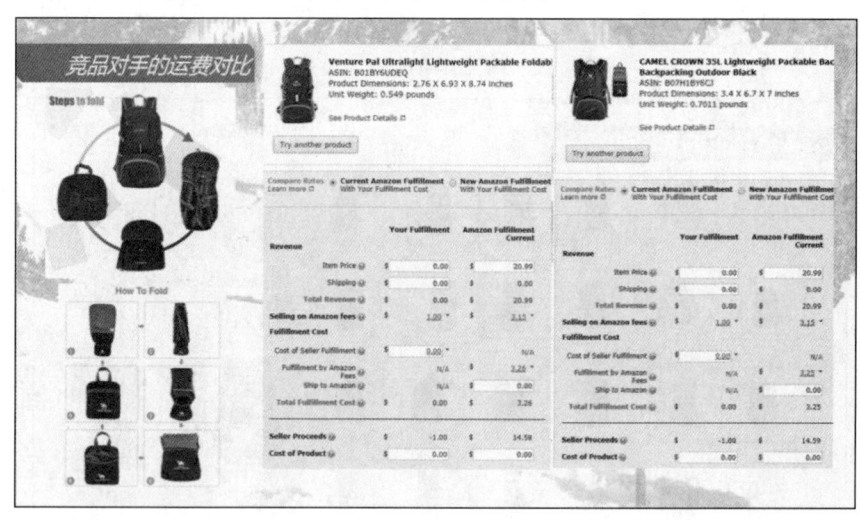

图 4-12

4. 对产品进行优化和微创新

从背包本身品质上看，背包品质好坏决定于下面几个要点：
- 是否有双层底布之设计。此特点可以大大延长背包的寿命。
- 是否有拖吊环、挂冰斧环。当需要多日的长途跋涉及行走时，是否有弹性容量的设计。
- 是否有压缩侧带之设计。当装备减少时，它可束紧背包，减少背包容量，以防止行动时背包内装备移位晃动影响行进平衡。
- 是否有可拆装侧袋。此特点可使背包容量弹性加大。
- 是否有胸带设计。在困难及恶劣地形，它可以防止背包移动。
- 如果背包是用于技术攀登或密林中，则应选择外形平滑的背包，以免被树枝或岩石缠绊。
- 背包的布料材质应坚固、耐磨，比较符合野外活动的需求。

至此，A 公司调研人员根据竞品调研的结果，推出三款不同背包。除了结合以上要点，共同优化点在于：

- 采用优质蜂窝布面料，该面料轻盈、结实、挺括、防水。
- 内袋丰富，方便收纳物品。
- 肩带加宽，使用时更具舒适感。
- 双开耐磨 SBS 金属拉链上再外加延长带，既美观又方便操作，还能减少拉链受力，延长其使用寿命。
- 在背包侧方添加 USB 接口，方便随时给手机充电。
- 竞品以背包小内袋作为收纳后的外袋，虽然折叠后体积小但并不方便操作；优化产品以背包外层口袋作为收纳后的外袋，虽然收纳后的面积稍大，但操作上更为简单，且不易损伤肩带。收纳袋表层添置网袋，方便放置随手物品。
- 在肩带上添加口哨，方便外出时召集同伴。

此外，A 公司调研人员对这三款产品做了差异化处理，以满足不同的群体需求。

款式一（如图 4-13 所示）：
- 颜色为深灰色，实物显得大气百搭。
- 上袋竖开口，更方便旅行途中随手取身份证、护照等物件。

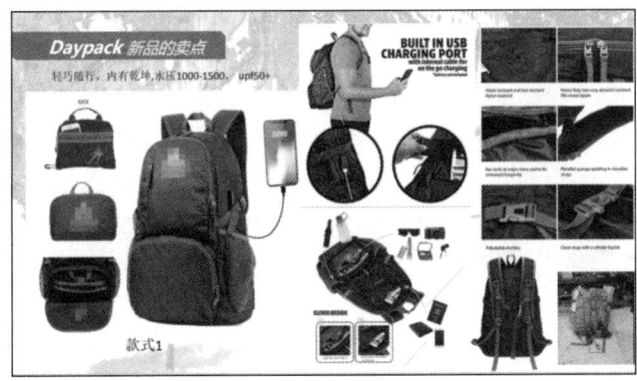

图 4-13

款式二（如图 4-14 所示）：
- 颜色为黑色，实用耐脏。
- 上袋横开口，更利于雨雪天气物品防水。
- 配有吊环，方便物件吊挂于背包上。

图 4-14

款式三（如图 4-15）：
- 颜色为橘色，视觉上更具活力。
- 配有吊环，方便物件吊挂于背包上。背包正中有吊环口。
- 加入水袋口及固定水管配件，方便徒步途中随时饮水。
- 背包底部及侧边加入反光条，夜晚出行更加安全。

图 4-15

三款背包的采购价、最小起订量、采购金额、零售价及利润率如图 4-16 所示。其中，利润率已扣除 FBA 运费、平台销售佣金、预计的广告营销费用和货品退损率等。

品名	图片	采购价 $	MOQ	采购金额 $	零售价 $	利润率
Packable Daypack 35L		5.93$/46rmb	2000	11860	19.99	32.14%
Packable Daypack 35L		6.06$/47rmb	2000	12120	20.99	33.91%
Packable Daypack 35L		6.32$/49rmb	2000	12640	22.99	36.99%

图 4-16

5. 产品上架计划

A 公司计划在 1 月向工厂下单生产，2 月、3 月即上架产品，辅以营销推广，5 月旺季伊始，期待产品能有不俗表现。

4.4 品牌打造的高阶路径

跨境电商发展至今，不同的跨境电商卖家已分化出不同的经营模式。甚至有的卖家以捕捉"风口"为运营模式，即通过数据捕捉"网红"产品，随即在国内大批量采购产品进行上架。这种模式要考虑产品生命周期较短、产品质量没有保障、供应链各环节不能保证等风险。

对于已有工厂、供应链具备优势的卖家来说,"小而美"是更持久、更高阶的品牌化经营办法。

4.4.1 "小而美"的概念

什么是"小而美"?

"小",是指"功能独特"、容易聚焦到某一"明确目标的消费群体"的商品。"小"并非针对商品的大小,或销售价格的多少。

"美",是指打造产品的卖家拥有自己的核心技术,能做出"颜值"高、品质好、个性十足的产品。相对"小"而言,"美"更是指深度,对消费者需求理解得越深入,商品就越"美"。

根据以上观点,"小而美"产品该具备的特点如下:

- 专注于细分领域,品牌个性鲜明,店铺定位、客户定位精准,但客户数量不少。
- 专注于产品,打造的产品是为了满足某个客户群体深层次的需求。产品的款式、颜色、材质、工艺必然都有专业的研发团队进行把控,产品的综合竞争指数远超同行。
- 专注于服务,在服务上做得很深入,能给买家良好的购物体验,这种服务甚至能够改变消费者的观念与选择。

让我们来看看,我们周围哪些商品是属于"小而美"的商品?

【案例1】:苹果手机(iPhone)

根据苹果的商品开发原则,苹果就是要做世界上最好的商品。("让我们继续保持心跳的东西是狂热地集中致力于制造世界上最好的产品。不是好的产品,也不是大量的产品,而是绝对的世界上最好的产品。"——摘自库克接受 NBC 访问的对话)这是一个容易聚焦的针对高端时尚人群市场的商品,苹果把某些功能,如工业设计、人性化的操作界面等做到了极致,并在市场上取得了成功。

但我们同样要理解,当这类商品普遍被大众接受,或者涌入过多的竞争者时,商品"小而美"的特性可能已经有了变化。例如,当智能手机普遍被大众接受时,这些"小而美"可能会失去某些特征,变成大众化商品。所以,商品"小而美"的特性不一定会一直存在。

【案例2】:Anker 移动电源

充电器本身是一个红海类目,产品众多,竞争激烈,但 Anker 的"小而美"策略运作得非常成功。

Anker 在细分用户需求上也做到了极致,推出了不同产品类型以满足不同用户的需求。

针对女性用户,Anker 推出一款迷你型的移动电源(如图 4-17 所示),类似一支口红的形状和大小,有黑色、银白、金色、亮粉和亮蓝五个颜色,在亚马逊上拥有超过 26 000 条评论,四星级以上评价近 90%,销量高居 Camera Flash Accessories 品类第一。

在实用功能方面,Anker 推出的五口 USB 充电器独具特色,五个接口可以同时为 5 个设备充电,Powder IQ 技术能够自动识别设备,更适用于西方家庭中为 iPad、kindle 等多种不同电子设备同时充电的需求。

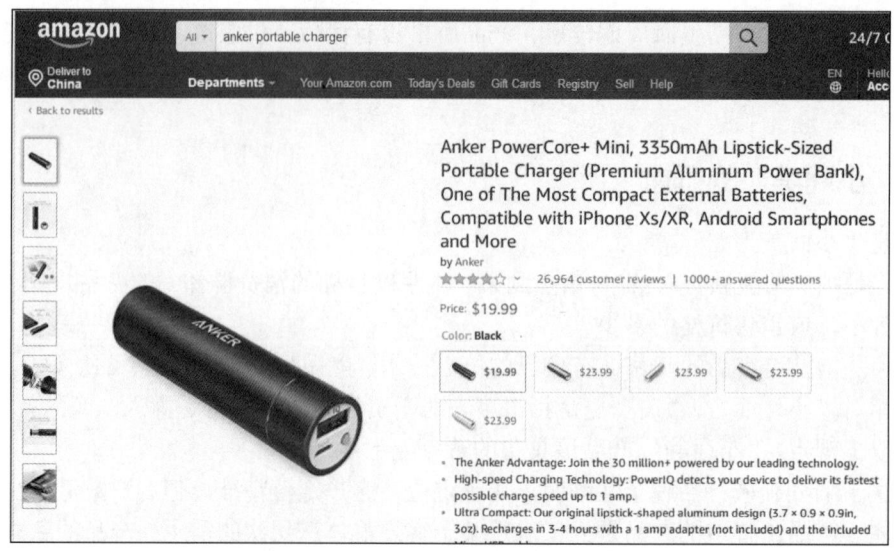

图 4-17

4.4.2 "小而美"商业模式的竞争力

在亚马逊平台上,卖家之间的竞争是十分激烈的,中小卖家想要存活,想要与各大品牌卖家争夺消费市场份额,一较高下,就要寻找适合自己发展的道路,"小而美"就是一条不错的出路。它有利于塑造品牌形象,提高销量。

"小而美"是一条有利于塑造品牌形象的道路。"小而美"的产品、"小而美"的服务,有利于口碑的传播,尤其是社交平台的口碑传播。有了口碑传播,品牌或产品自然会被越来越多的买家所熟知,那么忠实的粉丝就会越来越多。依靠忠实粉丝的口碑推荐、复购率及自然流量,可以轻松提高产品的转化率,也能够减少付费广告的支出。卖家可以借此突破令人困扰的价格战,将市场风险控制在一定的范围之内,以最小的成本获得最大的利润。

"小而美"模式的竞争力,很大程度上与产品的科技创新力相关。高科技创新力结合高质量,是在亚马逊平台上获得竞争优势的可靠路径。企业科技创新力的提升,能有效促进产业升级,推动经济高质量发展,也符合二十大"突出原创,鼓励自由探索,提升科技投入效能,激发创新活力,加强企业主导的产学研深度融合,提高科技成果转化和产业化水平"的导向。

4.4.3 哪些卖家适合走"小而美"路线

走"小而美"的路线,产品或服务的亮点多、竞争力强,店铺自然不缺流量和转化率。那么,哪些卖家适合走这条路呢?

1. 中小卖家

对于团队规模不大、投资规模有限、无法上架大量产品的中小企业(包括创业型的中小企业)来讲,如果"小而美"的路线走顺了,将来也可以往"大而美""大而全"的方向发展。当然,能不能成功走上"大而美"路线,很大程度跟市场需求有关。

2. 大卖家

"小而美"的路线同样也适合于大卖家。亚马逊的一些大卖家在有大量产品的同时也会专注于某个类目的产品,而大卖家打造起"小而美"的产品,也会更加得心应手。

另外,有些卖家刊登大量产品,类目繁杂,什么都卖,店铺像个百货超市,但销量却不见提升,产品同质化严重,在与同行竞争时,价格与服务方面也不占优势。这种类型的卖家不妨砍掉没有竞争力的产品,专注于某个细分领域,将某个类目的产品做好。

【本章小结】

本章介绍了跨境电商选品的原则和重要性,并从产品开发的思路、产品开发的步骤全面介绍了在亚马逊平台上选品的流程。在此基础上进一步介绍了在亚马逊上进行品牌打造的高阶路径。

【进一步阅读资料】

从选品角度看亚马逊日均 400 单的 Listing 成功案例

今天给大家分享一个平均一天卖 400 单的 Listing 单品。

这是一款电动的鼻毛修剪器(亚马逊 ASIN:B00E4PMQAO),售价是 17.95 美元。从图 4-18 的 Listing 来看,本产品已经获得了 8600 多个 Reviews,且亚马逊评分不错,4.3 分。

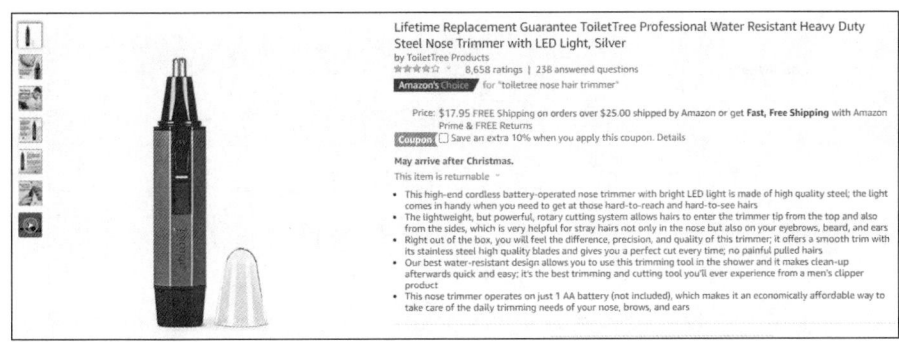

图 4-18

使用工具监测发现,这款产品已经在亚马逊美国站上卖了 1600 多天,排名还算稳定,基本上在 30 名以内,如图 4-19 所示。

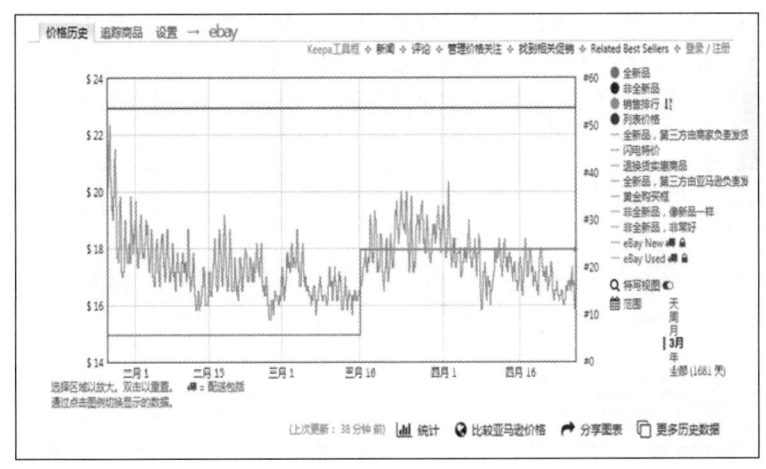

图 4-19

如图 4-20 所示,从 Listing 的详细介绍可知,这个 Listing 在美妆个人护理类目现在的排名是 14 名,在小类目排名是第 1 名。

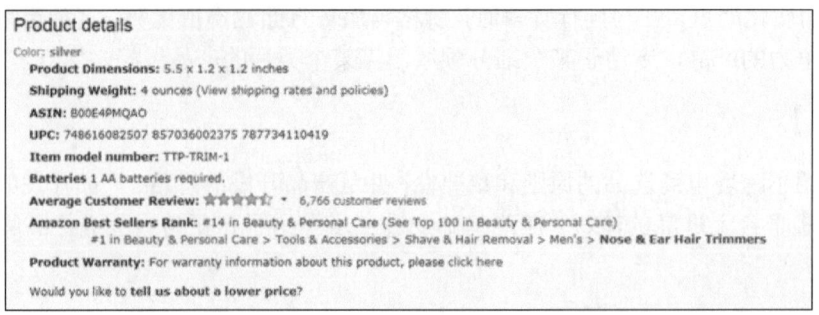

图 4-20

我们用工具监控这个 Listing 的销售数据,如图 4-21 所示,一个单品一天销售额在 400 单,足以支撑这个排名。

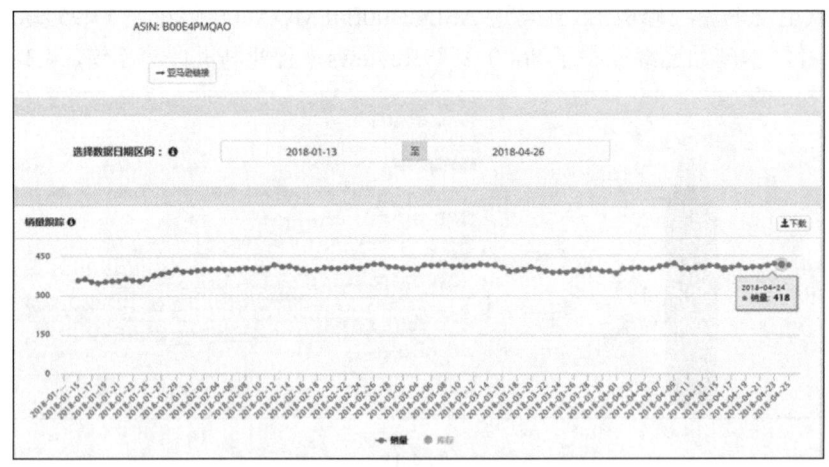

图 4-21

从选品的角度,我们在开始卖之前,其实是很想知道如何评估我们选择的产品以后可以卖多少单的,这里,建议大家可以先用工具查询一下,这些产品所对应的关键词的搜索量数据情况。如图 4-22 所示,含这款 listing 标题的 Keyword 关键词,其平均每个月的搜索量就有 38 万多。

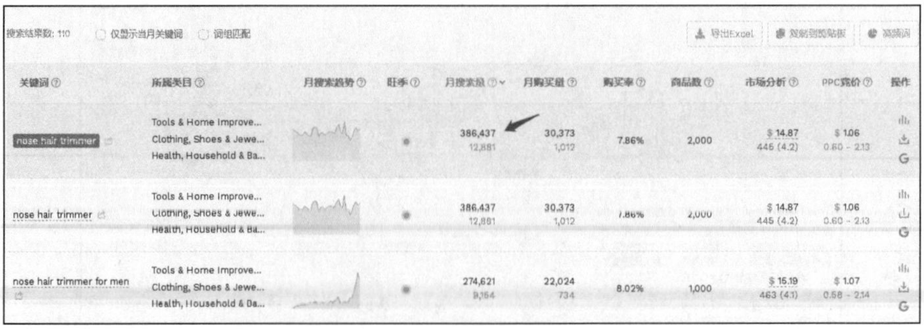

图 4-22

而这个产品的关联关键词搜索量，每个月有 80 多万人次，因此，如此巨大的市场需求，即使排名在 30 名以内，也足以支撑一天几百单的销售额。

当然，我们选品时，除了看市场容量，还需要计算这个产品的利润。

我们从 1688 上查看类似的产品采购价来估算这个产品的利润，如图 4-23 所示。

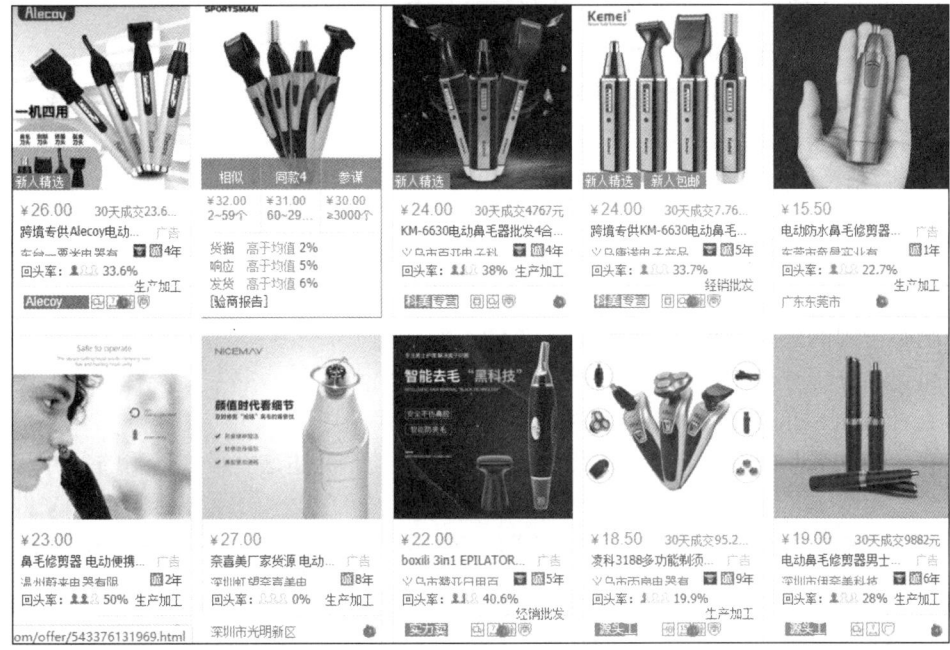

图 4-23

1688 货源报价数据大概预测，本产品的成本价在 20 元人民币左右，折合美元为 3.15 美元。接着，结合亚马逊物流收益计算器和经验，我们评估这一产品的利润情况如图 4-24 所示。

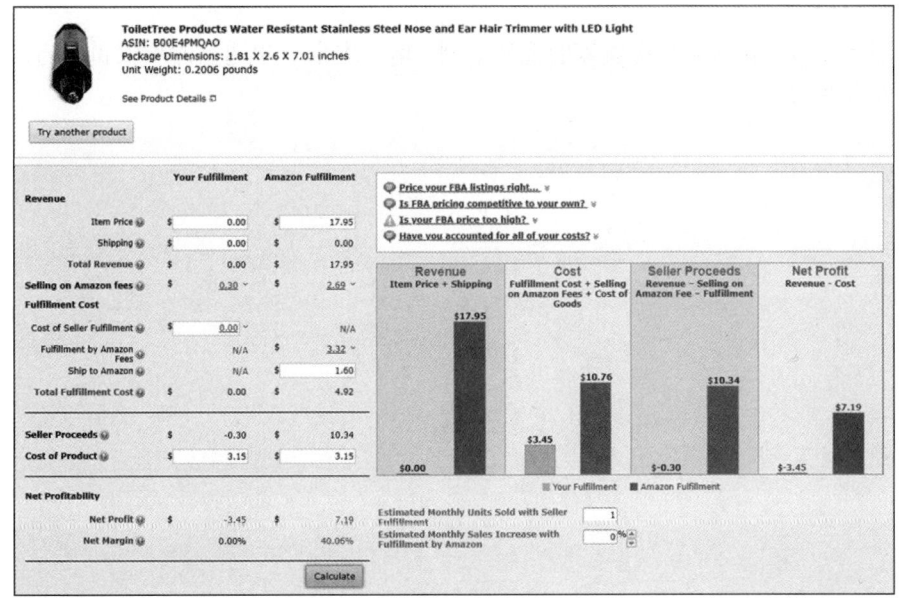

图 4-24

第 4 章　跨境电商选品　69

从工具计算可知，这个产品的利润率为 40.06%，每一单的利润在 7.19 美元。我们建议亚马逊新手卖家在选品的时候，要坚持高利润这个要求，这是保证亚马逊这个 Listing 盈利的关键要求。

这个案例可以给亚马逊新手卖家的启示：

（1）要想每天销售额大，就要选有市场需求的产品；

（2）要想把某个单品做好，做好 Listing 的排名很重要，而销量是排名提升的关键；

（3）做亚马逊卖家，不仅要追求销售额，更应该关注利润，而利润的保证，需要从选品上把关，寻找高利润率产品。

（资料来源：雨果网，https://www.cifnews.com/article/34810）

【练习与思考】

1. 亚马逊榜单有哪几种？
2. 列举常用的选品工具，并说明该工具的主要功能。
3. 做竞品分析时，需要注意哪些重要信息？
4. 查看 Best Seller 榜单的方法有哪些？
5. 在店铺的选品布局上，你所知道的都有哪些模式？简述这些模式适用的条件及各自的利弊。
6. 对于目前没有工厂、有产品开发需求的新卖家的选品思路，与已有工厂、供应链具备优势的卖家的选品思路有哪些不同？

【实验项目】

利用工具、数据透视表分析市场数据，了解市场状况，得出相应结论，为后续经营推广提供建议。以小组为单位，完成实验报告。

【小组任务】

以小组为单位，参考亚马逊卖家的选品案例，运用本章所学选品的步骤和技巧，模拟一次新品调研及发布会。

第 5 章▶▶

品牌打造与视觉设计

【学习目标】

1. 理解并掌握亚马逊平台的图片要求
2. 理解亚马逊平台的审美原则
3. 理解并掌握亚马逊平台的视频要求
4. 理解并掌握亚马逊 A+ 页面的制作方式

【思维导图】

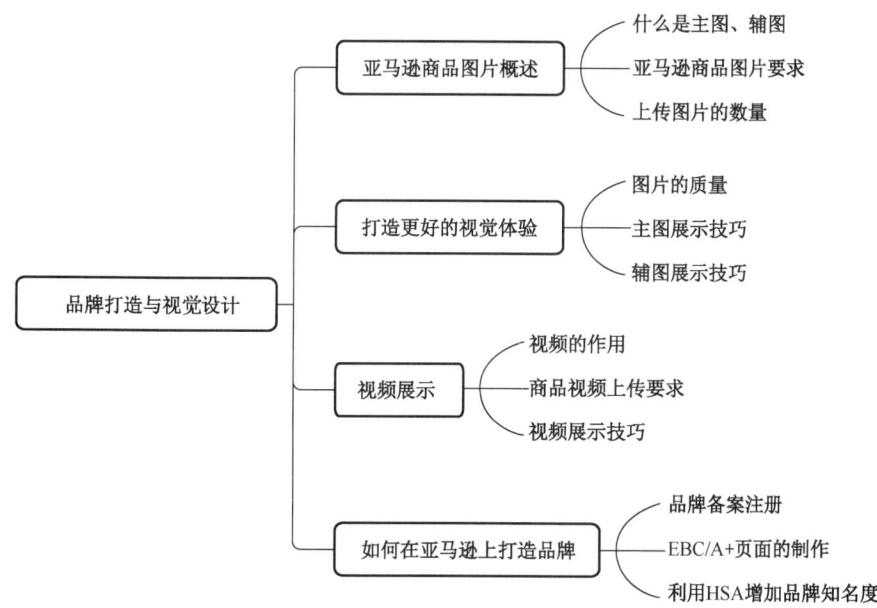

【导入案例】

2018 年秋,Wint 公司一天同时上架 120 款男士衬衫,衬衫是供货商自主品牌,有品牌证明和商标授权。上架第 2 天,卖家后台收到亚马逊通知:"因男士衬衫出现大面积侵权行为,请卖家立即下架,并暂停该店铺经营"。Wint 公司的运营人员当时就懵了,迅速提交商标、品牌等各种证明给亚马逊客服,并连续发了 10 封说明邮件,但石沉大海。旺季来临,这一情况对公司影响非常大。

究竟为什么被亚马逊判定为侵权呢?后来 Wint 公司通过仔细调查,才发

图 5-1

现原来问题出在图 5-1 里面。

本身男士衬衫没有任何问题，但在模特图中，使用了"H"扣皮带，这是爱马仕（Hermes）的典型标志（爱马仕是法国 1837 年创建的国际品牌）。

这个案例告诉我们，在美工处理图片的时候，要注意所有信息不能侵权。如商品图片中出现了衣架，但衣架上带有国际品牌 LOGO，这种情况会被亚马逊判定为侵权。没有授权的情况下，使用名人模特的行为也会被亚马逊判定为侵权，卖家也会受到处罚。

（资料来源：作者根据相关资料整理）

5.1 亚马逊商品图片概述

从亚马逊平台来看，视觉信息包括商品图片、商品视频及亚马逊视频直播（2019 年 4 月上线）。拥有品牌备案的产品可以获得更多的视觉信息，如商品详情页的 A+页面、上传视频和亚马逊视频直播功能。

商品图片是最有价值的营销工具之一。当产品出现在搜索结果或是类目排名结果当中时，优秀的图片有助于产品从亚马逊的海量商品中脱颖而出。

商品图片也是一个 Listing 最重要的组成部分之一，当买家打开亚马逊商品页面，第一眼看见的就是商品图片。商品图片是商品给客户的第一印象，商品图片的好坏对 Listing 的影响毋庸置疑。因此，卖家应在符合亚马逊规定的基础上，尽量打造更好的视觉体验。

另外值得一提的是，在后台上传图片的时候，图片名最好以产品关键词命名。很多卖家在整理商品图片时没有重视图片名的重要性，随意用中文或者数字命名，这样的命名虽然不影响发布商品，但从运营的角度看，却可能错失不少潜在流量。在 SEO（搜索引擎优化）算法中，图片名称同样会被搜索引擎抓取，如果图片名是以非关键词的方式命名的，会降低被搜索引擎抓取的可能性。

5.1.1 什么是主图、辅图

商品主图即亚马逊商品详情页的第一张图片，其他的为辅图。图 5-2 所示为某商品 Listing 中的图片框，其中，第一张为主图。主图之下其余 5 张均为辅图，如图 5-3 所示。

图 5-2

图 5-3

亚马逊规定主图必须是纯白色背景，展示单一商品。主图作为商品的代表，将展示在搜索结果、广告通栏和营销页面上。图 5-4 所示为 Women's Casual Dresses 品类的畅销榜，显示了排名前六位商品的主图。

图 5-4

商品辅图可以对商品做不同侧面的展示，对无法在主图中凸显的商品特性、形状做补充，亚马逊规定，一个商品最多可以配 8 张辅图。建议辅图和主图一样，用纯白色做背景。

5.1.2 亚马逊商品图片要求

对于 Listing 中的图片，亚马逊做了许多细则的要求，如果图片质量和标准不符合要求，商品详情页可能无法发布。而对于发布之后的 Listing，商品图片不符合标准可能导致被抑制流量，大大降低商品转化率，甚至 Listing 被下架、删除。

1. **亚马逊图片尺寸格式要求：**

- 亚马逊要求，图片宽度或者高度其中一个像素至少为 1000 像素，且另外一个的像素也要求不小于 500 像素。当图片的高度或宽度至少为 1000 像素时，该图片具有放大功能，买家能放大图片局部查看商品细节，这个功能被亚马逊证实具有增加销售量的作用。
- 在上主图与辅图时，建议尺寸一致，这样会比较美观。
- 图片的格式可以使用 JPEG、TIFF、GIF，这几种在亚马逊上是可以上传的，建议使用 JPEG 格式的，这种格式的图片在上传时的速度比较快。

注：图像的横向和纵向比例是 1:1.3 时，可以在亚马逊的网站达到最佳的视觉效果。也就是说，接近 1000×1300px 这样比例的图片在亚马逊上符合黄金分割定律，可以达到最佳的视觉效果。2015 年前通常单张图片大小控制在 150kb 以内，那是因为那会美国带宽很慢，会影响加载速度，间接影响用户的手机或者计算机的缓存，直接后果就是网页出不来影响了整个购物体验。现在图片大小单张建议在 200kb~500kb。如果图片太大，亚马逊后台也会压缩图片的大小。

2. 亚马逊商品主图要求

- 主图的背景必须是纯白色（亚马逊搜索和商品详情界面的也是纯白的，纯白的 RGB 值是 255，255，255）。
- 主图要是商品的实际图，不是插图，更不能是手绘图或漫画图。
- 主图不能带 LOGO 和水印（商品本身的 LOGO 是允许的），不在订单内的配件、道具等最好也不要出现在图片上。
- 主图中的商品最好是占据图片大约 85%的空间。
- 对于有变体的商品，父子商品都要有主图。
- 商品必须在图片中清晰可见，需要显示整个商品，不能只有部分或多角度组合图。
- 有些类目允许有模特（如 Apparel、内衣、袜子），而且只能使用真人模特，不能使用服装店里的那种模型模特。模特必须是正面站立，不能是侧面、背面、多角度组合图、坐姿等。主图模特身上不能有非售物品。
- 不能出现裸露的模特。
- 有些类目的主图则不允许使用模特（如 Bag、Jewelry、Shoes）。

此外，对于一些特殊类目，还有特殊的针对性要求，具体如下：

- 鞋子的主图必须是单只鞋子的照片，并且必须是左脚朝左。穿在模特脚上的图片只能出现在辅图，不能出现在主图上。
- 耳环主图要成对出现。
- 袜子如果是一双出售，主图就只能有一双；如果是多双出售，主图上需要出现套装中所有的袜子，但不能有卡纸。
- 小部分 Home 装饰用品的主图不强制一定要用纯白背景，如床上四件套、蚊帐、窗帘、沙发、墙挂画、灯。这些商品的主图可以用非纯白背景的情景图等。

注：这里介绍两个技巧，一是关于颜色的，是不是纯白可以用 Photoshop 里的吸管工具吸下每个地方的颜色看是否是 255，如图 5-5 与图 5-6 所示。

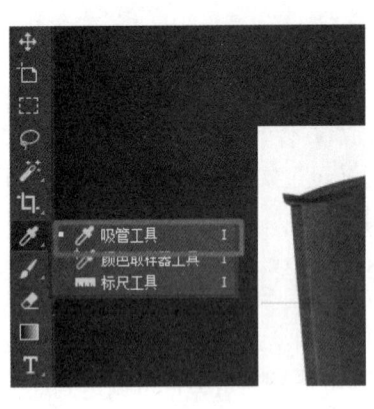

图 5-5

图 5-6

二是关于 85%的比例，可以使用 25 宫格的办法来判断（如图 5-7 所示），把图片拉进来后，完全的空格应小于等于三个格子，方才满足要求。根据这个原则可以判断，图 5-8 满足要求，图 5-9 不满足要求。

图 5-7

图 5-8

图 5-9

【案例】主图中商品应占画布的 85% 以上

如图 5-10 所示,第一个商品会让人想用放大镜看,因为图片太小不清晰;第二个商品符合主图应占画布 85% 以上的规范,买家一般会选择点开第二个商品。

图 5-10

3. 亚马逊商品辅图要求

- 辅图可以展示商品细节、其他面或搭配图等。辅图应该对商品做不同侧面的展示、商品使用的展示，或对在主图中未凸显的商品特性做补充，亚马逊商品详情页中卖家可以最多添加 8 张辅图。
- 商品必须在图片中清晰可见，如果有模特，那么模特不能是坐姿，最好是站姿，用真人模特，不能使用服装店里的那种模型模特。
- 不能出现裸露的模特。

最后需要提醒的是，对于那些知名产品、卡通、影视等形象（包括 LOGO、品牌名称、设计、知识产权、版权、肖像权等），未经正规授权，不能私自使用，不能有任何形式的侵权行为。

此外，亚马逊对版权保护得很严格，如果盗用其他卖家 Listing 里的图片，也属于侵权行为。

5.1.3 上传图片的数量

虽然发布产品时我们一共可以上传 1 张主图和 8 张辅图，但从前台浏览时，一条 Listing 详情页面只能显示出 1 张主图和最多 6 张辅图。所以，在拍摄和上传图片时，卖家只需要 1+6 张即可。

5.2 打造更好的视觉体验

大部分亚马逊卖家都了解平台对图片的基本要求和标准，但很少有卖家能够做到全面掌握并应用于实践中。从实操的角度讲，商品图片的规划、拍摄和后期处理，卖家应该尽可能做到既符合平台的基本要求，又能恰当地使用可以提升点击率和订单转化率的展示小技巧。

所用图片中，除了主图要对商品进行整体展示，6 张辅图要尽量从不同角度展示出商品独特的卖点细节图、功能图和应用场景图等，恰当的应用场景图可以传递很强的代入感，能够把消费者引入使用场景中，更容易得到消费者的认可。

5.2.1 图片的质量

为了能够更好地体现专业度和产品质感，商品图片最好由专业的摄影师和美工完成。

为什么商品图片如此重要呢？网络购物中，消费者"看图购物"的理念决定了图片在其购买决定中的重要作用。作为卖家，必须无条件地重视每一张商品图片及图片中的每一个细节。

一条 Listing 中，7 张商品图片的展示角度各不相同，但它们彼此结合，构成一个产品的整体，也影响着消费者对该产品最直观的感觉。

1. 图片要传递真实准确的商品信息

消费者凭着对图片的印象做出购买的决定，如果图片传递的信息有误导性，纠纷和差评就在所难免了。例如，一个尺寸很小的产品，为了在图片中显得清晰，卖家拍出了夸张的效果，客户收到物品发现实物太小，和预期出现偏差，自然会投诉和留下差评。不要认为只要在商品描述中表达清楚就可以了，很多消费者不会阅读商品描述。

2. 图片要美观大气

有的产品设计很好，品质也很好，但是图片是随意拍摄的，虽然是真实产品的展示，但在图片中感受不到产品的设计感和品质细节，这种情况下，虽然可以收到少数顾客超预期的好评，但也同样会因为图片不够出色而错失许多潜在的顾客。在图片的拍摄和处理上，一定要达到美观大气的效果，这样能提高转化率，从而带动产品在亚马逊上的类目排名和搜索排名。为了使图片具有品质感，可以对图片进行精修处理，也可通过建模、渲染达到更好的视觉效果。

5.2.2 主图展示技巧

在实际图片处理中，卖家可以参考以下几条建议，以便让主图展示更出色。

1. 拍摄角度

主图要呈立体三维图，按照实物长宽高比例呈现，要直观、清晰、大气，不要比例失调而造成图片失真。同时，图片拍摄时要有一定的角度，尽量避免横平竖直式的拍摄，没有角度的图片是死板的平面图，有角度的图片可以让产品"活"起来。处理中可以添加一定的 PS 效果（比如灯光、倒影等），以此提升产品的美感，以达到激发顾客购买欲望的目的；卖家可以参考 Anker 的主图，如图 5-11 所示。

图 5-11

2. 简洁风格

打开亚马逊商品页面，我们可以发现，亚马逊网站上的商品图都是非常简洁的，这与其他很多购物网站不是同一个风格。简洁清晰，这正是亚马逊的要求。

国外电商平台的视觉环境跟国内还是有很大区别的，这跟国内外用户的选择习惯有关。国外用户买东西的逻辑更多是所见即所得，追求简洁、一目了然（如图 5-12 所示）；国内可能更多的关注点是：效果、搭配、正品、优惠、折扣、礼品等（如图 5-13 所示）。因此，同一款产品从两张图中可以看出差异。

图 5-12

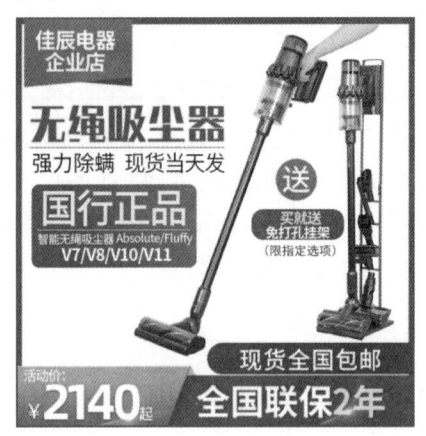

图 5-13

这里暂不探讨哪一种风格比较优秀,但一切商业逻辑都是以需求为导向的,设计亦是如此。不同的国界有着不同的消费需求、宗教信仰、国籍文化、信任成本、心理成本,只有更多地了解、理解这些,才有可能做出更符合消费需求的产品、商品详情页、视频,才能让品牌形象更加鲜明、深入人心。

3. 引流技巧

虽然亚马逊规定主图必须是产品的实际图,不能附带其他信息,但实际运营时,可以增加一些吸睛技巧。

以"Hall Trees"类目的 Best Sellers 排名为例(如图 5-14 所示),可以看到,如果按照亚马逊的图片规则,标注红底的都是不符合要求的。

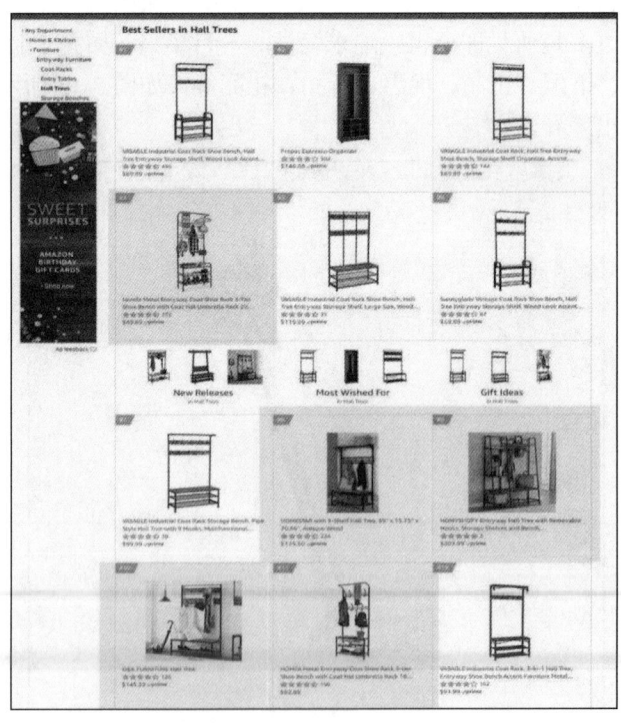

图 5-14

但为什么这样做呢？一切都是为了流量、转化率。影响销量的最重要两个指标为：CTR（点击率）和 CR（转化率）。影响这两项指标的因素如下，重要层级从 1-4 递减：

CTR：①首图；②价格；③标题；④评论。

CR：①价格；②视频；③EBC（图文版品牌描述功能）；④评论、QA。

首图是影响点击率的第一因素，首先要把客户吸引进详情页，才能有转化。

从实际运营的角度来看，做得好的是图 5-14 中的第 4 个和第 11 个图，把使用后的场景也呈现出来。第 8、9、10 三个图太杂了些。简洁的情况下适当场景化是最好的。

根据实际运营经验，前期新品上架可以根据类目实际情况适当增加一些容易吸引点击的元素，包括质保图标、实景图、组合 Pcs、包装盒子、礼品图标、配件图、对比图、功能图、细节图等，这样可以先把流量拉起来，提高曝光率和转化率，但是存在违规的风险，后期运营稳定后还是要严格按照亚马逊的图片要求来调整主图。

5.2.3 辅图展示技巧

从辅图的构成看，可以包括产品的功能特性图、实物对比图、应用场景图、使用步骤图、产品拆解图、产品包装图等，其中最为重要的是功能特性图、应用场景图和尺寸规格图。下面介绍其中的几个。

1. 功能特性图（卖点图）

功能特性图可以采用图片和文字结合的方式，一张图片展示一个卖点。可以包括多角度的卖点展示图，配合恰当的文字说明、插图、背景、品质细节等，以完美解读产品的卖点和特点。卖家可以参考 Anker 的商品辅图，图 5-15 展示的卖点是：产品可以同时给三个设备充电；图 5-16 所展示的卖点是：可以同时用两个插口给充电宝进行充电。

图 5-15

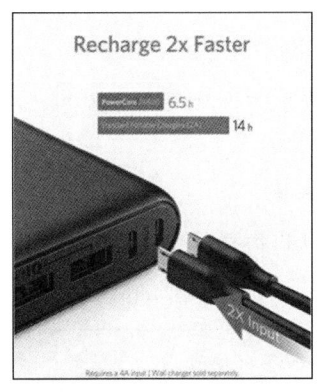
图 5-16

2. 实物对比图

通过产品与日常生活中熟悉的物品做比较，弥补网购中无实物体验的缺陷，如图 5-17 所示。注意：单位尽量符合本土单位习惯，在美国，尺寸偏好用 inch（英寸）描述；重量偏好用 oz（盎司）描述。

3. 应用场景图

恰当的应用场景图可以传递很强的代入感，能够把消费者引入使用场景中，更容易得到消费者的认可。成功的应用场景图所传递的信息能够和顾客的内在需求相吻合，甚至能够激发客户自己未曾感知的潜在需求，如图 5-18 所示。

图 5-17

图 5-18

4. 使用步骤图

使用步骤图可以帮助客户快速理解产品的使用方式，如图 5-19 所示。

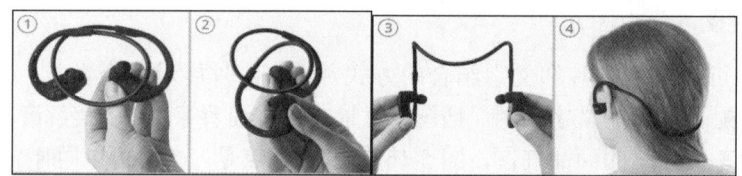

图 5-19

5. 产品拆解图

辅图中可以带有生产工艺流程图和产品内核拆解图，有助于体现产品的质感，如图 5-20 所示。

6. 产品包装图

辅图中可以附带产品包装图，精心设计的包装和配件既可以体现卖家的用心态度，又是 VI(企业形象) 的一部分，对品牌有加分的作用，如图 5-21 所示。

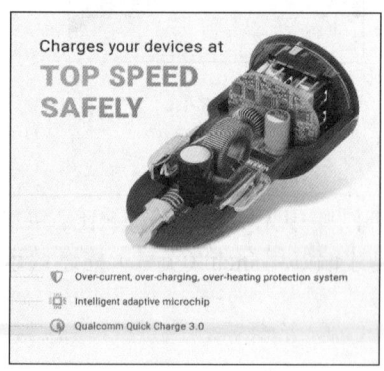

图 5-20

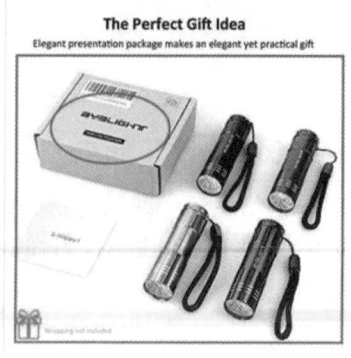

图 5-21

【案例】场景图的重要性

图 5-22 与图 5-23 分别是两套产品的主辅图。哪一套图片的效果更好呢？答案是第二套。虽然两套图都有功能特性图，但第二套配有应用场景图，更能激发客户的购买欲望。

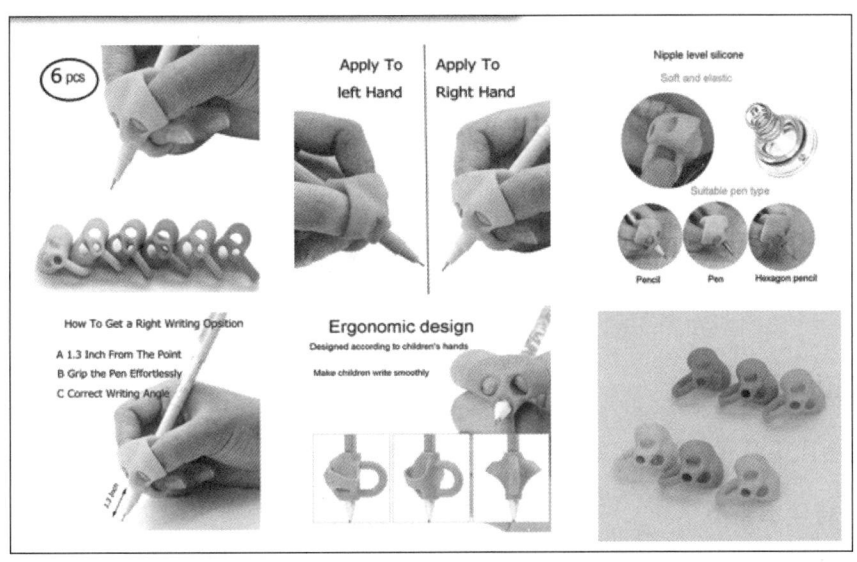

图 5-22

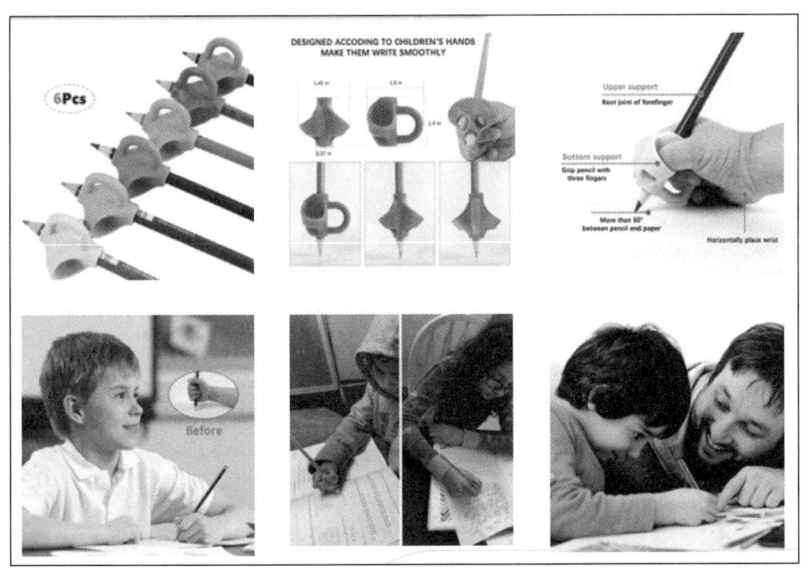

图 5-23

5.3 视频展示

目前，只有通过品牌备案的卖家允许上传视频，视频在前台的展示位置位于辅图的最后一张，如图 5-24 所示。

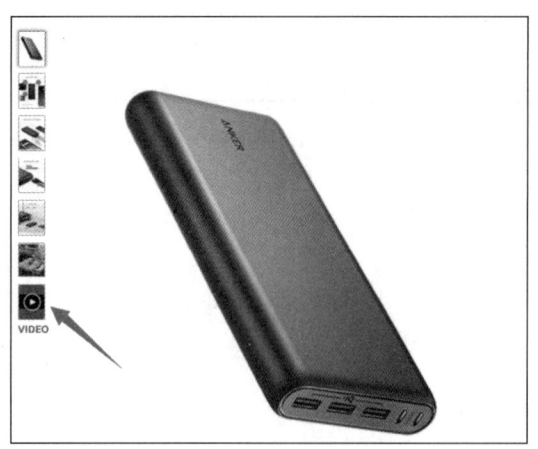

图 5-24

5.3.1 视频的作用

视频比图片更具有感染力，主要起到如下作用。

1. 提升转化率

相对于商品图片，视频能够全方位地向买家展示卖点和细节，同时也会增加买家对产品的信任度。当卖家通过主图进入商品页面时，如果看到图片中有视频，一般会主动点击观看。一方面视频能帮助消费者快速了解产品，另一方面视频可以增加客户在页面的停留时间，创造更多销售机会，提升产品的转化率。亚马逊会定期向卖家发送视频观看的数据，如图 5-25 所示。

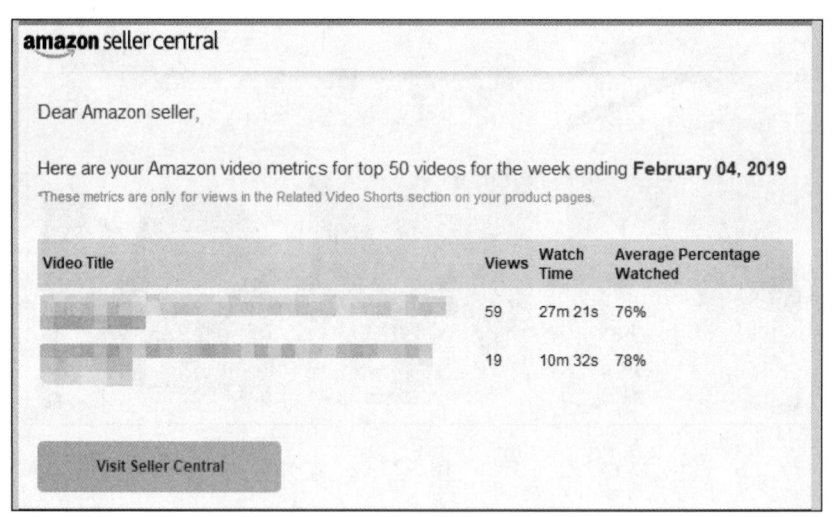

图 5-25

2. 避免售后问题

对于产品的具体细节、颜色和功能使用的展示，通过视频买家可以一目了然，省去了 Listing 中烦琐的描述，并且可以有效避免客户后期因产品色差、操作方法带来的一系列退换货及差评问题。此外，对于复杂的科技产品，或是需要自己动手安装的产品，视频相对于说明书来说更直观，更容易被卖家接受。

5.3.2 商品视频上传要求

1. 上传步骤

【步骤1】登录卖家后台，选择根目录"库存"→"上传和管理视频"，进入"管理视频"，如图 5-26 所示（应先进行品牌备案，才能进入管理视频界面）。

图 5-26

【步骤2】输入 ASIN 可以搜索已经发布的商品视频，选择"上传视频"添加新商品视频。

【步骤3】在"上传视频"页面，填写相关的商品名称、商品 ASIN、缩略图并发布，如图 5-27 所示。

图 5-27

2. 上传要求

- 视频格式：3GP、AAC、AVI、FLV、MOV、MP4 和 MPEG-2。
- 视频宽高比：16:9。
- 分辨率：1920×1080（首选），1280×720（最小）。
- 缩略图宽高比：16:9，建议最小宽度为 1920 px，采用 JPEG 或 PNG 格式。
- 元数据：视频标题最多 100 个字符，视频简介最多 400 个字符，需要提供视频类型和相关的商品 ASIN。
- 颜色配置：RGB、DPI 首选 300，72 为最低要求。

5.3.3 视频展示技巧

目前，3C 类、服装类、家居类是亚马逊上较多卖家使用视频展示的品类。使用视频来辅助展示，要注意以下要点。

1. 重视视频质量

视频的作用就是为了促进销售，提升产品的转化率，同时建立品牌形象。因此，视频的品质应足够优秀，才能说服消费者产品的品质足够优秀。视频展现的风格应遵循亚马逊"简单即美"的审美原则。在有应用场景的情况下，注意选取有质感的家居场景。3C 类产品可以通过视频特效展现产品的 3D 构造。

2. 内容、表现方式要与产品、品牌相契合

视频的内容策划与表现形式要契合产品特性，并符合产品品牌内涵。品牌知名度的提升与产品的销售是一个相互促进的过程，视频也是品牌营销的方式之一。

3. 视频最佳时长为 60 秒

在制作视频时，视频时长要控制好。60 秒左右时间的视频不会浪费观看者过多的时间，也不会因为视频容量过大而难以加载。60 秒左右时间的视频能够获取客户最有效的注意力，给客户最佳的观看体验，可以提升营销效果。

4. 注重本土化

视频中所出现的文字、人物、配音，都应尽量本土化。如果需要人物，最好是目标市场的人物形象。一般不建议做配音，最好以字幕形式进行承载；如果需要配音，应当用目标市场的官方语言进行配音。

5.4 如何在亚马逊上打造品牌

如今在亚马逊上搜索任何一种商品类别，都可以看到一些几乎闻所未闻的新品牌与传统品牌同台竞争，而这些品牌很多来自中国。中国卖家已经不再满足于"买货卖货"这种简单的跨境生意模式，而是开始注重品牌，开始有意识地借助亚马逊品牌店铺和其他多种站内站外的营销工具，在消费者心目中建立品牌知名度和品牌忠诚度。

一方面，在平台产品同质化越来越严重的今天，一个成功的品牌可以让卖家获得足够的品牌溢价空间，避免在低价领域与其他卖家进行旷日持久的价格竞争，压缩自身的利润空间。另一方面，亚马逊巨大的流量除了带来订单，还有一个重要的意义，便是品牌资产的沉淀，品牌资产可以是良好的口碑、品牌忠诚度、品牌标识等，它可以让产品销售脱离开某个固定的平台，而在任何渠道与消费者重新建立或者说延续之前的成功。举例来说，中国制造商 Mpow 的一款消音耳机在亚马逊的零售价为 34.99 美元，相比之下，一副类似的美国制造商 Bose 耳机可以卖到 299 美元（如图 5-28 所示），同样作为 bestseller，除了溢价，Mpow 和 Bose 之间的区别就在于品牌资产。

图 5-28

品牌的打造并不是一朝一夕就能完成的，这是一个长期的过程，需要找准定位，要知道品牌后续的传播都是基于最开始的定位，我们的目标消费人群是谁，我们的品牌理念是什么，如何体现在我们的产品上，这些都是品牌卖家在最开始就要认真思考的问题。在后续产品平台运营的过程中，卖家要不断提炼品牌价值，完善品牌特征，表达品牌目标。

5.4.1 品牌备案注册

在亚马逊平台上，打造品牌的第一步便是亚马逊品牌注册。

亚马逊品牌注册是面向要在亚马逊上注册其品牌的品牌所有者的一项计划，该计划可实现更好的品牌保护和营销功能（包括详情页面上的图文版品牌描述、亚马逊头条搜索广告，以及亚马逊品牌旗舰店）。另外，品牌注册可以在亚马逊平台上给品牌提供更完善的保护，包括查找和举报品牌侵权和违规行为，识别并移除不良商品信息等，这些都是有效防止跟卖的重要手段。

卖家可以通过 Amazon Brand Registry 网站（https://brandservices.amazon.com）进行品牌注册备案，并获得亚马逊品牌注册备案的相关信息。

需要提醒的是，在亚马逊后台进行品牌备案，首要条件是要有品牌 R 标证书，TM 标目前不可以进行备案。

具体操作步骤如下：

【步骤1】进入卖家后台，单击根目录"品牌旗舰店"，在页面上单击"亚马逊品牌注册"或"创建 Store"，如图 5-29 所示。

图 5-29

【步骤 2】单击"注册新品牌",如图 5-30 所示。

【步骤 3】在"品牌资格"页面,填写品牌名称,如图 5-31 所示。注意:第一个问题选择"是",第二个问题要根据店铺性质来定位。填好后单击"下一页"。

【步骤 4】填写品牌知识产权信息,如图 5-32 所示。注意:如果注册商标的时候是纯文字注册,选择文字商标即可。大部分卖家注册的商标都是文字商标,商标编号就是注册下来的注册编号。商标编号可以在美国商标局进行查询,网址为:http://tmsearch.uspto.gov/。

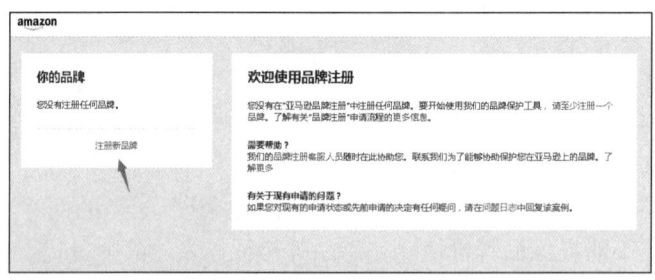

图 5-30

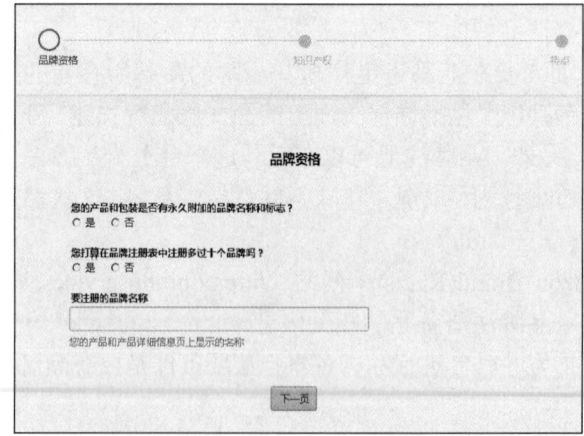

图 5-31

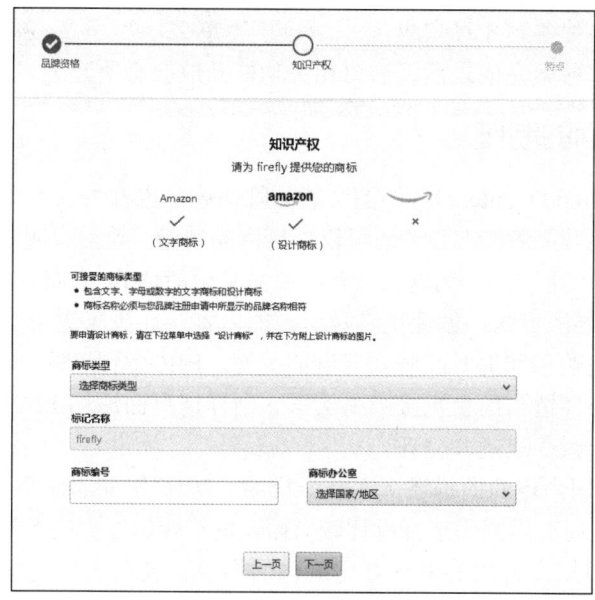

图 5-32

【步骤 5】告知关于品牌的更多信息，比如提供在线销售网站/品牌生产地等，完成之后单击"提交申请表"，如图 5-33 所示。

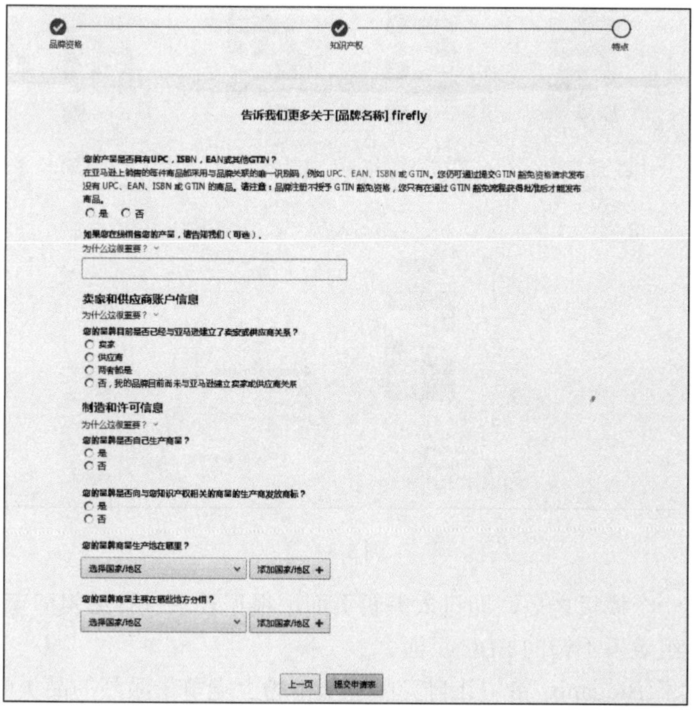

图 5-33

【步骤 7】在申请完成之后，页面会显示"已经成功提交申请"的信息。提交完品牌注册信息之后，亚马逊会发送一个验证码到注册邮箱，且要求在 30 天内获取验证码，并回复注册品牌备案的邮件。卖家提供了验证码并回复之后，将会收到相关邮件，表示已经成功进行品牌备案，直到这一步，品牌备案才算完成。

注意：亚马逊品牌备案完成之后，后台相关功能开放会有所延迟，比如 A+功能。

5.4.2 EBC/A+页面的制作

EBC（Enhanced Brand Content），即图文版品牌描述，也称为 A+页面。通过这个工具，不仅可以在亚马逊上提升品牌知名度，还可以提高商品销量。数据表明，添加图文版品牌描述后的商品，首年销量平均能提高 5%以上，有的商品甚至能达到 40%的惊人增长。可见，借助 EBC 更加丰富强大的展现形式，创造更具吸引力的内容，让买家更全面地了解商品并使他们对品牌产生兴趣是促进购买和提升品牌知名度的关键。EBC 给品牌提供了一个更有效、更丰富的形式，可以在商品详情页面上直接吸引买家。向详情页面添加 EBC 可以提高浏览量、转化率和销量，并有助于减少退货和差评。

亚马逊的 EBC 跟国内电商的描述页面是一样的。2016 年前的亚马逊 EBC 页面功能还比较局限，包括版式和布局给卖家的选择都比较有限，也不能做较大的改动，如今自由度比之前大有改善，卖家可以根据个人需要做任意定制化的调整。进入亚马逊卖家后台，单击根目录"广告"→"A+页面"，即可见亚马逊所提供的 EBC 模板，如图 5-34 所示。

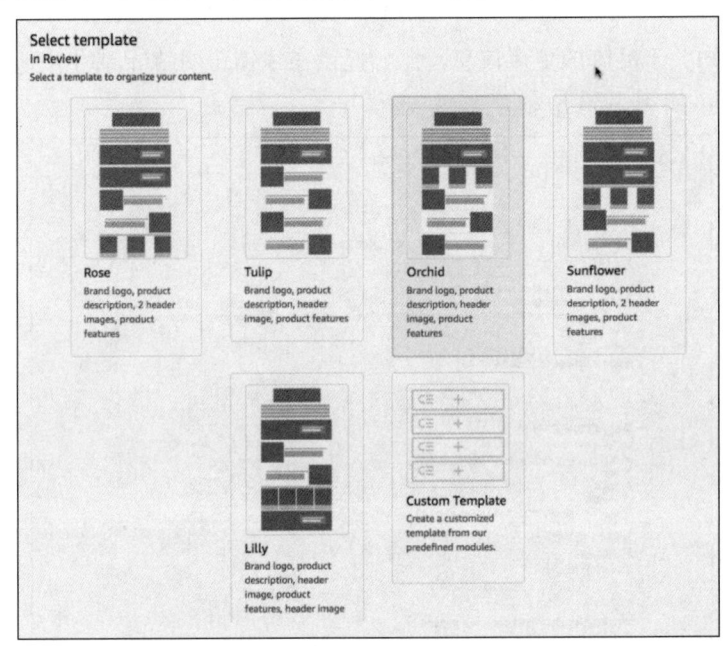

图 5-34

选择其中的某一个模板之后，即进入编辑页面，根据要求进行编辑即可。

以下我们看两组效果不错的 EBC 页面。

膳食补充剂卖家 Bioganix 希望让自身品牌从市场上竞争最激烈的品类中脱颖而出。如图 5-35 和 5-36 所示，使用 EBC 仅仅 27 天，Bioganix 的详情页转化率提升 170%。

投篮机卖家 Pop-A-Shot 专注于 6～18 岁的青少年市场，冬季更是其销售旺季。如图 5-37 和 5-38 所示，在使用 EBC 30 天后，Pop-A-Shot 详情页转化率提升了 53%。

目前，亚马逊的全美移动端流量占比已经超过 80%，因此在设计 EBC 页面的时候也要充分考虑移动端的自适应情况并对此进行不断优化。比如平衡图片尺寸大小，做到产品展示细节在手机端同样清晰可辨，文字颜色与图片背景色搭配合理等，充分考虑消费者在移动端的购物情景，才能让产品界面在不同环境保持友好度，这样才不至于因为糟糕的视觉体验而造成不必要的客户流失。

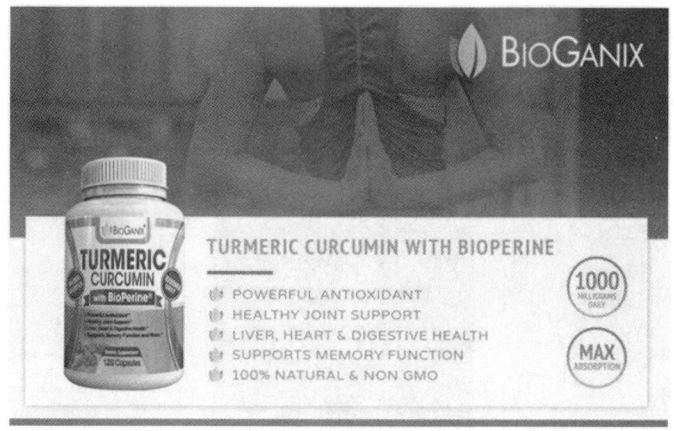

图 5-35

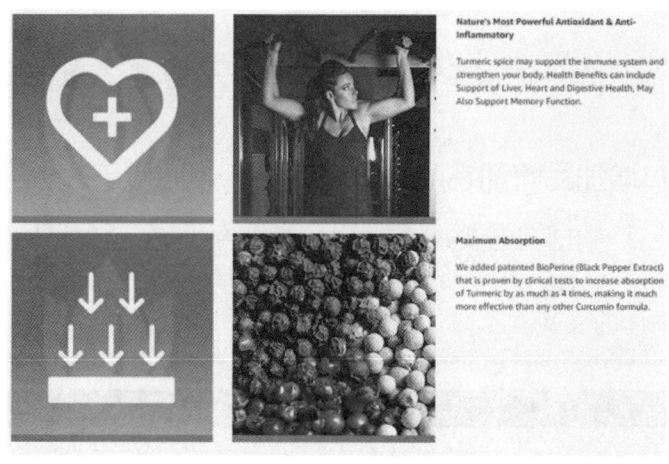

图 5-36

图 5-37

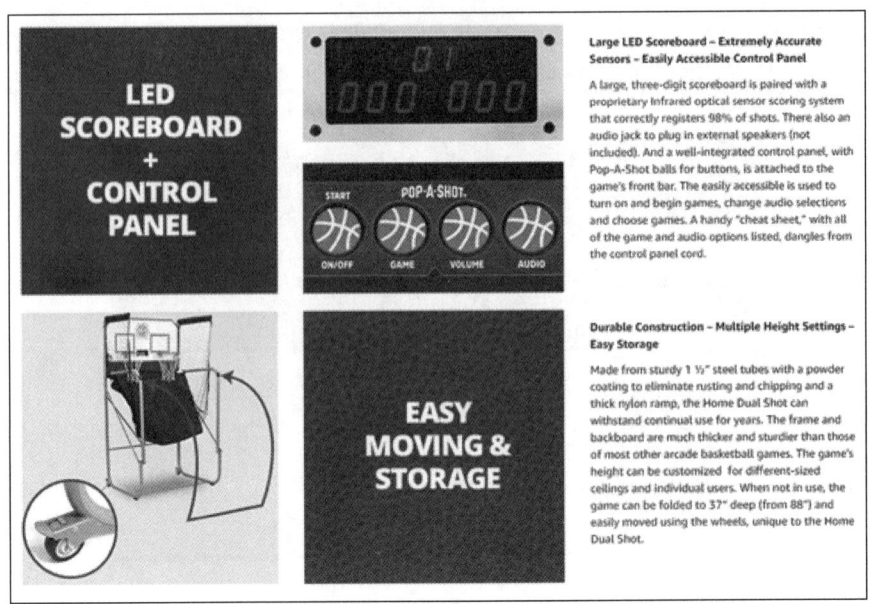

图 5-38

此外,在制作 A+页面图时,尽量采用和主图、辅图不同的商品图片,以增加顾客对产品的理解。

5.4.3 利用 HSA 增加品牌知名度

在亚马逊平台上,利用亚马逊头条搜索广告,也能有效增加品牌知名度。

HSA,即 Headline Search Ads(头条搜索广告/品牌推广),可以将商品展示在介于亚马逊搜索栏与搜索结果页面的显著位置,如图 5-39 所示。

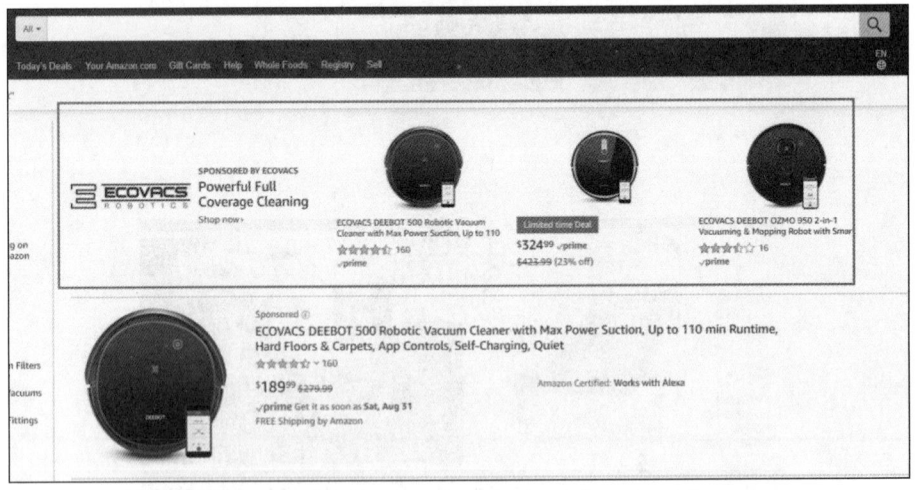

图 5-39

单击广告,消费者将进入您的商品集合页面或亚马逊品牌旗舰店的页面。头条搜索广告的布局如图 5-40 所示。

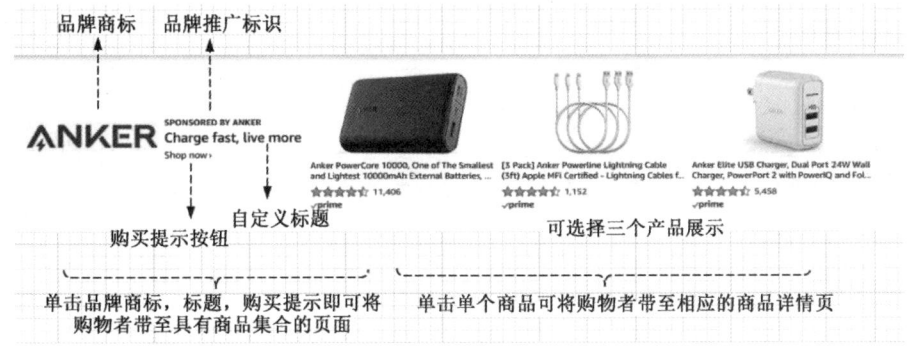

图 5-40

头条搜索广告的位置和版面给品牌提供了一个绝佳的展示机会，品牌标志、品牌标语、拳头产品都可以一次性在显眼位置展现给消费者，通过合理设置关键词，比如将品牌名称、商品名称及一些变体作为关键词，或者将竞争对手的品牌与商品作为关键词，并调整合适的竞价，使这类产品在任何搜索场景下，都能使品牌获得有效曝光。一方面可以提升销售，另一方面，高频次、大幅面的品牌展示可以使产品与品牌联系得更加紧密，品牌符号逐渐在消费者心中留下印象和树立起知名度，最后成为某一类产品的代表。如果能做到不管在亚马逊平台哪里都能看到这个品牌的产品，在客户最需要的时候不断出现在他们面前，这无疑是获得消费者认知的最简单、最有效的途径。

头条搜索广告的设置路径为：进入卖家中心→"广告"根目录→"广告活动管理"→"创建广告活动"→"品牌推广"。

【本章小结】

本章介绍了亚马逊平台上图片制作、视频制作的要求及展示技巧。在此基础上进一步介绍了在亚马逊上结合视觉设计进行品牌打造的途径。

【进一步阅读资料】

效仿抖音、淘宝，亚马逊也玩起了直播

近日，有消息称，国外电商平台亚马逊效仿国内的抖音、淘宝，推出了一款名为 Amazon live Creator 的直播购物 App。该应用程序目前仅支持在亚马逊有品牌备案的专业卖家，直播功能已经全面向中国卖家开放。

在 Amazon Live Creator 中，主持人推荐相关商品，用户可以通过屏幕下方的滚动条查看商品细节，如图 5-41 所示。Amazon Live Creator 利用分析技术帮助品牌商家了解用户的喜好，并检测商品的总浏览量、未计算浏览量和其他指标。

最近，亚马逊又对直播 App 进行了升级，添加了一些功能，主要包括即时观看量统计、直播用户行为（体验）统计、对直播完成的视频（回放视频）进行产品点击和 CTR 统计、在直播窗口中添加品牌店铺产品展示窗、添加消费者与卖家即时消息功能，以及添加可点击折扣码兑现功能等。

而淘宝直播在直播视频下方也设有购物链接，且可以展示店铺信息，亚马逊更新的上述功能与淘宝类似。从某种程度上可以说，如今的亚马逊直播像极了淘宝直播。

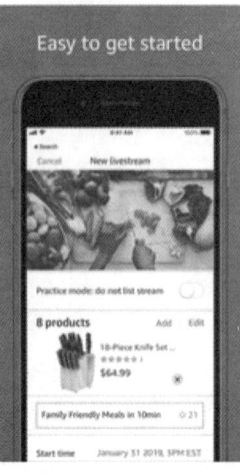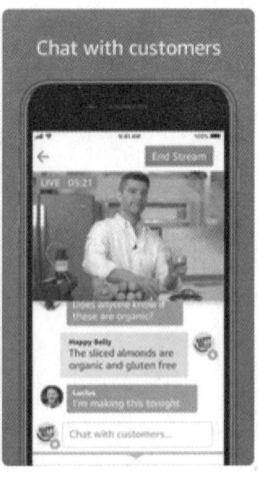

图 5-41

1. 使用 Amazon Live Creator 的基础知识

以下是一些要点，可以帮助你理解并计划如何在 Amazon Live Creator 上进行成功的直播。

（1）遵循 Amazon Live Creator app 指南。下载 App，并确保是最新版本。

（2）确认强大的网络连接以支持直播，避免任何技术问题。如果使用 iPhone，该 App 要求互联网连接上传速度至少为 5Mbit/s，所以你应该在有 5G 或 WiFi 的地方进行直播。

（3）练习直播内容，确保你有合适的设备来播放高质量的声音和视频。你可以通过"Practice Mode（练习模式）"在不被亚马逊用户发现的情况下，事先排练直播并测试所有的亚马逊直播功能。此功能还可以用于通过视频编码器练习使用外部摄像机，建议首次直播时使用外部摄像机进行。

（4）在亚马逊的深度学习中心学习亚马逊直播的技巧。该学习中心提供网络研讨会、短视频、问答环节和实时办公时间，帮助你学习如何自信而有效地在亚马逊上直播。

（5）直播的地点需要有良好的照明和稳定的视角，建议通过框架设备或三脚架进行直播。

2. Amazon Live Creator 使用技巧

（1）确保你的手机设置为勿扰模式，以免在直播时被打扰。此外还应该充满电，以避免意外结束直播。

（2）一旦开始直播，不要退出 Amazon Live Creator，这会导致视频突然结束。

（3）仔细选择你要讨论的内容和展示的产品。亚马逊实时审核所有直播，如果你在直播过程中收到审核团队的"小红旗"，则直播将被终止。

（4）亚马逊建议，当直播开始时，在交互式 messenger 中发布一条初始聊天消息，这样买家就知道你在参与并可以回答问题。

（5）利用自定义促销功能来填充选择的文本，例如用促销代码来推动增量销售，它将显示在视频的下方。你可以在直播的时候说，"Be sure to check out our promo code, which is available today only.（一定要看看我们的优惠码，仅限今天使用。）"

（6）在直播时要有策略。亚马逊在每天晚上以及周一、周五和周六的流量略有增加。这些流量是基于过去的绩效，尽管亚马逊无法对给定时间的流量做出任何保证，但你应该做一些实验，看看哪些日子和时间能获得最大的品牌参与度。

（7）在亚马逊上直播，对于需要深入解释的复杂产品，以及价格更高的产品可能是有益的。如果你的目录中有这些产品中的任何一种，将它们包含在产品综述中可能会有所帮助。

（8）在你的电子邮件列表和社交媒体平台上推广直播，以提高参与度。

（9）在每次直播结束时，总结一下要点，以便中途加入的买家跟上直播进度。

3. 关注指标数据

Amazon Live Creator App 还为你提供了一个通道分析仪表板，这样你就可以看到前28天内的实时视图、非静音视图和产品点击量，获得更精细的指标。

通过对直播的实验和测量结果，你可以推断出直播是否有效地帮助你的品牌吸引到新的、多样化的受众。

（资料来源：雨果网，https://www.cifnews.com/article/55659）

【练习与思考】

1. 亚马逊对于商品主图的要求是什么？
2. 亚马逊对于商品辅图的要求是什么？
3. 为了打造更好的视觉体验，卖家应该如何设计商品主图和辅图？
4. 简述制作A+页面的前提条件和优势。
5. 亚马逊品牌备案需要的资料有哪些？
6. 品牌备案的好处有哪些？
7. 有没有哪些给你留下深刻印象的品牌？说说看，为什么它们能够打动你？

第 6 章

亚马逊商品详情页刊登

【学习目标】

1. 理解并掌握商品详情页刊登的基本流程
2. 掌握商品详情页刊登的步骤和技巧,并能尝试性地刊登商品
3. 理解并掌握获取核心关键词的技巧
4. 理解并掌握商品详情页基本要素的优化技巧

【思维导图】

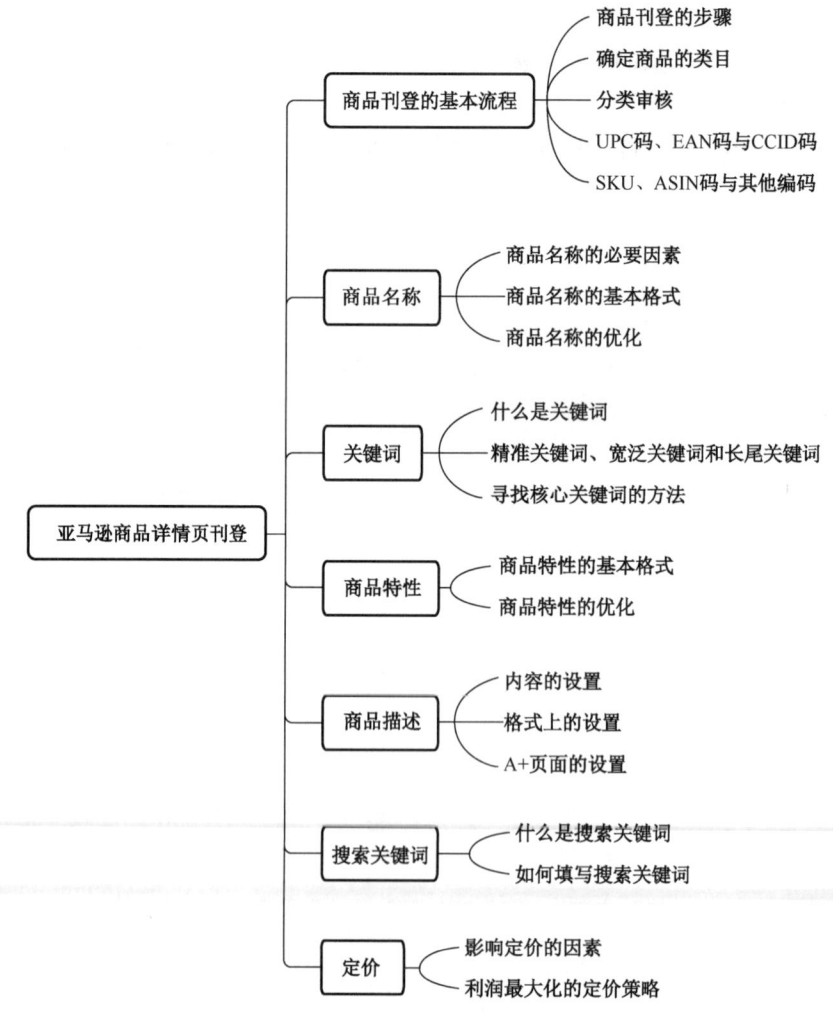

【导入案例】

A 公司打算上架一款收纳包，这款商品既可以归为户外类目也可归为美妆类目。由于公司主营户外商品，因此在商品上传时就将之归为户外类目。在这个类目推广了一段时间后，订单不断增加，排名逐渐上升。运营了一段时间之后，该公司人员发现这个 Listing 已经无法编辑，平台提示："请开通美妆类目。"

当商品销售库存不足需要补货时，该公司人员联系客服，客服回复：商品类目是系统根据大多数客户的搜索习惯安排的，目前解决该问题有两种方式：第一种，将 Listing 删除，重新上传；第二种，重新开通美妆类目。公司经讨论后决定开通美妆类目。美妆类目开通后，之前的商品 Listing 可以重新编辑、发货，之前的客户评价仍被保留，但由于商品已经过了新品期，推广红利消失，订单量大为减少，排名受到很大影响，无异于一个全新的 Listing，之前的努力付诸东流。因此，商品类目选择直接影响商品后期的销售与店铺发展，不容小觑。

通过案例我们不难发现，要发布一款商品并确保商品上架后销售保持良好态势，在前期的准备阶段，必须足够了解商品与平台操作细则，把好基础关。

（资料来源：陆金英，祝万青，王艳. 跨境电商操作实务（亚马逊平台）[M]. 北京：中国人民大学出版社，2018）

6.1 商品刊登的基本流程

在介绍商品详情页的细节之前，我们首先介绍创建商品详情页的基本流程。当选品完成，图片制作完毕，卖家就可以着手准备商品详情页的刊登。进行商品详情页的刊登，还需要注意两个前提条件，一是类目是否需要审核（参阅"6.1.3 分类审核"一节），二是需要准备 UPC 码（参阅"6.1.4 UPC 码、EAN 码与 GCID 码"一节）。

6.1.1 商品刊登的步骤

在亚马逊平台上刊登商品有两种方式，一是直接在网页上刊登，二是通过"批量上传商品"方式刊登。如果商品类目需要审核，需要审核通过之后才能进行商品刊登。

1. 网页刊登

在页面上刊登一款新商品的详情页的基本步骤如下：

【步骤1】进入卖家后台，选择根目录"库存"→"添加新商品"，如图 6-1 所示。

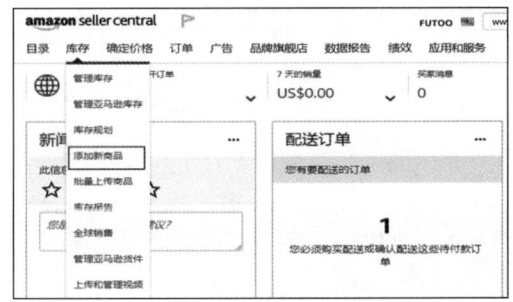

图 6-1

【步骤2】如图6-2所示,选择"我要添加未在亚马逊上销售的新商品"。

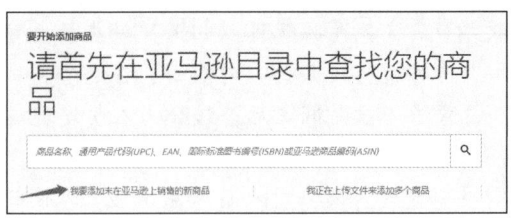

图 6-2

【步骤3】在"选择商品类别"的页面中,根据类目树,层层分级地选择合适的类目,如图6-3所示,并单击"选择类别"。

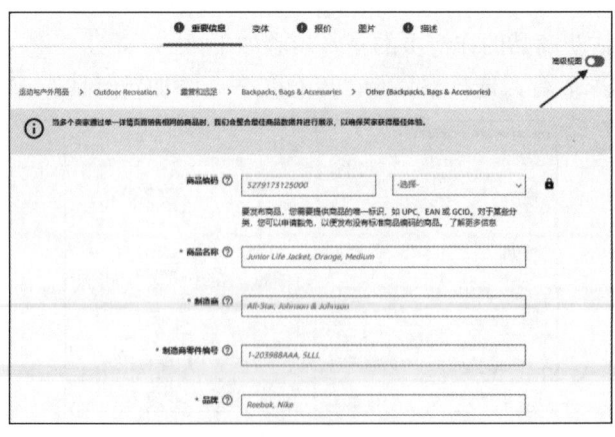

图 6-3

【步骤4】随后即可以进入商品刊登页面,如图6-4所示,同时记得将右上角的"高级视图"模式打开。打开"高级视图"可以填写更多的商品信息,更有利于亚马逊对商品页面的读取,从而获得更多的平台流量。

图 6-4

【步骤5】打开"高级视图"模式后，页面如图6-5所示，菜单栏上包括"重要信息""变体""报价""合规信息""图片""描述""关键字"和"更多详情"，完成每个菜单各项参数的填写。

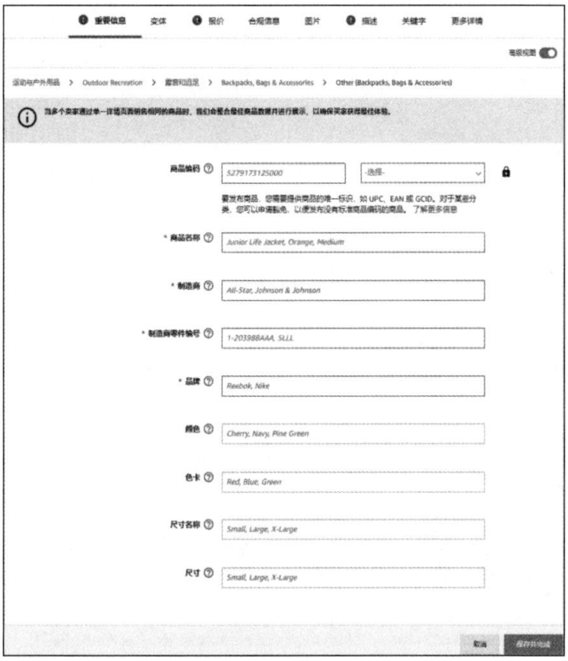

图 6-5

这是亚马逊商品上架流程中最重要的地方，填写当前页面横向各个菜单的各项参数，完成Listing的编辑。需要输入商品的基本信息，包括商品名称、制造商、制造商零件编号、品牌、SKU、图片、价格、商品状况、商品特性等。确认所有带星号标识的信息都填上以后，屏幕下方的"保存并完成"按钮会由灰色变成蓝色，单击"保存并完成"按钮创建商品。亚马逊上不同类目的商品，所需要填写的信息会有细微的不同。

在首次创建商品的过程中图片不会马上上传，要等商品信息都输入完毕，单击"保存并完成"按钮的时候图片才会上传。保存后大约30分钟，商品信息会展示到亚马逊前台和卖家后台的"管理库存"页面上，可以在"管理库存"页面管理该商品。

完成以上步骤之后，亚马逊商品基本的上架流程就算完成了。但是这并不意味着卖家在上架完成后就可以一劳永逸了。如果只是简单地录入平台要求的信息，那么这条Listing的各项指标肯定不会太高，最多只能算是及格，上架的商品在竞争如此激烈的平台上也很难会有理想的销售表现。如何对Listing进行优化，上架一条高质量的Listing，请参见本章6.2~6.7的部分。

2. 以"批量上传商品"方式刊登商品

以"批量上传商品"（即上传库存文件）方式刊登一款新商品的详情页的基本步骤如下：

【步骤1】进入卖家后台，选择根目录"库存"→"批量上传商品"，如图6-6所示。

第6章　亚马逊商品详情页刊登

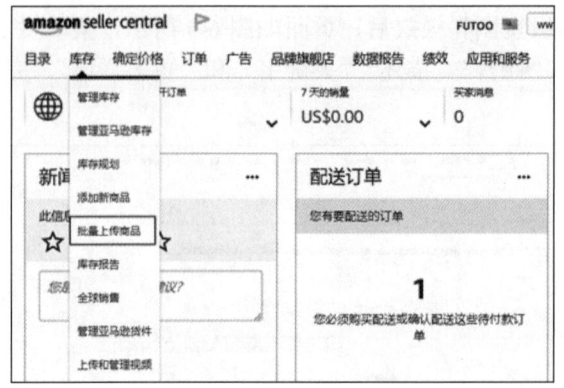

图 6-6

【步骤 2】在批量上传商品页面,单击"下载库存文件",选择商品相应的类目,如图 6-7 所示。

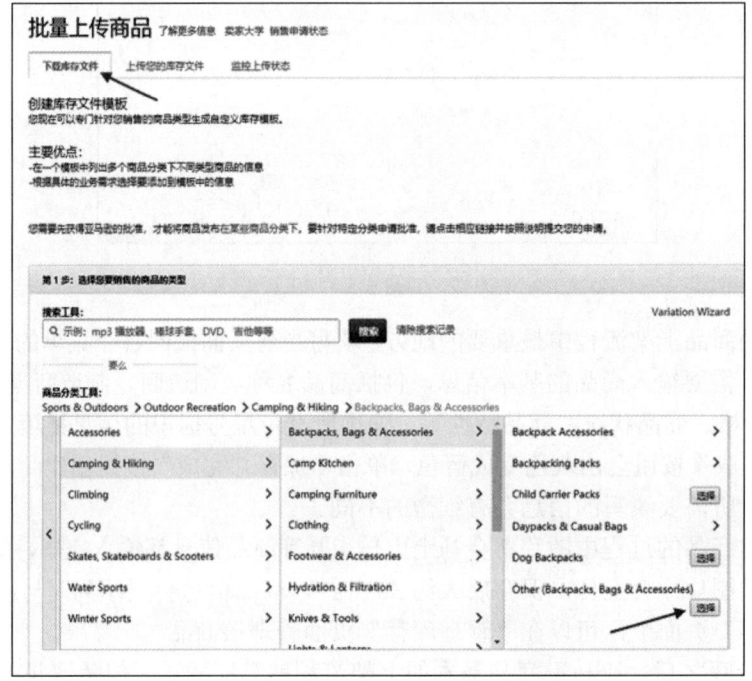

图 6-7

【步骤 3】选择好相应类目后,单击"高级"模板类型,单击"生成模板"按钮进行下载,如图 6-8 所示。

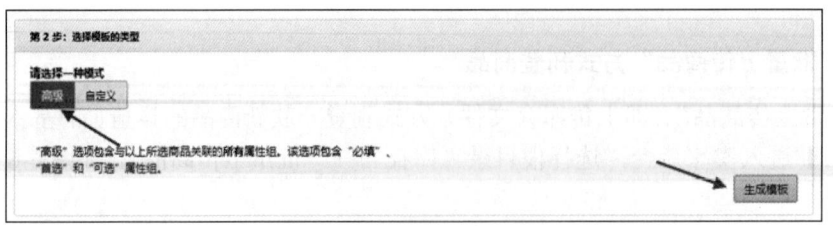

图 6-8

【步骤 4】打开模板表格，根据自己的商品信息填写库存文件，如图 6-9 所示。

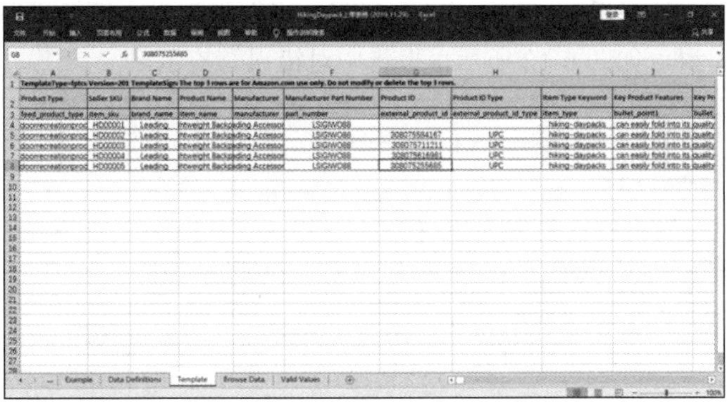

图 6-9

注意事项：

①模板表格一共有 7 个工作表，其中 Template 是批量上传需要填写的表格，Data Definitions 解释了模板中每个项目的具体含义和可接受的值，列出了哪些是必填项哪些是选填项，请重点参考。不同类目下，模板表格不尽相同。

②商品上传前首先要购买 UPC 码。

③在填写过程中，请不要对模板表格的前三行做任何改动，否则会造成报错。

④父体不要填写：external_product_id、external_product_id_type、standard_price、quantity、parent_sku、relationship_type、color_name、color_map、size_name、size_map、sale_price、sale_from_date、sale_end_date。

⑤父体必填信息包括：item_sku、item_name、brand_name、manufacturer、variation_theme、parent_child、product_description、main_image_url、generic_keywords、item_type_keyword。

【步骤 5】库存文件填写完之后，进入卖家后台，单击根目录"库存→"批量上传商品"→"上传您的库存文件"，第一步单击"选择文件"按钮，第二步单击"检查库存文件"按钮，将库存文件上传进行检查。如图 6-10 所示。

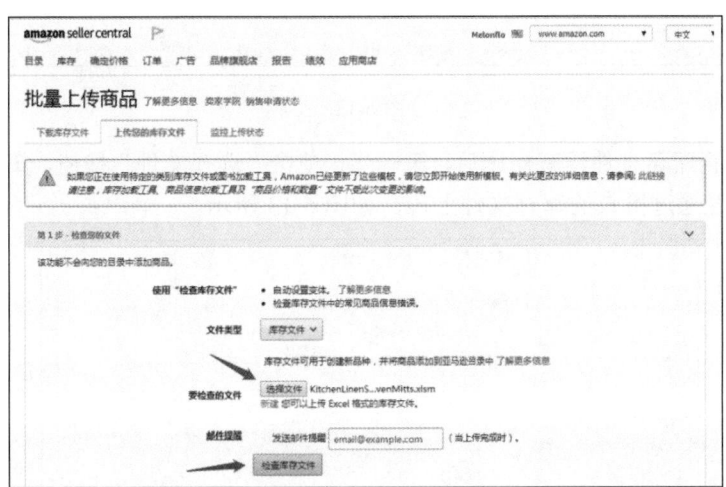

图 6-10

【步骤 6】单击监控上传状态，看填写的库存文件是否有错误，如果有错误，检查会有报错的提醒，则需要下载处理报告（如图 6-11 所示），根据报告中会提示错误的地方，修改后再上传看是否还存在错误，如图 6-12 所示，报告中对错误有提示。

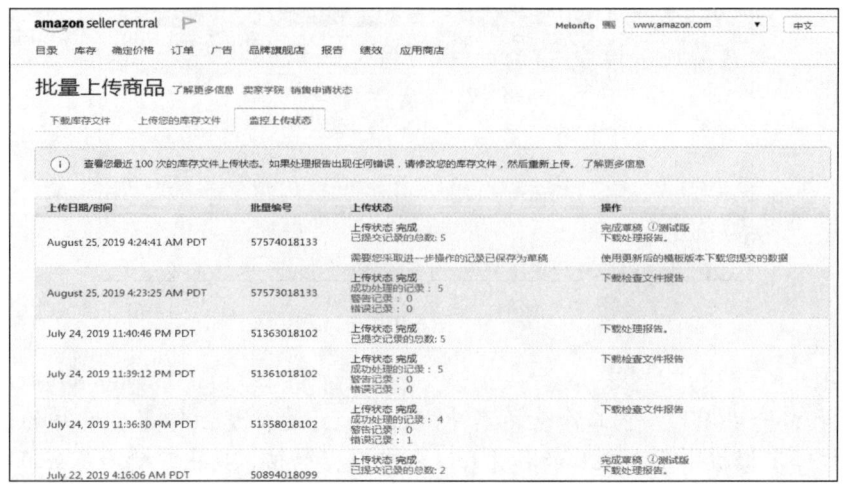

图 6-11

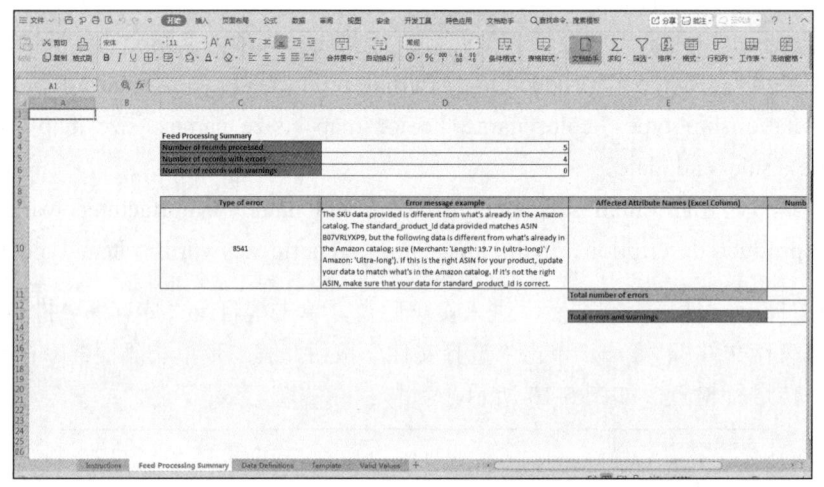

图 6-12

【步骤 7】检查库存文件没有问题后，第一步：单击"选择文件"按钮，第二步：单击"上传"按钮，将已经通过检查的库存文件上传，如图 6-13 所示。

图 6-13

【步骤 8】上传后，单击页面上的"监控上传状态"按钮，可以看见信息"查看上传状态：完成，警告记录：0；错误记录：0"。再单击根目录"库存"→"管理库存"，可以看到上传好的商品，且各信息显示无误，代表 Listing 上传成功，如图 6-14 所示。

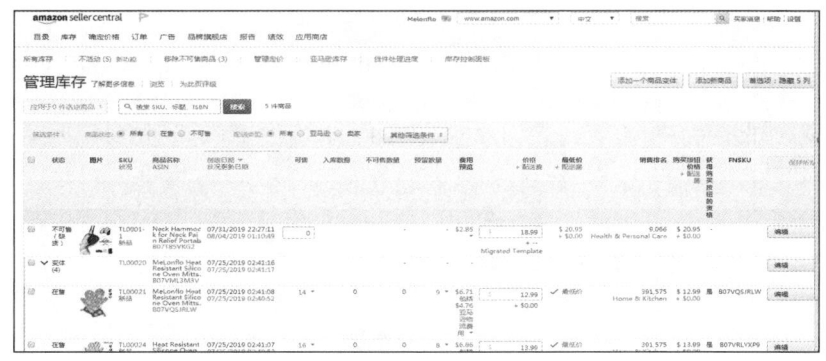

图 6-14

实操过程中，一般建议以库存文件形式进行上传，可以避免因为缺失必填信息而无法进行商品刊登的情况。

6.1.2 确定商品的类目

创建 Listing 的过程中，确定商品类目也是非常重要的步骤。在上述的步骤 2 中，需要借卖家后台的搜索框或者类目树找到最准确的类目节点，这是非常重要的一步。

准确放置类目节点之所以重要，是因为如果错放节点，亚马逊会在广告展现和自然排名展现上面，对该商品的 listing 进行抑制。在上传 Listing 的时候，如果不确定类目，可以参考同类商品的 Best Seller，参照类目进行放置。如果在上架以后的推广过程再出现上述问题，卖家就很被动了。

亚马逊通过类目节点（Browse Tree）的形式对商品进行归类，方便消费者进行搜索购买。类目就像超市的货架一样，要分门别类地把货物做一个区分。放置正确的类目还有一个很大的优势：可以极大程度地利用类目浏览（Browse）这个流量入口。卖家在亚马逊上面找到商品的方式除了传统的搜索方式，还有一个入口是类目浏览的方式。

以图 6-15、图 6-16、图 6-17 模拟买家通过类目浏览的方式查找商品进行购买的步骤。

图 6-15

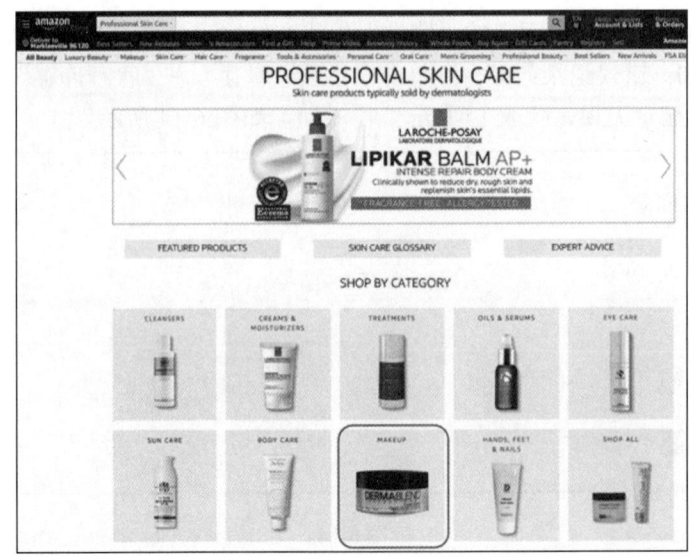

图 6-16

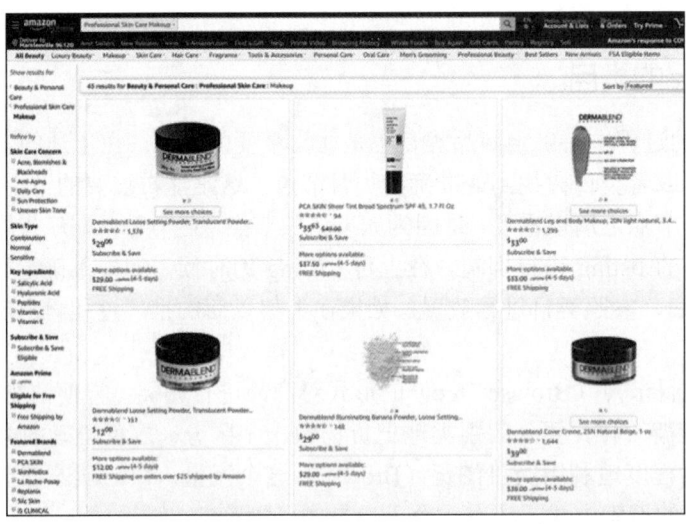

图 6-17

以上简单地模拟了一个真实的亚马逊买家通过类目浏览方式找到商品的全过程。整个过程中,卖家并没有键入任何关键词,而是靠大小类目层级,层层渗透,最终找到了想要的商品。如果卖家将商品类目分类错误,就错过了类目查找的流量入口。

因此,选择合适的类目进行商品上架,是商品刊登中非常重要的一步。

6.1.3 分类审核

在"6.1.1 商品刊登的步骤"一节中,我们介绍了不需要类目审核的情况下刊登新品的基本步骤。但在亚马逊上,有些品类的商品只有审核通过之后才可以在平台上进行销售,这就是分类审核(Categories and Products Approval)制度。

如图 6-18 所示,在"网页刊登"的步骤 3 中,有些类目旁边会有一个小锁的图标,这些就是需要开通分类审核的类目。

1. 亚马逊设置分类审核的原因

一方面，亚马逊需要通过网站商品数量的扩大和商品种类的增多来为用户提供更多选择，但另一方面，为了让用户买到放心的商品，亚马逊也必须确保卖家能提供高质量的购物体验。所以，亚马逊不仅对现有卖家进行严密的监控以确保其能提供高质量的商品，对新卖家所上传的商品也会进行严格的审核，以防止出现市场担忧的商品安全、质量缺陷或者进出口限制等问题。

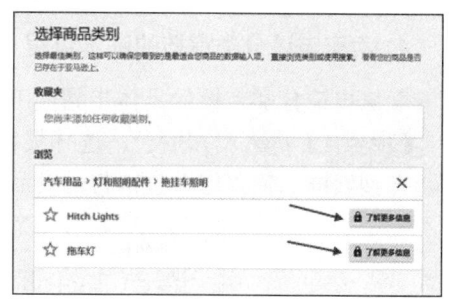

图 6-18

2. 亚马逊分类审核的申请要求

亚马逊分类审核的申请要求如下：

- 店铺的销售计划必须是专业卖家的，分类审核是不支持个人销售卖家的。（个人销售卖家需要升级为专业卖家才可以做类目审核。升级为专业卖家的方法：卖家可以在卖家中心主页上的"卖家账户信息"进行设置，把卖家类型更改为专业卖家）。
- 订单缺失率（Order Defect Rate，ODR）<1%，如果高过 1%的话需要等 ODR 恢复正常了才能做分类审核。所以建议再经营一段时间，把店铺的 ODR 指标先降下来再做分类审核。
- 发货前订单取消率（Pre-fulfillment Cancel Rate）<2.5%。
- 延迟发货率（Late Shipment Rate）<4%。
- 符合亚马逊要求的商品图片 5 张。
- 有些类目的分类审核，亚马逊可能会要求提供发票、收据、检测证书等。

3. 必备审核资料

每个站点、每个类目的分类审核所要回答的问题及提供的文件资料也都是不一样的，大部分需要提供 5 张图片，少部分不需要提供图片。

所有提交分类审核的商品都需要使用白色背景的图片。有些类目的分类审核需要提供发票、收据、材质证明、特殊商品合格证书及一级域名的企业网站。

一般分类审核需要准备的材料有：

- 5 张图片。建议 JPEG 格式的；商品图片的背景是纯白色的（255:255:255）；商品占图片 85%以上；图片不带边框、水印；不能是电子合成的图纸；不能有与商品无关的其他配件。
- 经过授权的正规 UPC 码。
- 收据、发票（专业增值税发票或者普通增值税发票）、装箱单，必须是 90 天内的有效单据；含有供应商的地址及联系方式；含有进货商的地址及联系方式。
- 相关证书。电子类的 CE 证书；化妆品、护肤品类的 FDA 证书，珠宝类的镍含量证明。
- 企业网站必须是一级域名的企业网站。
- Fine Jewelry 类目的需要 500 美元保证金，保证金是不予退还的。
- 寄送样品。珠宝 Fine 类目的需要寄送样品到亚马逊的审核团队去检验。
- 商品批量表。图片、描述、商品名称等都需要符合亚马逊的要求，并要求至少有一款变体商品。如无特殊要求，分类审核表其实就是美国批量表。

4. 卖家申请分类审核的基本流程

卖家申请分类审核的具体步骤如下：

【步骤1】进入卖家后台，选择根目录"库存"→"添加新商品"，进入如图 6-19 所示页面，在搜索框中输入您希望销售的商品。

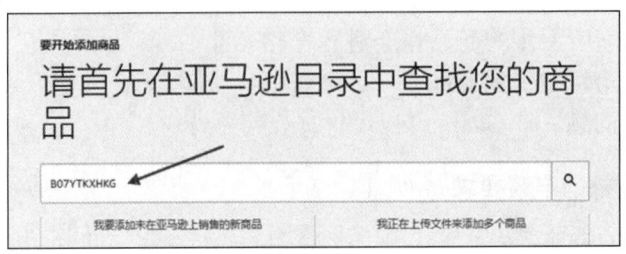

图 6-19

【步骤2】在搜索结果中，单击该商品旁边的"申请销售"链接，如图 6-20 所示。

图 6-20

【步骤3】查看申请要求，在申请要求的最后，单击"请求批准"按钮，如图 6-21 所示。

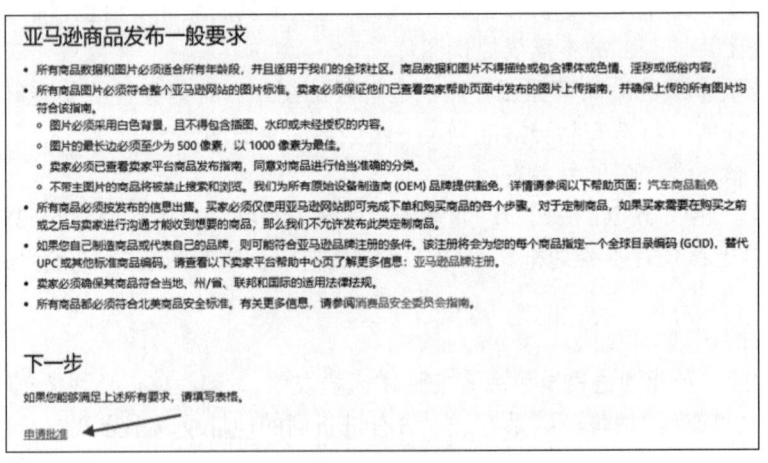

图 6-21

【步骤4】进入"Category Approval Request"（类目申请）页面，如图 6-22 所示，填写完成后单击"Submit"按钮进行提交。需要说明的是，每个类目所填的申请页面都是不尽相同的。

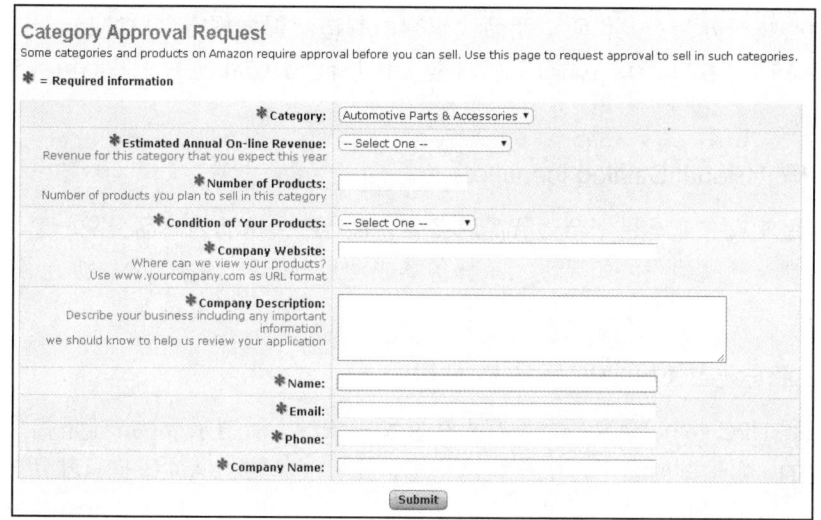

图 6-22

提交了申请之后,亚马逊将会在 24 小时内向你的注册邮箱里发送一封邮件,告知你的申请已收到。此外,卖家后台也将会产生一个分类审核的问题日志。卖家要做的就是跟踪并及时回复,并按照亚马逊的要求提交材料。

需要提醒的是,申请分类审核前,必须先准备好以上所提及的材料。

6.1.4 UPC 码、EAN 码与 GCID 码

在亚马逊发布新品时,在"重要信息"一栏需要填入商品的 UPC 码、EAN 码或是 GCID 码(填其中一种即可),如图 6-23 所示。EAN 码实际上是 UPC 码前面加 0,GCID 码则需要经过亚马逊品牌备案才能获得。

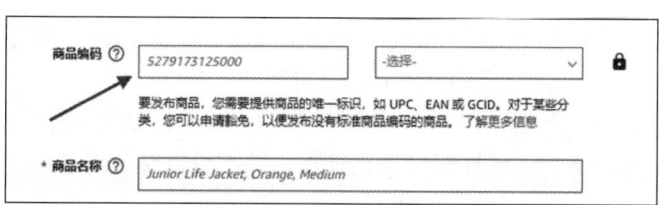

图 6-23

1. UPC 码(Universal Product Code)

UPC 码是美国统一代码委员会制定的一种商品用条码,主要用于美国和加拿大地区。UPC 码是最早大规模应用的条码,由于其应用范围广泛,故又被称为万用条码,通行于国际贸易中。UPC 码也有标准版和缩短版两种,标准版由 12 位数字构成,缩短版由 8 位数字构成。

标准版的 UPC12 的编码结构为:系统码(1 位)+厂商码(5 位)+商品码(5 位)+校检码(1 位)。

2. EAN 码(European Article Number)

EAN 码是在 UPC 码的基础上确立的商品标识符号。EAN 码是国际物品编码协会(GS1)制定的一种商用条码,全球通用,分配给中国物品编码中心的前缀区间为 690—696,再由中

国物品编码中心统一分配企业代码，商品代码则由制造商根据规定自己编制。

标准 EAN13 编码结构为：国家码（2/3 位）＋厂商码（5/4 位）＋商品码（5 位）＋校检码（1 位）。

3. GCID 码（Global Catalog Identifier）

如果亚马逊卖家在亚马逊平台进行品牌备案，亚马逊会自动为商品分配一个被称作"全球目录编码"的唯一商品编码，如果卖家品牌备案成功后分配到 GCID 码，则无须再使用 UPC 码或 EAN 码。

4. 如何在亚马逊上使用 UPC 码和 EAN 码

商品标识码 UPC 码和 EAN 码，具有永久性和唯一性。所谓永久性，就是指商品代码一经分配就是终生的，哪怕该商品不再生产和销售了，其 UPC 码或 EAN 码也只能留起来，不可以再分配给另外的商品使用。唯一性是指商品在价格、名称、码数、材质、包装等方面如果有不同，不能使用同一个 UPC 码或 EAN 码，必须重新进行编码。

比如一款背包，如果有 1 个尺码，5 种颜色，那就要用 5 个 UPC 码或 EAN 码；如果有 3 个尺码，5 种颜色，就需要 3×5=15 个 UPC 码或 EAN 码；如果有 3 个尺码，5 种颜色，2 种包装，就需要 3×5×2=30 个 UPC 码或 EAN 码。另外，UPC 码是全网通用的，只要在一个站点使用了，其他的站点就不能再次使用了。

4. 如何获得 UPC 码

（1）如果是品牌商，可以在亚马逊上申请品牌保护，申请成功后，亚马逊会给卖家一个 GCID 码，可用 GCID 码代替 UPC 码，不但免去了上传 UPC 码的烦恼，也能省下购买 UPC 码的费用。从这一点也可以看出，亚马逊是鼓励品牌商入驻，鼓励卖家申请商标树立品牌的。

（2）如果是生产商，建议直接通过 GS1 购买属于自己的 UPC 码。中国卖家可以向中国物品编码中心进行申请，其官方网站是 http://www.ancc.org.cn/。申请时需要提供营业执照和组织机构代码，然后根据企业类型的不同缴纳不同的费用。

（3）如果不是工厂或生产商，没有资格去申请属于自己的 UPC 码，目前来说最好让关系不错的供应商去申请，申请下来后授权给自己使用，每年可以交给对方一定的使用费（有授权材料，当竞争对手冒用自己的 UPC 码时可以维权）。

（4）如果不得不购买 UPC 码，最好不要通过非正式渠道购买，也不要使用由自动生成器生成的 UPC 码，以免后期被亚马逊判定为违规操作，带来不必要的麻烦。

6.1.5　SKU、ASIN 码与其他编码

1. SKU

SKU（Stock Keeping Unit）是商品库存进出计量的基本单元，由数字或字母组成，也可以是两者混合搭配组成的。SKU 一般可以由卖家自行编写。当一种商品有不同的颜色、尺寸等多个属性时，就有多个 SKU。比如一双鞋子，有红、白两种颜色，每种颜色都有 S、M、L、XL 不同的码数，那么这款鞋就有 8 个 SKU。

关于 SKU 的编写规则，亚马逊并没有严格要求，卖家在刊登商品时，SKU 一栏可由卖家自己填写，如果不填写的话，亚马逊系统会自动分配。不过，为了方便日后管理商品，卖家最

好还是根据自己的管理习惯或者商品特性编写 SKU。

2. ASIN 码

ASIN 码（Amazon Standard Identification Number）是亚马逊系统自动生成的，不需要卖家自行添加。ASIN 码相当于一个独特的商品 ID，在亚马逊平台上具有唯一性，一个 ASIN 码对应一个 Listing。卖家就算是商品上架后修改了 listing，ASIN 码也不会变化。在平台前端和卖家店铺后台都可以使用 ASIN 码来查询商品。

ASIN 码显示在商品详情页面里面，一般位于"Product details"或者"Product infomation"一栏，如图 6-24 所示。

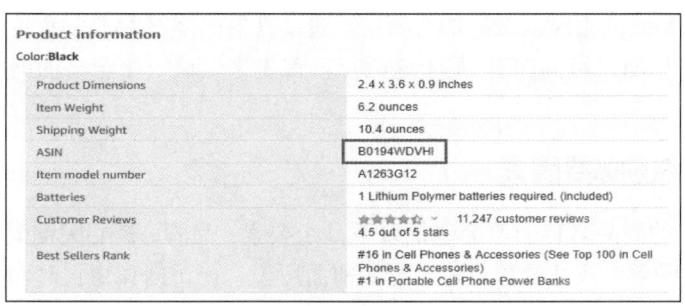

图 6-24

3. FNSKU

FNSKU 是 FBA 的商品标签编码，只有做 FBA 的商品才会有，一个 SKU 会对应生成一个 FNSKU。

4. 其他编码

亚马逊上还可能会用到一些其他的编码，如生产商编号号码（Manufacturer Part Number）、商品型号（Model NO）等。

6.2 商品名称

商品名称（Product Name）的设置位于商品刊登页面的"重要信息"页，如图 6-25 所示。

图 6-25

商品名称在电商平台上可以看作是卖家与消费者的第一次对话，消费者无论是通过搜索还是单击商品展示广告进入商品详情页，背后都是商品与消费者需求的一次匹配，商品名称往往是匹配过程里最重要的一环。

电商平台区别于线下零售最大的特点便是商品的陈列方式和获取方式。在电商平台上，我们经常是通过关键词搜索来选购需要的商品，一个商品如果能在搜索结果里获得好的排名意味着它能获得更多的曝光和点击，自然也就能带来更多的销售机会。在这种基于机器算法推荐的排名规则下，商品名称与消费者搜索的相关性便显得尤为重要。它决定了商品名称必须对搜索引擎具备较高的友好度，具体体现在可识别、易分析、易检索上，即"可搜索性"。但是搜索算法排名归根结底是为了满足消费者需求而设计的，因此不能为了迎合搜索机器而变成关键词的堆砌，还要更注重对消费者的友好度，通过有限的字符给消费者传达出正确的可理解的信息，即商品名称的"可读性"。基于这两点，首先来谈谈一个合格的商品名称所需具备的要素。

6.2.1 商品名称的必要因素

亚马逊上常见的商品名称一般会包括以下几个要素：品牌、核心关键词、商品系列或型号名称，以及材料、颜色、尺寸及数量等。正如前面所说，在访问详情页时，买家首先看到的是商品名称。商品名称中的字词可以决定商品在搜索结果中的显示位置。因此在拟商品名称时，要将这些要素清楚准确地表达出来。简洁且相关的商品名称会提高商品的浏览量。

1. 品牌

把品牌放在商品名称中，是亚马逊官方建议的商品名称规范。虽然在亚马逊上偶尔可以看到某些商品的 Listing 并不遵守这个规则，但在商品名称里把品牌标识化，可以不断强化品牌的曝光度，通过商品在消费者中间建立品牌的认知，进而形成一定的品牌知名度和忠诚度。

此外，商品有了品牌的标识，也能有效防止在平台上被跟卖。

2. 商品系列或型号名称

这里所说的商品系列或型号名称，并不是卖家自己给自己的商品设计的系列或者型号名称，而是通用的型号或者系列名称。比如，包包可以分为 Crossbody、Tote、Message 等不同类型。

3. 核心关键词

核心关键词，即商品所对应的英文直译。比如，手提包就是 Handbag，帽子就是 Hat，泳衣就是 Swimwear。

4. 材料、颜色、尺寸及数量

材料、颜色、尺寸及数量这四点关系到消费者本身的需求，对于消费者的购买有很大影响。

6.2.2 商品名称的基本格式

亚马逊平台上，商品名称常见的格式有如下两种：

参考格式 1：品牌名＋核心关键词＋（特性词/功能词/属性词）＋其他（材质/尺码/颜色/

适用范围等）

参考格式 2：核心关键词＋品牌名＋（特性词/功能词/属性词）＋其他（材质/尺码/颜色/适用范围等）

商品名称的结构及排列顺序并没有统一标准，往往会根据卖家实际情况和商品所在分类的不同而不同，亚马逊卖家可以参考官方给出的特定分类风格指南，通过不断测试找出最适合的商品名称。以下是亚马逊官方给出的一些示例。

（1）"服装"类商品名称格式：

[品牌] + [部类] + [商品类型] + [颜色和尺寸（如果您的商品具有变体）]

示例： Next Level 男士混合面料水手 T 恤 藏青大号

（Next Level Men's Tri-Blend Crew Tee, Navy, Large）

（2）"电视/音响"类商品名称格式：

[品牌] + [系列名称] + [型号名称] + [规格]

示例： Sennheiser PXC 250 降噪耳机

（Sennheiser PXC 250 Noise-Canceling Headphones）

（3）"食品"类商品名称格式：

[品牌] + [商品类型] + [尺寸/样式/风味] + [数量（如适用）]

示例： Native Forest 有机椰奶，13.5 盎司，罐装（6 罐）

(Native Forest Organic Coconut Milk, 13.5-Ounce (Pack of 6)

6.2.3 商品名称的优化

一个好的商品名称可以大大提高商品在平台上的排名、点击率及转化率。从"可搜索性"的角度，应注意商品名称对搜索引擎的友好度，注重"关键词"和"卖点"在商品名称里的布局；从"可读性"的角度，应注意商品名称对消费者的友好度。

1. 关键词

首先，关键词是必须包含在商品名称里面的，而且，一定是核心关键词。

其次，商品名称中不要使用太多关键词。一般来说，一个商品名称包含两三个核心关键词已足够。在字符空间够用的情况下，可以适当搭配一两个长尾关键词或趋势热词。总之，最忌讳的是商品名称成了完完全全的关键词重叠堆砌。

虽然在有些平台如速卖通,许多卖家热衷于把各种各样尽可能多的关键词统统放进商品名称里，但这样的做法却不符合亚马逊对商品名称的规范要求。试想，如果只是把各种关键词直接添加到商品名称里而不考虑语义是否通顺，会让商品名称显得凌乱不堪，丧失"可读性"，消费者也不会有丝毫点击欲望，最终会影响消费者购物体验。所以，一定不要把各种核心词、长尾词、流量词统统放进商品名称里。

2. 卖点

在商品名称中除了关键词，还要考虑商品的特性词和卖点。独特的特性和差异化的亮点都应该在商品名称中体现出来，要让消费者在阅读的一瞬间就能够触及内心的痛点和关切点。

如果说关键词的首要作用是商品出现在搜索结果中起到引流的作用，那么仅靠关键词是说服不了消费者购买的。消费者在购买的过程中，总会在多种同质化商品之间比较，在比较中选择。在这个过程中，能够影响消费者行为的，是如何让你的商品给消费者留下深刻的印象，商品名称中商品卖点的表述就显得尤为重要。

3. 可读性

从可读性角度，卖家应在商品名称中注意用词的准确度，搭配合适的修饰词；从文法角度，商品名称用词应符合商品所面对的消费群体的搜索习惯和语法习惯。此外，卖家还应注意以下几点。

（1）商品名称中不要添加无谓的促销信息。诸如 Free Shipping, New Arrival, Hot Sale, Promotion 此类的词语，eBay 的卖家经常使用，在速卖通上也经常出现，但在亚马逊平台上是禁止使用的。亚马逊的商品上架规则和促销工具已足以体现卖家想要表达的这些内容，所以在商品名称中卖家不要添加上述词语。

（2）商品名称中的单词不要全部用大写字母。在亚马逊商品发布的过程中，当商品名称所用字符不规范时系统会自动提醒。在此建议卖家尽可能按照规则规范地设置商品名称的书写。通常情况下，每个单词的第一个字母大写，但遇到 for, with, and, of 之类没有实际意义的虚词时，通常使用小写字母。

（3）商品名称中不要出现拼写上的错误。这看似是废话，但确实有不少卖家因为粗心而出现如此低级的错误。也许拼写错误只是因为一时的不认真、不细心，但传递给消费者的信息可想而知，卖家要尽量避免。

（4）商品名称要精简，对于大多数类目来说，亚马逊规定的字符上限是 200，个别类目允许更多，但是从实际运营经验来看，商品名称切忌冗长，要做到既可以清晰表达商品的信息，又易于消费者快速阅读和理解。

在撰写商品名称的过程中，如果卖家能够从关键词、卖点和可读性三个层面思考，努力把握且尽量做好，一个优秀的商品名称就诞生了。

【案例】Anker 移动电源商品名称

商品名称如图 6-26 中所示，先谈谈关键词。对移动电源稍微有了解的人都知道，移动电源包含三个核心关键词：Power Bank, Portable Charger, External Battery。在案例的商品名称中，Anker 把这三个核心关键词都应用进去，且用在了恰当的位置。

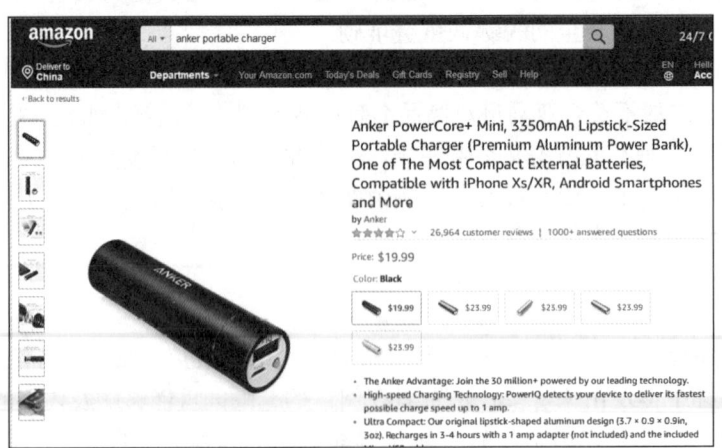

图 6-26

其次是卖点。在案例的商品名称中，Anker 把自己的商品提炼出包括 Powercore+（既是系列商标又能够强调品质好）、Lipstick-Sized（强调了商品的迷你精致）、One of the Most Compact（最为小巧易携）、Compatible with iPhone Xs/Xr, Android Smartphones and More（与最为常用的 iPhone 手机和安卓系统手机等均相容）等卖点，很好地体现了商品的独特特性、与竞品的差异化和质感。站在消费者的角度看，这些都是一个个吸引人的卖点。

再来看案例中的商品名称的可读性。Anker 的商品名称在体现关键词的同时，把各个卖点分别和不同的关键词搭配。同时，用逗号和括号把独立的意思区隔开来，从而形成一系列的小句子。短小的句子可以让消费者在没有压迫感的状态下轻松读完，并且因为恰到好处的停顿，消费者还记住了这些要点。和很多卖家动辄 200 个字符不加任何区隔的商品名称相比，短句子结构的搭配更易于阅读，更能够加深消费者对商品的感觉。而多个关键词环环相扣，和卖点融合，反复刺激消费者的神经，让消费者在不知不觉中接受了这个商品。

值得一提的是，图 6-26 中这个商品，此前的商品名称为：Anker PowerCore+ mini,3350mAh Lipstick-Sized Portable Charger（3rd Generation, Premium Aluminum Power Bank），One of the Most Compact External Batteries. 如今的商品名称去除了"3rd Generation（第三代）"。正如之前所说的，仅站在生产和工艺流程的角度描绘商品，消费者并不能直观地领略到第三代到底好在哪里，因此这个短语在仔细斟酌后消失了，而增加的 Compatible with iPhone Xs/XR, Android Smartphones and More（与最为常用的 iPhone 手机和安卓系统手机等均相容），才是真正击中买家的卖点。

6.3 关键词

关键词不仅在商品名称中要用到，也要用到商品特性（Bullet Points）、商品描述（Product Description）及搜索关键词（Search Terms）当中。关键词是消费者匹配目标商品的媒介，因此，选对关键词对卖家而言非常重要。

6.3.1 什么是关键词

关于商品关键词，我们可以理解为消费者用来搜索某个商品时用到的词语。在某种程度上，关键词等于核心关键词，比如"Power Bank（移动电源）"，但由于不同的人对一个商品的称谓往往各不相同，这就导致一个商品往往会有多个关键词，比如有人会把移动电源称为"External Battery（备用电池）""Portable Charger（便携式电源）"等，这些词语因为被消费者所接受，并且会被用来搜索查找该商品，所以这些词语都是关键词。

理解了什么是关键词，在优化一条 Listing 的过程中，卖家要站在消费者的立场上收集、整理尽可能多的商品关键词，然后把这些关键词按照相关性强弱应用于商品名称、商品特性、商品描述和搜索关键词中。

6.3.2 精准关键词、宽泛关键词和长尾关键词

按照相关性的强弱，商品关键词可以分为精准关键词、宽泛关键词和长尾关键词三种。精准关键词和商品匹配度最高，是大部分消费者直接用来搜索的词语；宽泛关键词和商品有一定的相关性但又不仅仅指这一类商品，宽泛关键词和商品之间是一种包括与被包括的关系，宽泛

关键词在涵盖卖家商品的同时，也会涵盖其他类似或同类商品，所以相对来说精度不高；长尾关键词是指某个特定群体搜索一个商品时会使用的词语，指向精准但受众偏少，被搜索的次数也少。

举例来说，对一个卖男装的卖家来说，"clothes（衣服）"属于宽泛关键词，结合其商品，"men's jacket（男式夹克）"则属于精准关键词，"Leather Jacket Men Black Motorcycle Lightweight Classic（黑色经典摩托皮夹克）"则属于长尾关键词。

有些词语虽然是宽泛关键词，但几乎鲜有人搜索，所以卖家在 Listing 优化中可以忽略此类关键词，比如前文提到的"clothes（衣服）"，虽然代表着商品的属性，但买家一般不会这么搜，卖家也没必要这么设置。

还有一些词语，既是宽泛关键词，同时也是精准关键词的一部分，这类词语往往会被作为核心关键词使用。比如"移动电源（Power Bank）"，本身虽属宽泛关键词，但由于其商品属性本就如此，大部分消费者都会使用该词语搜索购买，所以，就有必要将其作为重点关键词使用。

当然，在使用过程中，卖家还需要根据自己商品的实际情况，添加其他的搭配词语，从而组成更多的精准关键词，比如"Power Bank Fits For Apple（适用于苹果手机的移动电源）"，"Power Bank For iPhone 6s（适用于 6s）"，"Power Bank with MFI by Apple（苹果认证工厂）"等，这其实就是长尾关键词了。

6.3.3 寻找核心关键词的方法

要查找一个商品的关键词，最关键的一步就是确定核心关键词，否则就是"一步错、步步错"。建议不要把关键词的范围局限在一些小的方向上，宁可从大的范围里去筛选也不要从小范围里去选择，因为那样做非常容易漏掉词。而漏掉一个词，可能漏掉的就是一批客户。

为了避免发生这种情况，卖家可以借助一些工具。根据站内站外进行划分，方法有以下两种。

1. 利用亚马逊搜索框提示词

在亚马逊搜索框内输入关键词，系统即时提示的关口词就是核心关键词（如图 6-27 所示）。用这些关键词再搜一下，在搜索结果前 2 页，如果都能看到同类商品的"Best Seller"，就可确认这些词就是核心关键词了。

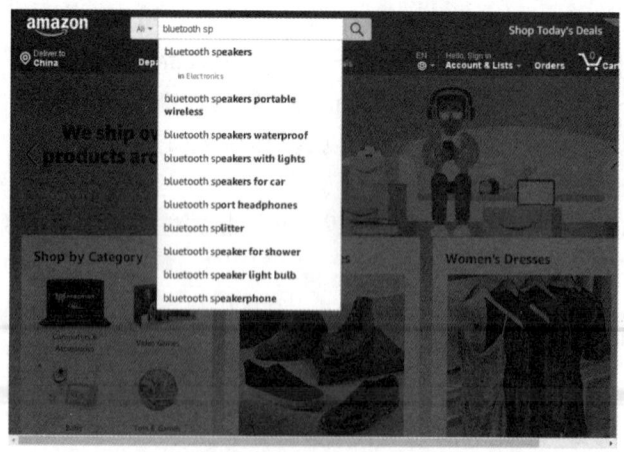

图 6-27

需要提醒的是，当商品的核心关键词能显示在搜索结果首页了，卖家一定要保证自己的商品在同类商品中有极具竞争力的价格，质量也要保证，这样配合才能产生大量流量，卖家商品的销量才会大幅提升。

2. 利用站外的各种关键词工具收集

在亚马逊站外，很多第三方工具为卖家提供了收集和整理更多关键词的可能性。

- Google Adwords Keyword Planner（谷歌关键词规划师）；
- www.keyworddtscovery.com；
- www.wordze.como；
- www.keywordtool.io；
- www.merchantwords.com；
- www.keywordspy.com；
- www.triplify.com；
- www.sctentificseller.com；
- www.keywordtooldominator.com；
- www.camelcamelcamel.com；
- www.trendsamazon.com；
- www.amztracker.com。

卖家通过对商品的熟悉和对竞争对手 Listing 的分析学习，再加上上述各种工具的辅助，就可以准确地收集和把握自己商品的关键词，把这些词语恰当地用在商品名称、描述和搜索关键词中，从而最大可能地为自己的 Listing 争取更多曝光，为自己亚马逊店铺的运营添砖加瓦。

在此前的章节中，已经介绍过 Google Trend 的使用方法，我们也可以使用这个工具来确定核心关键词，此处不再赘述。由于国外消费者习惯用 Google 搜索商品，因此 Google 的搜索大数据里面存在很多可供挖掘的商品关键字。Google Adwords 就是其中一个非常好的关键字获取工具。

3. 使用 Google Adwords 提取关键词

【步骤 1】打开 https://ads.google.com（需要通过翻墙软件才可以打开），注册一个谷歌广告账户，登录后，单击根目录"工具"→"关键字规划师"，如图 6-28 所示。

图 6-28

【步骤 2】进入"关键字规划师"页面后,选择"发现新关键字",如图 6-29 所示。

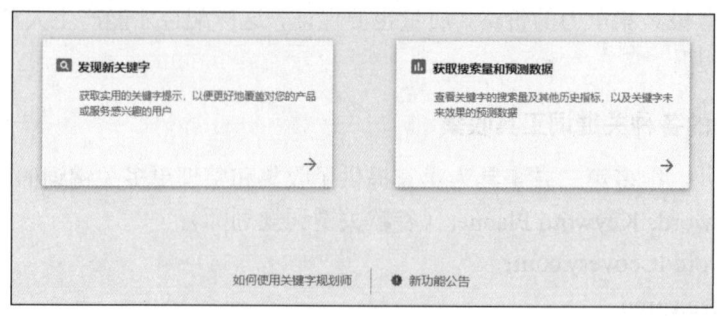

图 6-29

【步骤 3】输入需要搜索的关键大词,比如 headphone、laptop、pants 这类词,接着单击下方的"获取结果"按钮,如图 6-30 所示。

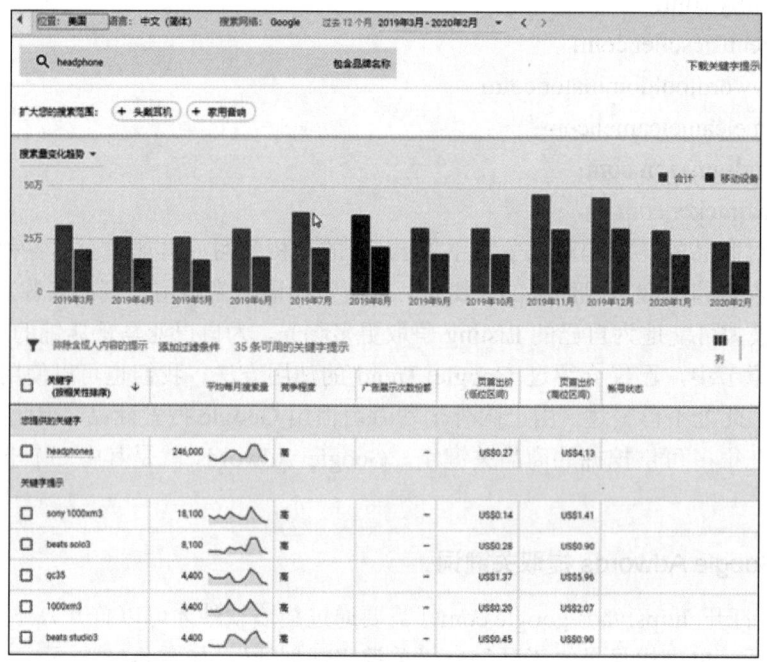

图 6-30

【步骤 4】下载报告,分析数据如图 6-31 所示,提取商品关键词。

以上就是使用 Google Adwords 工具提取商品关键词的步骤。Google Adwords 是一个免费的工具,所搜索的大数据足够庞大而且可信,下载报告后,还应根据结果仔细分析,提取关键词。

Google Adwords 的用处不仅是获取关键词,熟练后还可利用其开发新品。关键词的搜索量反映了消费者对商品的需求程度,而开发新品最关键的是满足消费者的需求,这就是打造爆款商品最核心的办法。

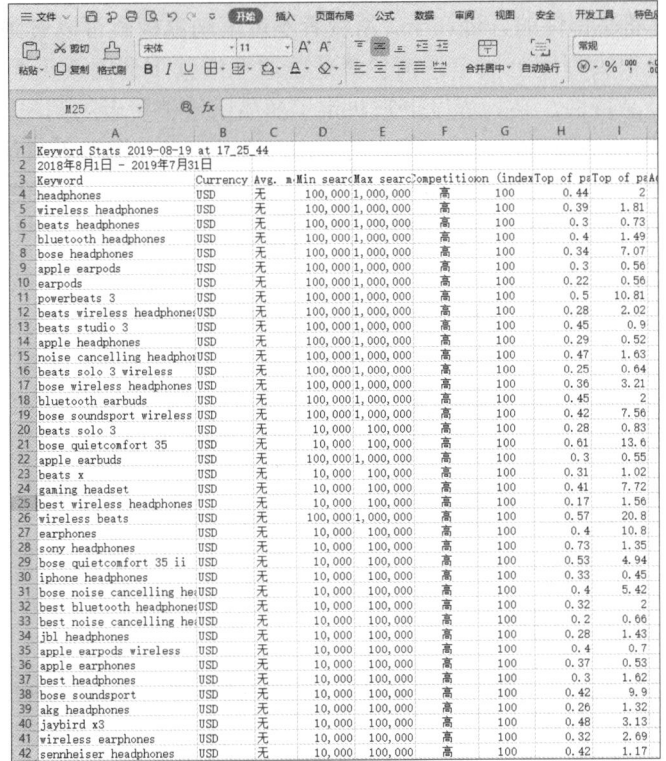

图 6-31

6.4 商品特性

"商品特性（Bullet Points）"一般是五个要点，每个要点以"·"起始，主要用来罗列商品的卖点。我们也常常称之为"商品特性"或"短描述"。

图 6-32

许多电商平台并不设置商品特性，消费者需要将页面继续下翻才能查看商品的详情、了解商品的性能，亚马逊商品特性的好处在于，消费者不用滚动鼠标就可以看到简短的介绍。最重要的是，商品特性在很大程度上决定了消费者是否愿意继续下翻阅读页面上的其他信息，所以，千万不要轻视商品特性，某种程度上它决定了商品留给消费者的第一印象。

亚马逊的商品特性的重要性仅次于商品名称，它的作用是在消费者被商品名称、图片、价格三个因素吸引进来之后，再次对商品加深了解。商品特性是否能够提供足够的信息给消费者，同时激发消费者的购买欲望，对于销量的提升也是重要的一环。

商品特性可以包括以下内容：
（1）商品核心优势，比如外观的新颖设计、性能的优化提升等。
（2）商品参数，包含尺寸、材质、安全认证等。
（3）商品功能，分点概括。
（4）质保时间。
（5）包装清单。
（6）使用场景及特殊用途，比如可以作为某个节日的礼物等。
（7）售后服务及物流优势。

6.4.1 商品特性的基本格式

从展示位置看，在商品详情页中，商品特性位于商品名称下方，向买家展示商品的主要性能和优点，属于黄金展示位置。

商品特性的设置位于商品刊登页面的"描述"页，如图 6-33 所示。商品特性最多可以填写五行，每行最多允许写入 100 个字符。

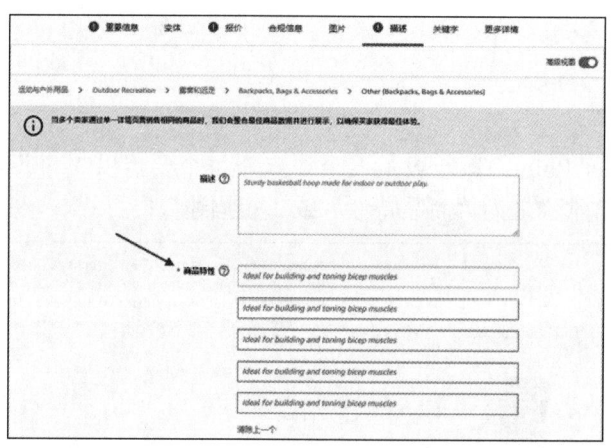

图 6-33

6.4.2 商品特性的优化

在商品详情页中，商品名称也是表现商品相关性能的要素，但是商品名称可表达的内容毕竟有限，卖家需要更充足的空间来展示商品的优点。而这正是商品特性存在的意义所在，那该如何优化商品的商品特性呢？

1. 利用好"黄金展示位"

商品特性处于商品详情页的"黄金地段"。既然可以写 5 条特性，那就不要只写 3 条；可以写 500 个字符，就不要随便写写应付了事，卖家应尽可能多地去展示商品的有用信息，如商品本身的用处、性能、优点、材料等。

有些卖家直接将这些信息塞到了商品描述（Product description）里，但是，商品描述位于商品详情页下方，也许消费者还没来得及下翻页面详细看你的商品描述，就已经被别的卖家的商品特性吸引过去了。

2. 优化思路

总体来说，就是看怎么写商品特性可以迅速抓住买家的眼球，让买家快速了解卖家的商品，从而达到吸引买家继续浏览进而购买的目的。

可以在商品名称卖点的基础上，在商品特性中继续补充尺寸、商品功能、商品特点及优势，但要注意以下要点。

（1）要简单明了。建议商品特性中的每一点都应遵循一种简单的模式，那就是强调商品特点+买家收益。

以亚马逊户外类目大受欢迎的真空保温杯品牌 YETI 为例（如图 6-34 所示），YETI 的商品特性如下：

图 6-34

- These Ramblers come standard with our YETI MagSlider Lid, the only drink lid that uses the power of magnets to keep your water, beer, or favorite drink on lock
- Our Ramblers are BPA-free, dishwasher safe, and have a No Sweat Design to make sure your hands stay dry
- DuraCoat is a durable coat of color that won't fade, peel, or crack through extended field use and also provide additional grip to the Rambler's exterior
- We over-engineered these double-wall insulated tumblers with an 18/8 stainless steel body, which means your drink still keeps its temperature no matter how much of a beating this cup takes
- The YETI 30 oz Rambler Tumbler stands 7 5/8 in high and has a lip diameter of 4 in. All YETI Tumblers are sized to fit in standard sized cup holders

上面的要点没有用"High Quality"等一些笼统的词去概括，而是将商品的每个特性及生产制造细节简洁地传达出来，商品给消费者一种既专业又优质的印象。商品特性中的每一点都遵循简单的模式，那就是强调商品特点+买家收益。如表 6-1 所示：

表 6-1　商品特色与买家收益

商品特色		买家收益
磁吸瓶盖设计	>>	锁住水分不流失
不含 BPA，快干设计	>>	保障人体健康，适用洗碗机，手握时保持干燥
DuraCoat 材料	>>	持久耐用，不易褪色
双层隔离，加固不锈钢瓶身	>>	在承受外部剧烈撞击时仍然能起到良好的保温效果
瓶身尺寸采用标准设计	>>	充分考虑与其他配件如杯托的适用性

商品的细节描述可以提高消费者对商品的可信度。但是千万不要在其中添加过多的技术描述，需要突出重点，具体明确。

（2）要有主次。这里核心的关键点，就要通过"点亮"的方式，让消费者能够一眼就看到，比如大写核心部分，或者在核心部分加一些特殊符号，或是在句首提炼关键词，都可以让消费者一眼看到商品的亮点。

（3）要有具象化的描述。一定要把商品参数通过一些具象化的语言描述出来，让客户能够直观地感受到。比如，描写一个充电宝的容量有两种方式：①268000mAh high quality Li battery；②Charge your iPhone 6s for 9 times, your Galaxy S6 over 7 times, or the 2015 Macbook more than 3 times。这样一对比，消费者对第二个数据的印象就会更加深刻，知道可以给自己的手机充电次数比单纯的 268000mAh 要简单易懂得多。

3. 注意格式，整洁清晰

在亚马逊上做商品详情页的优化其实是很受限的，所以只能尽最大可能地利用亚马逊提供的相关权限，让商品脱颖而出，帮助买家迅速了解商品的优点。这就要求在写商品特性时，一定要整洁清晰，应尽量做到以下几点：

- 每条短描述的首字母大写。
- 可以标注 1、2、3 等序号，增加条理性。
- 注意内容的主次顺序，一般由主到次、由简到繁。

4. 尝试多写一些关键字，吸引买家

可以将商品特性看作是商品名称的补充，经由我们辛苦提炼，但在商品名称中没有使用的关键词，可以根据需要放在商品特性中，这样可以最大限度地展示商品特点。但是，这里也不是一个堆砌关键词的地方。

6.5　商品描述

商品描述（Product Description）是亚马逊商品详情页的一部分，需要将页面持续下拉，才能看到这一栏。从重要性来看，商品名称＞商品特性＞商品描述。但这并非说商品描述不重要，一个优秀的 Listing，离不开每一个环节的精心打造。

从本质上看，商品描述是一段用于解释商品，并进一步陈述其购买价值的营销文案。商品

描述的目的在于为消费者提供更多与商品卖点、细节相关的信息，同时强调购买的意义，以促进消费者购买。

商品描叙的设置位于商品刊登页面的"描述"页，如图 6-35 所示。

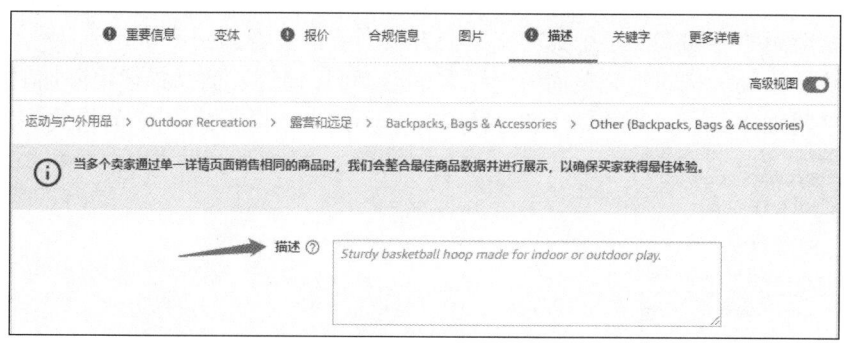

图 6-35

6.5.1 内容的设置

首先必须明确一件事，商品描述不必长，只要针对消费群体的特点写清楚商品特点就可以了。在撰写商品描述时，切勿堆砌词语，商品描述应限制在 2000 个字符以内，这样才不会失去消费者的关注。

商品描述应把消费者最想知道的信息都包含在里面，同时做到简洁但又富有信息量，言简意赅地将商品优点一一说清楚。从视觉、触觉等角度，让买家想象使用或拥有商品的体验。

以下是亚马逊官方给出的示例。

个护健康示例：Aquaphor 修复霜拥有恢复光滑、健康皮肤的独特配方。这款多功能修复霜可保护和舒缓干燥的皮肤、干裂的双唇、皲裂的手脚、微小的伤口和烧伤，以及其他皮肤过敏症状，让您每天尽享舒适。

（One essential solution for many skincare needs, Aquaphor Healing Ointment is uniquely formulated to restore smooth, healthy skin. This multi-purpose ointment protects and soothes extremely dry skin, chapped lips, cracked hands and feet, minor cuts and burns, and many other skin irritations, so you can get on with your day comfortably.）

钟表示例：这款双色自动机械手表属于 Pro Diver 系列，大大的圆形不锈钢表壳搭配结实的钢制表带及镀金中心链。电动蓝色表盘便于快速、轻松地读取时间，即使光线较暗也无影响。表盘上镶有弹性矿物水晶，并以蓝色单向旋转钢制表圈搭配金色标记及硬币边缘细节为框架。额定防水深度为 200 米。

（This two-tone automatic watch, from Pro Diver series, places a large round stainless steel case on a robust steel bracelet with gold-plated center links. The electric blue dial is designed for quick and easy read-off, even in low light conditions. The dial is capped with a resilient mineral crystal and framed by a blue unidirectional rotating steel bezel with goldtone markings and coin edge detailing. It is rated water resistant to a full 200 meters.）

对于大部分中国卖家来说，由于英语能力上的差距，再加上当地使用的词语，以及当地人的阅读习惯和我们也有着不小的区别，因此商品描述一定做好可读性，方便买家们阅读和理解。

6.5.2 格式上的设置

在亚马逊平台上,发布一款商品时,并不是以所见即所得的形式展现。如果卖家没有在商品描述中插入相应的 HTML 标签符号,发布之后,在亚马逊前台呈现出的页面就会变成不区分段落的密密麻麻的一团文字,杂乱的文字会直接影响消费者的阅读体验。

为了避免因为展示格式不完美而流失顾客,卖家可以通过在商品描述中添加 HTML 标签,做到所用文字粗细体结合、整齐划一和分段有序,不妨参考图 6-36 所示的格式。

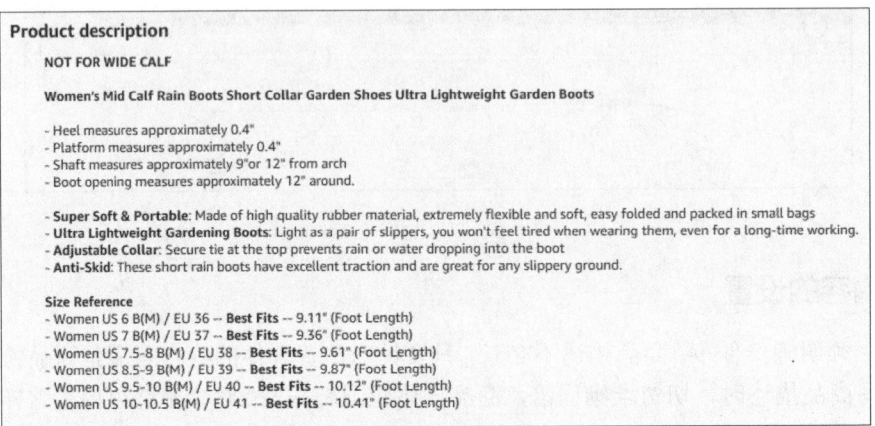

图 6-36

如果没有学过网页设计也不必担心,可以使用工具来添加 HTML 标签符。通过网址:http://www.amz123.com/bianjiqi.html,在可视化编辑器页面,将写好的文案复制到可视化编辑器中,布局好之后,单击查看 HTML 代码(如图 6-37 所示),将 HTML 代码复制保存在文案表格中。

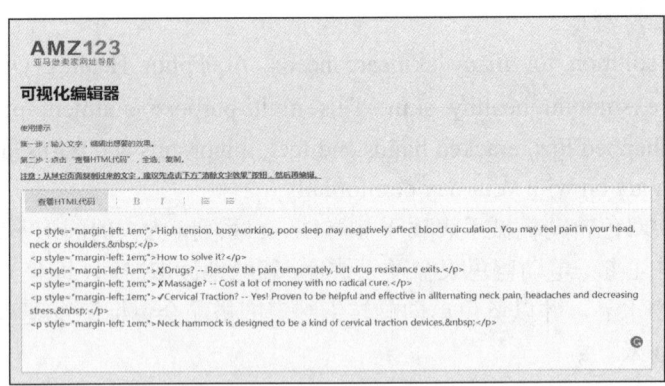

图 6-37

6.5.3 A+页面的设置

对于通过亚马逊品牌备案的卖家,亚马逊给予了 A+页面设置权限。

相对于单调的亚马逊商品描述页面来说,A+页面以图片和文字相结合的方式能够更好地展示商品细节,让整个商品描述页面看起来更活泼。

关于 A+页面的打造,可参考"5.4.2 EBC/A+页面的制作"一节。

6.6 搜索关键词

当买家在亚马逊平台的搜索框里输入关键词搜索商品时，平台与之相关的商品名称、商品特性、商品描述和搜索关键词都会计入搜索权重。在整个 Listing 的搜索权重中，关键词搜索权重顺序依次是商品名称>商品特性>搜索关键词>商品描述。也就是说，搜索关键词也是优化商品搜索排名的重要因素。搜索关键词设置的好坏也会影响搜索流量的高低。

6.6.1 什么是搜索关键词

搜索关键词（Search Terms）是卖家设置的，如果卖家设置的搜索关键词与用户的搜索词一致，商品就会显示在用户的搜索结果中。搜索关键词的设置位于商品刊登页面的"关键字"页，如图 6-38 所示，主要填写与商品相关的关键词，最多可以填写 1000 个字符。但 2017 年下半年之后，亚马逊对搜索关键词做了大刀阔斧的改革，压缩到了 250 个字符。虽然这个位置仍然可以填写 1000 个字符，但是只有前 250 个字符会被收录。

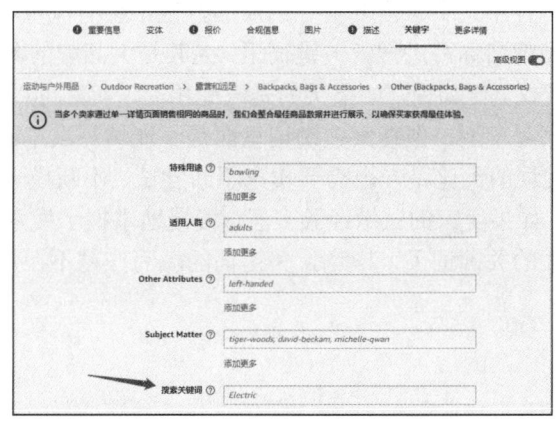

图 6-38

虽然搜索关键词不是必填项，也不在亚马逊平台前端公开显示，但由于可以影响商品搜索排名，其重要性是毋庸置疑的。所以，卖家填写搜索关键词时也要像写商品名称那样用心。

6.6.2 如何填写搜索关键词

1. 填写搜索关键词的基本要求

首先，搜索关键词的英文拼写一定要正确无误。这是一项很基本的要求。

关键词可以用单词、词组（短词）、长尾词、流量词填充，不要与商品名称重复。之前我们通过工具查找出来的那些有价值的关键词，除了用到商品名称和商品特性里面的，剩下的就可以用到搜索关键词当中来了。至于用单词、词组还是长尾词来填充关键词，就看哪一个与商品更符合，哪一个的效果会更好。

卖家可以根据商品的特性和行业竞争情况来选择，也可以混合使用。

2. 搜索关键词的填写方法

卖家常用的搜索关键词写法有如下两种。

第一种写法是只填写 3~5 个关键词。采用这种写法，填写的关键词要很精准，关键词肯定要经过层层筛选，并且与商品完全匹配。

第二种写法是使用词海战术，在搜索关键词里面填写上大量的关键词，甚至是填满，来增加被搜索到的概率。

对于采用哪一种写法，卖家要根据商品的实际情况而定。如果商品是比较特别的或者是比较冷门的，在细分类目里占有优势，用某个关键词检索时就能在首页或前几页出现，就可以采用第一种写法。但如果卖家售卖的是很普通的商品，类似或相同的商品在平台上成千上万，竞争激烈，卖家无法保证自己的商品能在海量商品之中被买家找到，那就要采用第二种写法。

3. 间隔符号

填写的关键词之间要用符号隔开，可以用半角逗号或空格隔开。

4. 哪些内容不宜写入搜索关键词

卖家不宜写入与自己的商品没有相关性的关键词。尽管用到某些关键词可能会蹭到更多的曝光率，但匹配度低，并不是买家需要搜寻的商品，也不会有流量和转化率。

卖家不宜将别人的品牌名称写进搜索关键词里，尤其是大品牌的名称，否则容易被人警告或投诉，被系统判定为侵权。比如说，如果买的是汽配用品，卖家可以在商品名称或者商品描述中备注商品适合哪种汽车车型，但搜索关键词里面是不能填写汽车品牌名称的。

总体来说，搜索关键词的优化是一个需要卖家不断尝试、不断摸索、不断调整的过程。卖家需要不断地积累经验。如果卖家的试销经验多了，慢慢地掌握了搜索关键词的填写技巧，那么就无须再填写作用不大的关键词了。毕竟，关键词的填写在精不在量。

6.7 定价

对于亚马逊卖家来说，都要费尽心思地处理一件叫做"定价"的小事儿。定价过高，容易吓跑买家，无法提高销量；定价过低，又无法赚到足够的利润。那如何定价才是上策呢？

总的来说，亚马逊客户群体的价格敏感度并不高。卖家要清楚自己的商品在市场上的平均价位，不要突破天平选择极端，过高或过低都不是长久选择。突然的价格调整也会大幅度影响商品的搜索排名和销量。

价格（Your Price）的设置位于商品刊登页面的"报价"页，如图 6-39 所示。

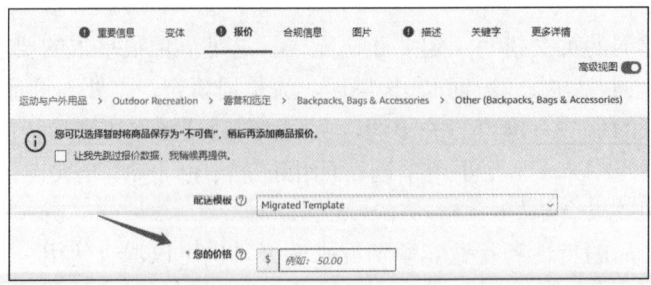

图 6-39

6.7.1 影响定价的因素

1. 市场因素

（1）市场供需。市场供需对商品价格有很明显的影响。当市场追捧一款新品时，容易造成供不应求的局面。物以稀为贵，价格也会跟着一路上涨。但当商品上市一段时间后，卖家们线上线下大量铺货，买家的选择趋向多样化，卖家的利润被稀释，价格也会跟着下降。同时，各个行业研发新品的速度是非常快的，当功能类似的新商品出现时，旧商品对买家的吸引力也会下降，降价是必然的。

（2）竞争对手的价格。亚马逊平台上的卖家成千上万，卖家之间知己知彼、相互竞争，有时候竞争对手的价格，也会成为同行卖家进行商品定价的参考。

2. 商品成本

（1）平台月租和佣金。如果是以专业卖家的名义在亚马逊平台上销售商品，除了交月租，亚马逊会根据卖家销售的不同类目的商品，收取不同比例的佣金。这部分费用也应计入成本当中。

（2）生产成本。商品的生产成本包括原材料、研发、生产、人工等方方面面的成本。总体来说，生产高端的、品质好的商品要比生产低端的、品质一般的商品的成本要高出很多。如果卖家对商品进行改良或微创新，成本也会增加。

（3）运输费用。商品从出厂到线上销售，运输成本也不小，也会影响商品的售价。如果卖家选择使用FBA发货，会产生FBA头程运输费用和FBA仓储费等。

3. 企业因素

（1）预期利润。有些卖家在选品时或上架商品前会预估商品的市场前景和利润，有些卖家对自家商品很有信心，对利润的期望值就会高一些，可能是定价的几成，也有可能是成本的几倍、十几倍。

（2）品牌形象定位。商品品牌定位不同，设的价格区间也不一样，走基础消费市场路线的大众化品牌，价格会偏低；走中端市场路线的品牌，价格适中；走高端市场路线的品牌，价格虽高，但其商品与服务也都是高端的。

（3）营销推广费用。卖家为了扩大销售，提升商品人气，会在亚马逊站内或站外的社交媒体平台做付费营销推广，这也会产生一笔不小的推广费用。

（4）资金周转。有些企业为了降低风险，提高资金运转效率，会加快商品的销售周期，在定价方面，不会将价格设得太高。有些企业为了冲销量，可能掀起价格战刺激市场。

6.7.2 利润最大化的定价策略

1. 亚马逊的一般定价公式

如果使用了FBA发货，不妨参考以下公式（仅供参考）：
FBA商品售价=（商品成本＋FBA头程费用＋FBA费用）×（1＋利润）/（1-佣金）
其中，商品成本：包括生产、推广、税务、人工等方面的成本。
  佣金：根据不同的品类，亚马逊收取不同比例的佣金，一般为8%～15%。

FBA 头程费用：包括物流运输费、清关费等。

FBA 费用：可参考同类商品，使用"亚马逊物流计算器"进行预估。

在商品定价之前，卖家先确定商品的定位，决定是走高销量路线还是走高利润路线。走的路线不同，定价的策略也不一样。

2. 商品在不同阶段的定价方法

同一个商品，有竞争对手和没有竞争对手的定价策略是不一样的。同时商品在不同的阶段，定价思路也是不一样的。

（1）新品上架阶段。在新品上架之初，为了让买家有良好体验，让商品迅速打开市场，卖家们不妨将价格设低一些。但是，也不能设得太低，那样非但赚不到应得的利润，反而会让买家低估商品的价值，甚至怀疑卖家在卖假货。

（2）商品成长阶段。当卖家所售商品的销量、好评、星级评分各项指标有了一定的基础，但忠实粉丝还是较少，处于成长阶段时，卖家可以稍微提一下价格，或者将价格控制在比竞争对手的价格稍低的范围。

（3）商品成熟阶段。当卖家的商品销量已经很稳定了，排名、流量、星级评分、销量各方面的指标都很不错，在市场上积累了不少的人气，表现已经远超一般卖家，从各方面的数据都能看出是"爆款"或"准爆款"时，商品就处于成熟阶段了。这个阶段的商品，比价功能已经弱化，更多的是代表了品牌形象与店铺定位，那么卖家可以放心地将价格调得比市场价高一些了，忠实的买家也不会因为卖家提价而离开。

（4）商品衰退阶段。当商品慢慢地进入衰退期时，市场会推出功能更加完善的新品取而代之，消费者的忠诚度也会下降，需求也会逐渐减弱，销量与利润都会大不如前。此时卖家没有必要继续强推商品，如果还有库存，可以进行清仓处理，如满减、打折、包邮等。

3. 定价的小诀窍

（1）数字"9"的催眠作用。

在各大电商平台上，很多商品的价格都以"9"为尾数。如 9.99 美元、49.99 美元、99.99 美元。举个例子，一台儿童平板电脑售价 99.99 美元，相较定价为 100 美元的平板电脑，买家会更愿意去购买定价为 99.99 美元的商品，哪怕售价实际上只差了 0.01 美元，但在买家心理上的反馈却有着天壤之别。前者让买家认为价格只有两位数，不是很贵，后者让买家觉得是三位数的价格，还要再考虑。

卖家在定价时，除了考虑成本与利润，还要顾及买家的心理因素。亚马逊平台上有很多商品的价格都以"9"为尾数，这招真的很有用。

（2）差别定价。

卖家在定价的时候，可以把功能类似的同系列商品一起陈列标价，并试着推出价格较高的商品来影响价格较低的商品。举个简单的例子，逛街时看见的服装店，店家总是喜欢把 39 元、69 元、99 元三种价位有差别的衣服排列在一起。在 99 元商品的衬托下，消费者会觉得 39 元的衣服很便宜，从而刺激消费。在亚马逊平台上，定价也是如此。通过分等级定价，令商品价格之间存在差别，对销量有很大的刺激作用。

（3）折扣定价。

在价格设置方面，有些卖家习惯只设置一个固定价格。这样的设置虽然符合平台的要求，但因为没有考虑消费者的心理而显得生硬。建议卖家在设置价格时，可以在设置标准价（Standard Price）的同时，再设置一个折扣价（Sale Price），两个价格的对比更易刺激消费者购买。

另外，如果你的商品是变体的 Listing，同时包含多个子体，那么不妨针对不同的子体设置不同的价格，价格以区间的方式呈现出来同样有利于提高转化率。

【本章小结】

本章以商品详情页的制作为中心，介绍了商品详情页刊登的基本流程，并从商品名称、关键词、商品特性、商品描述、搜索关键词、定价等方面详细介绍了商品详情页的布局及优化技巧。

【进一步阅读资料】

商品详情页做得这么 Low，难怪别人不想买！

一部分新手卖家看到亚马逊平台发展迅速，就想快速选品，匆忙上架，然后就开始打广告引流，急不可待地等着出单。但是，如果只是单纯地认为自己的商品好，连同类商品的特点、价格、商品名称、商品描述、关键词、市场竞争激烈程度都没有去了解，那么出单只能是想想而已。

还有很多卖家认为只要设置好关键词就可以了，但是当消费者点击你的商品页面，看到详情页那么 Low，前面的工作都会白做的。想要做好商品的详情页，你必须深入了解用户需求、市场容量、商品特点，然后根据这些特点优化商品详情页。

首先我们来看一个错误的详情页案例（如图 6-40 所示）。

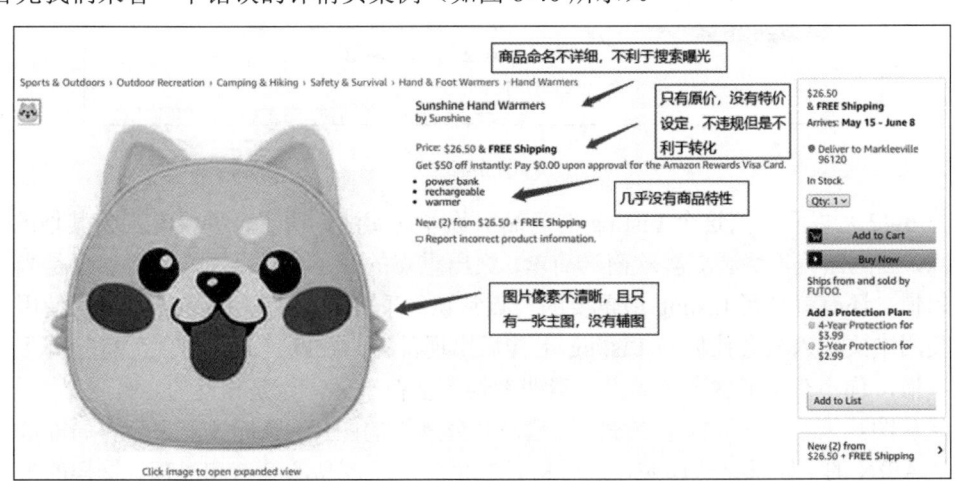

图 6-40

接下来就以"shoes"为例详细说第一印象法。

在亚马逊美国站上搜索"shoes"，以出现的前四个商品为例，首先出现的是商品的主图、商品名称、价格、商品星级及 Review 数量（如图 6-41 所示）。这五点就是消费者看到的第一个第一印象，直接决定了你的客户群体会不会点击你的商品进入详情页。

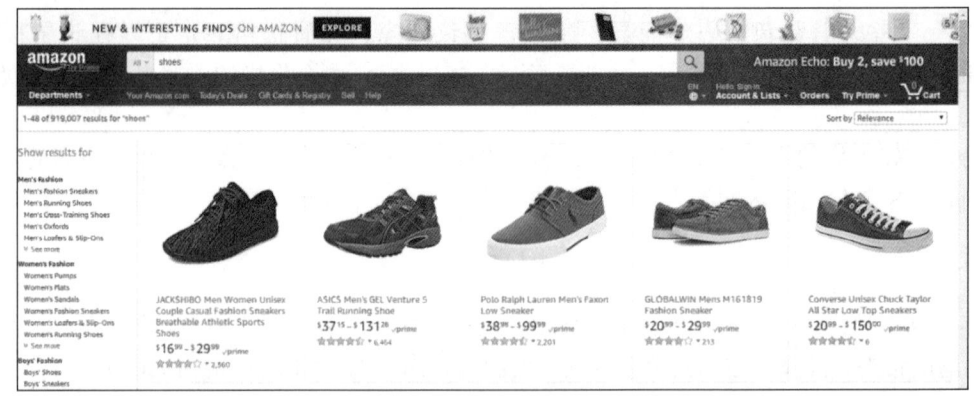

图 6-41

以"shoes"的搜索结果第一页第三个 Listing 为例（如图 6-42 所示）：

作为一名消费者，点击搜索结果首页的 Listing 进入查看商品详情页的概率非常大，商品详情页就是所谓的第二个第一印象。在消费者的第二个第一印象中，主要包括商品名称、图片、价格、卖点、尺寸、描述、评论这些关键点。

图 6-42

从图 6-42 可以看出，这个 Listing 的商品名称非常简洁、明了，并没有夹带其他的东西，直奔重点，因为欧美消费者更喜欢简洁简单，突出重点的商品名称，这样的写法也是当地的一个语法习惯。还有就是写 Listing 最重要的一点常识：千万不要在写 Listing 的时候使用中文输入法！使用中文输入法会让你的 Listing 上传后出现乱符，在欧美站点出现乱符就等于你不在乎任何事情，你不在乎消费者体验度，消费者也不会在乎你，这是相互的。

其次从图片来看，商品的每一张图片都是高分辨率的图片，鼠标放上去会有局部放大的功能，每个 ASIN 的主图都是侧面照，然后从各个角度展示商品的细节和纹理。这样的方式其实是最符合消费者心理学的，这样是展现商品的全部给消费者看，让消费者能第一时间了解商品的全部内容。

商品图片作为最基本的展示点，也是卖家最容易大意的地方，卖家在做到商品图片清晰美观的同时，也要考虑是否过度修图，造成商品与图片相差过大，这样容易在后期产生纠纷。

商品价格是消费者关注的重点，除了合理的定价，卖家还应该在价格旁边标注是否免运费，这对最后的成交会产生很大的影响，如果消费者在支付时被提醒另行支付运费，这样容易引起消费者的反感而放弃支付。

另外，评论对正在浏览的消费者影响是很大的，好的评价能够促使消费者即刻下单，差评过多也会直接影响消费者的购买欲望。因此，卖家应该合理控制自己的差评率，对于有些过激的评论，卖家应该与评论者协商删除，以避免产生不必要的影响。

线下购物与网络购物最大的不同就是顾客无法直接接触到实体商品，所以商品详情页是与消费者沟通的桥梁，尽可能地全方位展示商品的特性才能激发消费者的购买欲望，只有你自己重视商品详情页，不断优化，消费者才有可能重视你的商品。

（资料来源：搜狐，https://www.sohu.com/a/150977872_696469）

【练习与思考】

1. Listing 上架前需要做哪些准备？
2. 亚马逊商品编码有哪几种？分别是什么？
3. 商品编码应该怎么填写？
4. 怎么判断哪些商品需要分类审核？

【实验项目】

利用关键词工具，建立商品关键词词库，依托词库在文案中布局相应关键词，编写出 Listing 文案，下载对应库存文件模板，并填写库存文件进行上传。

【小组任务】

以小组为单位，根据本章实验项目中所上传的 Listing，介绍本小组所发布的商品详情页。

第 7 章

亚马逊全阶运营

【学习目标】

1. 理解亚马逊的评价体系
2. 理解顾客问答的重要性
3. 理解并掌握商品详情页上架后的优化技巧
4. 理解详情页类目排名、搜索排名的影响因素
5. 理解账户绩效指标
6. 理解并掌握后台业务报告分析技巧
7. 理解并掌握跟卖与反跟卖的技巧

【思维导图】

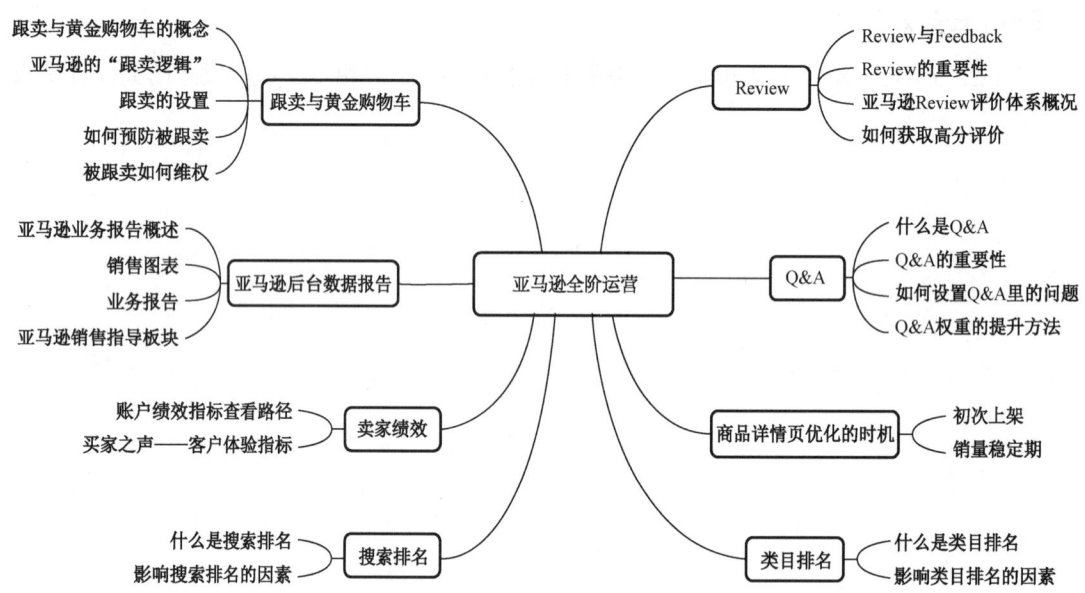

【导入案例】

商务英语专业的小王和机械工程专业的小吴作为应届毕业生同时进入一家知名上市跨境电商公司实习,在最初的一个月里,他们被安排到同一个业务小组里担任运营助理,由有经验的同事带着熟悉店铺操作和公司的整个业务流程,一个月后,他们开始独立负责新店铺新品的上架推广工作。

让主管 Tom 感到奇怪的是,他们俩虽是同时起步,但两人店铺的表现却天差地别,小王的销售业绩落后小吴很多。他们接受同样的培训,并同时开启运营工作,在整个工作过程中,

小王不可谓不勤奋，甚至常常加班处理 Listing 问题，并且小王具有专八证书，语言优势更明显，是公司原本寄予厚望的对象。

在打开两人店铺并经过后续的观察后，Tom 发现，小吴善于思考，在实践中总结出了很多自己的运营小技巧，并将这些技巧分门别类地记在了本子上，并时常会跟前辈请教；而小王则太过于依赖最开始的教程，拘泥于条条框框的步骤，在后续运营中放不开手脚。

小吴在新品刚上架的时候，就懂得如何借助站外的免费工具给自己的运营提供有效的信息和支持。比如挖掘竞争对手关键词添加到手动广告中，跟踪竞争对手变体销量以确定头部 SKU 和营销推广策略，使用不同类型的折扣鼓励消费者形成关联购买，提升同店商品的转化。在后期运营过程中，小吴十分重视 Review 的维护，因为差评往往会严重影响 Listing 销量，在站内无法与消费者取得联系，小吴往往会求助于社交平台，而这往往很有效。其他的类似通过修改商品上架日期，使 Listing 能在 New Release 榜单里维持更长的排名时间；前期新品上架先放到较小的类目去冲击 BSR，之后再调整到大类目里获得更多的流量等这些技巧不胜枚举，小吴分享的很多方法技巧让公司的很多运营老手都如获至宝，仿佛打开了新世界。最后，在三个月的试用期结束之后，小吴顺利地留在了公司开始负责新商品线的拓展和销售，而小王由于业绩不达标，没能通过考核，不得不离开公司。

这个案例告诉我们，跨境电商作为一个新兴行业，其本身更新迭代速度十分快，可能前两个月还可以用的方法和功能，两个月后就失效了。这就要求我们不能仅仅满足于熟悉平台基础操作，而要多思考多尝试，在实践中总结沉淀出自己的一套方法论，提升自我学习能力才能以不变应万变，在跨境电商变幻莫测的角力场上立于不败之地。

（资料来源：作者根据相关资料整理）

7.1 Review

在亚马逊上有过购物经验的朋友都知道，促使我们下决心购买某种商品的因素，除了它的图片、描述和价格，最重要的就是其他顾客的评论了。

一条优秀的 Listing，不外乎以下几方面：商品关键词、商品图片、商品名称、商品特性、商品描述、价格、发货方式（FBA）和 Review。而在这些因素当中，Review 的重要性是可以排进前三的。

7.1.1 Review 与 Feedback

厘清 Review 和 Feedback 分别是什么，这是每个亚马逊卖家必然经历的一个过程。亚马逊制定了两套评价体系来分别对卖家的商品和服务进行衡量，即 Review（商品评论）和 Feedback（买家反馈）。二者都属于亚马逊的评价体系，但又相互独立。通过对卖家的商品和服务分别做出评价，为后续购买的顾客提供参考。

1. 什么是 Review

Review 即"商品评论"，就是顾客对商品本身的评价，展示的位置在 Listing 的下拉页面（如图 7-1 所示）。在商品名称下方也能找到商品的星级打分及"** ratings"的字样（如图 7-2 所示），单击"** ratings"，页面也能跳转至 Listing 下拉页面的"Customer reviews"一栏。

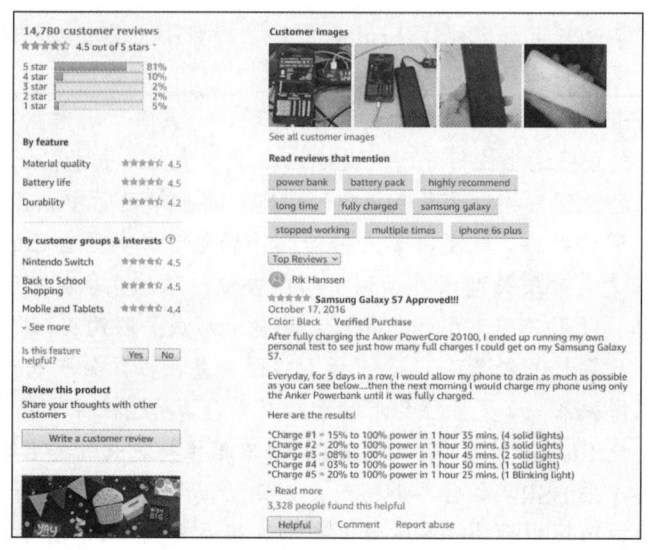

图 7-1

图 7-2

2. 什么是 Feedback

Feedback 即 "买家反馈"，是顾客针对已购买的商品做出的评价，评价内容包括商品品质、服务水平、发货速度以及商品与描述的一致性等方面。也就是说，Feedback 只会发生在有真实购买记录的情况下。如图 7-3 所示，Feedback 一栏显示在卖家的资料页面。

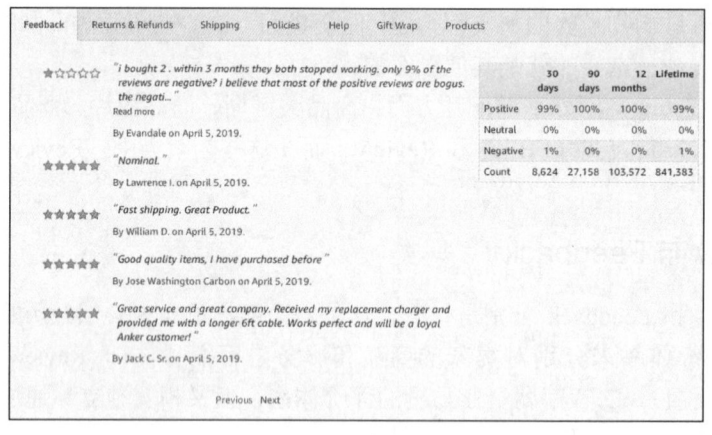

图 7-3

亚马逊对 Feedback 的等级评价是以一段时间内收到的 4～5 星级评价个数除以所有的评价个数来计算的。如果等级评价超过 95%（理想状态下是 98%），那么就有机会获取黄金购物车。反之，如果低于 90%，则与黄金购物车彻底无缘了。

此外，Feedback 等级评价的算法与 ODR 并不一样，ODR 指标是以一段时间内总的订单数来进行计算的。而 Feedback 等级评价是以一段时间内收到的所有的 Feedback 作为基数计算的。

3. Review 与 Feedback 的区别是什么

Review 是对商品本身的评价，仅仅表达对商品的看法，不涉及服务、物流等。更重要的是，只要是亚马逊会员，在亚马逊上有过购买记录，就可以对任何商品写 Review，即便你并没有购买这一商品。这也是二者比较重要的一个区别。

那么如何区分评价者是否买了商品呢？购买了商品的买家针对该商品所做的 Review，它的上方会有个小标——"Verified Purchase"（如图 7-4 所示），即"已验证购买"。而没有买过该商品的人做出的评价就没有该标识。（注：Review 中的 VP 标记除了与评价者是否买了这个商品相关，也跟成交价有关系，以低折扣价购买商品也可能导致 Review 不会带有此标识。）

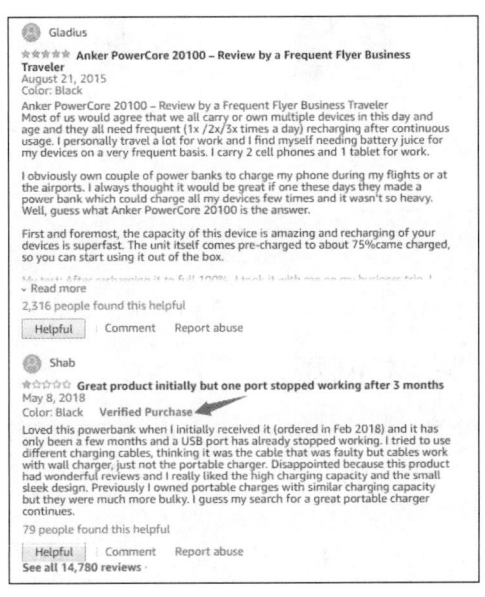

图 7-4

Feedback 在卖家店铺首页和店铺评价详情中会清晰地罗列出来，所以 Feedback 对卖家的影响更多地体现在卖家账户层面。也就是说，Feedback 的评分太低会影响店铺绩效指标，甚至可能因为 Feedback 的评分过低，亚马逊会取消卖家的销售权限。而 Review 只是针对单个商品而言，并不会直接反映到卖家店铺中，只会决定卖家的商品评分，从而影响该商品的曝光和排名。

7.1.2 Review 的重要性

从目前的情况来看，如今的亚马逊买家对评论非常看重，几乎到了"无评论不下单"的地步。好的 Review 可以对 Listing 的销量起到很好的拉升作用，能够快速促进销量的上升，是打造爆款必不可少的助力；而一个差的 Review，同样可以让一条 Listing 的销量瞬时跌入谷底，相信很多卖家都经历过正在热销的商品因为一个差的 Review 而销量大跌的情况。特别是在商品上架初期就出现了差评，后面的运营就会相当困难了。从某种意义上说，商品 Review 的好坏决定着一条 Listing 的生死。

在亚马逊复杂的排名算法中，Review 是比较有分量的一个因素。好的 Review 还可以直接拉开商品的排名，进而带来更多的曝光量和流量，产生更多的订单。

此外，消费者在用搜索框进行关键词查找，或是用类目查找来查看商品时，在结果页面左侧会出现一个可以按 Review 分值进行二次搜索的选择栏（如图 7-5 所示），便于客户筛选高分值商品。

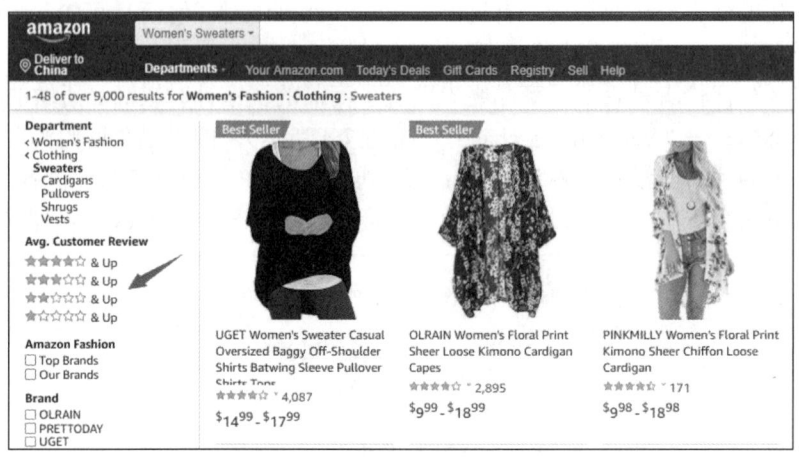

图 7-5

所以，卖家必须重视自己商品的 Review 数量和星级，这也是打造"爆款"的重要因素。

7.1.3 亚马逊 Review 评价体系概况

亚马逊是靠网上卖书起家的，从上线伊始，就允许消费者随意写书评，哪怕是差评，因为这些差评可以帮助消费者更快、更好地找到优质图书，做到优胜劣汰，节省消费者的筛选成本和时间。

直到亚马逊上销售的商品从单一的图书扩展到如今数以万计的不同品类的商品，这个评论体系和基因也被完整地保留下来，消费者也习惯去看其他买家的评分和评论，以验证卖家的描述是否属实。

1. 不再适用的免费测评机制

亚马逊鼓励消费者进行真实的评论，以帮助其他顾客做出正确的购买决定。亚马逊平台曾经采用过免费测评机制，卖家可以通过给专业测评人免费寄样以获得相应评论。但前提是评论必须客观真实，测评人在评论中会留下一句话说明虽然他们拿到了免费的样品，但这也是他们真实的使用体验。如果能得到 Top Reviewers 的正面评论，基本上可以保证商品大卖无疑。

但从 2016 年 10 月起，亚马逊就不断推出新评论政策，其中包括 2016 年 9 月份提高买家留评资格的消费额度，10 月份美国站禁止以折扣和免费方式进行测评等。在 2016 年 11 月下旬，亚马逊欧洲站和日本站也推出新规定，禁止卖家以免费形式测评，或是用折扣及免费商品换取评论。这一新政策详情如下。

- 禁止卖家用免费或折扣商品、礼品卡、返现及其他补偿措施换取评论，不允许卖家使用评论服务。
- 禁止卖家按照是否留评的方式来为消费者提供免费或折扣商品及其他福利。

- 禁止卖家使用根据留评内容来决定测评师（Reviewer）成员资格的评论服务。
- 禁止卖家使用可以根据评论评价买家的评论服务。
- 禁止卖家使用可以监控买家评论内容的评论服务。
- 卖家可以为所有消费者提供折扣商品，如通过 Lightening Deals 促销；可以在展览会或其他无法监控买家留评情况、留评内容的渠道提供免费商品。
- 以上这些政策变更适用于除图书以外的所有品类。亚马逊表示，仍然允许卖家提供免费的图书。

这就意味着之前卖家们热衷的 EDM 送样、外包团队送样、Facebook 群组送样、第三方送样平台送样等办法统统不合法，同时亚马逊加大惩处力度，将违规的 Reviewers 踢出 TOP 榜单，删除违规的 Reviewers 的评论，封闭大量刷单的卖家账号，甚至设专人在 Facebook 群组"钓鱼"。

2. Vine Voice 项目

2016 年 10 月新规发布后，亚马逊向卖家启动 Vine Voice 项目。

Vine Voice 项目组，是一个邀请制的 Group（Vine Review Group），亚马逊邀请诚信度高的买家入驻平台做测评。

Vine 评论是 Vine Voice 成员独立的意见，不能受卖家影响，更改或者编辑评论。只要符合发贴政策，亚马逊也不会更改或者编辑 Vine 评论。亚马逊每个月会给加入 Vine Voice 项目的会员发两次待评论商品清单，这些会员每次可以从清单中选择两款商品进行评论。只要他们在 30 天内写出有建设性的评论就有机会免费获得该商品，但是决不允许将其在亚马逊卖掉或转让出去。

Vine Voice 的 Reviews 相对普通的 Reviews 权重会更高，并且每条 Review 都有一行绿色文字"Vine Customer Review of Free Product"标记。Vine Reviewers 的排名受其他客户对评论者所提交的评论的质量与帮助的判定影响。

更多资料可参考 https://www.amazon.com/gp/vine/help/。

3. 早期评论人计划

除了 Vine Voice 项目获取客观的 Reviews，2017 年 6 月亚马逊还推出了早期评论人计划（Amazon Early Reviewer Program，AERP）。早期评论人计划主要针对已经拥有亚马逊品牌备案的第三方卖家，其细则包括：

- 每个卖家可以提供最多 100 个父级商品（Parent SKU）。
- 每个 SKU 收取 60 美元的费用，如果有消费税也需要卖家支付。
- 1 年或者每个父级商品获取 5 个评价，满足其中任何一个条件后计划结束。
- 获取评论的方式是由 Amazon 选取买家，成功参与的买家将获得由 Amazon 提供的 1~3 美元的礼品卡。

4. AERP 和 Vine Voice 项目的区别

表 7-1 展示了 Vine Voice 项目和 AERP 的区别，供读者参考。

表 7-1　Vine Voice 项目和 AERP 区别

	Vine Voice Program	AERP（早期评论人计划）
针对卖家	仅针对 Vendor	获得品牌备案的任何卖家
商品数量	商品数量不受限制	每个卖家可以提供 100 个父级商品
评价数量	5～20 个	5 个/年/商品
收费标准	不同卖家收费不一样	60 美元/商品
赠送商品	需要	不需要
针对评论人	Vine 授权评论人	普通卖家
参加评价	亚马逊邀请	亚马逊机选
购买商品	不需要购买	需要购买
必须评价	收到邀请后必须在 30 天内完成评价	收到邀请后自己决定
收到奖励	没有任何奖励	由亚马逊提供 1～3 美元的礼品券

Reviews 在 Listing 的若干部分的权重中占有举足轻重的位子，有的卖家看得长远，对自己的商品有信心，愿意花钱去获得这些公正、高质量的 Reviews，这样的选择已经让自己的商品脱颖而出，所以建议有资金的卖家在面对刷单风险高的情况下，考虑这些安全获取 Reviews 的方式。

5. 关于 Top Reviewer

虽然免费测评机制在亚马逊上已经不再适用，但亚马逊依然鼓励消费者留评，Top Reviewer 这个群体依然存在。他们在亚马逊上的 Reviews 占有最高的权重，可以帮助卖家快速建立商品可信度和品牌声誉。如果能得到 Top Reviewer 的正面评论，对这条 Listing 本身也是正向推动。如图 7-6 与图 7-7 中所示，留评者分别属于"TOP 500 REVIEWER"和"HALL OF FAME TOP 10 REVIEWER"，他们的评价分值比一般留评者占据更高的权重。

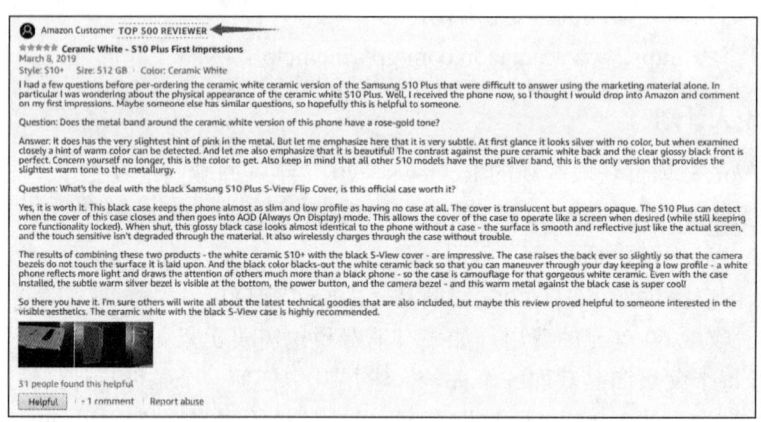

图 7-6

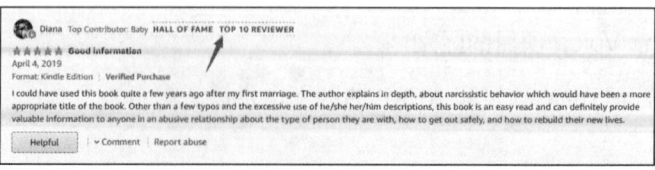

图 7-7

7.1.4 如何获取高分评价

北美买家没有留评的习惯，通常在没有人为干预的情况下，一个 Listing 正常出单 100~200 件，买家才有可能留 1 个 Review，可以说自然留评率非常低。但由于 Review 直接关系商品转化率，这也导致获取高分评价的迫切性，甚至有卖家不惜高价换取一个 Review。

那么新手卖家应该如何获取高分评价呢？

1. 确保商品本身质量

想获得好评，首先是商品必须有足够好的品质，和同行比起来，在消费者最关心的某个方面真正做到有优势。相对来说，亚马逊的客户经济能力较强，消费层次较高，对品质的要求也相对较高，所以要得到好评，最简单、最直接的方法就是提供高品质的商品。

否则，即便通过刷单等办法制造虚假的火爆和繁荣，等真正的买家"上钩"后，动辄给出差评或发起"商品与描述不符"的 A-to-Z 索赔，卖家也会陷入非常尴尬的境地。

2. 提升客户购物体验

从客户浏览页面开始，到收到商品、用上商品的过程中，这其中的每一个环节都值得卖家仔细思考，以提升客户的购物体验。

（1）商品详情页。

商品详情页要优化完善好，商品关键词、商品图片、商品名称、商品特性、商品描述、商品问答方面都应力争做到尽善尽美。如今亚马逊可以上传有关商品的视频，卖家可以用心打造出富于视觉效果并能充分传递商品信息的视频，特别是一些在使用或者安装上需要操作指导的商品，操作视频更是提升客户购物体验必不可少的环节之一。

（2）商品的包装。

北美客户对商品包装非常重视，如果可以，尽可能地在商品的包装上多下一些功夫。北美客户习惯于精美包装的商品，所以在亚马逊上，即便买的是一把梳子或是一双袜子，也得用精美的盒子好好地包装起来。一个商品的包装是给客户的第一印象，从某种程度上也能反映出商品的品牌价值。

（3）发货方式。

FBA 是亚马逊官方推荐的发货方式，虽然费用昂贵，但隔天到的发货速度和优秀的客服，给客户带来很好的购物体验。自发货虽然价格便宜，但物流时效低，还可能造成商品包装损坏，影响客户收货的心情。

（4）附加价值或附加服务。

客户购买的不仅是商品，也是一种独特的服务或体验。例如，卖手机保护外壳可以附带送一个手机贴膜，卖衣服可以送一个卷尺，这样都能让客户觉得非常贴心。在商品的使用过程中，如果还能得到额外的附加服务，如通过线上服务得到免费的更新版本和更新资料，都能无形中提升客户的购买体验。

将心比心，把自己置换到客户的位置思考，做到以上要点，才是商品在自然流量下可以赢得好评的前提。

3. 消除零评论的技巧

对于亚马逊上的卖家而言，在新商品发布的时候，如何得到前几条评论，尤其是第一条评论呢？以下列举一些办法，卖家实施时需根据自身的资源情况进行匹配和选择。

（1）利用好自然流量，主动索要好评。

数据显示，只有10%的买家会在亚马逊上留Feedback，而100～200个买家中才有一个会留下Review。因此，通过自然流量下单购买的客户，都是能够产生好评的宝贵资源。以下几种方法可以尝试一下。

一种办法是在包裹中放便笺纸，许多成功的卖家都在采用这个办法。可以在投递的包裹里放一张纸条，或者小贺卡，最好是手写，或者打印得像手绘版，这样对方留评的可能性会大。

也可以通过给客户发邮件的方式，"引导"客户留下评论。一般客户下单时发一封，到货一周后再发一封进行催评。这是一种相对"传统"的办法，为了便于操作，要记得在邮件中放上留评链接。

需要注意的是，亚马逊是不允许卖家联系客户"索要"评价的，至少在文字层面上不能直接要求客户留评，不能直接提到Review或者好评这些字眼。所以在引导客户时一定要注意方式、方法及措辞，一般以询问客户商品使用是否有问题，对商品和服务有什么建议，欢迎他们分享他们的体验等方式，委婉地引导客户留下评论。

亚马逊官方规定，通常只在完成订单或者回应客户有关服务的问题时，卖家才能联络买家。所以，询问购买感受算是打了一个擦边球，一般来说买家不联系卖家，卖家不能主动出击。如果对方没有回应或者态度冷淡，就需要表示希望对方在使用商品的过程中能获得愉悦的感受，有商品方面的问题可以随时联系自己，不要过多纠缠。

另外有人统计过，亚马逊上留Feedback的人数是留Review的十几倍，好好利用和挖掘这一块资源，也能收到意想不到的效果。定期检查顾客留下的Feedback，最好是1天1次，对留有4星或者5星的客户表达谢意，表示自己对他的认可非常感动，并问对方是否愿意将他对商品的真实感受，在有空的时候与其他的浏览者做一个客观的分享，以帮助到更多的朋友。

（2）找海外的朋友进行购买并评价。

这是新商品起步时可以采用的非常好的一种方式，这相当于卖家依靠已积累的"人脉"为商品铺路。当然商品本身的质量需要有保障，因为如果商品被后面的多个买家投诉有质量问题，不排除亚马逊官方会认为初期给好评的几个账号是有问题的，进而引起对卖家账号本身的监测。

（3）参与Vine Voice项目或AERP。

前文中已介绍了Vine Voice项目和AERP，这是目前亚马逊官方所支持的安全获取Review的方式。

（4）利用广大的折扣站。

我们知道，国外有非常多的折扣站。一些大站，比如Slickdeal、Retaimenot、Dealsplus必须是高等级的卖家才能够做的。但是也有一些小站，小卖家可以在上面发布一些折扣信息，卖家可以把自己的价格发布在折扣站上，吸引人们去购买。

对于新卖家来说，前期可以通过在一些折扣网站比如Tomoson、Vipon上派发折扣码达到快速出单的目的，同时可以根据不同折扣平台的特点，设置领取折扣后的任务，比如要求参与者在社交平台晒图推荐或者拍摄视频等，当然有些折扣买家也会在下单后留评，但是这种通过大折扣购买获取的评价一般没有Verified Review的标志，权重也相对较低。

4. 违反亚马逊政策的做法

此外，下面两种做法与亚马逊目前的政策相违背，卖家最好不要做。

（1）好评返现，诱惑买家。

亚马逊对于这种采取有偿报酬诱导买家留好评的行为是禁止的，所以如果卖家这么做了，亚马逊会毫不客气地发警告牌，如果再出现这类违反平台规定的情况，那就有可能被关店。

（2）雇"水军"。

这同样是被亚马逊禁止的。一旦被发现，所有涉及该事件的卖家商品全部下架，接受各种惩处。

7.2 Q&A

7.2.1 什么是 Q&A

Q&A（Customer Questions &Answers，即客户问答）是亚马逊商品详情页里的一个板块，这个板块的主要目的是为用户提供一个卖家与买家、买家与买家之间交流商品特性、功能、质量品质等问题的区域，主要以问答的模式进行。

Q&A 展示的位置在 Listing 的下拉页面（如图 7-8 所示）。在商品名称下方也能找到"***answered questions"的字样（如图 7-9 所示），单击后页面也能跳转至 Listing 的下拉页面的 Q&A 一栏。

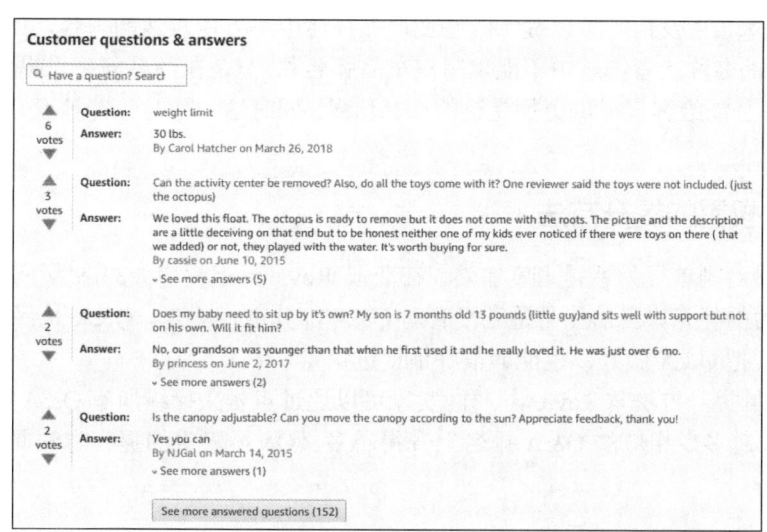

图 7-8

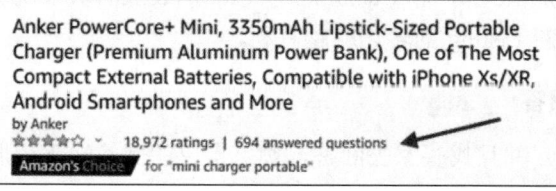

图 7-9

7.2.2 Q&A 的重要性

Q&A 之所以重要，首先是因为许多客户在下单前会仔细查看 Q&A，商品问答可以有效解决客户下单前的顾虑。Q&A 是买家购物的重要参考信息，对商品的转化率有很大的影响。

其次，Q&A 也是 Listing 权重的重要影响因素，如果说商品名称、商品特性、商品描述、搜索关键词是权重的先天因素，Review 和 Q&A 相当于是后天因素。

7.2.3 如何设置 Q&A 里的问题

1. 客户需求和痛点

Q&A 要关注买家最关心的问题，卖家可以调查竞争对手所有的 Q&A，然后进行分析归纳，即可整理出客户的需求及客户最想了解的问题。

例如电子商品，主要功能是防水防潮，这就可以在 Q&A 中提现出来，然后再针对这些问题对 Listing 进行优化，又可以在一定程度上提高转化率。

2. 关键词

Q&A 里的所有的词都会被亚马逊自动抓取并收录到，所以除了在商品名称、商品特性、商品描述、搜索关键词中增加商品关键词外，Q&A 中最好也要填入核心关键词，增加商品与关键词的相关性，当消费者搜索的时候就能立刻看到商品。

3. 品牌名称

Q&A 从买家角度发问，可以提供一些在商品描述中不方便表达的内容。比如卖的是汽配用品，卖家在商品名称或者描述中不能填写汽车品牌名称，但是在商品问答里提到汽车品牌名，就不算违规，并且能给客户提供更加完整的商品信息，同时这一信息也能被亚马逊的搜索引擎所捕捉。

7.2.4 Q&A 权重的提升方法

近来亚马逊对刷单行为惩罚力度加强，在获取 Review 难度增大的态势下，Q&A 可以说是一个非常得力的补充。目前亚马逊还没有对 Q&A 部分进行严查，Q&A 是保持 Listing 活跃度的最好板块。把 Q&A 做好，也能够很好地促进销量。

Q&A 权重的提升方法与 Review 一样，卖家可以通过点赞来操纵所有 Q&A 的上升和下降，得到好的 Votes 越多，相应的 Q&A 排名上升得越多。Q&A 权重的提升方法具体包括如下几种。

1. 增加 Q&A 数量，提升活跃度

对于新品来说，增加 Review 和 Customer Questions & Answers 的数量都很重要，Q&A 数量越多，活跃度越高，对 Listing 的转化就越有利。

2. 找买家提问、回答

试着找买家去提问，并且找买家去回答，卖家自己的回答缺乏信服力。

3. 在问题和回答中都嵌入商品主关键词

Q&A 里的问题和答案中的关键词都有可能会被亚马逊自动抓取并收录,卖家可以通过搜索关键词的方式,对所有的 Q&A 进行分析归纳,整理出客户最想了解的问题及客户的需求。

4. 置顶帖子、增加热度

挑选一两个重要的 Q&A 帖子,对买家购买决策有重要影响的 Q&A,通过投票把帖子置顶(目的是让客户第一眼就能看到)、增加帖子热度,提升页面转化率。

此外,卖家还应注意以下几点:

- 一般 Listing 上架以后前台显示可售,就可以上 Question,这时候卖家可以自己回复,当有了销量以后再以买家身份进行回复。
- 新品期上 3~5 个 Q&A 就可以,质量要高;后期随着销量增加,流量增加,Review 增加,可以继续再上几个。后期一个成熟的 Listing 有 15 个左右 Q&A 就足够了。
- 如果已经有人回复了此问题,卖家不可以删除或者修改,但是可以点击"Comment"追问,可以点击"Yes"或"No"表示赞成和反对,也可以点击"Report Abuse"进行投诉。

7.3 商品详情页优化的时机

7.3.1 初次上架

商品在亚马逊平台完成上架后,并不意味着就一劳永逸了,即便在前期已经做了充分的上架准备工作,包括正确的类目选择、高质量的图片拍摄、规范的商品名称拟定、精准关键词的查询以及详尽地道的商品特性撰写等,但是这些都不能保证商品的 Listing 就一定可以在竞争日益激烈的电商平台上脱颖而出,做好了这些,最多只能算拿到了与其他大卖家和大品牌同台竞技的入场券。上架之后定期分析数据,对详情页进行有针对性的优化才是促进新品销售的关键。

电商作为新事物,本身更新迭代速度就非常快,平台也不例外,因此真正能让自己的新品保持不掉队并向更高销量排名冲击的还是卖家对平台的理解、对市场的把控和对消费者的把握,而这些能力恰恰反映在卖家如何对商品详情页不断进行顺应变化趋势的优化上。专业的卖家不会只准备一套上架资料,往往有 Plan B,针对图片可能就有十几套拍摄方案,重点表现不同的卖点,与之对应的就会有其他好几组备选的关键词和文案描述供替换调整。当然,这也根据卖家的不同定位而不同,对于铺货型的卖家显然不适合这样做,因为背后的工作量巨大,但对于走精品运营路线的品牌卖家来说,一开始,就要把每一条商品线的 Listing 按照 Kickstarter 及 Indiegogo 这类众筹网站商品页面的标准来上架,最大限度地发挥多元媒体的表现力,包括商品卖点的表现和品牌故事的讲述,辅以亚马逊对新品初期的流量倾斜而获得的额外曝光,最大限度地激发消费者的购买欲望,从而在详情页丰富度和购物体验上形成高转化的后发优势。另外,上架后在销量逐渐稳步增长的阶段,尽量避免对详情页进行频繁的更改,保持 Listing 的稳定性,如果频繁进行上架删除的动作,可能会被亚马逊审核甚至暂停发布商品的权限。

7.3.2 销量稳定期

亚马逊采用 A9 算法进行平台内商品搜索的排名，每一次对商品详情页的更新调整都意味着亚马逊系统需要对新的商品页面信息进行重新爬取和收录，针对页面各个模块分配的相应权重进行评分和重新排序。如果所做的调整正好符合算法认定的有效规则，自然商品的搜索排名会相应提升，反之，排名就会下降。特别要说明的是，每一次对商品详情页的修改，特别是商品主图、商品名称的修改，都会使商品详情页进入重新排序状态，这时候对原先的排名会产生一定影响。因此，正确选择合适的优化时机显得尤为重要，如果一款商品排名靠前而且销量稳定，建议卖家不要急着对商品详情页做大幅度的调整，因为此时的调整有可能破坏原有的平衡，适得其反。

商品详情页的优化并不是漫无目的毫无逻辑的随时随意更改，想到什么优化什么，而是要做到有据可循、有标可依，每一次的优化调整都要建立在严谨的调研基础上，需要有充分的数据支撑才能做出正确的判断，这就要求我们在商品上架开始就必须做好各项指标数据的记录，比如流量、排名、转化率、点击率等，针对每一个指标去做分析和进行相应的优化动作，做到有的放矢。比如广告点击率低了，有可能说明商品主图吸引力不够，顾客不愿意点击，这时候就可以调整对应的主图，换上更能抓住眼球的图片。

我们在对成熟期商品详情页进行优化的时候常常强调"单因子变量原则"，即每一次优化和调整最好只针对某一个要素进行，并留出足够的时间进行观察，以便后续对优化效果进行评估，只有这样才能发现规律、沉淀经验，不要试图一次性调整所有可能的影响因子，指望优化工作一步到位。

当商品销量出现异常波动，出现大幅减少的情况，有可能是平台政策调整，算法更新，甚至是整个行业市场的变动，要针对不同情况迅速做出应对措施，这就要求我们平时要关注行业资讯，特别是平台官方的规则更新，提前制定好相应的策略和优化方针，在大环境出现剧烈变化时能够从容不迫，不至于乱了阵脚。

根据对平台多年的观察和实际运营经验，平台算法排名对不同模块调整后做出反应的时间不同，因为系统需要一定时间去收集消费端的数据来验证调整的合理性，因此优化的效果反馈存在一定的滞后性。卖家对商品详情页的调整要把握节奏，建议每次调整之后至少留出两周的观察时间，不要因为一时没有看到结果就频繁去做更改，而是要根据调整后一些核心数据的变化，决定是否需要继续调整和优化。

此外，很多卖家会出现新品上架很长一段时间之后都没有销量的情况，即便对详情页做了诸多优化后依然不见效果，这时候一方面要按照前文提到的要点逐一去检查是否都做到位了，另一方面，卖家要跳开平台本身，在做好站内优化的同时，考虑在站外去做一些引流的动作（如使用 Facebook、Twitter 等社交工具或使用 Slickdeals 等折扣站进行引流），与站内流量优化（如 CPC 广告、参与秒杀活动等）相配合来实现详情页面流量的实质性提升。

7.4 类目排名

亚马逊是一个重商品、轻店铺的平台，因此不存在店铺的排名。商品成千上万，为了更好地将商品推荐给买家，亚马逊对商品进行了排名——类目排名（Best Seller Rank，BSR）。

7.4.1 什么是类目排名

卖家上传商品,需要将商品分到大类和子类目中,这是刊登商品的一个基本步骤(见 6.1 刊登的基本流程)。商品在这个类目中的排名就叫类目排名,也就是 BSR 排名。

在商品详情页中,商品的类目排名出现在"Product information"一栏。打开任何一条有销量的 Listing,系统一般都会为其统计出两个 BSR 排名,如图 7-10 所示,后面带有(See Top 100)的排名属于一级类目下的 BSR 排名,通常将其称为大类目排名,下面一列的排名则是小类目排名。如图 7-10 所示,这个商品在"Cell Phones& Accessories"(手机及配件)这个大类的排名是第 54 名,在小类目"Portable Cell Phone Power Banks"(手机移动电源)中排名是第 4 名。

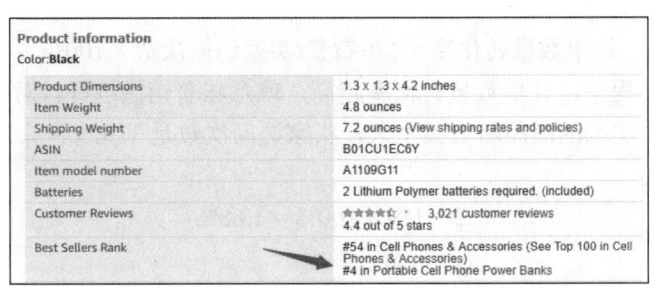

图 7-10

大部分商品的类目排名都是固定的,但是也有一些商品会出现好几个类目排名,如图 7-11 所示:

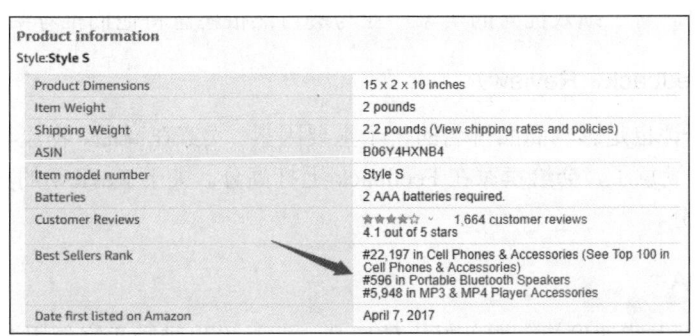

图 7-11

实际上,如果卖家的商品卖得不错,又可以放在其他的相关类目里面,那么亚马逊就会将这个商品放在其他类目,并进行排名。卖家也可以向亚马逊提出申请增加类目。VC 卖家有自行增加类目节点的权限。

商品在不同的类目,竞争环境不一样,其排名位置也自然不一样。

商品上架之后,没有出单是不会有排名的,当出了一两个订单后,一般只有一个类目的排名,后期销量慢慢提升上去了,在其他类目的排名自然也就有了。

些商品存在变体,有不同的子体。有些类目的子体的排名是分开的,而有些则是共用一个排名。

BSR 排名是按小时进行更新的,因此,类目排名随时都在变动,早上排第 10 名,也许下午就排在第 15 名或者第 7 名。

7.4.2 影响类目排名的因素

影响类目排名的因素包括如下几个。

1. 销量

高销量一直是卖家们追求的目标,对于商品的类目排名而言,销量好比是分数,分数越高,排名就越靠前。

2. 转化率

转化率,是指卖家后台的订单数量转化率。即已订购商品数量与所有的买家访问数量(点击量)的百分比。计算公式如下:

$$订单数量转化率=订单数量/买家访问次数\times 100\%$$

在相同流量的前提下,订单数量转化率越高,就意味着销量越好,对排名就越有利。

举个例子,一个卖家的商品新上架不久,买家访问次数是119,下了2个订单。那么,商品订单数量转化率是

$$2\div 119\times 100\% = 1.68\%$$

3. 绩效指标

卖家的绩效指标也是影响商品类目排名的一个因素。亚马逊给卖家账户设置了各项绩效指标,包括订单缺陷率<1%,配送前取消率<2.5%,迟发率<4%,有效追踪率>95%,准时到达率(针对卖家自配送)>97%等。如果卖家的各项指标都控制得很好,那证明卖家在商品、服务方面都做得不错。对于绩效优秀的卖家,亚马逊自然很愿意将他们推荐给买家。

4. 好评(Feedback、Review)

买家给予的好评也是影响商品排名的一个重要因素。卖家在商品、物流与客服等方面的服务都做到位,买家满意了,会给卖家在Feedback上打高分。关于Review的获得技巧,可以参阅"7.1 Riew"部分。

5. 是否发FBA

亚马逊的FBA发货速度快、服务好、效率高,亚马逊也鼓励卖家使用FBA。当卖家选择了FBA配送,抢占到了黄金购物车,商品的曝光量和流量也会随之增大,也能提高销量和转化率。

7.5 搜索排名

在亚马逊平台上,每天都有成千上万的"剁手党"在用关键词搜索商品,当他们产生搜索这个行为时,必然是有购买商品的强烈意愿,也意味着卖家的商机来了,那如何使自己的商品更加容易被买家搜索出来呢?这是卖家们很关心的一个问题。

7.5.1 什么是搜索排名

我们知道，亚马逊使用的是 A9 搜索引擎技术。当买家在平台搜索框中输入某个关键词进行商品搜索时，搜索引擎会根据与买家所使用的关键词的匹配程度，对平台的商品信息展开搜索并进行排序显示。

举个例子，如果买家想要买一台冰箱，按照一般人的搜索习惯，买家会直接使用关键词"refrigerator"（冰箱）进行搜索，平台上所有与"refrigerator"这个关键词相关的商品都会被搜索出来，并且，与"refrigerator"这个关键词匹配程度越高的商品，就会排在越靠前的位置。

如图 7-12 所示，用"women winter boots"进行搜索，参与广告的商品（带有"Sponsored"字样）会显示在结果页面最前，此后才是搜索排名的结果。

除此之外，有"Best Seller""Amazon's Choice"标志的商品也会显示在前列。此外不难发现，排在前面的商品评价数量较多、价格比较优惠、大部分选择以 FBA 发货，还有一些商品可以使用优惠券。所以，如果卖家要提高搜索排名，不妨从以上几点入手。

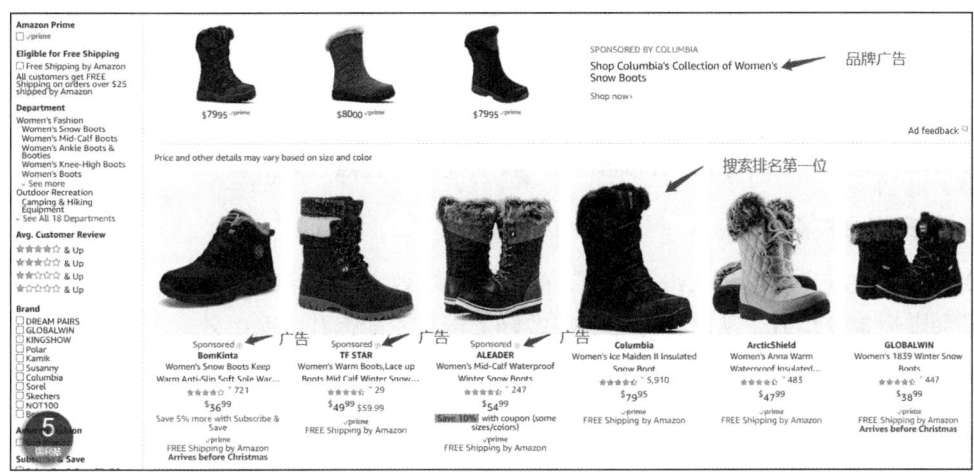

图 7-12

7.5.2 影响搜索排名的因素

虽然亚马逊采用的是 A9 算法，但具体算法亚马逊并未对外公布。综合平台实操经验及亚马逊官方透露的情况，影响搜索排名的因素主要有以下几个。

1. BSR 排名

BSR 排名是搜索排名最重要的影响因素，BSR 排名主要由商品的销量决定。

2. 相关性

即商品的关键词与用户键入的搜索词的相关程度，商品详情页上的商品名称、商品特性、商品描述、搜索关键词等都会计入搜索权重。从重要程度上来说，商品名称>商品特性>搜索关键词>商品描述。具体可以参阅本章 6.1~6.5 部分。

3. 转化率及页面停留时间

商品的图片、评价（Review）、定价、是否有多属性变体等因素都将影响客户的转化率及页面停留时间。

首先，图片应符合亚马逊的审美法则，多使用一些信息含量丰富的场景图、配件图、安装顺序的图，能提升客户的转化率及页面停留时间。

客户评价越多，对排名越有帮助。数量与质量并重的客户评价对提升客户的转化率及页面停留时间很有帮助。

从定价上看，定价要适中，偏高的价格容易让人望而却步，偏低的价格容易让客户产生不信任感，一般比自己的竞争对手低一点点就够了。

可自行创造多属性变体的不同组合。做变体的好处很多，在其他因素相同的情况下，多属性变体能赋予多属性 Listing 更多的权重；客户有更多的选择性和体验，提升页面停留时间；多子商品 ASIN 码，相当于多个独立的 Listing，有利于获得更多的曝光机会；所有的 Review 集中在一个 Listing，使 Review 更多。

转化率与跳出率是相互对立的。跳出率=1-转化率。降低跳出率需要注意以下几点：

（1）商品图片及商品名称要与关键词一致对应。

（2）价格保持在正常水平。故意给多属性商品中的其中一个商品设置低价会导致客人快速跳出。

（3）Review 总分不能太低。客人可以通过商品页面直接看到 Review 的分数和星级。如果分数较低，很有可能会导致客人快速跳出，甚至根本不会点进来看。

4. 卖家账户权重

卖家账户权重主要由卖家绩效决定，商品发货时效、邮件回复速度、退货率、差评、索赔纠纷都会影响卖家绩效。从这些方面切实做好工作，才能提升卖家绩效。

7.6 卖家绩效

为了保证卖家在亚马逊平台上的服务质量，亚马逊平台制定了一套绩效指标用来规范卖家账户的日常运营，要求卖家按照设定的指标，努力经营自己的店铺，服务好所有的买家。如果卖家没有达到标准或者严重超标，账户的状态就会受到影响。

亚马逊会定期审查每个卖家的绩效并针对未达标的项目通知相应卖家。审查的目的是让卖家有机会在绩效问题影响销售之前做出改进。但是也有极少数情况，亚马逊会立即停用绩效非常差的卖家账户。

影响卖家账户状况的几大相关指标如表 7-2 中所示，从运营的角度看，以下指标都将对卖家账户权重产生影响。

表 7-2 影响卖家账户绩效的相关指标

序号	亚马逊指标	亚马逊指标要求	指标重要性
1	Order Defect Rate（订单缺陷率）	<1%	必须满足
2	Cancellation Rate（配送取消率）	<2.5%	必须满足
3	Late Shipment Rate（迟发率）	<4%	必须满足

续表

序号	亚马逊指标	亚马逊指标要求	指标重要性
4	Valid Tracking Rate（有效追踪率）	>95%，针对卖家自配送	重要
5	On-time Delivery（准时交货率）	>97%	一般
6	Return Dissatisfaction Rate（退货不满意率）	<10%	一般
7	Contact Response Time（联系回复时间）	24 小时内回复次数>90%；延迟回复≤10%	一般
8	Policy Violations（违反政策）	关联、侵权、卖仿货等	重要

各个指标的具体含义，读者可参考本书附录 A 和 B，也可以在卖家后台的账户绩效页面直接点击条目进行查看。

综合来看，卖家想在亚马逊上做好运营，应做到以下几点：

（1）注重绩效指标。

亚马逊是综合许多因素来设定指标的。整体而言，亚马逊十分注重买家体验，所以无论站在哪个角度，无论店铺大小，订单缺陷率、配送前取消率、迟发率、有效追踪率都是卖家的基本目标，是一定不能触碰的警戒线。想要将店铺做得更好，必须按照亚马逊的要求运营店铺。像一些大卖家，各方面的指标分数都是非常高的，虽然未能达到这些指标不一定使卖家的账户处于不利地位，但卖家如果未加以改善，则肯定会给自己带来负面影响。

（2）清楚各项指标的计算规则。

指标都是按百分比计算的。比如在 ODR 指标中就包括差评这个因素，如果是在商品上架初期，评价少的情况下，一个差评就会造成指标飘红，影响商品后续的销量，后面需要花很大的精力去弥补。也就是说，只有等到订单数量增多了，好评的基数多了，才能有犯错的空间。

（3）不触碰政策红线。

违反政策的后果主要是会导致账户被封，这部分具体将在第 11 章进行介绍。

7.6.1 账户绩效指标查看路径

查看账户状况的路径为：卖家后台主页→"绩效"→"账户状况"，如图 7-13 所示，共分为客户服务绩效、商品政策合规性和配送绩效三块。在每个板块下点击查看详情，可以看到具体指标。

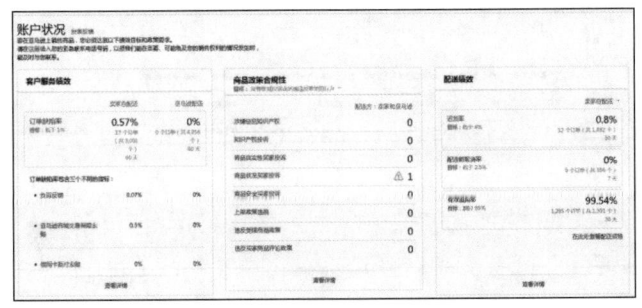

图 7-13

客户服务绩效包含订单缺陷率、退货不满意率两个指标，如图 7-14 所示。

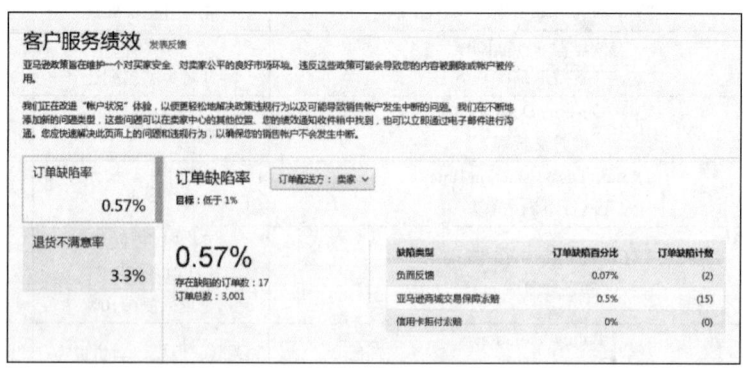

图 7-14

配送绩效包含迟发率、预配送取消率、有效追踪率、准时交货率四个指标，如图 7-15 所示。

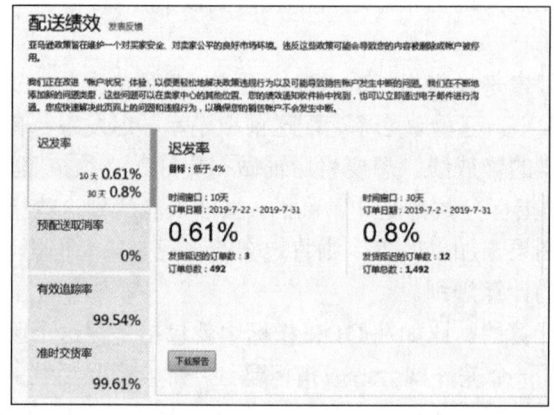

图 7-15

商品政策包含涉嫌知识产权、知识商品、商品真伪、商品状况、商品安全、上架政策六个指标，如图 7-16 所示。

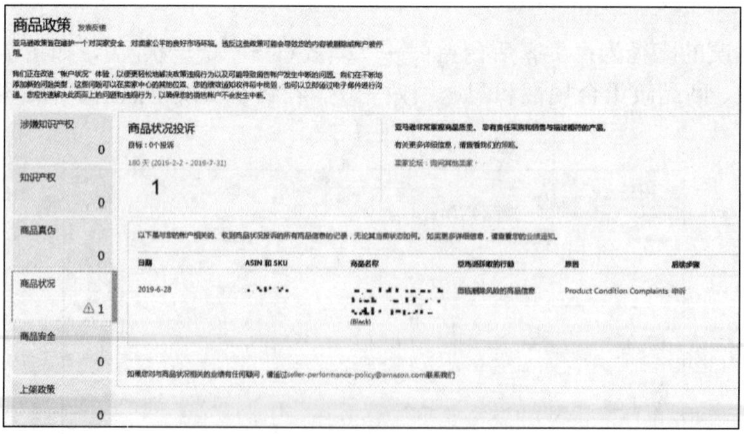

图 7-16

146 ▶▶ 跨境电子商务实务

7.6.2 买家之声——客户体验指标

从 2018 年 10 月 1 日起，亚马逊删除了原本账户绩效指标里的客户服务不满意率（Customer Service Dissatisfaction Rate）、买家联系响应时间（Contact Response Time）和退款率指标（Refund Rate metric）这三个指标。

与此同时，亚马逊发布了名为"Customer Experience（CX）"（客户体验）的新指标，这个指标可在名为"Voice of the Customer"（买家之声或客户之声）的仪表板上找到。

查看"买家之声"的路径为：卖家后台主页→"绩效"→"买家之声"，如图 7-17 所示。

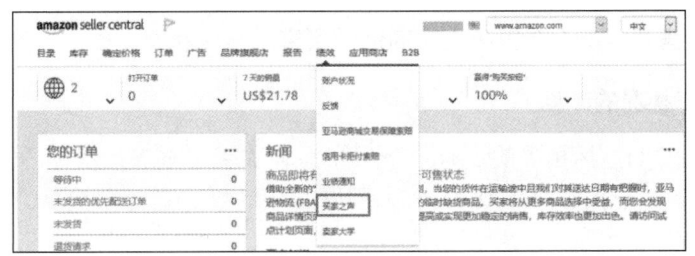

图 7-17

通过买家之声，卖家可以查看上架商品的买家体验（CX）健康度，阅读客户评论，然后根据买家的反馈，采取行动优化商品和商品信息，如图 7-18 所示。

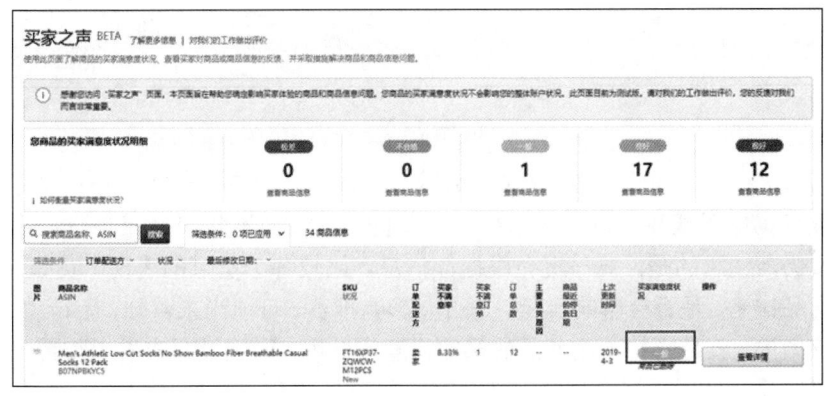

图 7-18

通过"查看详情"，可查看此商品的买家不满意率、买家不满意订单、订单总数、商品最近的停售日期、上次更新时间、买家满意度状况，如图 7-19 所示。

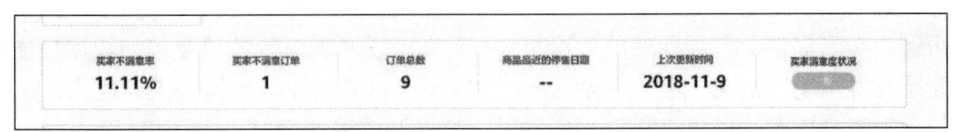

图 7-19

1. 买家满意度状况

买家满意度状况是一项指标，是基于最近的订单和买家反馈得到的数据。

上架商品的买家满意度状况分为"优秀""良好""一般"或"不佳"或"极差"。

- 优秀（绿色）：上架商品的绩效显著优于类似的商品。

- 良好（浅绿色）：上架商品的绩效要好于类似商品或同样出色。
- 一般（黄色）：上架商品的绩效与类似的商品相当。
- 不佳（橙色）：上架商品的绩效要低于类似的商品，并且可能由于买家不满意而面临撤销上架的风险。
- 极差（红色）：上架商品的绩效明显低于类似的商品，并且可能由于极高的买家不满意率而已被撤销上架。

上架商品的买家满意度状况将帮助卖家识别问题，如误贴标、已残损或有缺陷的商品以及不准确或不完整的详情页面。如果卖家准确识别了问题，就可采取相应措施予以修复。由配送问题引发的买家不满意情况不会影响上架商品的买家满意度状况。

2. 买家满意度状况的计算

与买家满意度(CX)指标相关的还有一个买家不满意率（NCX）指标，即负面客户体验。NCX=1-CX，NCX=客户报告商品或 Listing 问题的订单数量/总订单数量。如图 7-20 所示，NCX=4/68=5.88%。

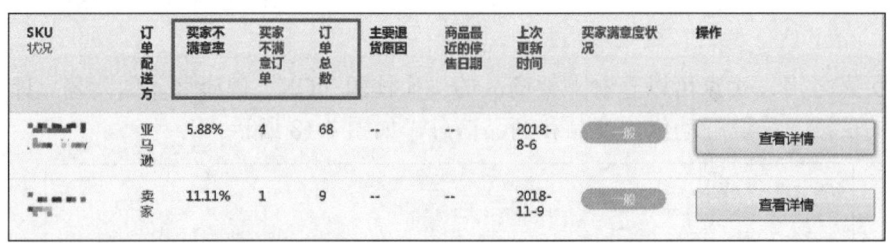

图 7-20

目前亚马逊表示，买家满意度（CX）指标和买家不满意率（NCX）指标都不会导致亚马逊对卖家采取任何账号级别行动。该指标旨在帮助卖家，而不是帮助亚马逊识别表现不佳的卖家。但卖家仍需注意的是，亚马逊会根据该信息，比较各个卖家的表现。买家满意度（CX）是否会影响商品排名、是否会影响流量、是否会影响推荐，目前尚未可知，留待将来实践验证。

卖家应该做的，就是密切关注商品的买家满意度状况，通过及时查看上架商品的买家满意度，阅读客户评论，然后根据买家的反馈及时优化商品和商品信息。

7.7 亚马逊后台数据报告

亚马逊为卖家提供了各项业务的数据报告，卖家可以通过查看各项业务的数据报告，了解店铺和商品的各项明细情况。除了业务报告，卖家还可以通过亚马逊销售指导板块，获得来自亚马逊的关于商品库存、销售机会、物流配送、价格及广告的建议。

7.7.1 亚马逊业务报告概述

查看业务报告的路径为：进入卖家后台→根目录"数据报告"→"业务报告"，如图 7-21 所示。页面上有销售图表（Sales Dashboard）数据和业务报告（Business Report）数据，这些报告的数据通常最多可以保留两年。

所有的业务报告，卖家都可以下载，系统默认下载全部数据（如图 7-22），然后将数据保存到相应的文件夹里。业务报告里的任何一个数据报告，都没有把月租和商品销售佣金这部分的支出费用计算在内。可在后台"数据报告"里面的"付款"中下载"日期范围报告"，查看实际收入。

图 7-21

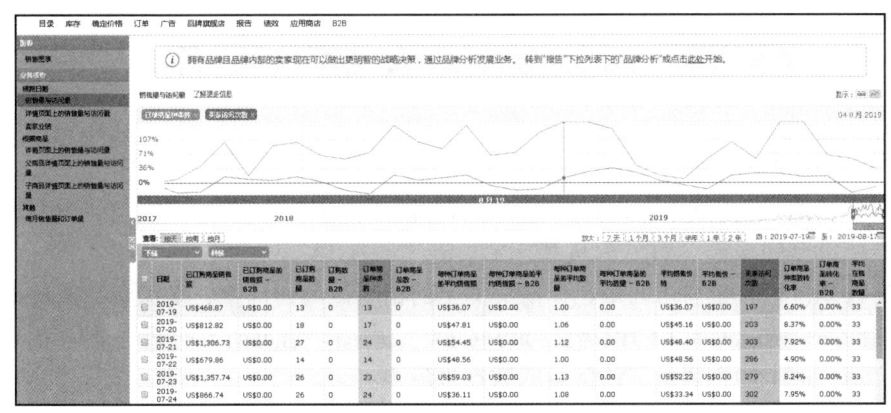

图 7-22

7.7.2 销售图表

销售图表由销售概览（Sales Snapshot）、销售对比（Compare Sales）两部分组成，如图 7-23 所示。

1. 销售概览

销售概览通常会显示卖家当天的销售情况，数据大约每小时更新一次。

2. 销售对比

销售对比由直观的图表组成。它能将不同时间的销售数据放在一起对比，可以很直观地看到商品销量、净销售额的升降情况。销售对比具有互动式功能。具体如下：

（1）卖家可以按需要，使用页面顶部的"日期""销售细分"及"配送渠道"筛选条件来筛选结果。

（2）可以选择用图表（默认选项）或表格来查看销售统计数据。使用右上角的按钮选择您的首选项。

第 7 章 亚马逊全阶运营

（3）通过勾选图表或表格下方的复选框，在"日期"筛选条件中选择要对比的时间点。例如，将"日期"筛选条件设置为"今天"，那么"对比"选项会将今天的销售与"昨天""上周的今天"和"去年的今天"的销售进行对比。

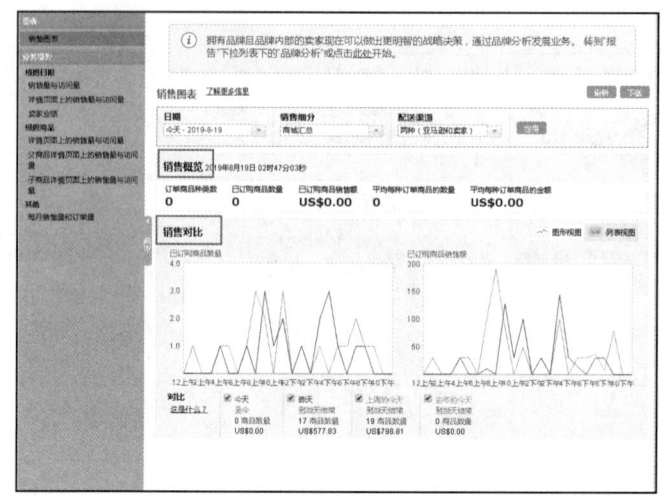

图 7-23

7.7.3 业务报告

业务报告按照日期、ASIN 码和其他业务报告这三大版块来归类数据。可以根据页面左侧的导航条查阅细分的报告（如图 7-24 所示）。

- 根据日期：销售量与访问量、详情页面上的销售量与访问量、卖家业绩的数据报告。
- 根据商品：详情页面上的销售量与访问量、父商品详情页面上的销售量与访问量、子商品详情页面上的销售量与访问量的数据报告。
- 根据其他，如每月销售量和订单量。

另外，如果在亚马逊开店的卖家没有看到右侧的导航栏，请将鼠标悬停在最右侧，如图 7-24 所示。单击标签为"列"（Columns）的垂直选项卡，以显示列表。再次单击图标可将其隐藏，也可任意勾选想要了解的数据选项。

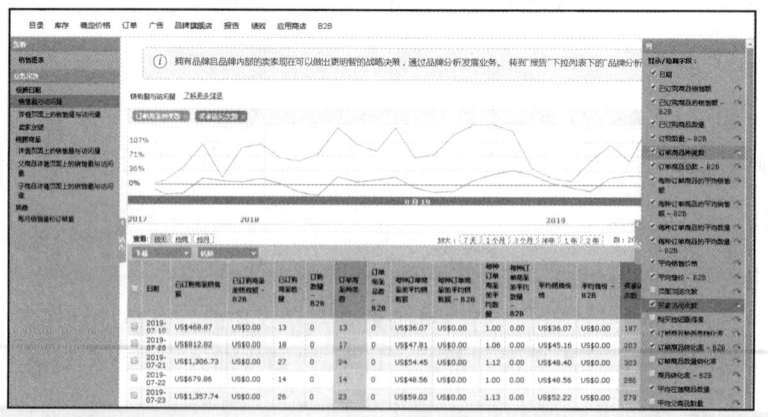

图 7-24

业务报告中的数据比较多，但卖家在不同的业务报告中，关注常看的数据也不同。

1. 根据日期统计的业务报告

（1）销售量与访问量。

根据日期统计的"销售量与访问量"这部分数据，以图像+表格的形式表达，数据非常直观。在表格中，卖家可以看到具体某段时间内的销售额、销售量、买家访问次数、订单商品种类数、商品转化率等各类数据。

- 日期（Date）：卖家可以按天/周/月/年查看数据，最长时间为 2 年。
- 已订购商品销售额（Ordered Product Sales）：具体时间段内，卖家所有订单加起来的净销售额度。计算公式=商品价格×已订购的商品数量
- 已订购商品数量（Units Ordered）：具体时间段内，卖家所有订单加起来的商品个数的总和。比如，买家下了一个订单，这张订单含 2 件商品，那么已订购商品数量为 2。
- 订单商品种类数（Total Order Items）：具体时间段内，所有订单中加起来的商品的品种个数。比如，买家下了 3 个订单，其中 2 个订单的商品都是相机，另外 1 个订单的商品是键盘，那么订单商品种类数就是 2。
- 每种订单商品的平均销售额（Average Sales per Order Item）：具体时间段内，平均每种商品以多少价钱售出。计算公式=已订购商品销售额/订单商品种类数。比如，当天卖家店铺产生 157 美元销售额，共卖出 36 种商品，那么每种商品的平均销售额约为 4.4 美元。
- 每种订单商品的平均数量（Average Units per Order Item）：具体时间段内，每种商品的平均销售数量。计算公式=已订购商品数量/订单商品种类数。比如，卖家当天售出了 36 个商品，共 32 个品种，那么每个品种的平均销量为 1.12 个。
- 平均销售价格（Average Selling Price）：具体时间段内，平均每个商品以多少价钱售出。也就是我们平常所说的"每个商品的平均价格"。
- 买家访问次数（Sessions）：买家对卖家商品页面进行访问的次数的统计。在一次访问中，即使买家多次浏览多个页面（24 小时内），也只会记为一次访问。买家访问量越高，证明商品曝光度越高。
- 商品转化率（Order Item Session Percentage）：在买家访问次数中下单用户所占的百分比。商品有没有吸引力，下单的人多不多，从这个转化率可以看得出来。转化率对卖家而言是商品销售表现好坏十分重要的参考指标。
- 平均在售商品数量（Average offer count）：亚马逊所计算出来的处于"在售"状态的商品的平均数量。

（2）详情页面上的销售量与访问量

在这项数据报告中，卖家应该重点读取关于销售量与访问量的数据。这部分数据的专有名词包括：

- 页面浏览次数（Page Views，PV）：所选取的时间范围内，商品详情页面被买家点击浏览的次数，即通常所说的 PV。如果在 24 小时内，同一用户点击了 10 个商品详情页面，那么 PV 就算是 10 次。但买家访问次数只算 1 次，所以，"页面浏览次数"一般会比"买家访问次数"高很多。PV 高了，也就意味着商品的曝光率增高，对销量、转化率会有利。
- 购买按钮页面浏览率（Unit Session Percentage）：获得黄金购物车购买按钮的商品页面

的浏览次数在总的页面浏览次数中所占的百分比。

（3）卖家业绩。

这一块的数据主要反映售后情况，包括退款、退货、索赔的相关数据，如图 7-25 所示。通过这块数据，可以知道用户体验好不好，卖家有没有将售后和客户服务做好。这部分数据的专有名词包括：

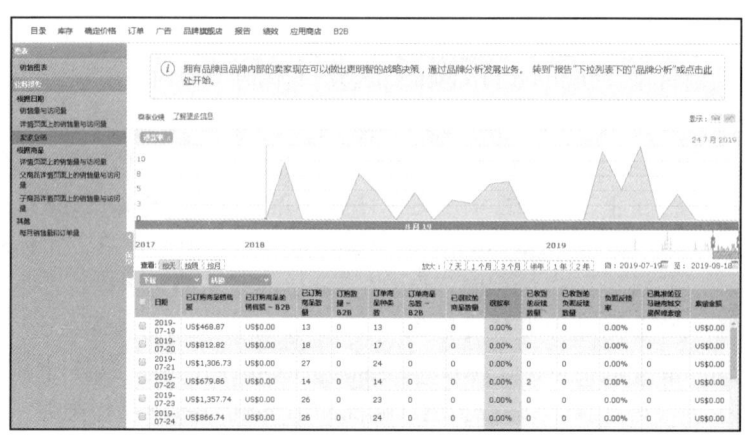

图 7-25

- 已退款的商品数量（Units Refunded）：在具体时间段内，卖家被要求退款的商品数量，即退货数量。
- 退款率（Refunded Rate）：在具体时间段内，已退款的商品所占的比例。计算公式=已退款的商品数量/已订购商品数量*100%。
- 已收到的反馈数量（Feedback Received）：在具体时间段内，卖家收到的已验证购买的买家所留下的反馈总数量，包括好评与差评。
- 已收到的负面反馈数（Negative Feedback Received）：在某段时间内，卖家所收到的已验证购买的买家所留下的差评数量，包括一星、二星差评。差评对卖家不利，数量越少越好。
- 负面反馈率（Received Negative Feedback Rate）：差评在反馈总数量中所占的比例，也就是已收到的负面反馈数除以已收到的反馈数量。
- 已批准的亚马逊商城交易保险索赔（A-to-Z Claims Granted）：买家对卖家的商品或服务不满意，就会发起 A-to-z Claims（索赔），一旦成立就会计入次数。A-to-z 索赔对卖家也很不利，卖家应尽量避免 A-to-z Claims 的产生。
- 索赔金额（Claims Amount）：买家提出的索赔的金额。金额当然是越小越好。

如果卖家的售后与客户服务都做得好，那么退货数量、退货率、负面反馈率就会比较低；反之，如果这些数据偏高，则说明卖家的售后与客户服务有待改进。

2. 按商品（By ASIN 码）统计的业务报告

以上介绍的数据都是介绍商品整体表现的，如果卖家需要仔细分析某个商品的表现，可以查看"子商品详情页面上的销售量与访问量"，如图 7-26 所示。卖家可以主要查看子商品的买家访问次数、页面浏览次数、已订购商品数量、已订购商品销售额和订单商品种类数这几个反映 Listing 销售量与访问量的数据。

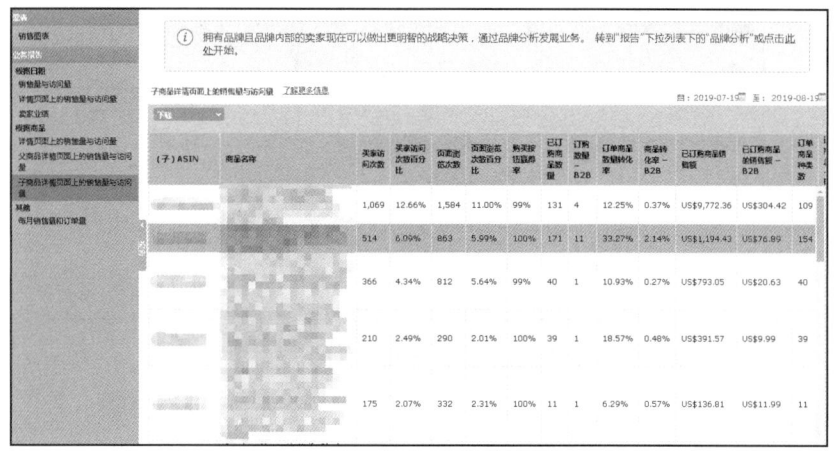

图 7-26

同时，卖家也可以通过对比不同子商品数据，从而发现和挖掘商品的市场潜力。人气旺的热门商品的页面浏览量往往会比其他商品的高出很多，商品销量也会比较理想。但如果人气不旺，商品没有吸引力，买家的浏览量少了，那么这个商品的销量也不会高，并且可能产生库存压力，针对这种情况，卖家可以对 Listing 的商品名称、描述、关键词进行优化，或者进行引流推广，或者采取促销推广等相应措施。

3. 按照其他方式统计的业务报告

这块数据主要以月为单位，统计某个月已订购商品销售额、已订购商品数量、订单商品种类数、已发货商品销售额、已发货商品数量、已发货订单数量，如图 7-27 所示。通过这些数据，可以知道商品哪个月比哪个月的销售量多了还是少了，方便卖家及时调整销售政策。

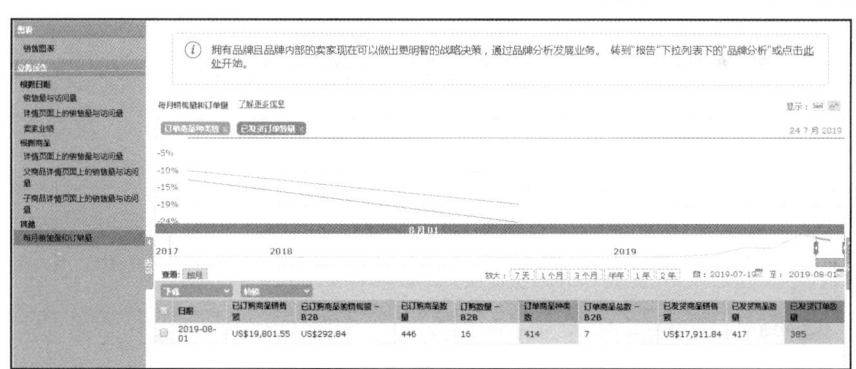

图 7-27

7.7.4 亚马逊销售指导板块

亚马逊销售指导是亚马逊对卖家出售商品库存、销售机会、物流配送、价格及广告的建议。亚马逊销售指导每天更新一次。

查看业务报告的路径为：进入卖家后台主页→根目录"数据报告"→"亚马逊销售指导"，如图 7-28 所示。（注：库存和定价信息可能无法反映卖家最新的库存和价格报表。）

图 7-28

1. 库存建议

库存建议根据卖家的近期库存和销售数据，得出商品库存较低的时间，如图 7-29 所示。卖家通过库存建议，可以了解何时该补货，以避免出现缺货和承担取消订单的风险。（注：库存预估依据的是卖家过去七天的销售数据。）

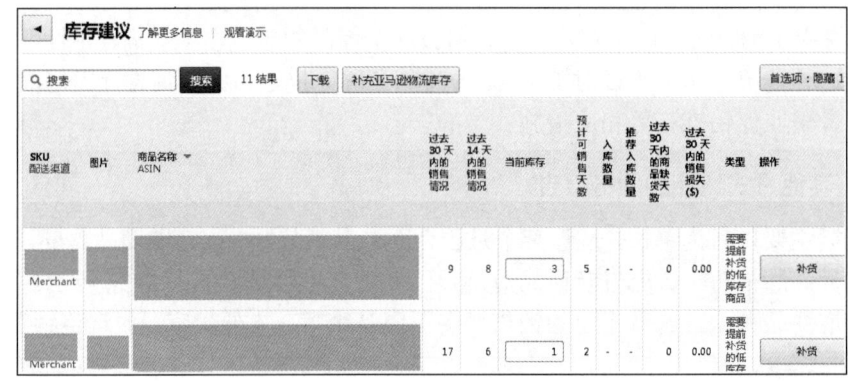

图 7-29

2. 商品推荐

商品推荐是指亚马逊平台向卖家推荐平台上受欢迎的商品，让卖家添加类似商品信息，以增加销售机会（消费者最近对这些商品表现出了兴趣，亚马逊上其他买家对此类商品的供货能力有限，并且卖家过去发布过类似的商品）。商品推荐如图 7-30 所示。

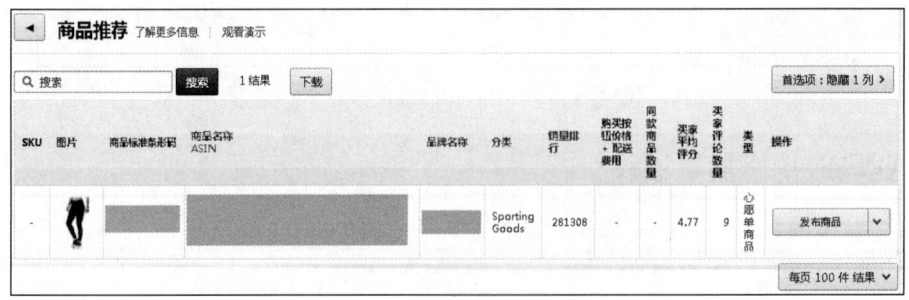

图 7-30

3. 配送建议

配送建议帮助卖家了解买家对自己提供的哪些商品产生浓厚兴趣（这些商品并未通过亚马逊物流配送）。如果卖家通过亚马逊物流配送这些商品，则订单可能有资格享受免费配送服务、亚马逊 Prime 或其他受欢迎的亚马逊物流优惠。配送建议如图 7-31 所示。

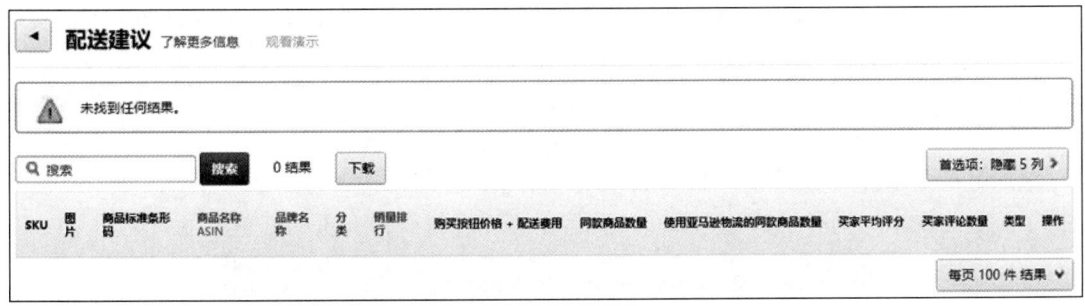

图 7-31

4. 低价建议

低价建议给予卖家更低报价的建议。匹配最低价功能可以发现亚马逊平台上在售的相同商品当前可用的最低价格。低价建议如图 7-32 所示。

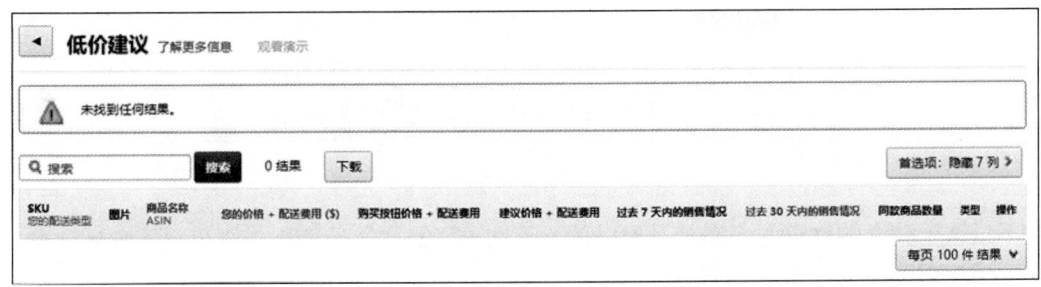

图 7-32

5. 广告建议

在广告建议里，亚马逊会基于大数据分析及商品表现给出建议，用于创建新商品推广广告的 ASIN 关键字，如图 7-33 所示。

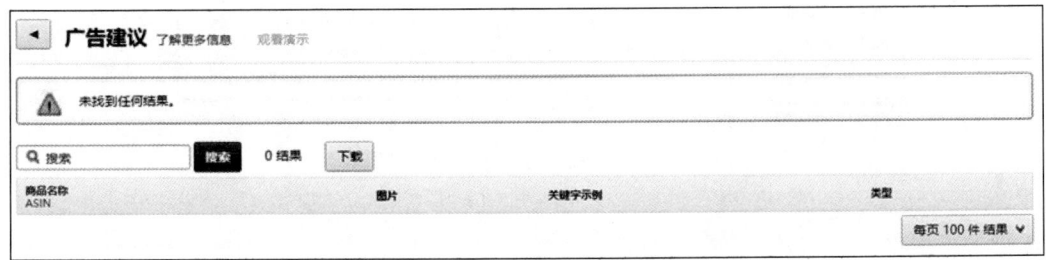

图 7-33

7.8 跟卖与黄金购物车

7.8.1 跟卖与黄金购物车的概念

"跟卖"与"黄金购物车（Buy Box）"都是亚马逊所特有的机制。在亚马逊平台上，卖家创建了一个 Listing，亚马逊允许其他卖家进行跟卖。

如图 7-34 所示，位于商品详情页右上方的"Add to Cart"按钮，就是所谓的"黄金购物车"，这也是买家购物时最方便看到的位置。买家单击这个"Add to Cart"按钮进行购买，获得订单的就是图 7-35 中所示的"Tonynk Toys"卖家。也可以说，目前是"Tonynk Toys"卖家获得了黄金购物车。拥有了黄金购物车，就等于可以轻松获得大量的订单。

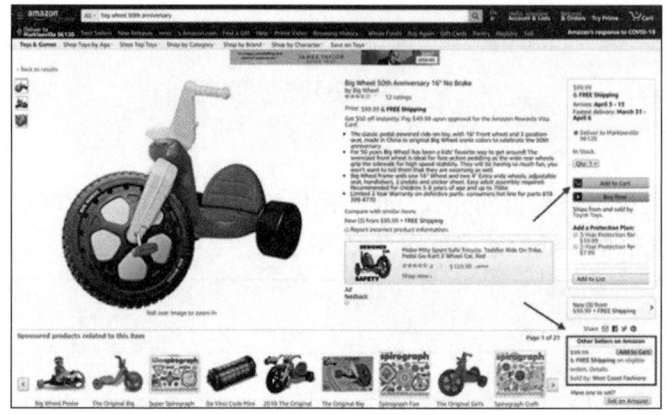

图 7-34

不过这个黄金购物车的归属只是暂时的，一旦卖家的竞争条件不再胜出，其他竞争者（如图 7-36 所示）就可能获得黄金购物车。

图 7-35

图 7-36

此外，如果卖家也想卖这个商品，可以单击"Sell on Amazon"按钮，填写相关信息，就可以进行跟卖。

据统计，有82%的亚马逊交易是通过黄金购物车完成的，有黄金购物车的卖家比普通卖家能获得高出 4 倍之多的销售量。

7.8.2 亚马逊的"跟卖逻辑"

从亚马逊的角度而言,"跟卖"与"黄金购物车"的机制使得重复的商品页面得以合并,减少平台负担,消费者不用浪费精力进行多个相同商品页面的比较,直接下单即可(亚马逊已经用黄金购物车这个机制帮助消费者挑选出了最优卖家)。

从跟卖者的角度而言,跟卖操作简单方便,不用自己去创建页面,单击"Sell on Amazon"按钮,填写相关信息,就可以进行跟卖。跟卖的商品一般为流量大、曝光高的商品,在这样一个 Listing 下跟卖,往往能为店铺带来高曝光度和流量。

但同时,跟卖的痛点在于:同一 Listing 下面,商家众多,价格战在所难免;为了抢到黄金购物车,跟卖卖家会低价竞争,导致商品利润率低。而且,很可能会造成侵权进而导致被投诉。

为了使跟卖合规,卖家要注意以下要点:

- 商品必须完全一致,包括商品本身、包装、品牌、赠品、功能、数量等。
- 跟卖品牌商品,必须取得商品的品牌授权书。
- 跟卖商品必须为无品牌、没有在平台备案的商品。跟卖卖家可以通过品牌检索网站 https://www.uspto.gov/ 查询该商品是否已经注册商标。跟卖后也要注意该商品是否后期注册了品牌。这部分内容可参阅本书"12.2.5 商标是否侵权的自判"一节。
- 在跟卖后,要每天检查这个 Listing 是否又被卖家修改,他们的商品是否有变化或升级,如果有,要注意看自己的商品是否还和这条 Listing 相同,不然可能会出现消费者购买后的投诉和差评。
- 如果在跟卖的过程中收到了其他卖家发来的警告信,卖家应第一时间下架商品,然后找对方提供相关的资料证明。如果对方能提供,就放弃跟卖;如果对方不能提供,还可以继续跟卖。

从亚马逊的未来发展趋势看,随着品牌备案的增加,品牌化经营是趋势所在,跟卖是越来越难了。虽然亚马逊支持页面共享功能,跟卖不会消失,但是低价竞争也会使跟卖难以获利,在亚马逊上,品牌自建才是出路。

7.8.3 跟卖的设置

1. 如何跟卖别人的商品

【步骤1】在亚马逊商品详情页上获取目标 Listing 的 ASIN 码,如图 7-37 所示。

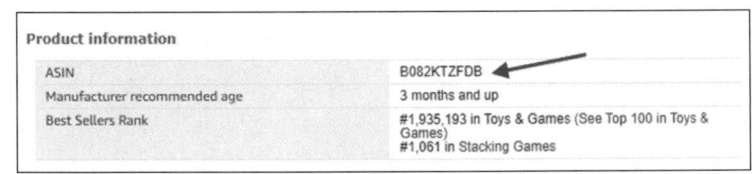

图 7-37

【步骤2】进入亚马逊卖家后台,单击"添加新商品"按钮,如图 7-38 所示。

【步骤3】在搜索框中输入刚才找到的 ASIN 码进行搜索,如图 7-39 所示。

【步骤4】在搜索结果页面,选择商品状况为"全新",单击"销售此商品"按钮,如图 7-40 所示。

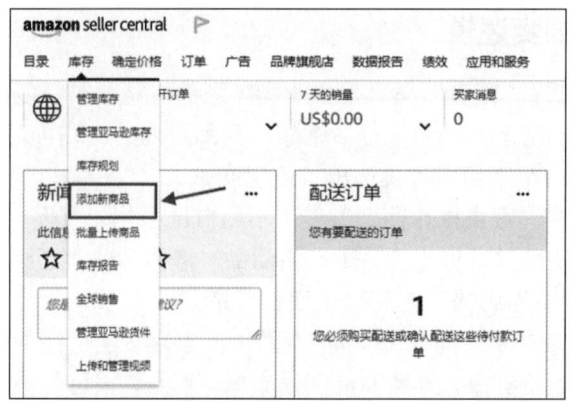

图 7-38

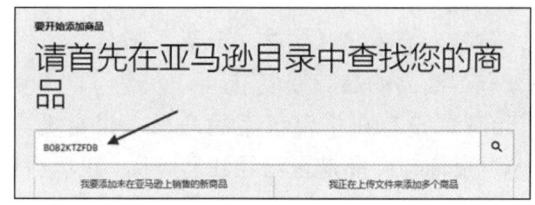

图 7-39

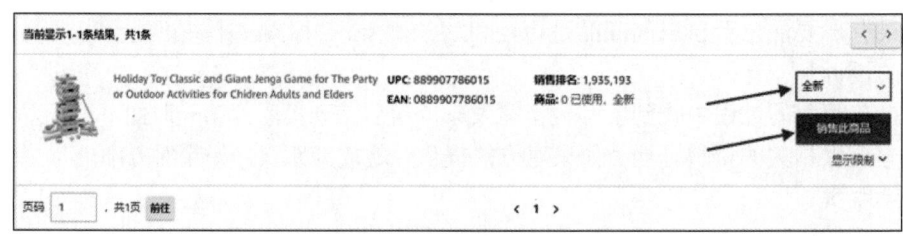

图 7-40

【步骤 5】填写卖家 SKU、新旧程度、商品价格、库存数量、配送渠道等需要填写的栏目，再单击"保存并完成"按钮，即可进行跟卖，如图 7-41 所示。

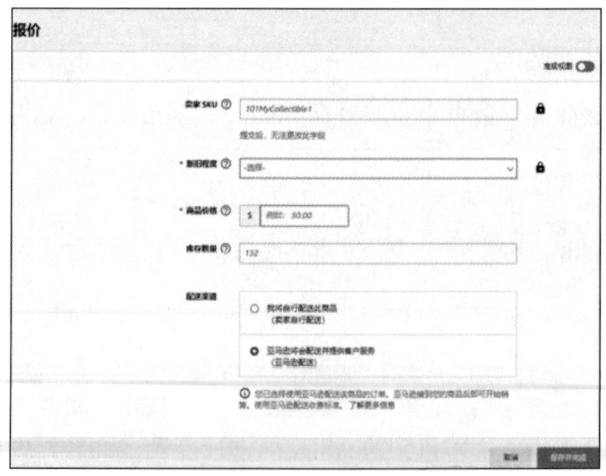

图 7-41

2. 如何取消跟卖（取消跟卖自己的 Listing 的商品步骤也一样）

取消跟卖有两种方法，一种方法是通过 Listing 下架取消跟卖：进入卖家后台，选择根目录"库存"→"管理库存"，选择商品，在"编辑"下拉框中选择"停售商品"，如图 7-42 所示。这个办法对 FBA 或卖家自配送的情况都可行，如果是卖家自配送，还可以通过把库存改为"0"的办法取消跟卖。

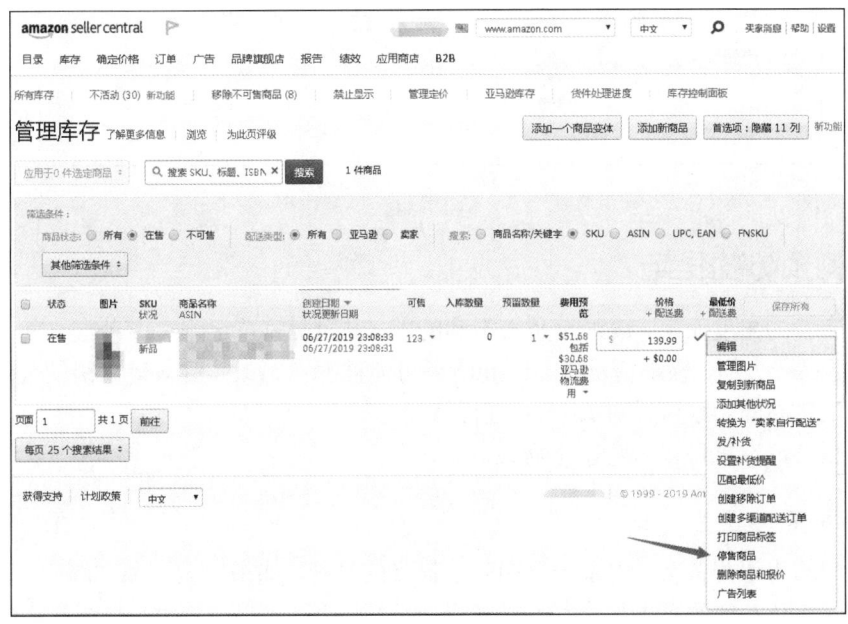

图 7-42

另一种方法则是通过 Listing 删除取消跟卖：如图 7-43 所示，在管理库存页面，选定商品；单击左上方的下拉框，选择"删除商品和报价"选项（如图 7-44 所示），这个办法对卖家自配送与 FBA 配送都可行。

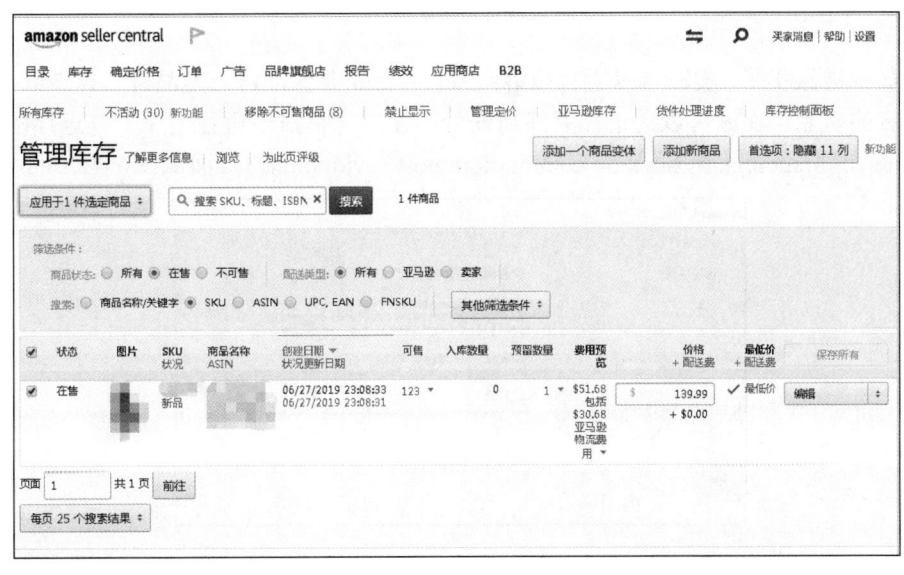

图 7-43

第 7 章　亚马逊全阶运营

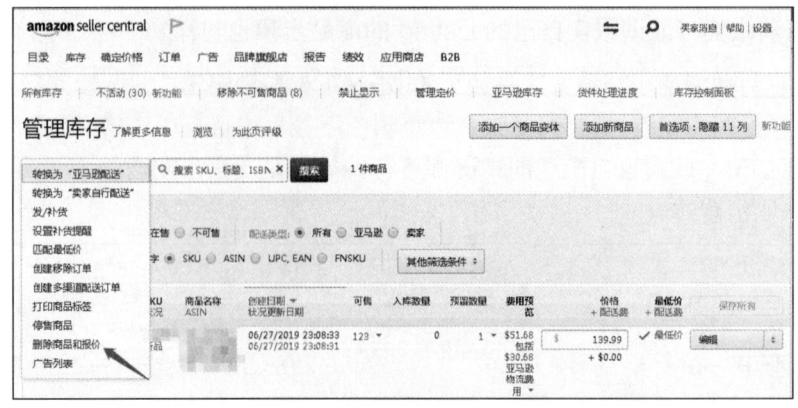

图 7-44

7.8.4 如何预防被跟卖

从被跟卖者的角度而言,被跟卖是很不利的。一方面卖家自己辛辛苦苦建立的详情页在帮别人卖商品;另一方面,极端情况下,Listing 还可能被恶意篡改(亚马逊以销量来判定 Listing 的所有权,销量高的卖家可以对 Listing 进行修改)。

预防被跟卖,卖家可以参考以下两点。

1. 品牌备案

进行品牌的申请和备案,卖家一旦拥有了自己的品牌,如果发现商品被跟卖,就可以通过警告信的方式,让其他卖家下架商品。

2. 商品差异化

对于没有品牌的商品,可以在商品上或包装上进行一些特别的设计,也可以通过捆绑一些其他商品进行贩售,以此防止被跟卖的情况发生。

7.8.5 被跟卖如何维权

商品如果被跟卖了,卖家可以进行投诉维权,但首先要保证自己是品牌卖家或者是获得品牌唯一授权的卖家。卖家可以通过品牌注册账号,使用"举报违规行为"工具进行侵权举报,网址为:https://brandregistry.amazon.com/brand/report-a-violation,页面如图 7-45 所示。

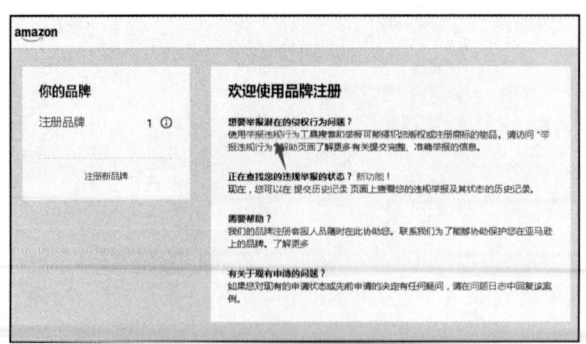

图 7-45

单击图 7-44 中的"举报违规行为",进入如图 7-46 所示页面,根据页面提示进行操作。

图 7-46

此外,卖家还可以先联系跟卖者,给其发警告信,让对方自行下架商品。可以通过卖家介绍页面查询联系邮箱或者通过单击"Ask a question"与其取得联系,如图 7-47 所示。

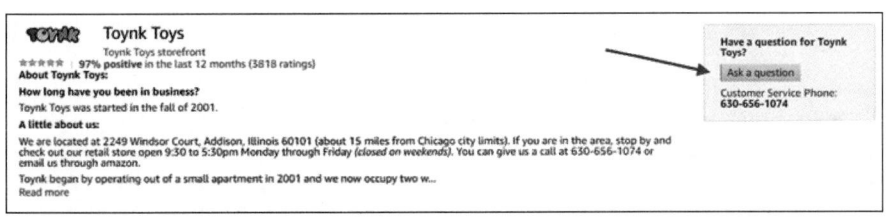

图 7-47

同时,卖家可以尝试做 Test Buy(实验性购买),即购买跟卖者商品并向亚马逊投诉,最好能提供证据证明跟卖者与自己所卖商品并不完全相同,把投诉点放在"损害了消费者利益"的层面上,促使亚马逊做出裁决。整个周期可能会比较长,但这往往是最后的也是最有效的手段。

【本章小结】

本章全面介绍了亚马逊的运营技巧,介绍了评价与顾客问答的重要性,并基于实操经验阐述了商品详情页的优化时机,以及提高类目排名、搜索排名的办法。此外,介绍了亚马逊后台卖家绩效以及如何分析后台业务报告。最后,本章还介绍了如何跟卖和反跟卖的运营实操办法。

【进一步阅读资料】

亚马逊搜索排名影响因素研究

2016 年，美国一家网络零售研究机构 Ripen 对影响亚马逊搜索排名（SEO）的影响因素做了研究，通过研究 16 930 个关键词搜索出来的 74.65 万个结果并寻找这些数据之间的关联，确定影响亚马逊站内商品搜索排名的因素。Ripen 发现，亚马逊站内 SEO 同传统 SEO 很像，受一些因素影响，SEO 优化也有复合影响，这些因素包括：

1. Sales Rank

亚马逊上最重要的搜索排名因素是商品 Sales Rank 排名（即 BSR 排名），如图 7-48 所示，横轴代表 Sales Rank 排名百分位数，纵轴代表搜索排名。很明显 Sales Rank 排名越高，商品在亚马逊站内搜索排名就越靠前。注意，这里影响搜索排名的，主要是商品主要类别下的 Sales Rank，而不是子类别的 Sales Rank 排名。

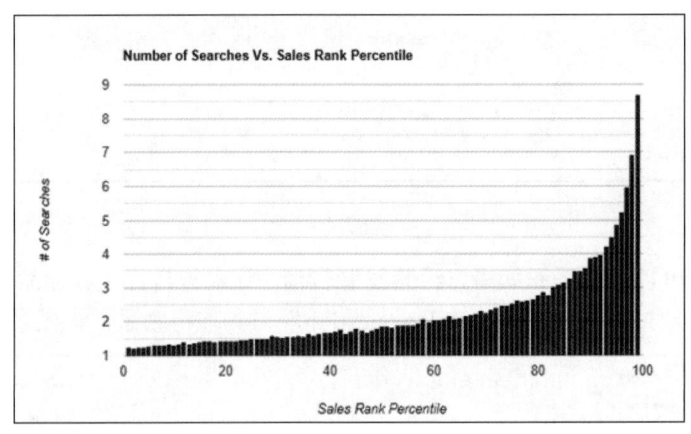

图 7-48

2. 折扣

虽然亚马逊搜索排名结果和价格折扣的关联性不大，但如果商品打折，特别是第一次打折会增加转化率，从而提高 Sales Rank 排名，最终促成更好的搜索结果排名。因此可以优先考虑利用价格折扣来提高 Sales Rank 排名，从而影响搜索结果排名。

3. 商品名称长度

Ripen 发现，虽然目前现有的亚马逊站内 SEO 优化都建议商品名称要堆砌关键词，但堆砌关键词会影响点击率。虽然亚马逊商品名称可长达 200 个字符，但在亚马逊移动端，商品名称显示截取的长度是 74 个字符，PC 端是 110 个字符。

如图 7-49 所示，横轴代表 Sales Rank 排名百分位数，纵轴代表商品名称低于 74 个字符的概率。可见，简短的商品名称和 Sales Rank 排名有很强的关联性，即商品名称字符在 74 个以下销路更好。

虽然堆砌关键词能增加关键词搜索显示的频率，但数据显示这可能会适得其反，会导致点击量减少。因此，商品名称应简明扼要，虽然商品在关键词搜索结果中显示的频率较少，但这个方法能提高点击率，从而促进销量增长。

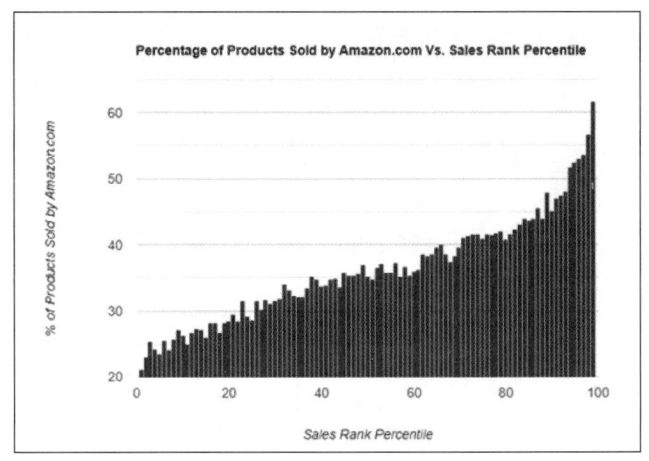

图 7-49

4. 订单的执行方式

亚马逊上订单的执行方式有三种。

第一种：亚马逊发货并销售（对应图 7-50 中的 Sold by Amazon）。该情况下，就相当于卖家是亚马逊的供应商，卖家以批发价卖商品给亚马逊，亚马逊以它认为合适的零售价格再卖出去。

第二种：第三方销售，亚马逊发货（对应图 7-50 中的 Third Party FBA）。这是典型的代发货，商品完全归第三方所有，但却存储在亚马逊仓库中随时准备出货，也就是 FBA（但不一定有 Prime 标志）。FBA 是商家销售 Prime 商品的最佳途径。

第三种：第三方负责销售并发货（对应图 7-50 中的 Third Party Merchant Fullfilled）。商品刊登在亚马逊上，但存储在卖家的仓库中，消费者一下单，第三方卖家就要负责发货。

Ripen 发现，订单执行方式与亚马逊搜索排名之间有很大的关联。

如图 7-50 所示，Ripen 将排名因素赋值为 R，R 值越高，订单的执行方式就更可能让商品搜索结果靠前。Prime Eligibility 指的是具有 Prime 标志的商品（包含用了亚马逊物流或符合 Prime 要求的第三方配送）。可以发现，当商品是 Prime 商品时，搜索排名也会更靠前。

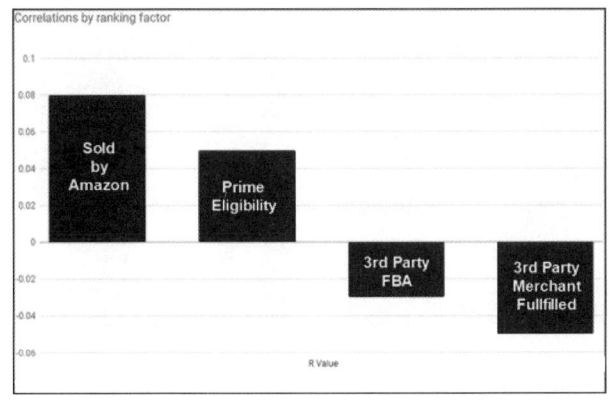

图 7-50

数据显示，第三方卖家执行的订单似乎对商品的搜索排名有负面影响。如果想让商品搜索排名更靠前，就要争取通过亚马逊销售并发货。

另外，Ripen 还提供了一些能够帮助亚马逊卖家提高搜索排名的关键点：
- 商品分类非常重要：如果商品放错类别，将很难有曝光度。
- 广告：销量对提高搜索排名有很大影响，所以在亚马逊上为商品做广告，可以大大提高搜索排名。
- 转换率优化：销量是影响搜索排名的重要因素。努力创建有利于提高客户转换率（访客转化成客户）的商品页面。卖家或许能花钱提高访客量，但是买不到一个更好的客户转化率。

（资料来源：雨果网，https://www.cifnews.com/article/20628）

【练习与思考】

1. 影响类目排名的因素有哪些？
2. 影响搜索排名的因素有哪些？
3. 影响商品转化率的因素有哪些？
4. 卖家账户的主要绩效指标有哪几个？
5. 业务报告中可以查看商品的哪些数据？
6. 在亚马逊上跟卖，存在哪些风险？
7. 卖家选择跟卖的好处有哪些？
8. 被跟卖时，卖家应如何维权？

第 8 章

亚马逊站内外引流

【学习目标】

1. 理解并掌握创建 CPC 的基本流程
2. 理解并掌握搜索词报告的优化技巧
3. 理解并掌握从搜索词报告挑选关键词的技巧
4. 理解并掌握定位报告的优化技巧
5. 理解并掌握创建促销活动的基本流程
6. 理解并掌握创建优惠券、秒杀活动、Prime 专享折扣的基本流程
7. 了解站外营销的方式和技巧

【思维导图】

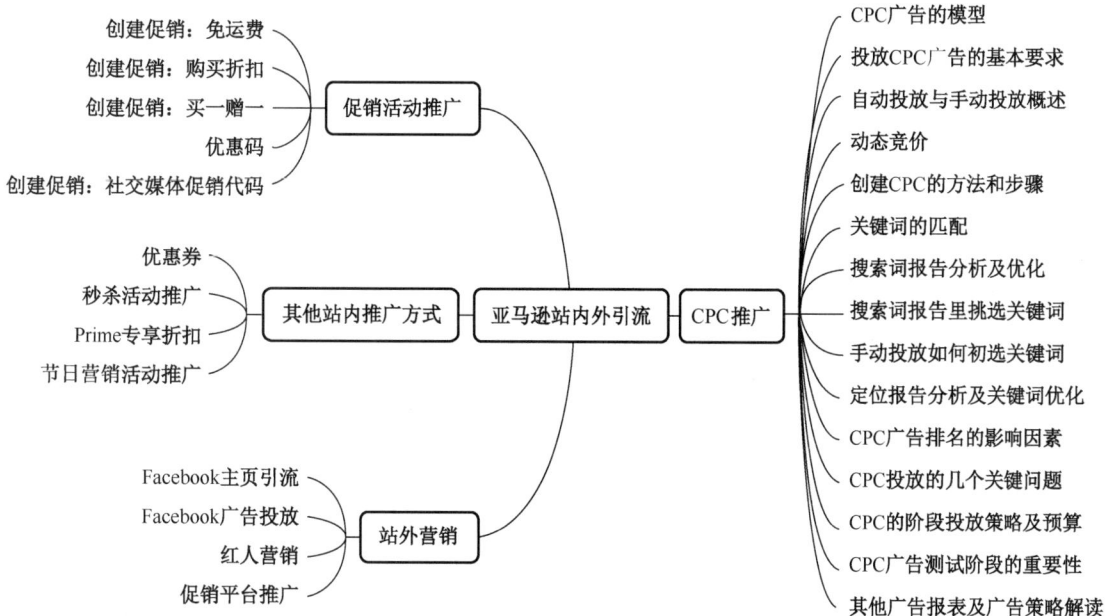

【导入案例】

说到 Anker,很多美国人还以为这是一个本土品牌,其实 Anker 是一家中国企业,创立于 2011 年 1 月,并在短短一年内就成为亚马逊网站移动电源的销量冠军,成为不可思议的"跨境电商神话"。

Anker 成功的首要因素是产品的质量。从 Anker 的产品评价不难看出，Anker 的产品质量优秀，性能稳定，在同类产品中品质遥遥领先。

　　Anker 的营销策略也非常值得一学，作为一家创业型企业，在创业初期，Anker 并未通过费用高昂的 Google Adwords 等方式来打广告引流量。

　　Anker 早期主要的营销方法是博客营销。在美国，Lifehacker 是一个访问量很高的关于生活窍门和软件应用的博客，Anker 的产品信息就多次通过博客红人出现在该网站上。例如 2013 年 5 月，该网站一篇名为"Five Best External Battery Packs"的文章中，推荐了 Anker 的一款移动电源。这篇文章获得的浏览量超过 100 万，最终有近 15 000 人购买了文中推荐的 Anker 产品。Anker 的博客营销方法结合了美国本土目标人群的生活习惯，不仅精准度高，而且成本非常低。

　　除了进驻亚马逊、Ebay、速卖通等跨境电商平台，Anker 还选择了自建独立站的策略。Anker 重视独立站的运营，将之视为客户归属感的来源。Anker 独立站的制作相当用心，无论是页面的编辑，还是图片的拍摄与后期制作，延续了产品一贯的纯色简约风格，这样的风格不仅显得整齐美观，同时也适用于各种文化。

　　除此之外，Anker 的成功离不开其在 SNS 领域的品牌耕耘。截至 2019 年 12 月，其 Facebook 主页有 36 万粉丝，Twitter 粉丝超过 10 万，平台主页内容都是最新的产品信息、粉丝的产品测评视频以及购物优惠活动，每篇帖子的互动参与度相当高，平均有几百人次，粉丝黏度强。社交平台上的持续运营，一方面为 Anker 本身的购物网站引流促成销售，另一方面也大大提升了品牌知名度，积累了大量良好的用户口碑。

　　（资料来源：作者根据相关资料整理）

8.1　CPC 推广

　　亚马逊站内营销方式主要包括点击付费广告（CPC）推广、站内促销活动推广、秒杀活动推广、优惠券、Prime 专享折扣等。

　　亚马逊的 CPC（Cost Per Click，点击付费）推广，也称为 PPC（Pay Per Click）推广，是一项收费广告服务，卖家选择要推广的产品，为这些产品指定关键词并输入单次点击竞价。当亚马逊上的买家搜索其中一个关键词时，该广告可与搜索结果一起显示，搜索位由卖家表现（Performance）以及竞价（Bid）共同决定。当有买家在亚马逊上点击该广告时（买家将会进入商品详情页），卖家才需要为这项服务付费，没有点击则不需要付费。

　　CPC 可以帮助卖家向目标人群投放广告，让产品得到更多的曝光量和浏览量，在产品符合买家需求、描述清楚到位、图片足够吸引人的前提下，有助于爆款的打造和形成（爆款是多因素共同造就的综合结果，CPC 广告打得好并不是成就爆款的充分条件）。

　　近年来亚马逊加大了对刷评论的惩处力度，CPC 相比之下是更为安全的营销方法。想要用好 CPC 这个营销工具，我们必须熟悉它的基本功能，掌握它的操作技巧，才能让 CPC 发挥最大作用。

　　除了帮助引流，帮助产品快速出单之外，CPC 广告还能帮助我们挖掘关键词及关联流量。此外，CPC 还有测试新品的作用，CPC 新品测试期的结果也能作为选品的参考。

8.1.1 CPC 广告的类型

亚马逊上的 CPC 广告，目前已知的有三种类型。
- 单品展示广告（Product Display Ads）；
- 头条搜索广告（Headline Search Ads）；
- 付费产品广告（Amazon Sponsored Products Ads）。

其中，付费产品广告（ASP 广告）是最常见的 CPC 广告，本章所提及的亚马逊 CPC 广告，主要指 ASP 广告。

1. 单品展示广告

单品展示广告拥有众多的展示区域，可以展示在商品详情页面的侧面、底部、买家评论页、优惠信息页等。更重要的是它可以出现在竞争对手的商品详情页面上，非常适合利用竞品进行针对性投放。

目前单品展示广告只有 Vendor 商家可以开通，这里不做详述，展示广告位如图 8-1 所示。

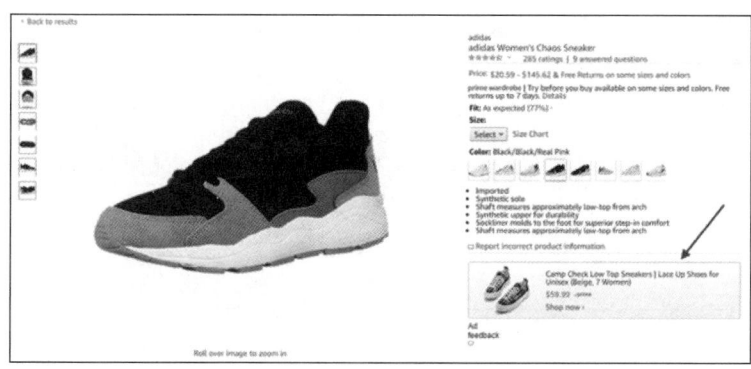

图 8-1

2. 头条搜索广告

头条搜索广告展示在搜索结果页的头部位置，采用图文结合的展示方式，针对关键词进行竞价投放，按照点击付费的方式扣费。

目前只有完成品牌备案的品牌商家可以使用，这里不做详述，展示广告位如图 8-2 所示。

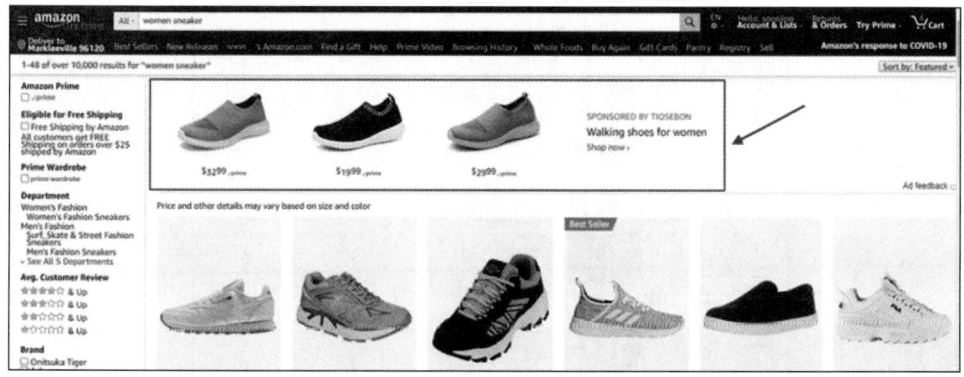

图 8-2

3. 付费产品广告

这里重点讲解付费产品广告（ASP 广告），我们平时所谈论的亚马逊 CPC 广告，一般就是指 ASP 广告。

ASP 广告展示位分别为：搜索结果页（头部、中部及尾部）和商品详情页通栏（上下两个），包括 PC 端和移动端。

ASP 广告同时面向 Vendor 商家和第三方卖家，它使得卖家的商品有机会显示在搜索结果页的第一页，所以它是卖家最常用的产品推广手段。

ASP 广告的展示渠道有以下几个。

（1）搜索结果页：

用户在亚马逊上搜索商品，在系统返回的搜索结果页上，带有"Sponsored"标志的为 ASP 广告（如图 8-3 所示），位于搜索结果页的头部、中部和尾部。

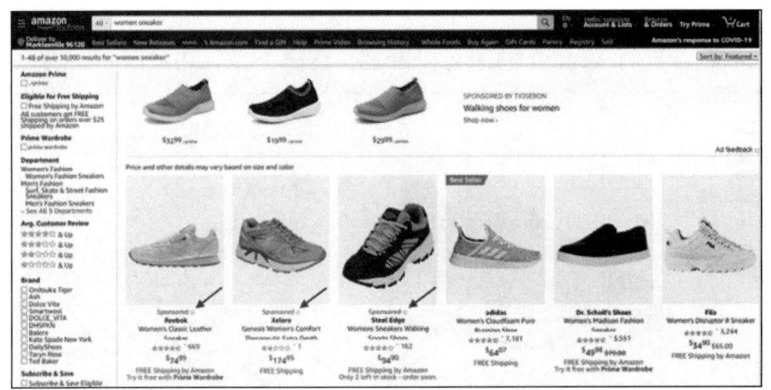

图 8-3

以上所示的是最常见的豆腐块形式的搜索结果页，根据类目的不同，还有一种常见的搜索结果页，采用列表方式展示搜索结果，如图 8-4 所示。

图 8-4

以列表方式展示的搜索结果，CPC 广告同样分布于搜索结果页头部、中部和尾部。

（2）商品详情页：

商品详情页上为 ASP 广告准备了两条广告通栏，其中第一条通栏位于"看了又看（Customers who viewed this item also viewed）"的下方，如图 8-5 所示。

图 8-5

第二条通栏位于"相关短视频（Related video shorts）"的下方、产品问答（Customer questions & answers）的上方，如图 8-6 所示。

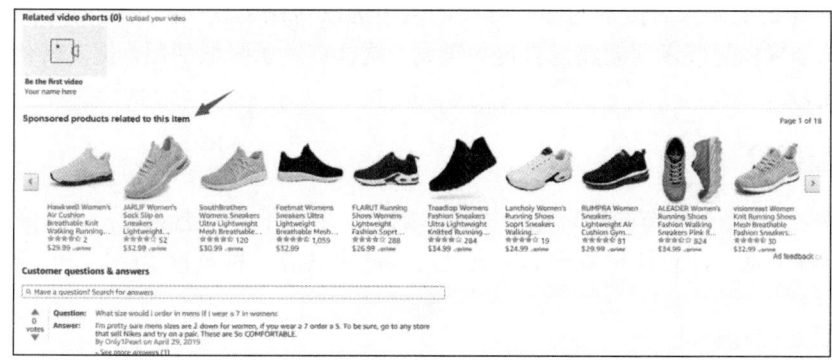

图 8-6

卖家所投放的 ASP 广告，无论是手动广告还是自动广告，展示位都是随机的，在以上所述的几大广告位都有可能出现。这次的展示位置在这里，可能下次的展示位置又换了，所以没必要具体看在哪里展示，直接看广告报表的数据去分析效果即可。

8.1.2　投放 CPC 广告的基本要求

投放 CPC 广告的基本要求如下：

（1）有效的专业卖家账户，个人卖家不能申请 CPC 广告。

（2）能够发货到美国各地，最好是以 FBA 方式发货。

（3）投放广告的商品 Listing 中必须有黄金购物车（Add to Cart）按钮。也就是说，卖家必须要赢得黄金购物车才能参加 CPC 广告投放。

（4）亚马逊美国站不接受卖家在"珠宝首饰"和"摄影和摄像"分类中推广商品的申请，成人用品、二手商品或翻新商品不允许投放推广广告。

8.1.3 自动投放与手动投放概述

1. 自动投放

以自动投放形式投放 CPC 广告时,卖家无须设置关键词,亚马逊根据商品信息将广告投放到所有相关的客户搜索界面,当买家搜索相关商品时,会展示该广告。

自动广告看起来之所以很简单,是因为亚马逊承接了绝大部分复杂的工作。当卖家完成自动广告的创建之后,亚马逊需要执行的工作如下:

(1)根据产品特性,找到相关的关键字→投放关键字广告。

(2)根据产品类目,找到相关的同类产品→投放商品详情页广告。

2. 手动投放

以手动投放形式投放 CPC 广告时,卖家需要设置目标关键词,当买家的搜索内容与卖家提供的关键字相匹配时,会展示该广告。

此外,卖家可以根据亚马逊推荐的产品类目,找到相关的同类产品进行商品详情页广告投放。卖家也可以指定类目,甚至指定竞争对手的 ASIN 进行商品详情页广告投放。

开设广告时,通常建议新手先开设自动广告。运行 7 天后,卖家可以下载一份搜索词报告,了解买家在亚马逊上输入的搜索词都有哪些,从中选取转化率较高的关键词后再开设手动投放,并将不符合目标的搜索词创建为否定关键词,这样有助于降低费用,提高转化率,降低广告成本销售比。

8.1.4 动态竞价

2019 年,亚马逊在原有的固定竞价模式基础上,增加了"动态竞价——只降低""动态竞价——提高和降低",目前付费产品广告活动界面中共有 3 种竞价策略,如图 8-7 所示。

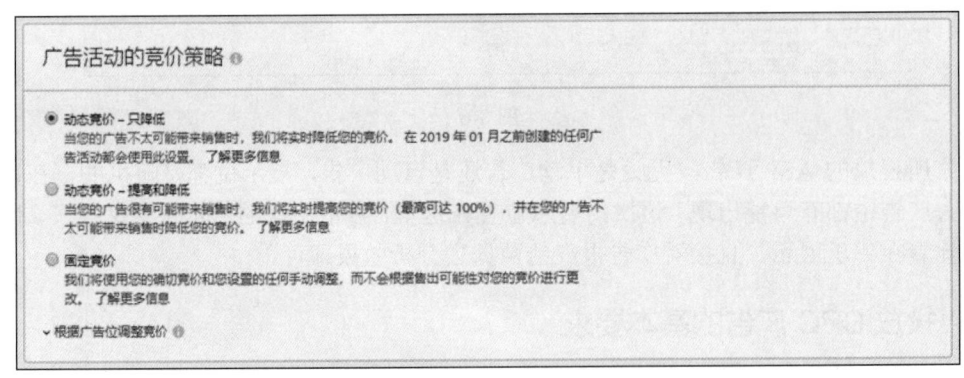

图 8-7

1. 动态竞价——只降低

当卖家选择这一选项时,亚马逊将根据广告在过去的历史表现、消费者的购买行为,以及其他实时监控卖家广告表现状况的各种数据指标进行判断,确定广告获得转化的可能性,如果判断卖家的广告不太可能带来产品销售时,会自动降低竞价。例如,假设卖家的某个广告关键词的竞价是 1.5 美元,当亚马逊认为这个广告不太可能带来销售时,会把你的竞价降至 0.60 美元。

这意味着卖家的广告支出将减少，同时，这也意味这条广告将获得更少的点击率。

2. 动态竞价——提高和降低

当卖家选择这一选项时，相当于给予亚马逊根据广告的转化情况上下调整你的关键词竞价的权利。根据亚马逊公告，该设置允许亚马逊为了使这条广告出现在搜索结果顶部位置，会自动将竞价提高，最高提高 1 倍。亚马逊将搜索结果第一页顶部位置定义为首要考虑的广告位。对于其他广告位，如产品页面和搜索结果的其他部分，亚马逊最高只会将你的竞价提高 50%。

例如，假设你的竞价为 1.50 美元，并选择了动态竞价——提高和降低，那么在竞价过程中，如果亚马逊发现你的广告有出现在搜索结果首页顶部的可能，那么它将有可能把你的竞价最高调至 3 美元（基于 100%的竞价调整）。对于搜索结果首页以外的广告位，亚马逊最高可将竞价上调至 2.25 美元（基于 50%的竞价调整）。相反的，当亚马逊意识到你的广告表现不佳，难以带来转化时，亚马逊可能会把你的竞价降低到 0.60 美元。

这意味着，在有利情况下，亚马逊将自动提高卖家的竞价；在不利情况下，亚马逊将自动降低卖家的竞价，确保卖家的广告在转化率较低的情况下少获得一些点击。对于卖家来说，这或许是一个降低广告点击成本、提高广告转化率的好机会。

3. 固定竞价

当卖家选择"固定竞降价"这一策略时，亚马逊不会改动卖家的广告关键词竞价。即当卖家的默认竞价是 1.5 美元时，亚马逊不会根据广告的转化情况调整卖家的竞价，一直都是 1.5 美元。

这种竞价策略使广告卖家对自己的广告表现有最大的控制权。卖家可以自由设定自己的广告竞价，亚马逊不会干预卖家的竞价。这种策略最适合没有任何历史的新广告活动，因为这将确保广告在投放过程中不会受到亚马逊的干预，并能够持续传送信息和收集具有参考价值的数据。卖家可以等该广告累积了足够的数据后，再决定是否改变使用别的竞价策略。

8.1.5　创建 CPC 的方法和步骤

进入卖家后台，选择根目录"广告"→"广告活动"，在所有广告活动页面上（如图 8-8 所示），选择"创建广告活动"。

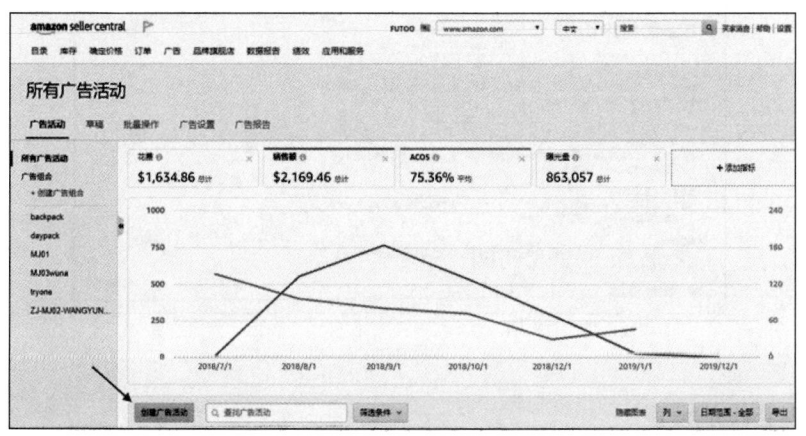

图 8-8

在随后的"选择您的广告活动类型"中,选择"商品推广",单击"继续",如图8-9所示。

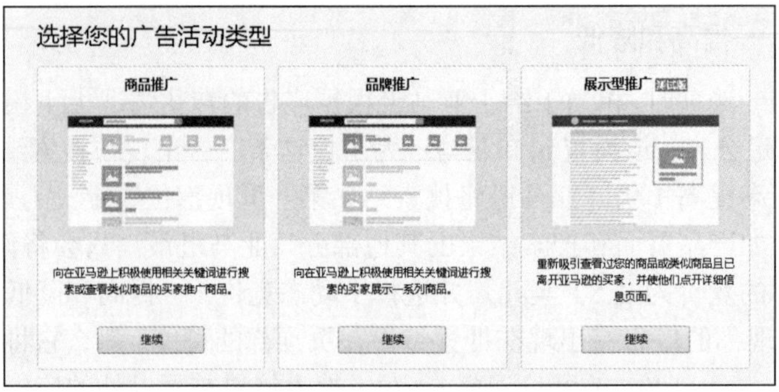

图 8-9

进入新建广告界面,输入"广告活动名称",名称便于后期识别即可。"每日预算"即每日花费上限,它为此次广告活动支出设定了限制。另外,还要选择广告的起止时间,选择广告投放类型(自动投放还是手动投放),如图8-10所示。

图 8-10

1. 自动广告投放设置

【步骤1】为该广告组命名,选择需要投放广告的商品,可多选,如图8-11所示。

图 8-11

【步骤 2】填写默认竞价（即默认出价），即愿意为广告点击所支付的最高价格，至少 0.02 美元，如图 8-12 所示，也可以选择最新推出的通过投放组设置竞价模式，这种模式会使用多种策略将广告与寻找您产品的购物者进行匹配，卖家可以根据投放类型灵活设置不同的竞价（即出价），如图 8-13 所示。

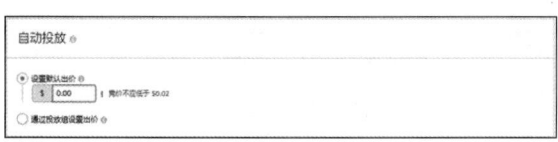

图 8-12

图 8-13

可根据匹配类型，设置否定关键词，如图 8-14 所示。否定关键词会在买家的搜索词与您的否定关键词匹配时阻止您的广告展示，可以用于排除不相关搜索，从而降低广告费用。

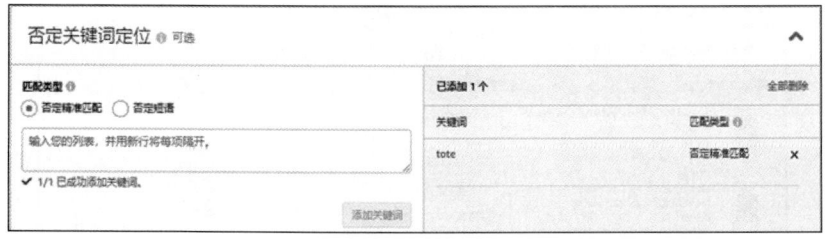

图 8-14

2. 手动广告投放设置

【步骤 1】在图 8-10 的基础上，选择"手动投放"，如图 8-15 所示。

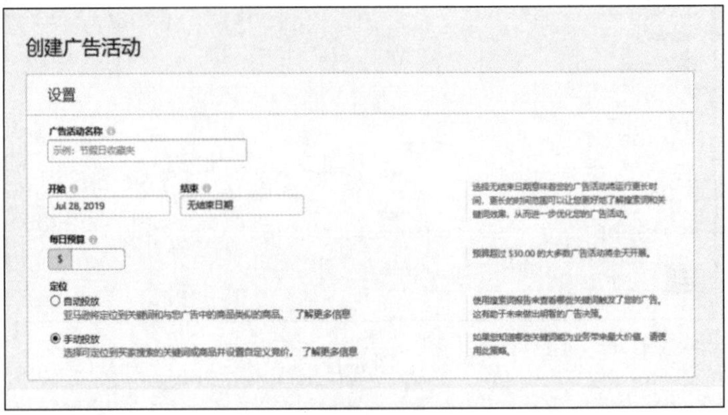

图 8-15

【步骤 2】选择合适的广告活动竞价策略，如图 8-16 所示。

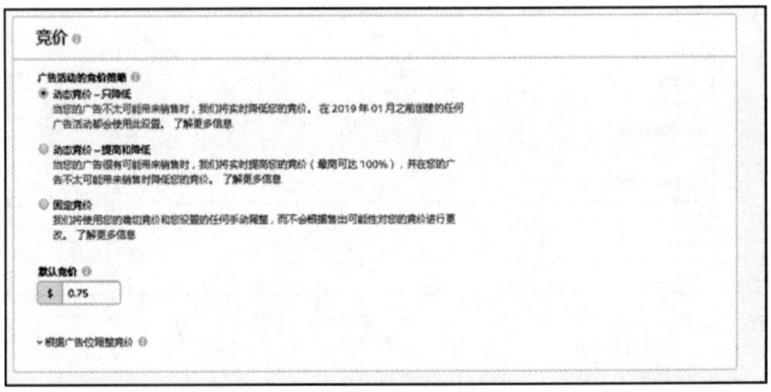

图 8-16

【步骤 3】为该广告组命名，添加需要投放广告的商品，可多选，如图 8-17 所示。

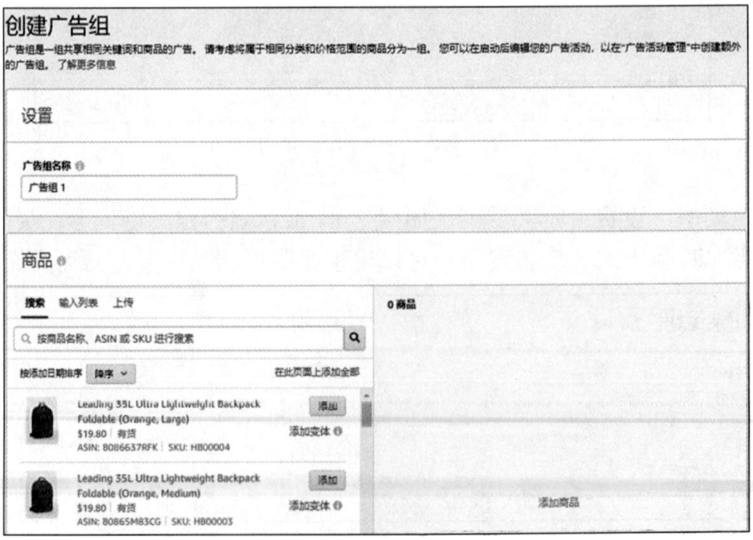

图 8-17

【步骤4】在下拉页面，投放类型的选择上，可以选择"关键词投放"或"商品投放"。卖家如果选择"关键词投放"，可以使用亚马逊系统的关键词（同时记得选择"匹配类型"，如图8-18所示），也可以提供自己的关键词（同时记得选择"匹配类型"，如图8-19所示），所有关键词的竞价可以按默认，也可以单独设置（如图8-20所示）。如果有需要，还可以添加否定关键词（如图8-21所示），最后单击"启动广告活动"即可开启广告。

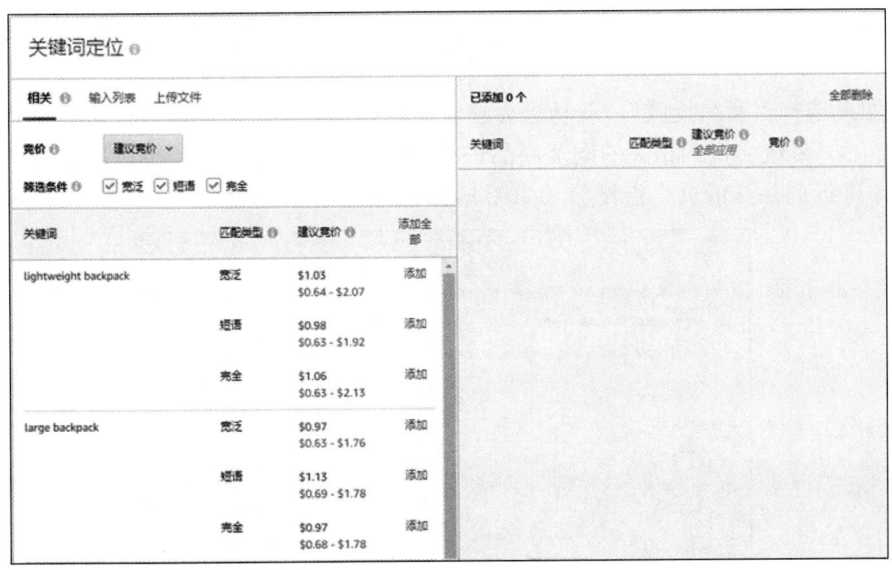

图 8-18

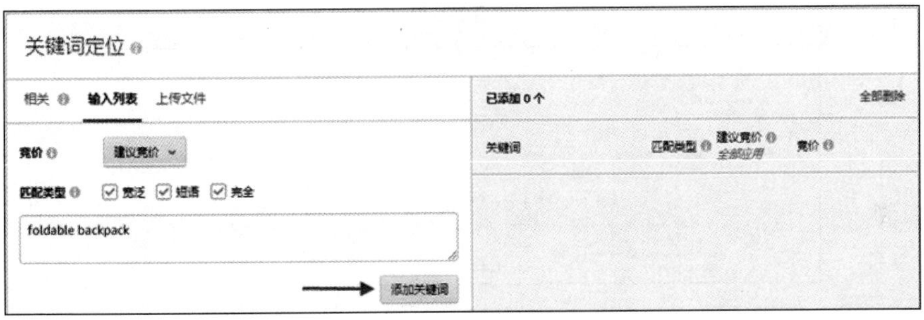

图 8-19

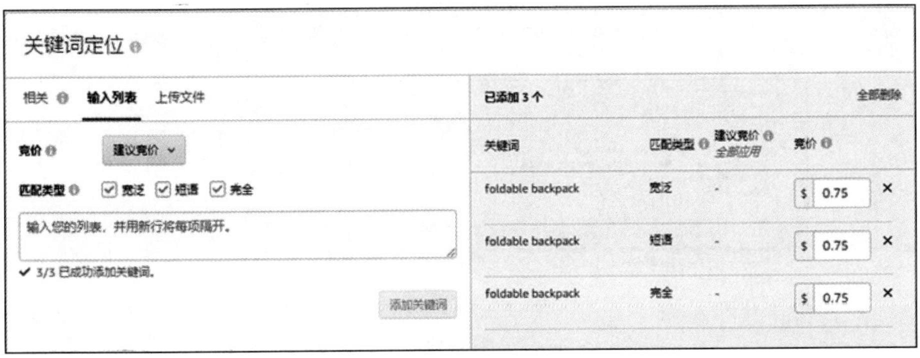

图 8-20

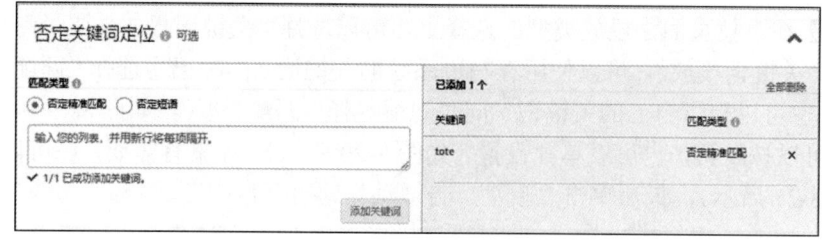

图 8-21

卖家如果选择"商品投放",亚马逊会建议商品类目,卖家也可以自行指定商品类目(如图 8-22 所示),系统会找到相关的同类商品进行商品详情页广告投放。也可以通过指定竞争对手的 ASIN 进行商品详情页广告投放(如图 8-23 所示)。

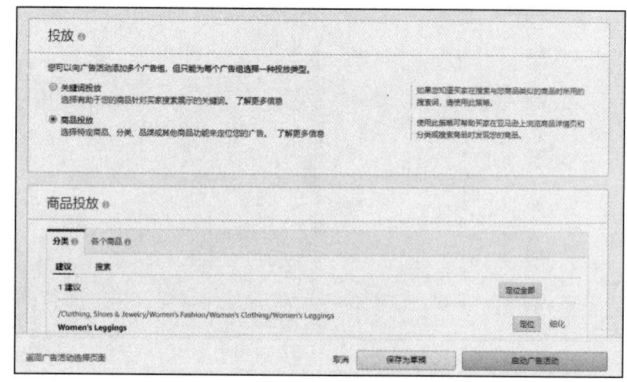

图 8-22

图 8-23

竞价可以按默认,也可以单独设置(如图 8-24 所示),设置完单击"启动广告活动"即可开启广告。

图 8-24

广告设置好后,一般 1~2 个小时即可上线。

8.1.6 关键词的匹配

在手动投放中，关键词的匹配类型有宽泛匹配（Broad Match）、短语匹配（Phrase Match）、完全匹配（Exact Match）三种。

1. 宽泛匹配

当搜索词中包含关键词时（允许同义词；允许拼写错误；允许关键词单复数形式变化；允许所有格变化；允许关键词顺序变化；允许关键词的前、中、后增加其他关键词；允许 for、to、up 等辅助词缺失），广告会展现。宽泛匹配是系统默认的匹配方式。

例如，设定关键词 hand mixer，当买家搜索 white hand mixer（前加字）、hand 5-speed mixer（中间加字）、hand mixers electric（后加字）等时，广告都会展现。

优势：宽泛匹配是一种既能进行有较高针对性的投放，又能接触广泛受众群体的有效方法，能够为卖家带来更多的潜在用户访问。

劣势：点击访问的针对性不足，转化率不如完全匹配和短语匹配。有可能带来大量点击，花费较多的点击费用。

2. 短语匹配

当搜索词完全包含关键词时（关键词顺序不可改变；允许关键词单复数形式变化，允许所有格变化；允许关键词前后增加其他关键字；不允许在关键词中间增加词），广告才会展现。

例如：设定关键词 hand mixer，当买家搜索 lightweight hand mixer（前加字）、hand mixer stainless steel（后加字）时广告可以展现，但是搜索 hand 5-speed mixer（中间加字）时广告不会展现。

优势：与完全匹配相比更为灵活且能获得更多的潜在客户访问，与宽泛匹配相比则有更准确的针对性且可能有更高的转化率。

劣势：获得的展示次数介于宽泛匹配与完全匹配之间，转化率没有完全匹配的高。

3. 完全匹配

当搜索词与关键词完全一致时（关键词顺序不可改变；允许关键词单复数形式变化；允许关键词所有格变化），广告才会展现。

例如：设定关键词 hand mixer，只有当买家搜索 hand mixer（原形）、hand mixers（复数变形）时广告才会展现，搜索 lightweight hand mixers（前加字）、hand mixer stainless steel（后加字）等广告均不会展现。

优势：可获得最具针对性的点击访问，转化率较高。

劣势：会降低广告的展示次数，获得潜在客户的范围较窄。

这三种关键词匹配方式从展示量上比较，宽泛匹配>短语匹配>完全匹配；从精准度上进行比较，完全匹配>短语匹配>宽泛匹配。卖家在选择匹配类型时，可根据具体情况具体分析。

8.1.7 搜索词报告分析及优化

做了 CPC 广告之后，一定要去分析广告报告，报告中的数据有助于我们对广告进行优化。

在后台有 7 种广告报告类型，包括搜索词报告、定位报告、推广的商品报告、广告活动报告、广告位置已购买商品报告、按时间查看业绩报告。此处我们分析搜索词报告，并提出关键词优化的方法。

1. 搜索词报告的下载

【步骤1】进入卖家后台，选择根目录"广告"→"广告活动管理"，单击"广告报告"按钮，如图8-25所示，进入"创建报告"页面。或者通过根目录"数据报告"→"广告"，也能进入"创建报告"页面。

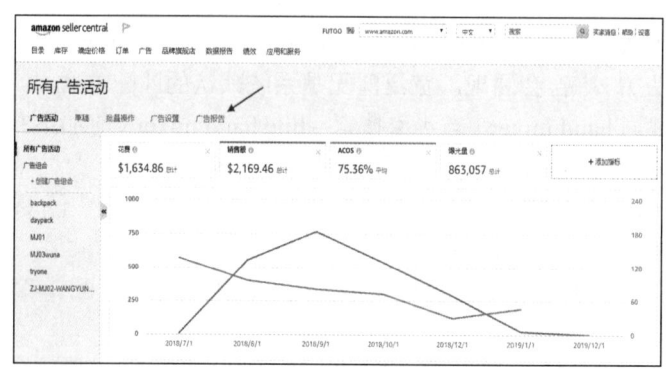

图 8-25

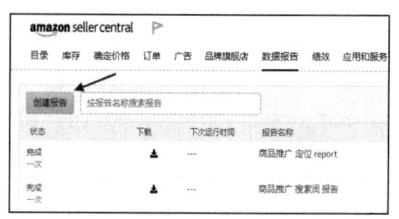

图 8-26

【步骤2】在"创建报告"页面（如图8-26所示），单击"创建报告"按钮（如图8-27所示），进入"新报告"页面。

【步骤3】在"新报告"页面，"报告类型"选择"搜索词"（如图8-27所示），"报告名称"可自定义，"时间单位"可选择"一览"或"每日"，"报告期"可自定义为"今天""昨天""本周至今""上周""本月至今"和"上个月"等，也可以按照实际需要在日历页选择时间段，"计划时间"选择"立即"（如果不需要马上生成报告，也可选择"未来"或"定期"），然后单击页面右上角的"运行报告"按钮即可。

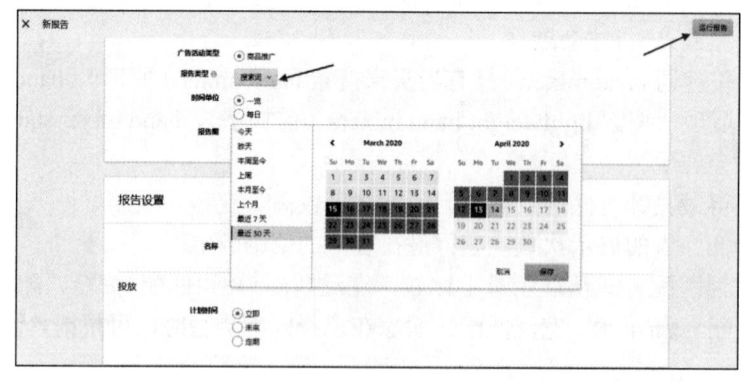

图 8-27

【步骤4】在报告设置页面（如图8-28所示），单击右上角的"更多"按钮，在下拉框选择"运行报告"（如图8-29所示），进入报告下载页面（如图8-30所示），即可下载报告。

将报告下载到本地，进入下一阶段的数据处理。搜索词报告的主要内容如图8-31所示。

图 8-28

图 8-29

图 8-30

广告活动名称	广告组名投放	匹配类型	客户搜索词	展现量	点击量	点击率(CTR)	每次点击成本(C	花费
霸王龙派对	霸王龙派*	-	dinosaur party supplies	15569	322	2.0682%	$ 0.47	$ 150.92
梁龙派对	梁龙派对*	-	dinosaur party supplies	9392	143	1.5226%	$ 0.66	$ 94.20
love套装	love套装*	BROAD	heart balloons	8304	114	1.3728%	$ 0.32	$ 36.93
霸王龙派对	霸王龙派*	-	jurassic world party supplies	5780	86	1.4879%	$ 0.41	$ 35.66
love套装	love套装*	BROAD	bridal shower decorations	5290	19	0.3592%	$ 0.38	$ 7.13
love套装	love套装*	BROAD	wedding decorations	4574	19	0.4154%	$ 0.32	$ 6.14
霸王龙派对	霸王龙派*	-	dinosaur birthday party supplies	4272	74	1.7322%	$ 0.55	$ 40.36
霸王龙派对	霸王龙派*	-	dinosaur party	4043	79	1.9540%	$ 0.49	$ 38.66
霸王龙派对	霸王龙派*	-	dinosaur balloons	3374	77	2.2822%	$ 0.41	$ 31.22
love套装	love套装*	BROAD	b07fx6p8t1	2326	17	0.7309%	$ 0.31	$ 5.35
love套装	love套装*	BROAD	letter balloons	2239	19	0.8486%	$ 0.29	$ 5.52
霸王龙派对	霸王龙派*	-	happy birthday banner	2212	16	0.7233%	$ 0.50	$ 7.97
霸王龙派对	霸王龙派*	-	b07gr2mr6k	2045	7	0.3423%	$ 0.37	$ 2.60
love套装	love套装*	BROAD	b078qbxnrj	2032	20	0.9843%	$ 0.21	$ 4.20
霸王龙派对	霸王龙派*	-	b077ydqx9v	1898	7	0.3688%	$ 0.43	$ 2.99
梁龙派对	梁龙派对*	-	happy birthday banner	1892	11	0.5814%	$ 0.73	$ 7.98
梁龙派对	梁龙派对*	-	dinosaur birthday party supplies	1744	25	1.4335%	$ 0.70	$ 17.49
love套装	love套装*	BROAD	love balloons	1594	32	2.0075%	$ 0.36	$ 11.42
梁龙派对	梁龙派对*	-	dinosaur balloons	1463	25	1.7088%	$ 0.56	$ 14.09
霸王龙派对	霸王龙派*	-	b07kxhwksb	1315	5	0.3802%	$ 0.44	$ 2.20
霸王龙派对	霸王龙派*	-	dinosaur birthday	1294	24	1.8547%	$ 0.48	$ 11.52
霸王龙派对	霸王龙派*	-	happy birthday balloon	1224	2	0.1634%	$ 0.54	$ 1.08
梁龙派对	梁龙派对*	-	dinosaur party	1159	17	1.4668%	$ 0.70	$ 11.94
梁龙派对	梁龙派对*	-	b07gr2mr6k	1117	2	0.1791%	$ 0.76	$ 1.51

图 8-31

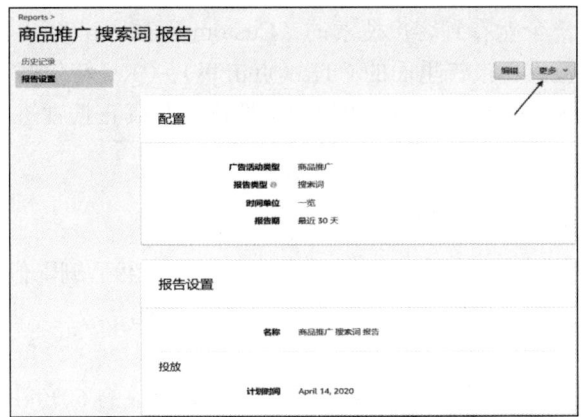

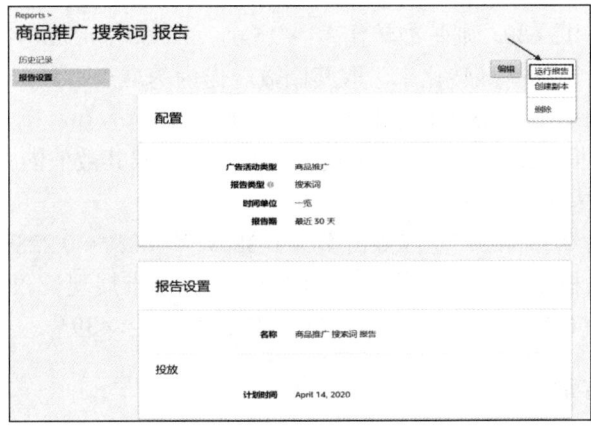

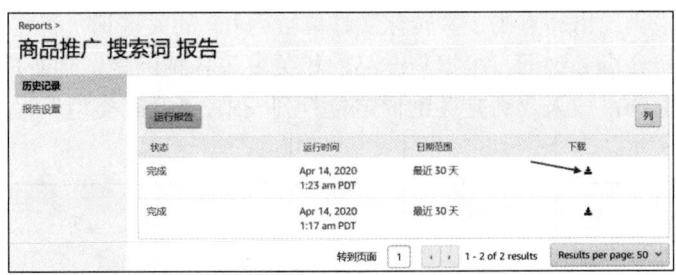

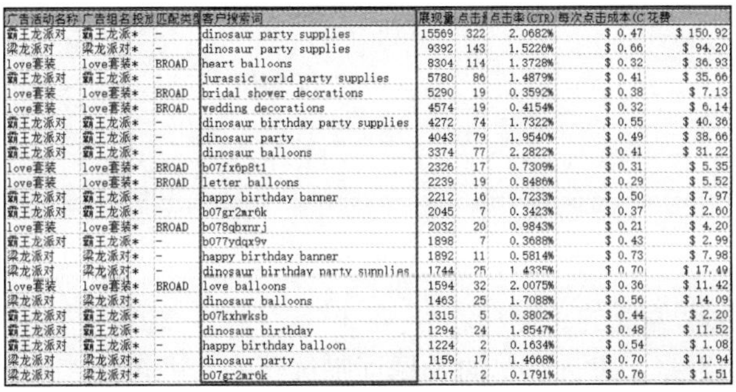

搜索词报告是唯一一个能看到客户搜索词（Customer Search Term）的报告，客户真实的搜索词是最重要的一个数据。报告里面的CTR（点击率）、CR（转化率）等数据是针对这些客户搜索词进行的统计。通过搜索词报告，我们能筛选出客户真正搜索进来的长尾词是什么，知道哪些词没有带来转化。

2. 搜索词报告分析及优化关键词

优化是优胜劣汰的过程，需要为此设置一个基础标准，然后删除低于基础标准的关键词。每周通过这样的重复工作，可以有效地逐步提升广告的表现。

调优过程需要用到四个基准数据。

（1）基准转化率。用产品近两周的自然转化率，取其数值的60%~100%，随着优化进展而每周取高，最高可取100%数据。（注：两周销量在5个以下的产品不要急着优化关键词，因为数据还不具备统计意义）

例：两周转化率为15.6%，则基准转化率 = 15.6% × 60% = 9.36% = 0.0936

（2）基准点击数。根据基准转化率，取其倒数，作为基准点击数。

例：基准转化率为10%，则基准点击数 = 1÷10% = 10

（3）基准点击率。根据最近一周该产品的广告点击率，取其数值的60%~100%（随优化进展而每周取高），作为基准点击率。

例：广告点击率为0.38%，则基准点击率 = 0.38% × 60% = 0.228% = 0.00228

（4）基准展现量。根据基准点击率，取其倒数，作为基准展现量。

例：基准点击率为0.228%，则基准展现量 = 1÷0.228% = 439

3. 优化关键词的步骤

【步骤1】否定高点击、零转化的关键词（无效词）。

在搜索词报告中，找出高点击、零转化（订单数为0）的关键词，将它们筛选出来，按点击量降序排列。逐一分析关键词，根据与产品的相关度等各种因素，判断是否是无效词。

将要否掉的关键词，放入"否定关键词定位"列表中，"匹配类型"为"否定完全匹配"，如图8-32所示。

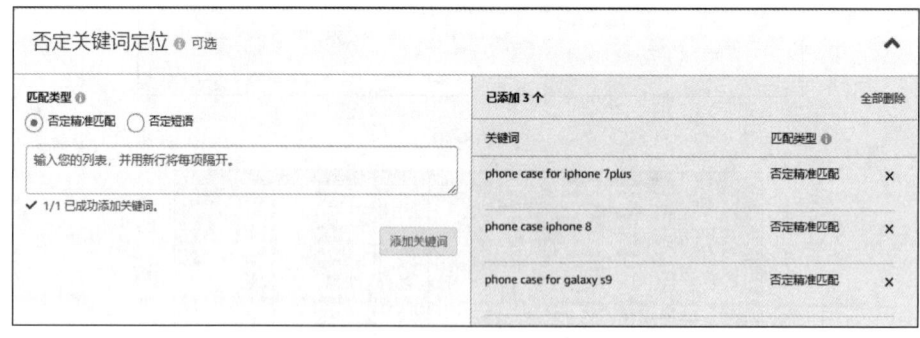

图 8-32

【步骤2】去除转化率偏低的关键词。

将订单数不为0的数据，即有出单的长尾词筛选出来，进行降序排列，然后逐一分析关键词的点击率和转化率，来判断它们是否值得提炼出来。

订单数大于 0，但转化率小于基准转化率，这样的关键词虽然能够带来成交，但是转化率偏低，这样的关键词也需要放入"否定关键词"列表中，"匹配类型"为"否定完全匹配"。

【步骤 3】去除点击率偏低的关键词

展现量列：设置筛选条件为"展现量 >= 基准展现量"；

点击率（CTR）列：设置筛选条件为"点击率 < 基准点击率"。

筛选得到的结果关键词，将其加入自动广告组的否定词，"匹配类型"为"否定完全匹配"。

4. 优化关键词的频率

每周进行一次自动广告调优即可，不需要每天调优，因为缺乏数据统计意义。调优的重点有两个：一是建立明确的标准，二是严格遵守标准。

8.1.8 搜索词报告里挑选关键词

搜索词报告的意义还在于帮助卖家挑选关键词。如果卖家一开始只开启了自动广告，就可以通过搜索词报告里的结果挑选关键词，开启手动广告，这样的关键词和产品本身最相关，黏性最好。

挑选关键词的步骤如下：

【步骤 1】将所有关键词按展现量从高到低排序。

【步骤 2】根据点击率，分不同情况归类：

- 对于高展示、高点击、高转化的词，挑出来做手动广告。
- 对于高展示、高点击、低转化的词，分两种情况（不确定哪一种情况的话可以放到前台搜索框检测，看与本产品关联度如何再做判断）。
  ◇ 大词，跟产品相关度不高，直接设置为否定关键词（匹配类型：否定完全匹配）。
  ◇ 与产品关联度较高，挑出来做手动广告看表现。如果过一段时间（观察 3~5 天）不出单就直接设置为否定关键词（匹配类型：否定完全匹配），如果出单就予以保留。
- 对于低展示、高点击、高转化的词，这样的词一般是长尾词，挑出来做手动广告（匹配类型：否定完全匹配），增加竞价，提高曝光率。
- 对于低展示、高点击、低转化的词，一种情况是跟产品相关度不高，直接设置为否定关键词（匹配类型：否定完全匹配）；另一种是与产品关联度较高，有价值，挑出来做手动广告，增加竞价，提高曝光率（观察 3~5 天）。

【步骤 3】挑出来做手动广告的关键词，做完全匹配还是短语匹配，主要取决于词性属于长尾词还是大词。

【步骤 4】开启手动广告后，根据关键词的表现来调整竞价。如果关键词的表现不好，竞价降低；对于表现好的关键词，可以通过一段时间的尝试和调整，把 ACoS（广告投入产出比）控制在一个比较低的范围。

【案例】搜索词报告里挑选关键词

如图 8-33 中所示商品，卖家针对该商品进行了一个为期 7 天的自动广告，并打算从中挑选关键词进行手动广告。

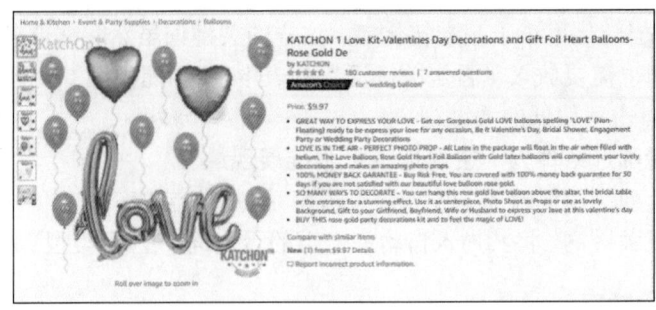

图 8-33

自动广告运行 7 天之后，下载搜索词报告，按展示量从高到低进行排序，如图 8-34 所示。

客户搜索词	展现	点击	点击率(C1)	每次点击成	花费	7天总销售	广告成本说
heart balloons	8304	114	1.3728%	$ 0.32	$ 36.93	$ 67.96	54.3408%
bridal shower decorations	5290	19	0.3592%	$ 0.38	$ 7.13	$ 0.00	
wedding decorations	4574	19	0.4154%	$ 0.32	$ 6.14	$ 0.00	
b07fx6p8t1	2326	17	0.7309%	$ 0.31	$ 5.35	$ 0.00	
letter balloons	2239	19	0.8486%	$ 0.29	$ 5.52	$ 0.00	
b07gbxnrj	2032	20	0.9843%	$ 0.21	$ 4.20	$ 16.99	24.7204%
love balloons	1594	32	2.0075%	$ 0.36	$ 11.42	$ 33.98	33.6080%
bridal shower	894	14	1.5660%	$ 0.39	$ 5.52	$ 16.99	32.4897%
b07cvz6rpn	834	8	0.9592%	$ 0.32	$ 2.57	$ 0.00	
b07bvc7ndy	780	10	1.2821%	$ 0.28	$ 2.84	$ 0.00	
silver balloons	720	7	0.9722%	$ 0.36	$ 2.53	$ 0.00	
b07cshnvj8	698	17	2.4355%	$ 0.23	$ 3.90	$ 16.99	22.9547%
wedding backdrop	607	11	1.8122%	$ 0.31	$ 3.46	$ 0.00	
green balloons	557	4	0.7181%	$ 0.31	$ 1.25	$ 0.00	
balloon letters	550	4	0.7273%	$ 0.27	$ 1.07	$ 0.00	
b07tkbkzr	509	14	2.7505%	$ 0.27	$ 3.81	$ 0.00	
heart balloon	505	13	2.5743%	$ 0.33	$ 4.29	$ 0.00	
b07bchwdkr	482	4	0.8299%	$ 0.38	$ 1.53	$ 0.00	
b07v9y1dm	476	8	1.6807%	$ 0.34	$ 2.73	$ 0.00	
gold balloons	467	4	0.8565%	$ 0.32	$ 1.28	$ 0.00	
wedding balloons	467	8	1.7131%	$ 0.34	$ 2.74	$ 0.00	
letter ballons	420	5	1.1905%	$ 0.38	$ 1.92	$ 0.00	
engagement balloons	401	12	2.9925%	$ 0.27	$ 3.29	$ 0.00	
b07md4cnxy	371	6	1.6173%	$ 0.26	$ 1.53	$ 0.00	
bridal shower balloons	371	5	1.3477%	$ 0.18	$ 0.90	$ 0.00	
b078q9js2h	355	5	1.4085%	$ 0.41	$ 2.06	$ 16.99	12.1248%

图 8-34

通过搜索词报告进行分析，策略如图 8-35 所示。

客户搜索词	表现	策略
heart balloons	高曝光，高点击，高转化	单独做一个手动短语匹配，自动广告里把 heart balloons 做一个否定完全匹配，避免竞争
bridal shower decorations	高曝光，低点击，无转化	1.查看这个词和我们产品的相关性。如果和我们的产品不相关，就添加到否定词里面。2.如果和我们的产品相关，就单独拿出来做一个手动短语匹配，调高竞价，再观察一下
wedding decorations	高曝光，低点击，无转化	同上
letter balloons	高曝光，低点击，无转化	同上
love balloons	曝光相对比较低，点击高，转化也不错	单独做一个手动短语匹配，提高竞价，增加曝光，看下是不是点击和转化会更好。自动广告里面的love balloons做否定完全匹配。
bridal shower	曝光相对比较低，点击高，转化也不错	单独做一个手动短语匹配，提高竞价，增加曝光，看下是不是点击和转化会更好。自动广告里面的bridal shower做否定完全匹配。
b07gbxnrj,b07cshnvj8,b078q9js2h	关联在别人的Asin里出单的，反查一下他们的关键词，作为参考对象	开一组手动的Asin商品投放广告，直接定位到它们商品页面

图 8-35

8.1.9 手动投放如何初选关键词

卖家如果直接开通手动广告（此前未开通自动广告），需要对关键词的挑选做好功课，有如下几种方式供参考。

1. 亚马逊搜索框中的提示关键词

选择 5 个左右词根，在亚马逊搜索框里输入：关键词词根+a-z/1-9 的方式查找，将产品所在类目下的关键词都找齐，过程会比较麻烦，但是词是最精准的。

2. 使用数据工具

卖家也可以借助一些数据工具来初选关键词。较常用的数据工具有以下几种。

SeoStack 插件：种子词+1-9/a-z 的所有热搜词，找出来之后批量导出。

Keywordtool.io：所获得的关键词用来做长尾词，它能涵盖 90%的亚马逊内部数据，再用自动广告补充剩下的 10%。

Google Adwords：根据关键词相关性、平均月搜索量、竞争程度这几个维度，进行关键词筛选（可以结合 Google Trend 判断产品是不是属于季节性的）。

MerchantWords：根据搜索量、深度、出现频率（季节性）、类目这几个维度，进行关键词筛选。

8.1.10 定位报告分析及关键词优化

1. 定位报告的下载

定位报告与搜索词报告的下载路径是基本一致的，读者可参考 8.1.7 一节，唯一的差异在"新报告"页面选择报告类型时，应选择"定位报告"，如图 8-36 所示。

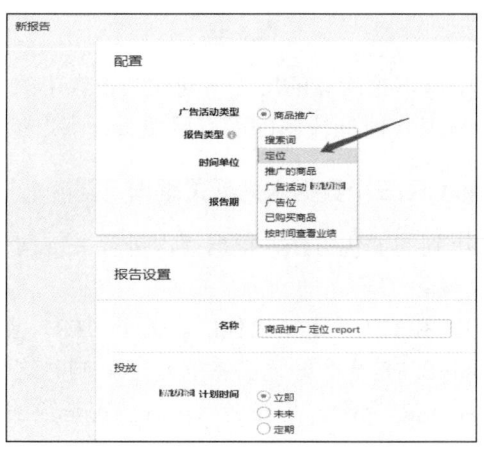

图 8-36

定位报告及需要重点关注的部分如图 8-37 所示。

2. 定位报告的作用

使用定位报告可查看关键词、商品和类别的搜索频率，并了解搜索量如何随时间而变化。然后，缩小投放列表的范围，并为您真正想要的投放设置预算。定位报告是所有广告活动表现的总表，它涵盖了"自动广告组"和"手动广告组中"每个关键词的广告效果。分析这个报告时，我们要结合数据透视表来看，如图 8-38 所示。

图 8-37

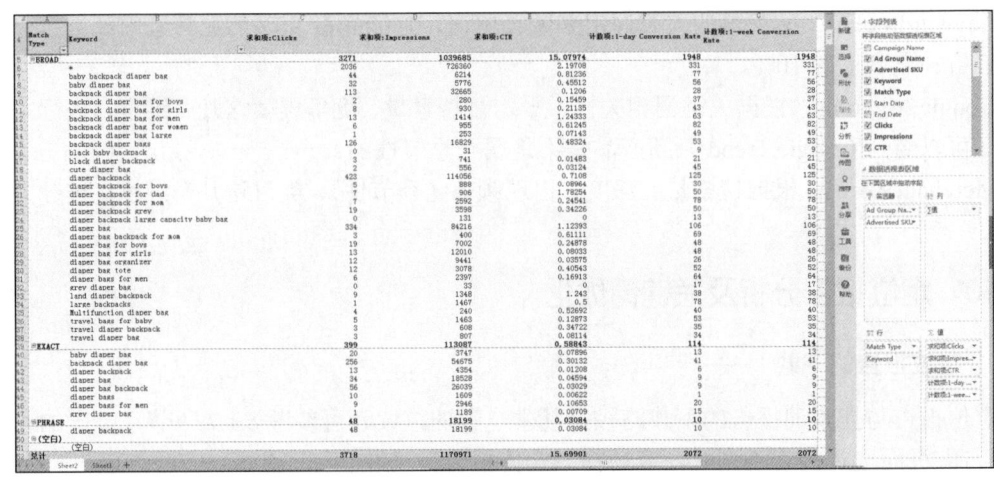

图 8-38

数据透视表的作用在于，能够把所有的广告活动业绩报告中的关键词求和。通过数据透视表，我们可以知道某一个词在某个时间段内的所有展现量、点击量、CTR 等数据。

3. 根据 ACoS、CTR 和 CR 三个数据来判断关键词

可以采用 7.1.7 一节中提到的调优方法，根据周次进行关键词优化。熟练之后也可以根据自己的标准直接判断。

一个优秀的关键词，CTR 和 CR 一定是俱佳的。关于 CTR，亚马逊的及格标准是 0.5%，良好的 CTR 是 1%左右，2%~3%是一个好词必备的 CTR。同时这个词的 CR 一定要大于或等于产品的自然转化率。当然，这些判断都是在展示量有一定基数的情况下才能进行的。

8.1.11 CPC 广告排名的影响因素

结合实际经验，影响 CPC 广告排名的因素如下。

1. 关键词与广告商品关联度

CPC 广告与买家的搜索词相关，因此我们的关键词要投放精准，尽可能地和产品相关。同时要求我们在撰写 Listing 文案的时候就要有技巧地将精准关键词布局在 Listing 的各个模块

中，做好 SEO 优化，为了能够被亚马逊爬虫抓取，也为了能够让广告更精准。

2. 竞价高低

在其他条件都差不多的情况下，谁的竞价更高，当然排名也就更靠前。在同一个页面，页面顶部和页面底部的曝光量可能一样，但是被点击的机会差别可能就很大。在预算允许的前提下，我们可以多关注一下自己广告的位置，根据实际情况调整竞价。

3. 点击率

提高 CPC 广告排名，我们需要重点关注点击率（CTR）。如果广告的点击率不高，它所得到的展示和点击会越来越少，因为亚马逊下调了这个广告的展示量。

4. 转化率

转化率（CR）也是影响 CPC 广告排名的重要指标。

CR 主要反映的是商品详情页的效果。所以做 CPC 广告之前，最好把主图、卖点、描述、Review 等都做好了，建议商品至少有了一两个 Review 后再来考虑做 CPC 广告，否则前期会花很多冤枉钱，空有流量却没转化率。

如果转化率偏低的，比如低于 5%，说明这个 Listing 市场竞争力不大，需要进行优化。

5. 预算设置

很多人不太关注这一块，事实上预算是很重要的，当广告预算用完的时候，广告将不会再展示，长期的预算不够会降低广告的得分，因此建议预算尽量设置充足。

6. 广告活动投放时间长短

亚马逊重视历史数据，广告活动投放的活跃时间越长，产品广告表现越好，产品在广告排名和展示量都能得到提升。广告活动投放的活跃时间长短对排名有明显影响。

8.1.12　CPC 投放的几个关键问题

1. CPC 的投放是否有必要

CPC 广告是一把双刃剑，用得好，产品脱颖而出；用得不好，钱没赚到，反而亏钱。在当前亚马逊竞争激烈的环境中，卖家要想推动一款产品的销量走高，投放站内广告是有必要的，但并不是每一款产品都适合投广告。

（1）毛利率低的低价产品不适合投放广告，因为很容易造成 ACoS 过高而亏损。举个例子，一款产品的零售价为 5.99 美元，除去进货价、亚马逊扣费、头程及 FBA 费用，CPC 广告费用每次点击至少也要零点几美元，非常容易造成亏损。

（2）太冷门的产品没必要投放站内广告，应选择受大众欢迎的产品进行广告投放。

（3）变体 Listing 没必要对所有子 SKU 都投放广告，卖家要精选最受大众接受和欢迎的子 SKU（颜色、款式等）进行集中投放。

2. CPC 投放前的筹备

为避免浪费，从而得到更好的投放效果，在广告投放之前，卖家可以先行检查一下自己的产品，是否满足以下条件。

（1）高质量主图。跻身首页，也丝毫不显寒酸，这就是主图需要达到的质量标准。

（2）类目正确性。如果在上传产品的时候填错类目，会在很大程度上影响广告展示，因此在初次上传 Listing 的时候就要选择正确的类目。

（3）信息完整度。即这条 Listing 的商品名称、商品特性、商品描述、搜索关键词等信息是否都已完善；信息相关性即关键字和产品的相关程度。信息完整度及信息相关性做得越好，越有利于亚马逊系统对产品信息的抓取。

（4）Listing 优化的程度。Listing 是否经过优化、Review 数量、Q&A 的完整度，这些都是优化的方向，不要浪费了广告带来的流量。

3. 应该采用什么样的投放策略

具体广告组如何设置，以及采用什么样的投放策略，和每个卖家的资金预算、广告投放经验有关，不能一概而论。

但总体而言，广告优化工作的最终目标是培养一批有优秀广告绩效的广告活动。广告活动投放的活跃时间长短对排名有明显影响。另外，广告的点击率越高，实际扣费会越低。因此，一个时间越长、点击率越高的广告，点击费用越低。

4. 广告组的设置

为了避免多个 SKU 在一个广告活动（Campaign）投放导致广告组内部竞争，无法清晰地判断某个 SKU 具体竞争情况，建议一个广告活动放一个 SKU。如果一个产品的多个变体同时投放广告，可以在一个广告活动下面为每个子体建立一个广告组，在后期分析每个 SKU 的表现才会清晰明了。

5. 关键词的投放策略

在预算较少的情况，建议一个词一个词地做，可以先从小词做起，再到大词；预算充足时可以先做大词。

（1）主词/大词。主词/大词是流量最大的，但竞价高，若想取得首页展示位，在资金允许的情况下，可用短时冲刺的方法冲到首页，稳准坑位后，此时广告质量得分（QS）很高，可以开始逐渐降低竞价，此时销量和排名基本稳定，基本不会下降。

（2）小词/长尾词。小词/长尾词的流量虽小，但长时间看，也很可观。可以先占住坑位，未来在主词/大词基本稳定的情况下，再细致挖掘更多的长尾词。

6. CPC 广告排名原理

CPC 广告排名是由广告质量得分（Quality Score，QS）以及 Bid（竞价）共同决定的，计算公式如下：

$$广告排名分 = 广告质量得分（QS）\times Bid（竞价）$$

例如，A 的 QS 是 10 分，竞价是 1.5 美元，B 的 QS 是 8 分，竞价是 1.8 美元，C 的 QS 是 5 分，竞价是 2 美元。则 A 的广告排名分 $=10\times1.5=15$；B 的广告排名分 $=8\times1.8=14.4$；C 的广告排名分 $=5*2=10$。所以，广告排名为 A>B>C。

其中，广告质量得分主要是由点击率（CTR）和转化率（CR）共同决定的（CPC 广告排名中 CTR 的权重更大，自然搜索排名中 CR 的权重更大）。亚马逊的 CPC 广告排名并不是只看竞价，广告的表现也很重要，广告质量得分高，亚马逊就会给予优先展示权，形成良性循环。

7. 竞价与实际扣费

卖家每次点击费用（即实际支付费用）与卖家的竞价（Bid）是不同的。在实际工作中我们发现，每次点击费用比竞价低。实际扣费的计算公式是：

$$实际支付费用 = 下一位的竞价 \times 下一位 QS / 卖家自己的 QS + 0.01$$

例如，A 的 QS 是 10 分，竞价是 1.5 美元，B 的 QS 是 8 分，竞价是 1.8 美元，C 的 QS 是 5 分，竞价是 2 美元。则 A 的实际扣费 $= 1.8 \times 8/10 + 0.01 = 1.45$；B 的实际扣费 $= 5 \times 2/8 + 0.01 = 1.26$。

因此，在设置竞价时，卖家可以设置得比预期的适当高一些。在拿不准的情况下，建议卖家在广告设置之初可以以毛利润的 1/10 作为参考。随着广告的运行，对竞价进行针对性的调整，点击量少但转化率高的关键词，可以提高预算和单次竞价；对于转化率很差甚至转化率为零的关键词，可以降低竞价，甚至添加到否定关键词里，避免造成广告成本增多的同时还影响 CTR 和 CR 的下降。

对于预算比较紧张的小卖家来说，可以使用分时段竞价的办法来降低广告费用。可以借助一些工具，比如可以利用 AMZCaptain（亚马逊船长，https://www.amzcaptain.com/）的智能调价模式，针对不同的产品在不同的时段，设置不同的竞价（如在买家流量较多的时段设置高竞价，流量低时设置低竞价），跳过广告转化率很差的时段，提高广告 ROI，最大限度地节约成本。当然，对于预算充足的大卖家，则不必用这种办法。

8. 投资回报率（ROI）分析

投资回报率分析主要就是做 ACoS 与自然订单利润率的对比。

自然订单指的是通过自然流量而产生的订单，即不通过广告而产生的自然订单。

一般来说，自然订单的毛利率大于 30% 属于正常水平。如果 ACoS 超过自然订单毛利率，说明广告做得不好，广告费侵占了大部分利润；如果 ACoS 大幅低于自然订单毛利率，说明广告效果不错。

目前亚马逊美国站竞争激烈，一个产品在上新期（测试期和推动期）如果 ACoS 能控制在 50% 以下，已经很不容易，维护期需要努力降低 ACoS，争取控制在产品利润率以下。

9. 如何降低 ACoS

首先，ACoS 的高低标准取决于卖家，没有绝对值标准。ACoS 的高低很大程度上取决于产品价格。

$$ACoS = 广告费用总额（Spend）/ 通过广告产生的销售额（Sales）$$
$$= 点击次数 \times 每次点击费用 /（通过广告产生的销量 \times 产品价格）$$
$$= CR \times 每次点击费用 / 产品价格$$

Listing 的转化率（CR）是影响 ACoS 的核心因素。因此，降低 ACoS 的核心在于提高转化率。提高转化率重在对 Listing 的优化。

此外，做好关键词优化，也是降低 ACoS 的办法。

最后考虑价格因素。在购物过程中，买家总会货比三家，如果产品的价格在竞争中突出了优势，买家下单的概率就会高很多。

理论上，降低竞价可以降低 ACoS，因此许多卖家也会采用这样的做法，但在亚马逊上，竞价会直接影响展现量（Impression），使得销量也大幅降低，特别是在新品的上新期间。

10. 注重客户搜索词

首先，客户搜索词（Customer Search Term）有助于 Listing 的优化。通过自动投放得到的大量的客户搜索词，来自客户真实的搜索，说明了客户的实际需求。例如，一个卖台灯的卖家，发现大量的客户搜索词里面含"kid""bed""night"。那么相应的，卖家应该把这些词放进标题里面，甚至可以在第二张图片里面做一张床+小孩+灯+夜间的场景。明确消费人群及其购买意图，精准优化产品信息，精准数据化运营，订单量自然而然就会上涨。

另外，客户搜索词积累到一定量，就能知道这个品类大致的走向，以及新品大致的开发方向，能为卖家今后的选品或者开发新品提供很好的指导和方向。

8.1.13　CPC 的阶段投放策略及预算

设计一个广告时，清晰准确的目标和各个阶段的策略，是操盘广告必不可少的部分。卖家可以参考如下广告阶段投放策略。

1. 设置相应的广告目标

（1）测试新品

在市场进入阶段，产品无成交、无排名、无流量，运营是无法对产品进行针对性规划的。

此时可以通过广告导入流量进行产品测试，通过参考广告的流量、点击率、转化率来判断市场接受度，以指导未来的运营工作。

（2）推动排名

通过广告流量来提升成长期产品的销量，并借此推动产品排名。

这一阶段注重的是产品的成交量，此时自动广告和手动广告都属于有效手段。建议在这个阶段不要过分纠结 ACoS 指标的优化。

（3）维护排名

通过广告流量带来的额外销量来维护产品排名，一般针对稳定期的产品。

这一阶段的产品其每日流量、成交量都相对稳定，步入利润收割阶段。这一阶段的广告需要努力降低 ACoS，争取把它控制在产品利润率以下。

（4）打爆款

推动排名阶段的产品如果表现出明显的爆款特征：转化率很好、单量增长迅猛、流量同比良性增长，那就需要及时调整广告策略，尽可能将流量最大化，以推动产品成长为爆款，并努力维护供应链稳定（这个时候千万别断货）。

推爆阶段不要过分追求 ACoS 数据，要做的就是提升出单量来彻底引爆销量，同时密切关注自然订单量（自然流量带来的订单量）是否保持良性增长。

注意：爆款是多因素共同造就的综合结果，广告打得好并不是成就爆款的充分条件。

2. 规划预算和周期

广告投入的预算取决于广告目标以及个人的承受能力，以下预算策略举例仅供参考。

（1）测试阶段

测试阶段的预算规划思想可以简单总结为：以损失定预算。以卖家最多可以承受的损失来设计整体预算，比如：该产品预算 300 美元左右作为净投入，测试阶段定义为 14 天或 7 天。

$$每日预算 = 300 \div 14 = 21.4（美元/天）$$

则测试阶段的预算大概为 20 美元/天。

建议卖家尽量把预算做充足，因为如果广告费早早消耗完，广告就不再曝光，就达不到广告的效果了。

（2）推动阶段

推动阶段的规划思想：以预期利润定预算。

评估当我们把产品推到预期排名后，能获得多少的日均单量，比如：到达目标排名后，日均出单 30 个，单价 20 美元，利润率 20%。

$$每日预算 = 预期单量 \times 产品单价 \times 利润率 = 30 \times 20 \times 20\% = 120（美元/天）$$

推动一般为 6~8 周。

打爆款的预算策略和推动阶段是一致的。

（3）维护阶段

维护阶段的规划思想：保存利润，维护排名。该阶段产品日常出单较稳定，要在守住利润的同时维护它的排名不下滑，可考虑按照整体利润的百分比来规划广告预算，如：

产品日均出单 30 个，单价 20 美元，利润率为 20%。计划将 25% 利润用于广告。

$$每日预算 = 30 \times 20 \times 20\% \times 25\% = 30（美元/天）$$

维护阶段截至产品衰退阶段。

3. 总结

上述做法仅供参考。具体应用的时候，需要根据自身资金实力、产品市场表现、利润率，最重要的是自身的策略来决定如何制定预算。

8.1.14　CPC 广告测试阶段的重要性

测试阶段可以采用自动广告模式，试着跑一下广告，以获取后续的推广数据。

建议将测试阶段定为 7 天或 14 天，根据测试所得数据的丰富程度来决定是否延长测试，自 FBA 入仓之日起计。

1. 测试阶段需要达成的目标

- 检验产品本身的市场接受度。
- 在预算内，得到最多的流量。
- 得到相关关键字数据。

2. 测试调优

测试阶段，建议每天对广告价格进行调节，确保在预算范围内，尽可能地得到更多数据。预算提前花完，则降低广告竞价；预算花不出去，则提高广告竞价。

测试阶段可以每日调优，检查是否出现流量黑洞（流量很大，但是成交却很少甚至没有成交的词，通常占据了预算的很大比例）。

3. 测试总结

测试完毕后及时总结测试结果，尝试着问自己几个问题：
- 是否得到了充足的测试数据？

看报表，如果系统为你匹配的关键字数量足够多，并且获得了足够的点击量和成交量，这次的测试就是成功的。
- 产品的市场容量大吗？

广告流量可以视为市场热度的风向标，也是市场容量的一个代名词。广告很容易花钱，侧面说明市场容量足够大。
- 产品的行业大词是什么？

认真检查广告报表，找到行业大词，它不一定是你的成交主词（而且经常不是），但是它的展现量一定够大（不一定是最大的，因为系统匹配的最大词很可能跟你的产品没有关联）。

行业大词能不能留，具体要看类目而定。例如，卖家销售的是 computer backpack，系统为它匹配了一个关键字 backpack。但是 backpack 涵盖的产品很宽泛，包括计算机背包、旅行背包、双肩书包、双肩女包等，所以 backpack 的转化率偏低，属于不良流量，从 ACoS 的角度来说，应该删除这个关键字。
- 产品是否具备市场推广价值？

转化率是最好的衡量指标。如果数据不理想，那么这个产品不具备市场推广价值的可能性就极大，可以综合判断是否继续推产品。

8.1.15 其他广告报表及广告策略解读

在后台除了搜索词报告、定位报告，还包括推广的商品报告、广告活动报告、广告位报告、已购买商品报告、按时间查看业绩报告。这些报告与搜索词报告的下载路径是基本一致的，读者可参考 8.1.7 一节，唯一的差别在于，在"新报告"页面，应选择相应类型的报告，如图 8-39 所示。

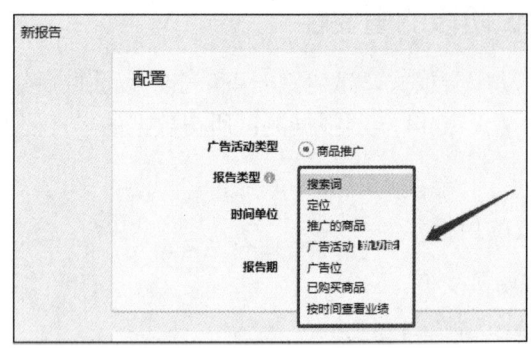

图 8-39

1. 推广的商品报告

一款商品如果有多种颜色，则该款商品就有多个 SKU。这个报表记录的就是每个 SKU 的总点击量、展现量、CTR、总花费和平均点击价格。通过这个表格，运营人员就能按月或者天来了解每个 SKU 的广告表现和总效果。必要的时候，我们可以在这个表格基础上，添加此 SKU 某时间段内总的销售额，综合判断这个 SKU 搭配广告后是否盈利，并进一步进行 Listing 的优化和预算调整。

推广的商品报告及需要重点关注的项目如图 8-40 所示。

广告SKU	展现量	点击量	点击率(CTR)	每次点击成本(C)	花费	广告成本销售投入产出比(Ro)
55113013	1552	14	0.9021%	$ 0.54	$ 7.50	75.0751%	1.33
55113014	6064	17	0.2803%	$ 0.80	$ 13.67	59.4606%	1.68
55113015	1330	3	0.2256%	$ 1.00	$ 2.99	16.6203%	6.02
55113016	2841	5	0.1760%	$ 0.67	$ 3.36	16.8084%	5.95
55113017	558	1	0.1792%	$ 0.40	$ 0.40		0.00
55113018	649	3	0.4622%	$ 0.58	$ 1.74	9.6720%	10.34
2014-CAMP	5902	13	0.2203%	$ 0.84	$ 10.95	9.4405%	10.59
2015-CAMP	3197	8	0.2502%	$ 0.82	$ 6.52		0.00
2016-CAMP	5072	13	0.2563%	$ 0.71	$ 9.26		0.00
2017-CAMP	295	3	1.0169%	$ 0.46	$ 1.38		0.00
2018-CAMP	478	0	0.0000%		$ 0.00		
2019-CAMP	2412	2	0.0829%	$ 0.18	$ 0.36		0.00
2020-CAMP	8269	48	0.5805%	$ 0.79	$ 38.11	58.6488%	1.71
2021-CAMP	17420	109	0.6257%	$ 0.91	$ 99.28	94.5794%	1.06
96545586	96	5	5.2083%	$ 1.67	$ 8.34		0.00
96545587	160	2	1.2500%	$ 1.18	$ 2.35	1.5066%	66.37
96545588	27	0	0.0000%		$ 0.00		
96545589	947	4	0.4224%	$ 0.72	$ 2.86		0.00
96545590	45	0	0.0000%		$ 0.00		

图 8-40

2. 广告活动报告

广告活动报告是一种新增的报告类型,使用广告活动报告可以更好地了解广告活动的整体效果,能够帮助卖家更加全面地跟踪广告表现数据,合理进行营销预算的分配。亚马逊提供最近 18 个月自定义日期范围内的商品推广广告活动报告。

广告活动报告及需要重点关注的项目如图 8-41 所示。

广告活动名称	预算	定位类型	竞价策略	展现量	点击量	点击率(CT)	花费	每次点击成	广告成本销
bluetooth earphone	$18.00	自动定位	固定竞价	64495	305	0.47%	$311.76	$1.02	28.27%
backpack	$20.00	自动定位	固定竞价	41602	161	0.39%	$130.98	$0.81	50.40%
uv	$50.00	手动定位	动态竞价	56336	499	0.89%	$800.44	$1.60	92.79%
blanket	$20.00	自动定位	固定竞价	582027	2278	0.39%	$1,334.35	$0.59	29.65%
JEEP LED	$20.00	手动定位	固定竞价	260468	2376	0.91%	$1,409.80	$0.59	25.09%
cushion	$15.00	自动定位	固定竞价	121774	844	0.69%	$580.64	$0.69	67.69%
JEEP	$20.00	自动定位	固定竞价	159464	485	0.30%	$491.44	$1.01	32.90%
customized series	$20.00	自动定位	固定竞价	78084	221	0.28%	$131.93	$0.60	17.14%
Campaign - 2/11/2020	$10.00	自动定位	固定竞价	73106	363	0.50%	$409.69	$1.13	170.73%
golden jewelry	$30.00	自动定位	固定竞价	71369	227	0.32%	$304.15	$1.34	48.75%
black jacket	$20.00	自动定位	固定竞价	88607	573	0.65%	$442.39	$0.77	66.48%
manual white glove	$15.00	手动定位	固定竞价	96688	518	0.54%	$331.56	$0.64	66.24%

图 8-41

3. 广告位报告

从广告位报告可以看到广告的展示位置,而且可以看到该广告活动对应的竞价策略(如图 8-42 所示)。卖家最开始开启广告时,就已经做了广告活动的竞价策略和选择(广告活动的竞价策略包含:动态竞价-只降低、动态竞价-提高和降低、固定竞价三个选项)。

广告组合名称	货币	广告活动名称	竞价策略	放置	展现量
drum sticks	USD	鼓棒auto	固定竞价	亚马逊上的商品页面	78146
drum sticks	USD	鼓棒手动	固定竞价	亚马逊上的商品页面	54544
neck hamomock	USD	neck auto	固定竞价	亚马逊上的商品页面	63032
travel pillow	USD	travel pillow auto	动态竞价 - 只降低	亚马逊上的商品页面	72487
travel pillow	USD	travel pillow 手动	固定竞价	亚马逊上的商品页面	5302
neck hamomock	USD	neck 手动	固定竞价	亚马逊上的商品页面	158
drum sticks	USD	鼓棒auto	固定竞价	亚马逊上搜索结果的其余位置	2199
drum sticks	USD	鼓棒手动	固定竞价	亚马逊上搜索结果的其余位置	9750
neck hamomock	USD	neck auto	固定竞价	亚马逊上搜索结果的其余位置	4896
travel pillow	USD	travel pillow auto	动态竞价 - 只降低	亚马逊上搜索结果的其余位置	17861
travel pillow	USD	travel pillow 手动	固定竞价	亚马逊上搜索结果的其余位置	1249
neck hamomock	USD	neck 手动	固定竞价	亚马逊上搜索结果的其余位置	33
drum sticks	USD	鼓棒auto	固定竞价	亚马逊上第一个页面的热门搜索	1177
drum sticks	USD	鼓棒手动	固定竞价	亚马逊上第一个页面的热门搜索	3629
neck hamomock	USD	neck auto	固定竞价	亚马逊上第一个页面的热门搜索	94
travel pillow	USD	travel pillow auto	动态竞价 - 只降低	亚马逊上第一个页面的热门搜索	2397
travel pillow	USD	travel pillow 手动	固定竞价	亚马逊上第一个页面的热门搜索	0
neck hamomock	USD	neck 手动	固定竞价	亚马逊上第一个页面的热门搜索	52

图 8-42

通过广告位报告,卖家可以定向、具体地知道自己的产品何时出现在何处以及所对应的竞价策略，这个可以帮助卖家更好地判断哪个广告位置流量大、曝光高、转化率高，并对广告活动的竞价策略做出相应的调整。

4. 已购买商品报告

如图 8-43 所示，通过已购买商品报告，卖家可以了解买家点击该广告之后购买了哪些其他产品。例如，有些买家是通过 A 产品的广告关键词进来的，但是，他们没有买 A 产品，而是买了 B 产品。在已购买商品报告的报表中，亚马逊会在“已购买的 ASIN”一列把 B 产品的 ASIN 码展示出来。

	结束日期	货币	广告活动名称	广告组名称	广告SKU	广告ASIN	关键字	匹配类型	已购买的ASIN	7天内其他SKU销售	7天内其他SKU订单	7天内其他SKU销售
2	Feb 26, 2018	USD	YC002-Colorful Candy 自动	YC002-Colorful Candy	YC002-Colorful Candy	B075FM91Z7	*	BROAD	B075FHNH46	3	3	$ 137.85
3	Feb 28, 2018	USD	YC002-Colorful Candy 自动	YC002-Colorful Candy	YC002-Colorful Candy	B075FM91Z7	*	BROAD	B075FM91Z7	0	0	$ 0.00
4	Feb 24, 2018	USD	YC002-Colorful Candy 自动	YC002-Colorful Candy	YC002-Colorful Candy	B075FM91Z7	*	BROAD	B076K97R4R	0	0	$ 0.00
5	Feb 23, 2018	USD	YC002-Starry Sky 自动	YC002-Starry Sky	YC002-Starry Sky	B075FHNH46	*	BROAD	B075FHNH46	0	0	$ 0.00
6	Feb 08, 2018	USD	YC002-Starry Sky 自动	YC002-Starry Sky	YC002-Starry Sky	B075FHNH46	*	BROAD	B075FM91Z7	1	1	$ 42.95
7	Feb 28, 2018	USD	YC002-Starry Sky 自动	YC002-Starry Sky	YC002-Starry Sky	B075FHNH46	*	BROAD	B076K97R4R	1	1	$ 35.95
8	Feb 13, 2018	USD	YC002-Colorful Candy Broad 手	YC002-Colorful Candy	YC002-Colorful Candy	B075FM91Z7	air lounger	BROAD	B075FM91Z7	0	0	$ 0.00
9	Feb 18, 2018	USD	YC002-Starry Sky Phrase 手动	YC002-Starry Sky	YC002-Starry Sky	B075FHNH46	inflatable lounger	PHRASE	B075FHNH46	0	0	$ 0.00
10	Feb 24, 2018	USD	YC002-Starry Sky Phrase 手动	YC002-Starry Sky	YC002-Starry Sky	B075FHNH46	inflatable lounger	PHRASE	B075FM91Z7	2	2	$ 85.90
11	Feb 18, 2018	USD	YC002-Starry Sky Phrase 手动	YC002-Starry Sky	YC002-Starry Sky	B075FHNH46	inflatable lounger	PHRASE	B076K97R4R	1	1	$ 35.95
12	Feb 18, 2018	USD	YC002-Starry Sky Phrase 手动	YC002-Starry Sky	YC002-Starry Sky	B075FHNH46	inflatable lounger	PHRASE	B0777N1M9Z	2	2	$ 73.90
13	Feb 24, 2018	USD	YC002-Black Broad 手动	YC002-Black Broad 手动	YC002-Black	B076K97R4R	sofa	BROAD	B075FHNH46	1	1	$ 45.95
14	Feb 14, 2018	USD	YC002-Black Broad 手动	YC002-Black Broad 手动	YC002-Black	B076K97R4R	sofa	BROAD	B076K97R4R	0	0	$ 0.00
15	Feb 18, 2018	USD	YC002-Black Broad 手动	YC002-Black Broad 手动	YC002-Black	B076K97R4R	inflatable sofa	BROAD	B075FHNH46	1	1	$ 45.95
16	Feb 25, 2018	USD	YC002-Black Broad 手动	YC002-Black Broad 手动	YC002-Black	B076K97R4R	inflatable sofa	BROAD	B076K97R4R	0	0	$ 0.00
17	Feb 18, 2018	USD	YC002-Black Broad 手动	YC002-Black Broad 手动	YC002-Black	B076K97R4R	inflatable sofa	BROAD	B078V1V9DP	0	0	$ 0.00
18	Feb 18, 2018	USD	YC002-Black Broad 手动	YC002-Black Broad 手动	YC002-Black	B076K97R4R	inflatable sofa	BROAD	B078V5JHST	0	0	$ 0.00
19	Feb 19, 2018	USD	YC002-Black Exact 手动	YC002-Black Exact 手动	YC002-Black	B076K97R4R	air chair	EXACT	B076K97R4R	0	0	$ 0.00
20	Feb 27, 2018	USD	YC002-Black 自动	YC002-Black 自动	YC002-Black	B076K97R4R	*	BROAD	B075FHNH46	2	2	$ 91.90
21	Feb 28, 2018	USD	YC002-Black 自动	YC002-Black 自动	YC002-Black	B076K97R4R	*	BROAD	B076K97R4R	0	0	$ 0.00
22	Feb 23, 2018	USD	YC002-Black 自动	YC002-Black 自动	YC002-Black	B076K97R4R	*	BROAD	B0777N1M9Z	0	0	$ 0.00
23	Feb 04, 2018	USD	YC002-Black Broad 手动	YC002-Black Broad 手动	YC002-Black	B076K97R4R	air sofas	BROAD	B076K97R4R	0	0	$ 0.00
24	Feb 27, 2018	USD	YC003-Purple Queen 自动	C003-Purple Queen	YC003-Purple Queen	B076YTNTGY	*	BROAD	B076YTNTGY	0	0	$ 0.00
25	Feb 28, 2018	USD	YC003-Purple Queen Exact	YC003-Purple Queen	YC003-Purple Queen	B076YTNTGY	air mattresses	EXACT	B076YTNTGY	0	0	$ 0.00
26	Feb 15, 2018	USD	YC003-Purple Queen Exact	YC003-Purple Queen	YC003-Purple Queen	B076YTNTGY	air bed	EXACT	B076YTNTGY	0	0	$ 0.00
27	Feb 21, 2018	USD	YC003-Purple Queen Exact	YC003-Purple Queen	YC003-Purple Queen	B076YTNTGY	inflatable mattress	EXACT	B076YTNTGY	0	0	$ 0.00
28	Feb 20, 2018	USD	YC003-Purple Queen Exact	YC003-Purple Queen	YC003-Purple Queen	B076YTNTGY	air mattress queen	EXACT	B076YTNTGY	0	0	$ 0.00
29	Feb 25, 2018	USD	YC003-Purple Queen Exact	YC003-Purple Queen	YC003-Purple Queen	B076YTNTGY	inflatable mattress que	EXACT	B076YTNTGY	0	0	$ 0.00
30	Feb 07, 2018	USD	YC002-Camo Green 自动	YC002-Camo Green	YC002-Camo Green	B0777N1M9Z	*	BROAD	B0777N1M9Z	0	0	$ 0.00
31	Feb 04, 2018	USD	YC002-Black Broad 手动	YC002-Black Broad 手动	YC002-Black	B076K97R4R	blow up lounger	BROAD	B076K97R4R	0	0	$ 0.00
32	Feb 27, 2018	USD	003	PH	YC003-Purple Queen	B076YTNTGY	air mattress queen	PHRASE	B076YTNTGY	0	0	$ 0.00
33	Feb 02, 2018	USD	YC002-Camo Green Exact	YC002-Camo Green	YC002-Camo Green	B0777N1M9Z	lamzac inflatable loung	EXACT	B075FM91Z7	1	1	$ 42.95
34	Feb 03, 2018	USD	YC002-Starry Sky Phrase 手动	YC002-Starry Sky	YC002-Starry Sky	B075FHNH46	inflatable air hammock	PHRASE	B075FHNH46	0	0	$ 0.00
35	Feb 15, 2018	USD	YC002-Camo Green Exact	YC002-Camo Green	YC002-Camo Green	B0777N1M9Z	air sofa inflatable lou	EXACT	B075FM91Z7	1	1	$ 42.95
36	Feb 28, 2018	USD	003	PH	YC003-Purple Queen	B076YTNTGY	inflatable mattress	PHRASE	B076YTNTGY	0	0	$ 0.00
37	Feb 28, 2018	USD	003 test	广告组 1	YC003-Purple Queen	B076YTNTGY	air mattress queen	PHRASE	B076YTNTGY	0	0	$ 0.00

图 8-43

已购买商品报告的作用包括：第一，帮助我们看到潜在爆款。例如，卖家本来在主推 A 产品，但是，客户却购买了 B 产品，这就代表着可能推错产品了，应该推 B 产品才对。第二，常用于捆绑促销。我们在做促销的时候会考虑一个问题，哪种产品和哪种产品绑定比较科学？这个报告里的数据就可以作为一个借鉴。

当然，买家点击该广告之后购买的产品的 ASIN 也可能是其他店家的 ASIN。这说明客户跳出了我们的 Listing，买了其他店家的产品。可以打开这些 ASIN 进行对比，思考一下自己的 Listing 为什么留不住人？通过对比，进一步优化自己的 Listing。

除了已购买商品报告可以看到商品的 ASIN，搜索词报告中也可以看到商品的 ASIN。之前我们谈到，搜索词报告是唯一一个能看到客户搜索词的报告，但是有时候在“客户搜索词”一栏中，我们可以看到有些商品的 ASIN，如图 8-44 所示。这些 ASIN，代表的就是客户是在这些 ASIN 的页面上浏览到我们的广告，从而点击了我们的广告。

客户搜索词	展现量	点击量	点击率(CTR)
arlx drum sticks 5a	1	1	100.0000%
drum sticks 5a	487	3	0.6160%
drum sticks 5a nylon tip promark	9	2	22.2222%
drum sticks 5a vic	125	2	1.6000%
b0002czqkk	11	1	9.0909%
b0002f4tkk	13	1	7.6923%
b000n3zk36	55	1	1.8182%
b000ub1n3m	30	1	3.3333%
b001vnlh98	8	1	12.5000%
b0021vm90u	89	1	1.1236%
b005fqo2cg	8	1	12.5000%

图 8-44

有些 ASIN 码是可以带来不错的流量，甚至带来不错销量的。但也有很多没有任何转化。如果能带来不错的销量，说明买家被你的广告吸引过来之后，发现你的产品更好，然后他选择了你家产品。对于这样的 ASIN 码，我们还可以专门设置商品投放广告，吸引流量。

如果买家点进来之后并没有购买，说明买家跳出了这个 Listing 去了别处。这个时候不仅产生了广告费，还丢失了客户。同样这个时候我们就要思考：自己的 Listing 为什么留不住人？可以打开这些 ASIN 的详情页，通过对比，进一步优化自己的 Listing。

通过不断地分析及优化，慢慢地就会看到竞争对手的 Listing 成了自家广告不错的渠道，甚至有的还超过了正常投放的关键词。

5．"按时间查看业绩"报告

按时间查看业绩报告可按月或按日查询、显示每天的点击量、平均每次点击费用、费用总计，主要是看每天的点击量，作用如下：

（1）分析产品出单时间。我们可以分析出产品的集中出单时间，并在相应的时间段加强广告投放。举个例子，亚马逊站内的平均出单时间是周一到周五早上九点到下午五点（这里的早上九点到下午五点指的是美国时间），但有可能你的产品是在周末出单的。通过对点击量的观察和总结，你可能会发现，每周日你的点击是最多的，通过这个数据，我们可以推理出老外喜欢在周日查看你的产品，那你就可以锁定周日这个时间，然后把你的广告预算和竞价调高。

（2）查看异常数据。虽然亚马逊有一个专门检测竞争对手恶意点击的团队，会及时发现，然后进行处理，但是难免有漏网之鱼，当你被竞争对手恶意点击，亚马逊没有发现的时候，就需要我们自己去发现和提交申请调查了。而点击量就是我们判断的核心数值。我们可以把相关的数据都调出来，进行数据对比，然后提交给亚马逊的广告团队，这个团队会进行调查，如果调查属实，会返还被浪费的广告金额。

按时间查看业绩报告如图 8-45 所示。

A	B	C	D
日期	点击量	每次点击成本	花费
Feb 01, 2020	339	$1.08	$364.45
Feb 02, 2020	406	$0.97	$394.64
Feb 03, 2020	369	$1.11	$408.34
Feb 04, 2020	403	$1.17	$470.18
Feb 05, 2020	337	$1.25	$422.74
Feb 06, 2020	383	$1.18	$451.04
Feb 07, 2020	362	$1.19	$429.81
Feb 08, 2020	572	$1.29	$738.85
Feb 09, 2020	592	$1.19	$703.03
Feb 10, 2020	358	$1.22	$436.33
Feb 11, 2020	378	$1.11	$420.30
Feb 12, 2020	397	$1.11	$440.75
Feb 13, 2020	395	$1.12	$440.51
Feb 14, 2020	339	$1.15	$388.66
Feb 15, 2020	411	$1.04	$425.77
Feb 16, 2020	460	$1.08	$497.86
Feb 17, 2020	408	$1.20	$488.78

图 8-45

8.2 促销活动推广

促销（Promotion）也是有效的营销手段之一。亚马逊上的促销手段包括：免运费、购买折扣、买一赠一、社交媒体促销代码等，其中，免运费、购买折扣、买一赠一属于站内营销方式，社交媒体促销代码属于站外营销方式。促销设置完后，一般需要 3~4 个小时才能生效，设置的时候要考虑时差，应以当地时间为准。

进入卖家后台，选择根目录"广告"→"管理促销"，进入"促销"界面，如图 8-46 所示。

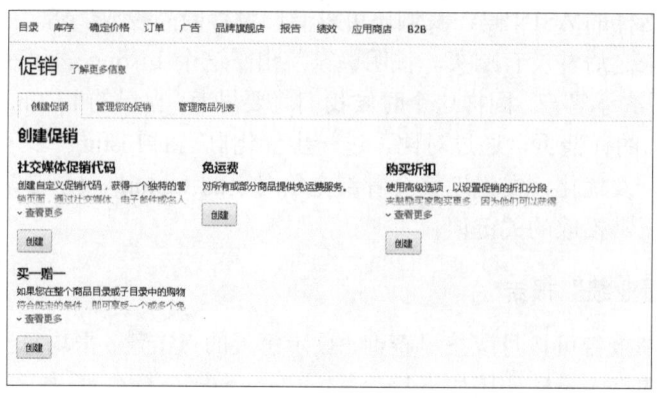

图 8-46

无论做何种促销活动，必须先建立管理商品列表（如图 8-47 所示）。创建商品列表即选择需要参与促销活动的商品（如图 8-48 所示），可以使用 SKU 列表、ASIN 列表、浏览分类节点编号列表、品牌名称列表或高级商品列表，通常建议 SKU 列表或 ASIN 列表。商品名称和促销识别名称可自行编写，名称便于卖家后期识别即可。对参与活动的商品数量无限制，点击提交即生成促销商品列表，如图 8-49 所示。

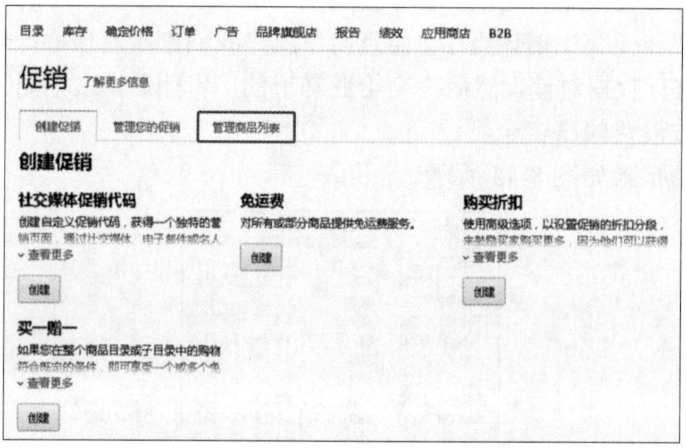

图 8-47

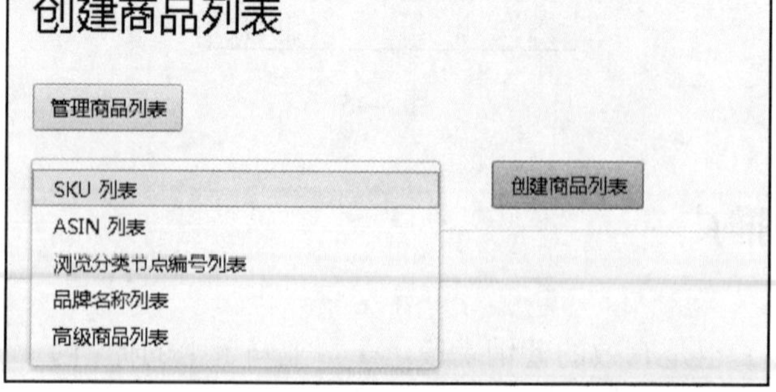

图 8-48

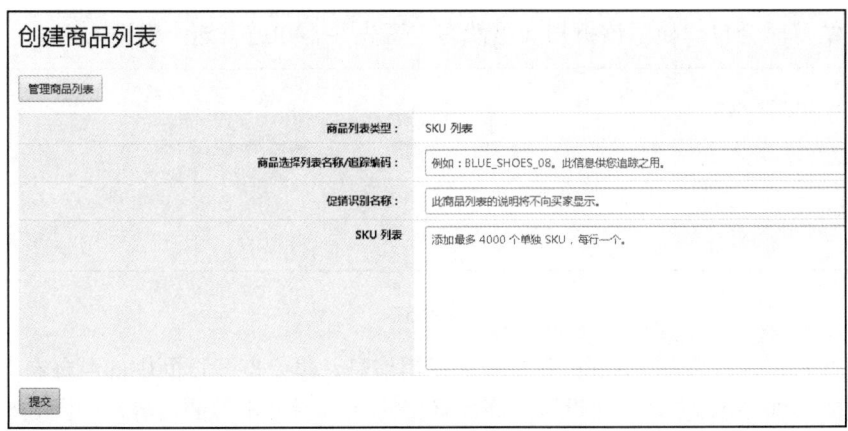

图 8-49

8.2.1 创建促销：免运费

免运费促销方式，仅限于卖家自配送商品。

免运费促销方式的设置流程如下：

【步骤1】进入卖家后台，选择根目录"广告"→"管理促销"→"免运费"，进入"创建促销：免运费"界面。

【步骤2】填写买家需购买的商品数量，至少1件，选择已创建的促销列表中的商品，如图 8-50 所示。

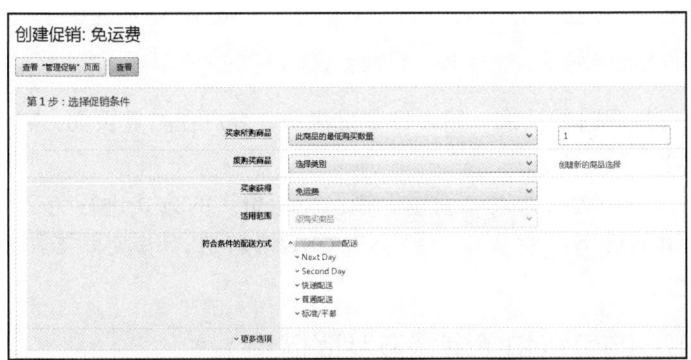

图 8-50

【步骤3】设置促销活动的起止时间，输入促销识别名称，如图 8-51 所示。

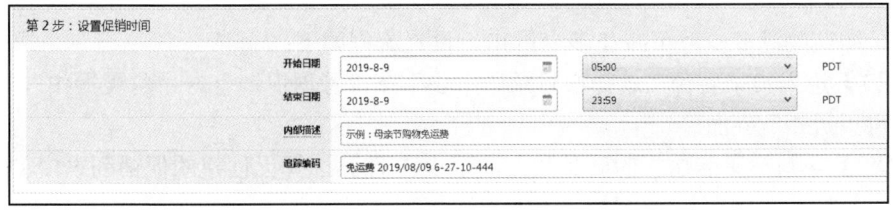

图 8-51

【步骤4】确定本次促销活动是否面向全部买家，是否需要使用优惠码。如果选择"无"，即不设置优惠码，并且不填写"自定义信息"，如图 8-52 所示，此时，这个促销对所有客户生

第 8 章　亚马逊站内外引流

效,客户在结算时会自动显示该折扣(虽然客户事先并不知道有这个促销)。

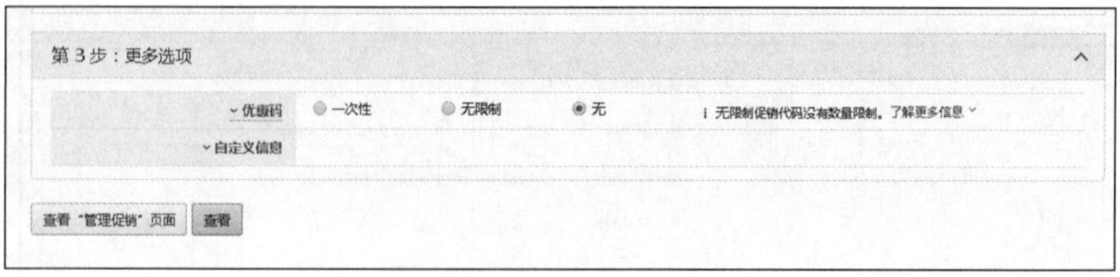

图 8-52

为了使客户能在前台的 Listing 页面看到促销信息,建议点开页面中的"自定义信息",勾选"商品详情页面显示文本",并设置"商品详情页面显示文本"的内容,如图 8-53 所示。完成创建后,在前台的 Listing 页面的"Special offers and product promotions"一栏可以看到该促销信息。

【步骤 5】单击预览,检查无误后,单击"查看",活动创建完毕。

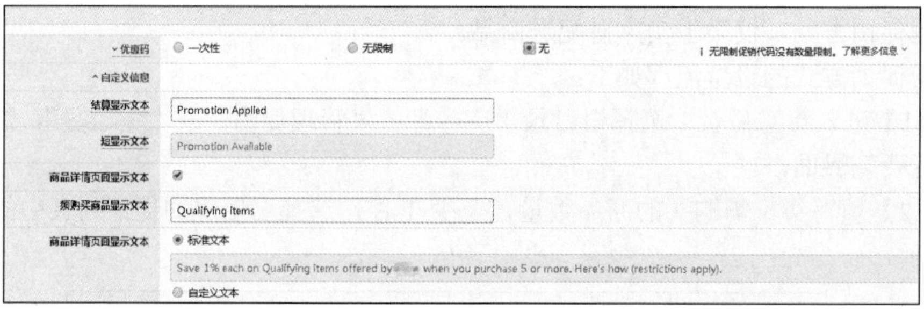

图 8-53

以上是不设置优惠码时的情况。如果设置优惠码,客户在结算页面,需要手动输入该优惠码,才能获得该优惠。

在实际运营中,较少卖家通过"创建促销:免运费"的方式进行免运费,更多卖家采用 FBA 方式发货。如果采用自发货,一般会选择不填运费,毕竟直接在价格栏展示"Free Shipping"是最直接的。

8.2.2　创建促销:购买折扣(满减及关联促销)

设置购买折扣,有满减和关联促销两种模式。

1. 满减

满减,即购物满多少件可减免多少折扣。设置流程如下:

【步骤 1】进入卖家后台,选择根目录"广告"→"管理促销"→"购买折扣",进入"创建促销:购买折扣"界面。

【步骤 2】填写买家需购买的商品数量,至少 1 件。选择已创建的促销列表中的商品,填写减免折扣,如图 8-54 所示。例如:九七折,填写"3"。

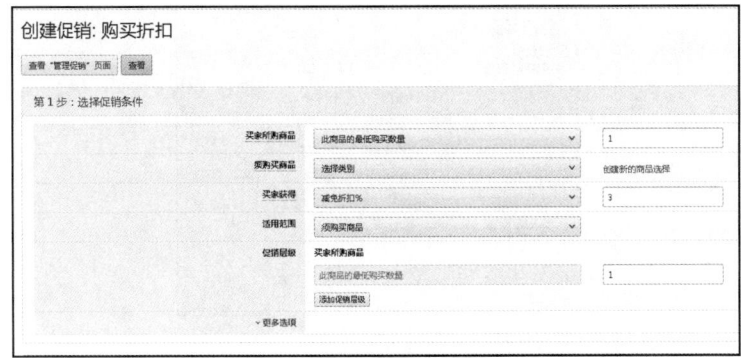

图 8-54

也可以填写更多的商品数量,例如需购买 2 件以上才能打折,如图 8-55 所示。

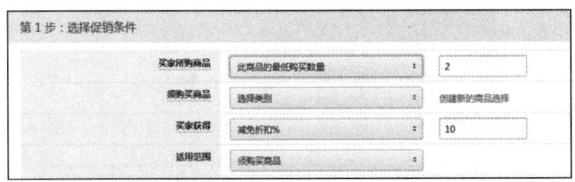

图 8-55

注:在"更多选项"(Advance Options)下的"促销层级"中可以设置购买这个商品不同数量所享有的不同优惠,如图 8-56 所示。

图 8-56

【步骤 3】单击"创建新的商品选择"按钮,如图 8-57 所示,填写 ASIN 码作为促销对象。

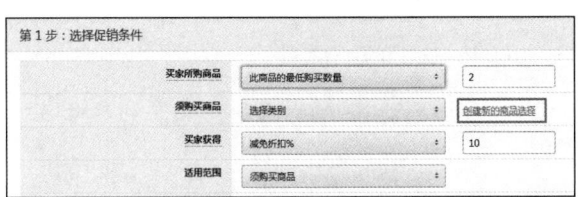

图 8-57

【步骤 4】在"创建商品列表"界面,填写 ASIN 码作为促销对象,如图 8-58 所示。
【步骤 5】设置减免折扣,如图 8-59 所示。
【步骤 6】设置促销活动的起止时间,输入促销识别名称,如图 8-60 所示。

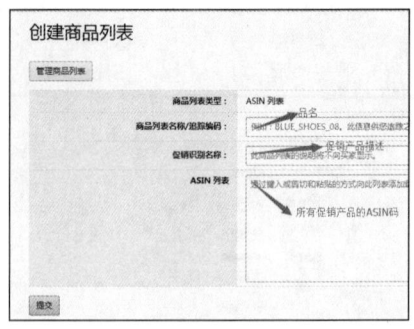

图 8-58

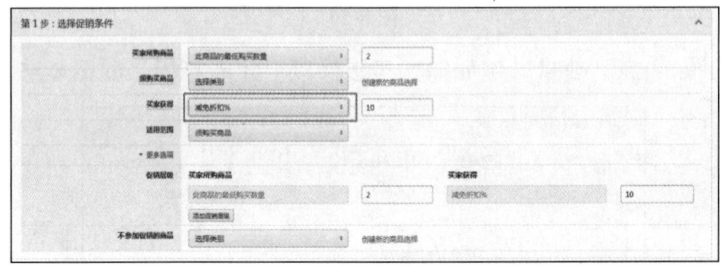

图 8-59

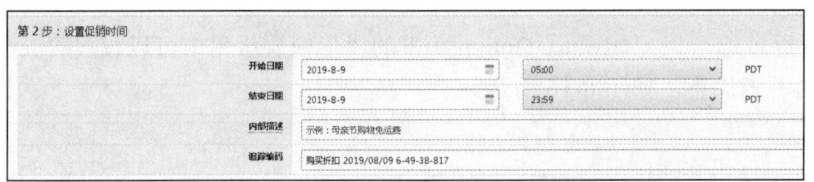

图 8-60

【步骤7】设置是否需要使用优惠码。如果选择"无",即不设置优惠码,则这个折扣对前台所有客户生效。设置优惠码后,客户需要在结算页面通过输入优惠码获得优惠。通常,设置满减的促销活动建议使用优惠码,优惠码类型为一次性优惠码,限定每位买家只能使用一次优惠码,以免买家恶意竞拍,无限使用优惠码,给卖家造成不必要的损失,如图 8-61 所示。这两个选项是运营新手经常会忽略的地方,要特别引起重视。

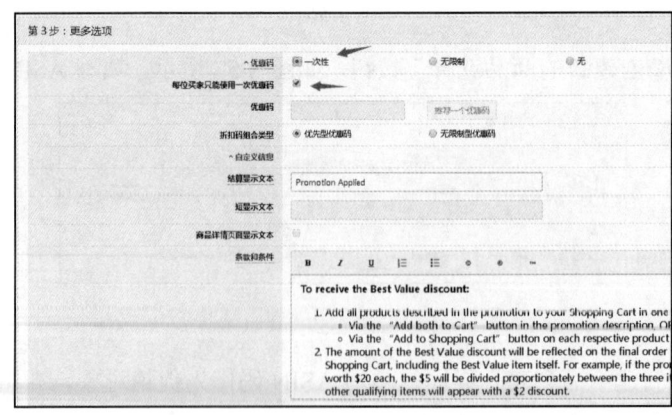

图 8-61

【步骤8】单击预览，检查无误后，单击"查看"，活动创建完毕。

设置生效后，在前台页面显示效果如图 8-62 所示。

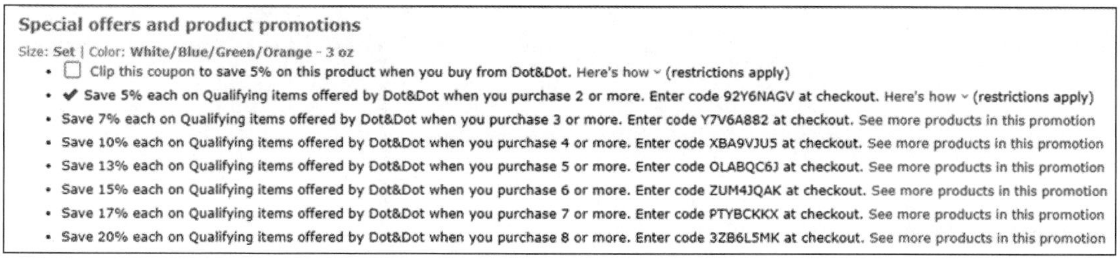

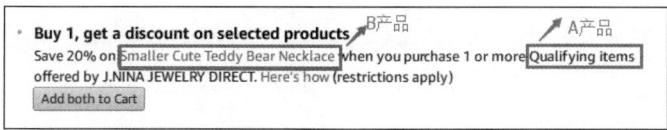

图 8-62

2. 关联促销

当产品适用关联促销时，买家点击 B 产品，会跳到 B 产品的页面，在 B 产品的页面同样会看到 A 产品的促销信息，如图 8-63 所示。

关联促销的作用主要是引流，即利用销量表现好的 A 产品推动 B 产品的销售，同时也可以将流量锁定，形成闭环，提升店铺的整体转化率。

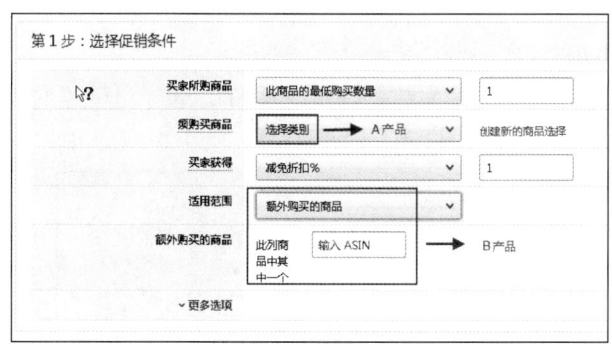

图 8-63

关联促销设置流程如下：

【步骤1】进入卖家后台，选择根目录"广告"→"管理促销"→"购买折扣"，进入"创建促销：购买折扣"界面。

【步骤2】在"选择类别"中设置 A 产品，在"额外购买的商品"中设置 B 产品，如图 8-64 所示。

图 8-64

【步骤3】设置促销活动的起止时间，输入促销识别名称。

【步骤4】设置是否使用优惠码。

【步骤5】在"自定义信息"中进行 A 产品、B 产品信息的设置，如图 8-65 所示，完成创建。

图 8-65

注意：

做关联促销，两个产品的配送方式最好一致。如果 A 产品是 FBA 发货，那么 B 产品也必须是 FBA 发货，这样 A 产品和 B 产品页面都会显示促销；如果配送方式不一致，如 A 产品是 FBA 发货，B 产品是自发货，那么促销信息在 A 产品页面不会显示，只在 B 产品页面会显示。

8.2.3 创建促销：买一赠一

买一赠一（买一赠多），这种促销优惠既可以提升现有商品的销量，也可以推广新品，还可以用来清理库存。买家在前台看到的促销信息如图 8-66 所示。

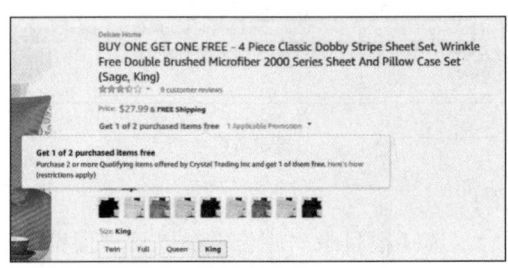

图 8-66

设置流程如下：

【步骤 1】进入卖家后台，选择根目录"广告"→"管理促销"→"买一赠一"，进入"创建促销：买一赠一"界面。

【步骤 2】填写买家需购买的商品数量，至少 1 件。选择已创建的促销列表中的商品，输入将作为赠品的商品的 ASIN，如图 8-67 所示。

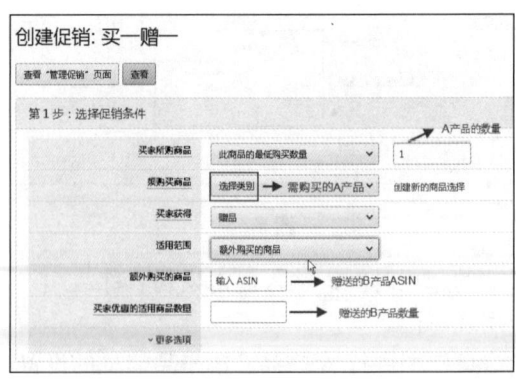

图 8-67

【步骤3】设置促销活动的起止时间，输入促销识别名称，如图8-68所示。

图 8-68

【步骤4】设置本次促销活动是否面向全部买家，是否需要使用优惠码，完成创建。

8.2.4 优惠码

在设置促销的第三步，通常有关于优惠码的选项。

1. 优惠码类型及设置

如果选择"无"，如图8-69所示，即不设置优惠码。此时，这个折扣对所有客户生效，客户在结算时会自动显示该折扣。

如果设置优惠码，客户需要在结算页面通过输入优惠码才能获得优惠。通常，设置满减的促销活动建议使用优惠码，优惠码类型为一次性优惠码，限定每位买家只能使用一次优惠码，以免买家恶意竞拍，无限使用优惠码，给卖家造成不必要的损失，如图8-70所示。这两个选项是运营新手经常会忽略的地方，要特别引起重视。

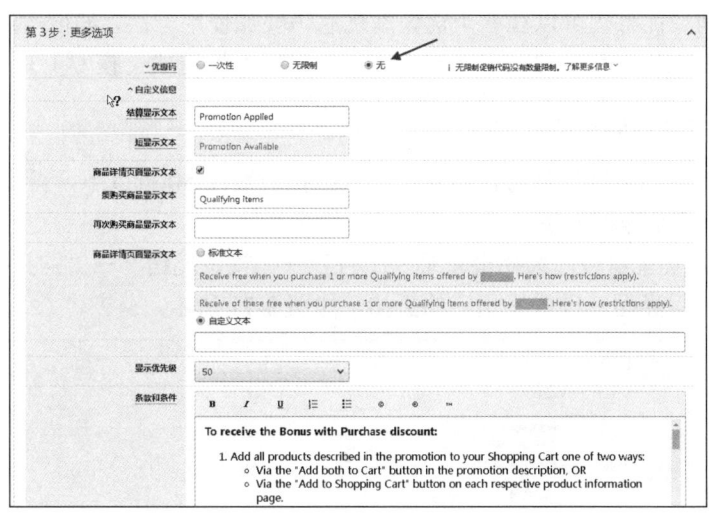

图 8-69

2. 优惠码折扣组合类型

（1）优先型优惠码（Preferential）

优先型优惠码表示，在同一笔订单中，买家最多只能使用一个优先型优惠码，但它可以和无限制型优惠码（Unrestricted）同时使用。在同一笔订单中，买家若符合多个优先型优惠码，系统将自动选择一个最佳折扣。

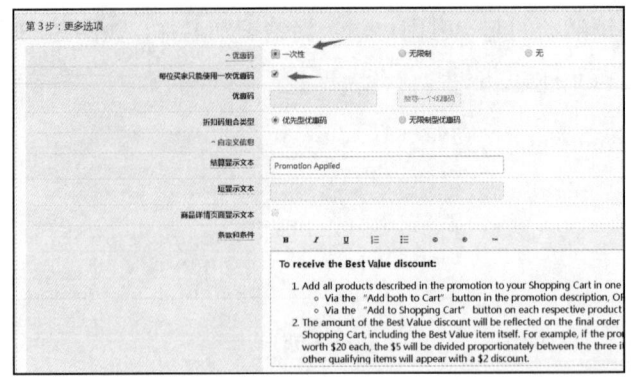

图 8-70

举个例子,卖家创建了一个优先型优惠码(10% off shoes)和一个无限制型优惠码(20% off shoes)。那么当买家购买一双鞋的时候,代码叠加,就可以拿到30%的折扣。

如果卖家创建了两个优先型优惠码(10%off shoes 和 20% off hats)。那么当买家同时购买一双鞋和一顶帽子时,因为优先型优惠码不能叠加使用,只能取最高值,所以买家只能拿到20%的折扣。

(2)无限制型优惠码

无限制型优惠码表示,在同一笔订单中,买家可以同时使用多个无限制型优惠码。

举个例子,卖家创建了三个无限制型优惠码:①满20免运费;②衣服打90折;③买一个帽子送一双手套。如果买家同时购买了衣服和帽子,并且满20,那么买家可以拿到90折的衣服、一顶帽子、一双免费的手套,并且免运费。

此外,无限制型优惠码可以和一个优先型优惠码叠加使用一次,如前所述。因此,卖家设置折扣时,一定要小心设置,此前甚至有卖家因为设置不慎造成一夜亏上几十万的案例。

3. 发送一次性优惠码给测评师

发送一次性优惠码给测评师时,减免金额或折扣一般在50折以下,得到的产品评价是没有VP标识的。以下是详细的步骤:

【步骤1】进入卖家后台,选择根目录"广告"→"管理促销"→"购买折扣",进入"创建促销:购买折扣"界面,设置好相应的折扣,如图8-71所示。

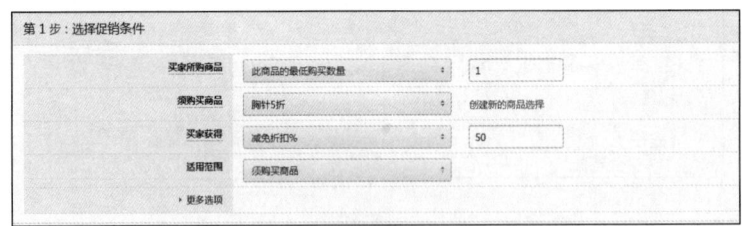

图 8-71

【步骤2】选择优惠码类型,如图8-72所示。

【步骤3】进入卖家后台,选择根目录"广告"→"管理促销",进入"管理您的促销"界面,单击"查看",如图8-73所示:

图 8-72

图 8-73

【步骤 4】在"管理优惠码"页面，把优惠码下载下来（如图 8-74 所示），发给对应的测评师，这样的优惠是一次性的，只能使用一次。

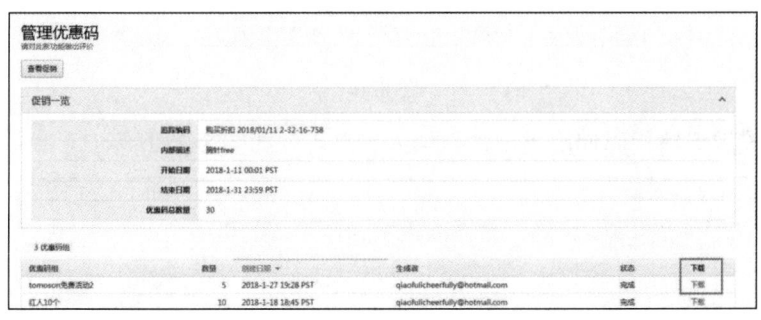

图 8-74

8.2.5　创建促销：社交媒体促销代码

卖家通过设置社交媒体促销代码可以获得一个独特的营销页面，通过社交媒体、电子邮件等方式将此页面分享给买家。从推广方式看，社交媒体促销代码属于站外推广。

社交媒体促销代码的最大优点是，卖家可以创建专属营销页面链接，使消费者可以更容易地从社交媒体直接访问你的商品页面。这一营销页面专门突出了你的商品，而且消费者可以在该页面直接将商品添加到购物车当中，无须在结账时手动输入促销代码。

设置社交媒体促销代码的步骤如下：

【步骤 1】进入卖家后台，选择根目录"广告"→"管理促销"→"社交媒体促销代码"，进入"创建促销：社交媒体促销代码"界面，如图 8-75 所示。在该页面，选择要进行促销的 ASIN 列表，可以是一个也可以是多个。折扣必须为现价的 15% 以上，最多可以到 80%，设定的折扣码可以用于单一商品，也可以用于多项商品。

图 8-75

通过页面提示可知,社交媒体促销代码是会叠加促销的。因此,一个 ASIN 如果拿来做社交媒体促销,一定要确保此 ASIN 没有优惠券(Coupon)或其他促销方式生效,否则两种促销会叠加使用,给卖家带来难以预测的损失。

【步骤 2】设置促销时间,此促销商品最长促销时间只有 30 天,所以结束时间要早于 30 天,如图 8-76 所示。

图 8-76

【步骤 3】设置促销代码使用类型,并填入优惠码,如图 8-77 所示。

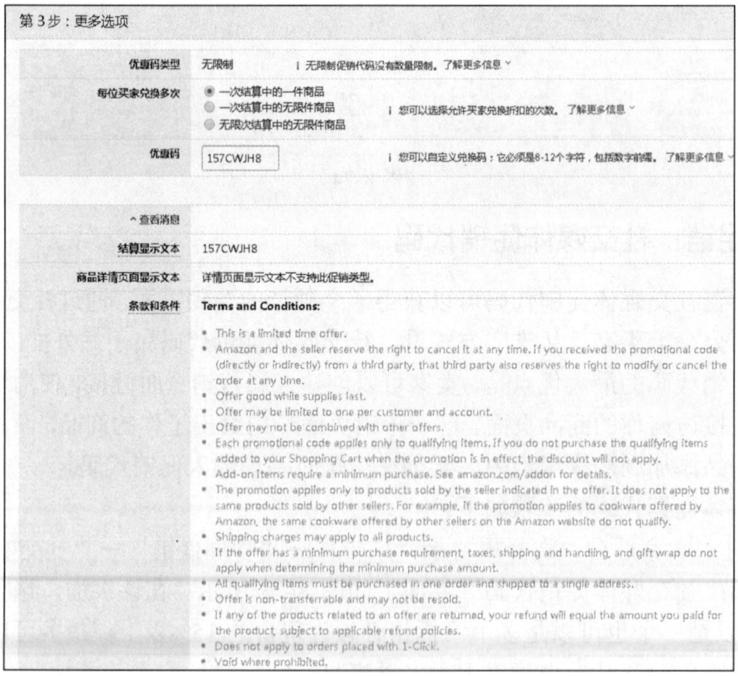

图 8-77

其中,"每位买家兑换多次"的可选类型包括:

- 一次结算中的一件商品(One unit in one checkout):一个订单中的一个商品,促销代码仅针对符合条件的 ASIN 的一件商品有效一次。
- 一次结算中的无限件商品(Unlimited units in one checkout):一个订单中的无限件商品,促销代码对单个订单中符合条件的 ASIN 的多件商品有效。
- 无限次结算中的无限件商品(Unlimited units in unlimited checkout):无限个订单中无限件商品,促销代码对多个订单中符合条件的 ASIN 的无限件商品有效。

设置完优惠码后,页面会发生变化,页面会生成一个营销页面链接,如图 8-78 所示。卖家可以将创建的营销页面链接分享到站外社交媒体,这是一种安全的引流方式。卖家可以通过这种方法进行促销或者清库存。但是要注意,如果减免金额或折扣在 50 折以下,得到的商品评价是没有 VP 标识的。

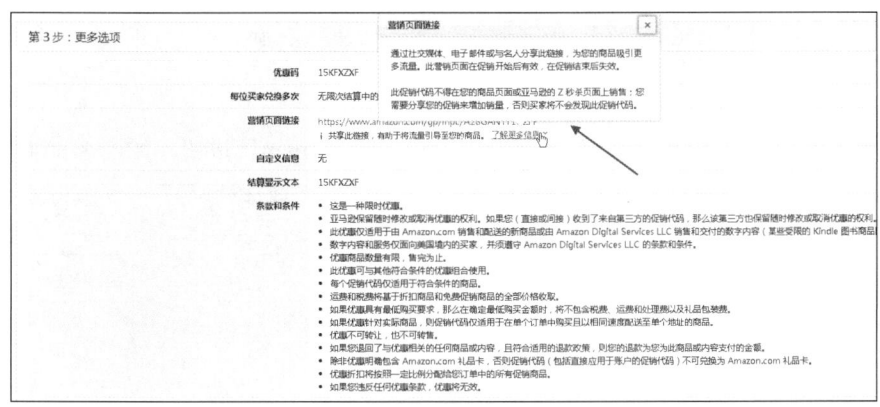

图 8-78

8.3 其他站内推广方式

除了促销活动,站内还可以设置其他的推广方式。例如优惠券、秒杀活动、Prime 专享折扣,还包括一些节日营销活动。

8.3.1 优惠券

亚马逊优惠券是 2017 年 10 月新增的营销模块,在为卖家增添一个流量入口的同时,可以与点击付费广告、促销结合起来使用,是流量与权重的双重利器。还可以结合折扣网站做站外营销,大大提高营销效果。

1. 创建优惠券的要求

(1)评分要求:店铺评分在 3.5 分以上才可以开启这个功能。
(2)商品要求:只有 FBA 发货的商品才能参加优惠券活动。
(3)费用要求:买家每成功使用一次优惠券,除了优惠券本身的金额,亚马逊还会扣除卖家 0.6 美元。
(4)时间要求:优惠券活动生效前至少提前两天设置才能生效,活动时间最长为 90 天。

2. 创建优惠券的流程

【步骤 1】进入卖家后台，选择根目录"广告"→"优惠券"，进入"Coupons"页面，如图 8-79 所示。

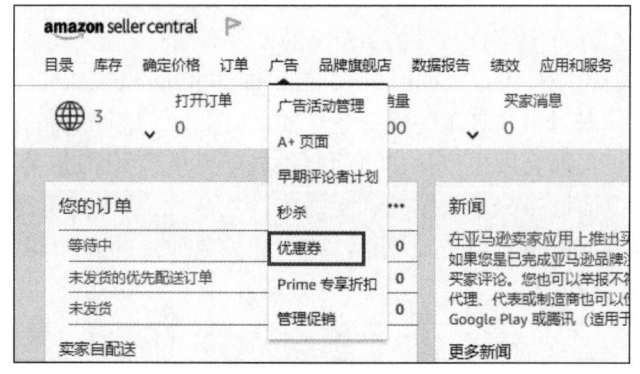

图 8-79

【步骤 2】在"Coupons"功能中单击"create a new coupon"按钮，如图 8-80 所示。

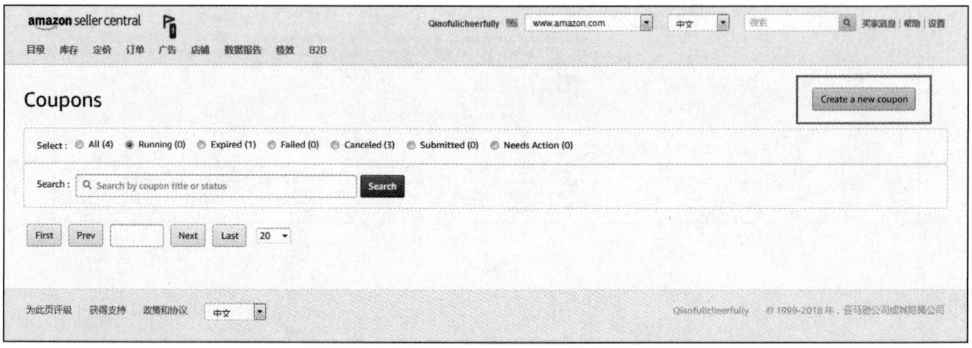

图 8-80

【步骤 3】输入想要搜索的商品的 SKU 或 ASIN，如图 8-81 所示，设置好后，单击右上角的"Continue to next step"按钮。

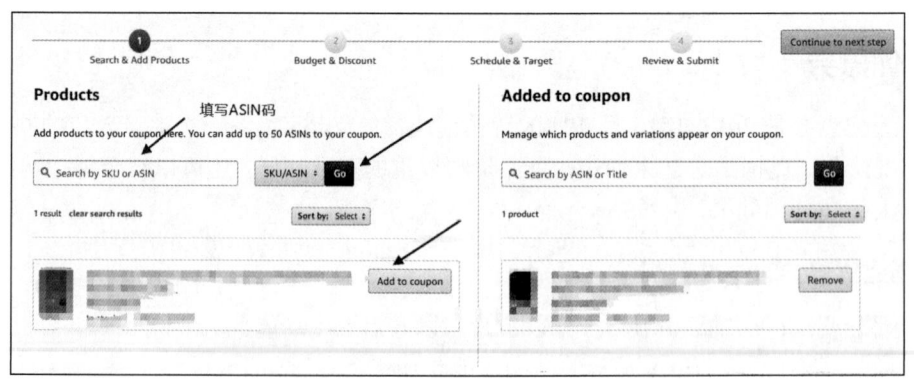

图 8-81

【步骤 4】设置 Discount（折扣）和 Budget（预算），如图 8-82 所示，设置好后，单击右上角的"Continue to next step"按钮。

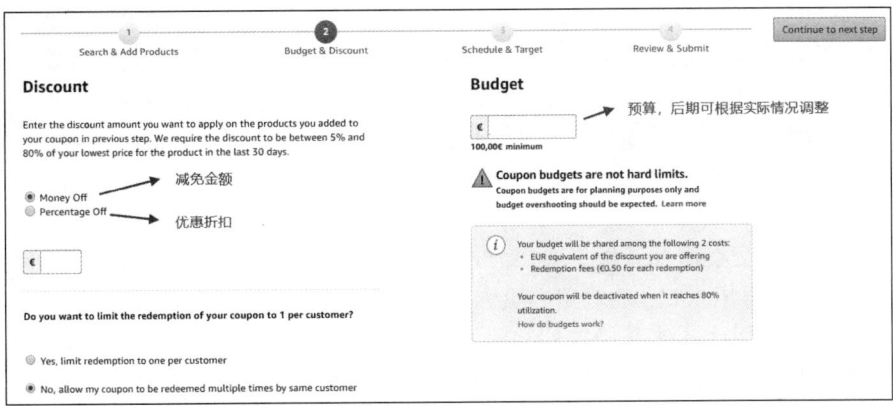

图 8-82

【步骤 5】设置 Schedule（时间表）和 Target Customers（目标客户），如图 8-83 所示，设置好后，单击右上角的"Continue to next step"按钮。

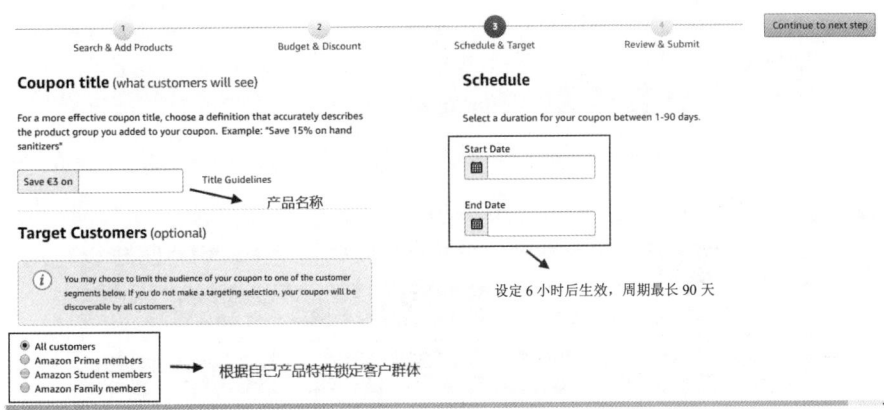

图 8-83

【步骤 6】 完成评论和提交(Review and Submit)，如图 8-84 所示。

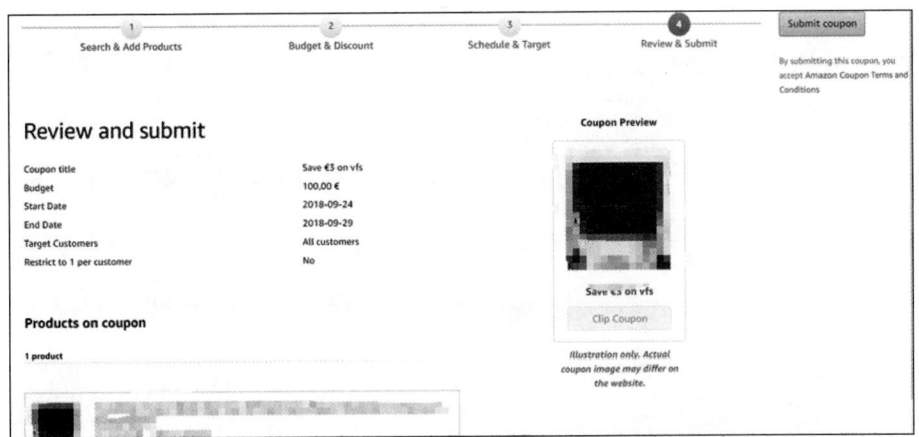

图 8-84

需要说明的是：优惠券活动总预算消耗完了，优惠券就不会在前台界面继续显示了。资金消耗的计算公式是：

优惠券消耗金额 =（折扣活动优惠金额+0.6 美元）×优惠券兑换次数

因此，建议设置优惠券预算资金时，提前考虑好预计的兑换次数，设置充足的预算资金或设置较短的活动时间，避免因预算花完导致活动提前下线。

3．优惠券界面展示效果

买家可以通过两个渠道找到优惠券，一是亚马逊首页专用入口，二是在商品详情页上。

（1）亚马逊首页专用入口。亚马逊首页专用优惠券入口可以给设置了优惠券的卖家增加流量。操作如下：

【步骤1】单击"Today's Deals"菜单，如图 8-85 所示。

图 8-85

【步骤2】单击"Coupons"菜单，如图 8-86 所示。

图 8-86

【步骤3】单击"Clip Coupon"按钮，如图 8-87 所示。

图 8-87

【步骤4】单击"Add to Cart"按钮，在结账时即可使用优惠券。用户还可单击"Share this coupon"按钮，在站外分享该商品，如图8-88所示。因此，优惠券还可以结合社交媒体使用，以吸引更多粉丝购买亚马逊商品。

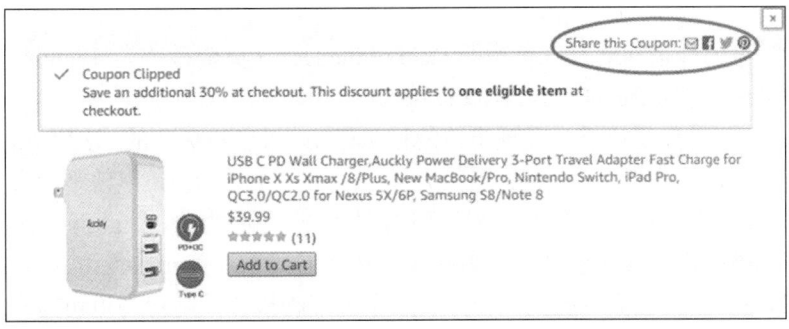

图 8-88

（2）买家在商品详情页上，可以通过勾选页面上的优惠券进行领取。优惠券可能出现在以下地方：

- 搜索结果中展示。设置了优惠券的 Listing，在搜索结果展示界面，价格下方会直接显示优惠券额度，如图 8-89 所示。

图 8-89

- 在买家浏览商品详情页时，价格下方同样会显示优惠券额度。买家勾选领取，下单时会直接使用优惠券，如图 8-90 所示。

图 8-90

第 8 章　亚马逊站内外引流

在搜索结果界面和商品详情页直接显示的优惠券，大大提高了 Listing 的点击率和浏览下单转化率。

8.3.2 秒杀活动推广

亚马逊上常见的秒杀活动有三种，即 Deal of the Day（黄金秒杀）、Lighting Deals（秒杀）和 Savings & Sales（也叫 Best Deals，BD 秒杀）。

Deal of the Day 是需要找招商经理申请的秒杀活动，报名是免费的，该秒杀活动持续一天，是流量最大、位置最显眼的秒杀活动，但每天最多只有三个展示位，申请难度极大。Savings & Sales 也需要找招商经理申请，该秒杀持续两周，报名也是免费的。Lighting Deal 是卖家可以在后台申请的，该秒杀持续 4 小时，美国站报名一次需要 150 美元的费用。

Today's Deal（今日特价）的页面合并展示了这三种秒杀，是亚马逊访问量最大的页面之一。秒杀活动能极大地带动销量，活动结束后也能继续推动买家的搜索和销售。秒杀活动是清空当前亚马逊物流库存的好方法。

为了让消费者获得最佳的购物体验，亚马逊规定只有符合特定标准的商品才有资格申报 Lighting Deals（以下简称"秒杀"）。因此，卖家有必要了解秒杀活动申报的资格与要求、如何创建秒杀活动及秒杀活动的优势。

1. 申报资格

亚马逊规定的申报秒杀活动资格与要求包括但不限于以下条件：

（1）商品星级评定。为了尽可能向消费者推荐最优秀的商品，秒杀活动具有最低评级要求。系统在选择推荐商品时还会考虑商品获得的评论数及商品的总体评级，评级较低的商品通常没有资格参与秒杀活动。

（2）物流配送方式。大部分具有秒杀资格的商品都必须是由亚马逊物流进行配送。

（3）变体供货能力。为具有多个变体的商品创建秒杀活动时，要在秒杀活动中设置为包含全部变体。通常，如果卖家的商品变体（如尺寸、颜色、款式等）少于要求的比例，则秒杀活动申请将遭到拒绝。在创建秒杀活动过程中，亚马逊会通知卖家是否需要添加更多变体。

（4）商品资格。特定分类的商品或在某些方面不适合的商品不符合秒杀活动条件，没有机会成为秒杀活动推荐商品，如电子烟、酒类、成人用品、医疗器械和药品、婴儿配方奶粉等。

2. 创建秒杀活动的步骤

【步骤 1】进入卖家后台，选择根目录"广告"→"秒杀"，进入秒杀页面，根据实际促销计划选择合适的秒杀产品，如图 8-91 所示。

【步骤 2】在图 8-92 所示的界面中单击"秒杀"按钮，并在图 8-93 列表中，单击"选择"按钮，选择合适的秒杀产品。

【步骤 3】在"安排促销"页面，根据时间和秒杀费用设置合理的秒杀计划，如图 8-94 所示。

【步骤 4】在"配置促销"页面，配置参与促销的商品，应包含尽可能多的商品变体，避免促销被拒绝。对于某些商品，至少 65% 的变体都应包含在促销商品中，但此标准可能会因区域而异，且在一年中的不同时段会有变化。确定促销价格、促销数量，如图 8-95 所示。

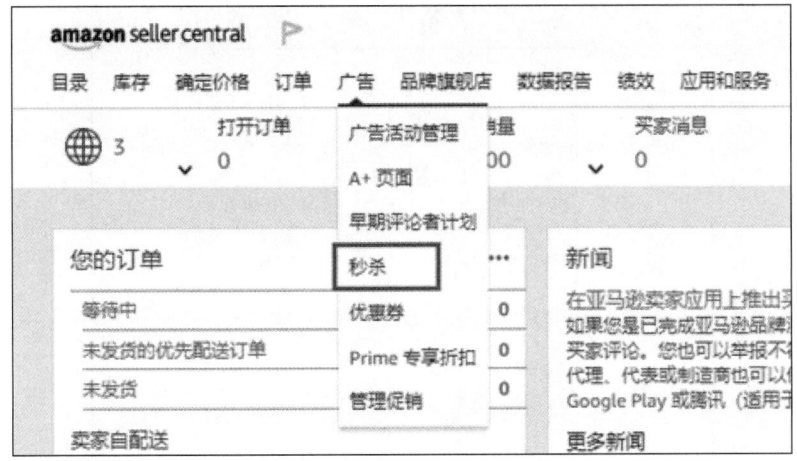

图 8-91

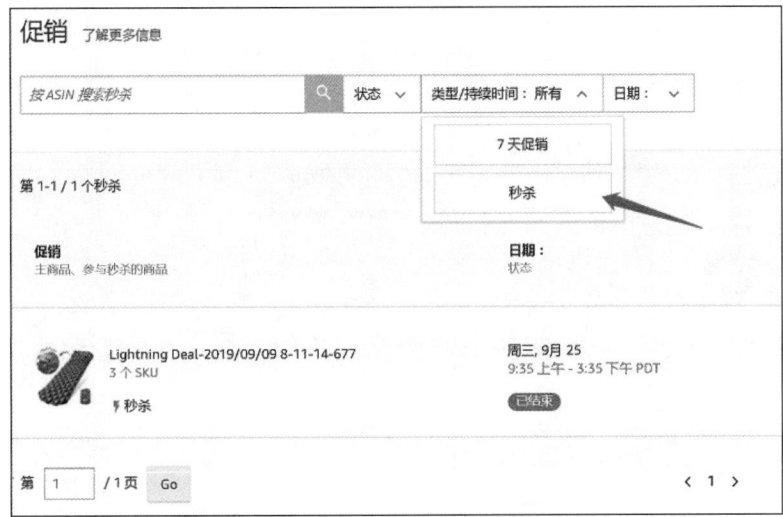

图 8-92

图 8-93

第 8 章 亚马逊站内外引流 211

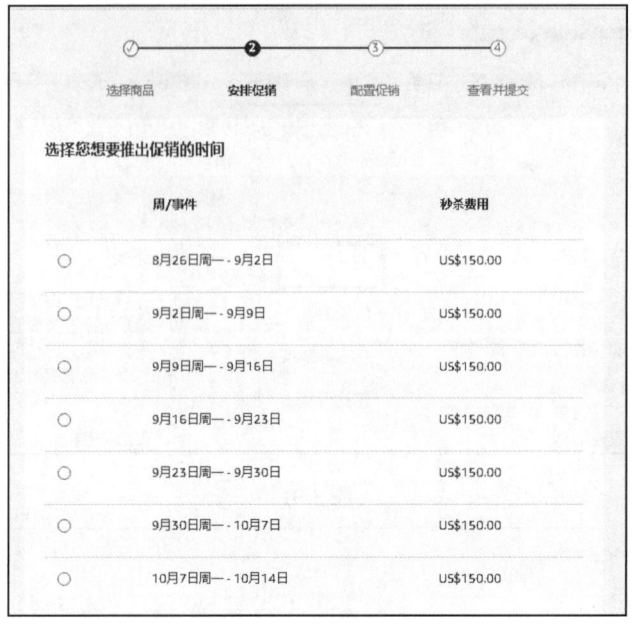

图 8-94

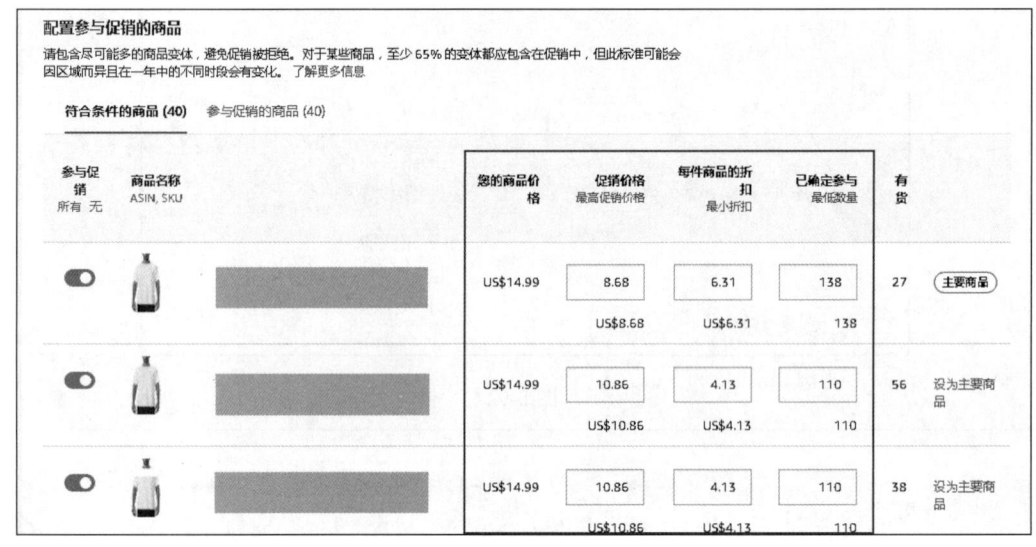

图 8-95

系统会根据建议的促销价格推荐最低的商品数量,要求卖家确保在秒杀活动执行前至少7日内将相应数量的商品库存准备妥当。届时如果没有充足的库存,亚马逊将取消此次秒杀活动。

亚马逊规定卖家必须以30日之内的最低价格为促销价格,卖家应确保促销价格符合规定,并在此基础上尽可能多给折扣以提升秒杀的吸引力(亚马逊规定至少为80折,卖家可以设置更低的折扣以吸引消费者)。

【步骤5】查看促销参数确定无误后,单击右上角的"提交促销"按钮,如图8-96所示,完成秒杀的创建。

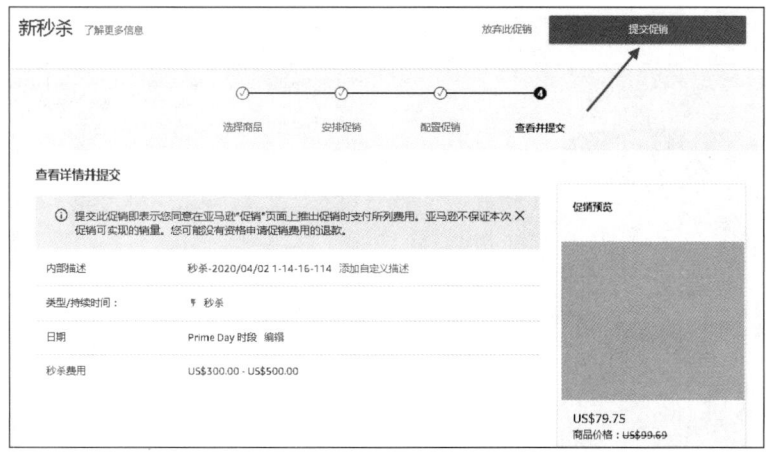

图 8-96

接下来系统将对此秒杀活动进行审核。通常秒杀活动会有以下几种状态：
- 草稿——秒杀计划已保存但尚未提交审核，或者提交失败。
- 审核中——秒杀计划已提交审核，正在等待亚马逊批准。
- 需要编辑——需要对秒杀计划采取相应措施，然后才能获得批准。
- 等待中——秒杀计划符合条件，正在等待秒杀排期。将在秒杀活动开始日期之前提供时间表（通常在 7 天之内）。
- 即将开始/td>——秒杀计划符合条件，并且系统已指定排定的日期/时间。请注意，排定的日期和时间是自动生成的，无法更改。
- 正在进行——秒杀活动目前正在进行。
- 已结束——秒杀活动已结束。
- 禁止显示——秒杀计划目前不符合推出的资格标准，需采取相应措施才能推出秒杀活动并避免秒杀活动被取消。需要卖家解决存在的一些问题来使商品符合秒杀条件。例如，确保可用库存满足开展秒杀活动所需的最低数量要求、促销价格不高于最高促销价格活动等。并非所有资格标准问题都是可以解决的。
- 已取消——秒杀计划已取消，将不会推出。这可能是因为卖家在推出秒杀前手动取消了秒杀，或者秒杀不符合资格标准。

注意：卖家可以随时取消秒杀。但是，如果卖家在开始时间的 25 小时内取消秒杀，则会收到警告信息如下：

"警告：如果您在一年之内多次在开始时间的 25 小时内取消秒杀，系统可能会撤销您新建秒杀的权限。"

8.3.3 Prime 专享折扣

Prime 专享折扣是亚马逊在 2019 年 6 月推出的一项新功能，位于"广告"根目录下。Prime 专享折扣是在 Prime 会员日及其他销售日,对亚马逊会员提供专享折扣的一种营销活动。

参与 Prime 专享折扣的卖家，能通过会员日活动，增加 Listing 的曝光度。在报名 prime 专享折扣成功后，亚马逊上的商品报价会显示折扣价以及划掉的正常价格，并且在买家搜索结果中显示节省的费用（如图 8-97 所示）。同时，Prime Exclusive 标志（如图 8-97 所示）能增加产品的转化率，促成会员日活动当日单量的大幅提升。

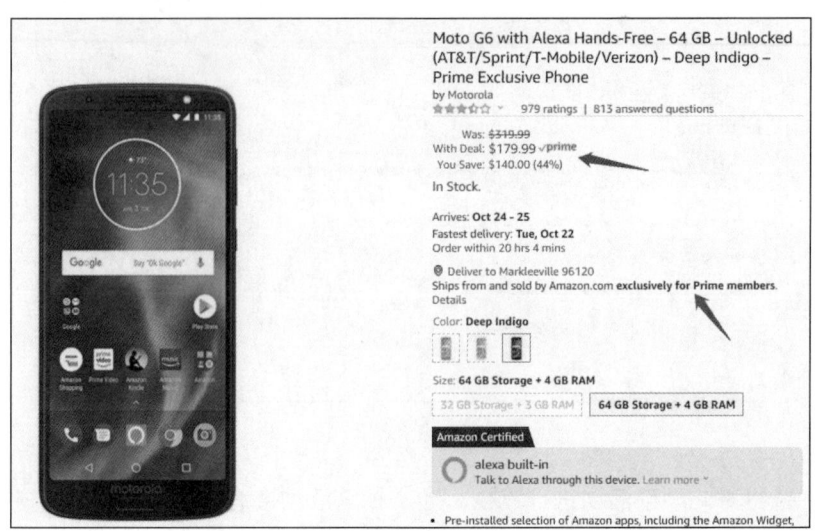

图 8-97

1. 参与资格

亚马逊规定的参与资格与要求主要包括：

（1）卖家所提供的折扣商品须在美国所有地区都符合 Prime 配送条件。

（2）参与专项折扣的产品不能为二手商品。

（3）提供折扣的所有商品必须至少有 3 星评级或没有评级（新品）。

（4）Prime 专享折扣必须比非会员非促销价格（即"管理库存"页面中的价格）至少优惠 10%，最多优惠 80%。

（5）Prime 专享折扣必须等于或低于过去 30 天的最低价格。

2. 创建 prime 专享折扣的步骤

【步骤 1】进入卖家后台，选择根目录"广告"→"Prime 专享折扣"，进入"Prime 专享折扣"页面，单击"创建价格"按钮，如图 8-98 所示。

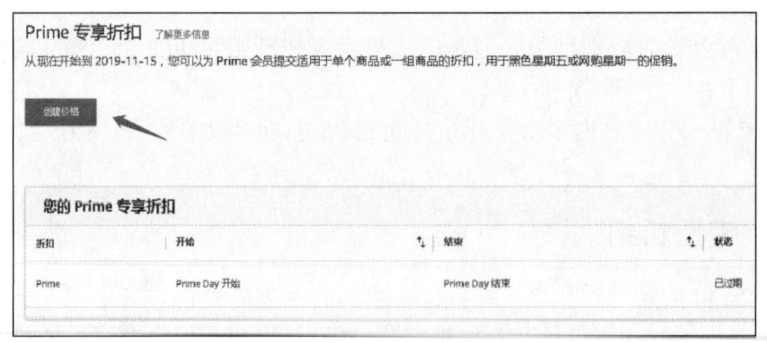

图 8-98

【步骤 2】在"创建 Prime 专享折扣"的第一步，输入为该折扣设定的名称，选择要参加的活动，并设定时间，然后单击"保存和添加商品"按钮进入下一步，如图 8-99 所示。

图 8-99

【步骤 3】在"创建 Prime 专享折扣"的第二步，通过"查看上传模板"，下载相关 Excel 模板，填写好模板后进行上传，注意表格的原始名称不要修改，如图 8-100 所示。

图 8-100

Excel 模板中所涉及信息如下：
- SKU：填写所要申报商品的 SKU，切记使用 ASIN 不行。
- Prime_Price_Discount_Type：选择优惠类型，表格上有下拉框，一种是折扣（Percentage Off），一种是优惠金额（Amount Off）。
- Prime_Price_Discount：这里填写优惠的力度。例如选择折扣，输入 10，就是优惠百分之十。如果选择优惠金额，输入 1，就是优惠 1 美元。
- Minimum_Discounted_Prime_Price：填入卖家所能承受的最低会员价格。

【步骤 4】在"创建 Prime 专享折扣"的第三步，系统读取出表格信息，在页面上显示出相关的 SKU、ASIN、折扣类型、Prime 折扣、最低价格等信息，确认无误后单击"提交折扣"按钮完成创建，如图 8-101 所示。随后可在"Prime 专享折扣"页面上查看详情，如图 8-102 所示。

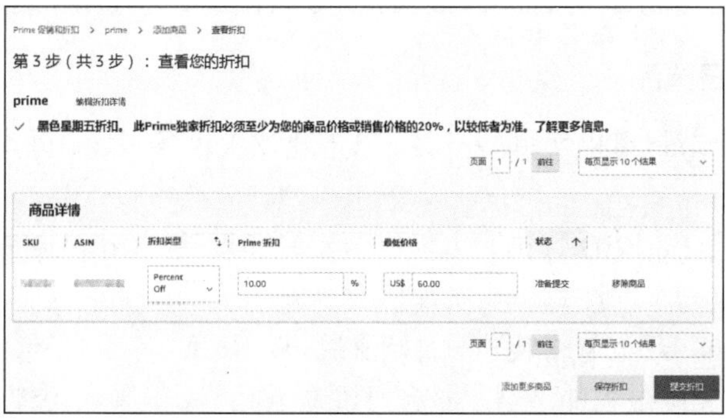

图 8-101

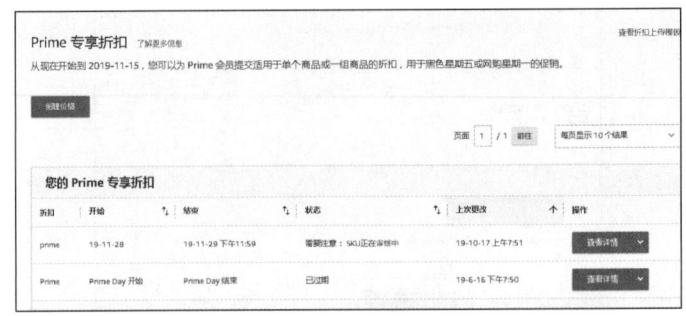

图 8-102

8.3.4 节日营销活动推广

从 9 月下旬开始到第二年的 1 月 6 号，跨境电商平台亚马逊将进入年终促销季，这段时间内的销售额将占据亚马逊平台全年总销售额的三分之二。

1. 英美国家的主要促销节日（最重要的是前 6 个节日）

表 8-1 英美国家的主要促销节日

序号	名称	时间
1	万圣节	10 月 31 日
2	感恩节	11 月的第四个星期四
3	黑色星期五	11 月最后一个周五
4	网购星期一	感恩节后的第一个星期一
5	平安夜	12 月 24 日
6	圣诞节	12 月 25 日
7	元旦	1 月 1 日
8	情人节	2 月 14 日
9	母亲节	5 月的第 2 个星期日
10	父亲节	6 月的第 3 个星期日
11	毕业季	5、6 月是美国大学的毕业季
12	亚马逊会员日	7 月 15 日
13	返校季	8 月和 9 月

除表中所列常规的英美促销节日外，四年一次的奥运会和每四年一次的美国总统大选，都能带动跨境电商平台亚马逊上相关品类产品的热卖，中国卖家可以在这方面做好准备。

2. 亚马逊主要节日选品

下半年主要的 6 个节日可以卖哪些产品，以下建议仅供参考，中国卖家可以根据自身的实际情况进行调整和扩充。

（1）万圣节：南瓜灯、LED 灯饰、鬼怪家装、鬼怪玩具、Cosplay 服装等带万圣节风格的产品，以衬托恐怖气氛为主。注意不要卖那些会引发争议的产品，比如 2015 年亚马逊在其英国网站上，就下架了一款万圣节服装——人妖服装。

（2）感恩节：这是美国最大的节日，影响力超过圣诞节。美国人习惯当天全家一起吃火鸡，厨房用品、餐具用品、烘焙产品和家装产品都会有不错的销量，消费电子类产品也有较大的市场,比如在 2015 年感恩节后亚马逊公布的销售成绩中,亚马逊自营的 Fire 平板计算机位居亚马逊网站销售冠军,Fire TV 电视机顶盒位居第 2 名。

(3)黑色星期五和网购星期一:类似于淘宝的双11,全品类的商品销量都会有所增加,是美国人疯狂购物的日子,消费类电子产品、服装、家装等都是可以考虑的对象。

(4)平安夜和圣诞节:圣诞礼物、装饰品、挂件、圣诞卡、一次性餐具这些产品被抢购一空的可能性极大,西方人是非常注重节日气氛的,这也给我们中国的亚马逊卖家提供了更多的机会。

以上几个狂欢日是亚马逊卖家需要注意的。一般经过这几个节日,西方客户会把他们的资金预算花的都差不多了,所以会有一段时间消费能力很弱,比如元旦前后。

3.销售旺季可能出现的问题

亚马逊销售旺季来临前,卖家都会提前进行备货和推广,这期间供应商的补货和物流发货都会占用比平时更多的时间,遇到缺货或是物流延迟,极易得到顾客的差评和投诉。因为这些商品都是为节日购置的,如果等到节日都过完了,货物才到顾客手中,那么对他而言这一定是非常糟糕的购物体验。

(1)缺货问题

遇到产品非常受欢迎的情况,卖家的备货可能在短时间内就销售一空了,导致根本没有足够的时间去补货,从而损失掉大量的销售机会。所以最好提前备好货,提前给供应商下单,库存备的足一些。当然,备货时间和备货数量要根据不同的产品选择不同的策略,每个产品的价值和生命周期都不一样,各位中国卖家可以根据历史销量并结合自己的预测进行考量。

(2)物流延迟问题

销售旺季,快递有可能爆仓,物流信息更新和物流速度都会较平时慢一些。尤其是邮政小包,英美国家的邮政为应对国内的物流高峰期,缓解国内的快递压力,会适当降低跨境包裹的优先级,即便是商业快递清关的速度也会加长,同时检查会更加严格,海关会避免违禁物品的"浑水摸鱼"。因此中国卖家一定要设置好物流模板,特别是送达时间这一项,同时选择有跟踪信息的物流,避免亚马逊账号指标超标,可以适当综合 FBA、海外仓和自发货三种形式。

(3)消费者满意度问题

迟到货会引发一系列的问题,退货率、差评率、投诉率都会增加,如果不能及时处理好这些问题,就会触发亚马逊的交易索赔,这将对 listing 的排名产生极大的影响。如果是做品牌的中国卖家,还会让消费者满意度下降,对该品牌的印象大打折扣,不利于品牌今后的海外运营。

4. 如何抓住促销机会提高销量

在活动时,亚马逊必定会加大引流力度,所以活动当天的流量必将大幅增长。所以,卖家必须有所准备才能抓住这些流量来提升销量。以下是亚马逊官方给出的建议:

(1)使用 FBA,提早入仓

使用 FBA 能够让卖家在物流方面省心省力,同时卖家的商品还可以更快地配送到顾客手中,建议卖家提早入仓,防止因活动前几天仓库压力过大而无法马上入仓。而且要在活动到来之前保持库存充足,以确保不会错失任何销售机会。卖家可以通过自己的账户设置自动补货提醒。

(2)计算出商品促销价格,创建折扣促销

在卖家后台选择根目录"库存",单击"管理促销"按钮,并由此创建适合销售目标的折扣促销。

（3）使用 CPC 广告提高商品曝光量

在活动日时，亚马逊会吸引更多的顾客，也就可能有更多人来点击卖家的广告。在活动期间使用 CPC 广告可以帮助卖家提高商品曝光率，销售量也会相应提升。

8.4 站外营销

站外营销的方式包括：社交媒体引流、红人营销、促销平台推广、独立站推广、论坛推广等。这里首先以美国人最喜欢的社交网络 Facebook 为例，说明社交媒体引流的基本操作。

8.4.1 Facebook 主页引流

我们这里所说的 Facebook 主页是指公共主页，简称"主页"，也有人称之为粉丝专页或 Facebook 商业主页。它是企业、品牌和组织用于分享动态并与粉丝交流的界面，可以免费创建。

为了使主页质量更高，并在后期营销过程中取得更好的效果，在主页建立时及主页建立后的经营过程中，应当注意以下问题：

- 创建主页的目的是什么？是宣传企业、宣传店铺，还是宣传商品？是想与粉丝互动还是想吸引新的粉丝？先把这些问题考虑清楚，再去创建主页。
- 在创建主页的时候要先明确有没有合适的内容，内容能否吸引粉丝，因为内容才是王道。内容有多种表现方式，如组合图片、视频等。
- 增强粉丝的参与感，多发起活动投票等。
- 帖子发出去之后，除了自然的粉丝曝光，还可以适当地做一下速推广告吸引流量，让更多用户看到帖子，参与帖文互动。
- 主页内容要保持一定的更新频率，至少做到每天更新。
- 在前期没有内容的时候，可以采用"拿来主义"，即找一些有意思的内容转发到自己的主页里。
- 必须有互动，有粉丝提问的话要及时回复。
- 最忌讳主页全部是广告，这样粉丝的流失率会大大增加。
- 做好多渠道引流。主页建立之后必须想方设法地增加粉丝量。可以在官方网站加入 Facebook 插件，也可以在商品的包装上面添加扫码关注。

下面是几个 Facebook 主页推广的案例。图 8-103 是环球易购旗下经营电子产品的独立站 Gearbest 在 Facebook 主页上做的一个抽奖活动，从底下上千的评论参与来看这算是一个十分成功的帖子。这里有几个值得参考学习的地方：

- 适度插入了一些 emoji 表情增加文案亲和力。
- 对于活动名称、产品名称、免费等重点词语使用大写，更加醒目。
- 使用短链接（bitly.com），避免直接使用原网址造成字符冗余，同时也便于进行点击数据分析。
- 加入相关话题标签#（Hashtag）增加曝光，比如：品牌名、Coupon 等。

这个帖子里的图片在场景选择和文字色调搭配上都非常亮眼，营造出一种都市霓虹夜晚的效果，与 sale party 的主题相呼应，同时在右下角把奖品也巧妙地融合进去，并标上价格 149.99 美元，进一步激发参与热情，提升帖子互动率。

图 8-103

图 8-104 是环球易购旗下的另一个快时尚品牌 ZAFUL 的 Facebook 帖子，相比于主页上其他个位数互动的帖子来说，这个帖子善于使用视频这种用户最容易接受的媒体形式，同时内容不局限在产品促销信息上，而是采用了 ins 上一个宠物搞笑视频，要知道宠物、美食、生活小窍门等搞笑和知识获得类内容都是互联网用户最为喜闻乐见的信息，通常都会乐于参与互动和分享。这样既能拉近品牌与粉丝之间的距离，使品牌更加贴近消费者，也能吸引更多的关注者，而不是让主页每天像机器人一样冷冰冰地发布一些商业信息很浓的帖子，通常这类硬推广会引起用户反感，甚至造成粉丝流失。

图 8-105 是亚马逊旗下美国知名的女性时尚购物网站 shopbob 的帖子，可以看到简洁的穿衣搭配文案加上充满阳光味道的模特上身效果实拍图，使用户情感上产生代入感，营造出一种尽情享受夏日尾声的美好感觉，虽然这不过是一个季末促销的帖子，但是在社交上达到的效果肯定要比简单上传白底商品图要出彩得多。最后，别忘了使用一些号召性的词语，如 click here，shop now，以刺激用户把对生活的美好联想转化为实际的购买。

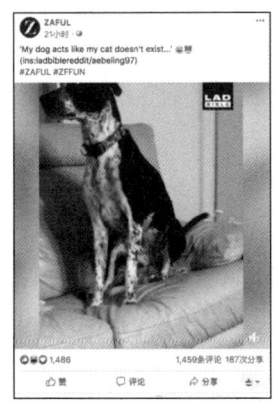

图 8-104

图 8-105

8.4.2 Facebook广告投放

Facebook 广告的优势在于它能够精准定位广告受众的年龄、性别、爱好、所在地区、手机型号、操作系统，网络环境等。通过它的精确定位，就能明确客户是不是自己想投放的客户。

做 Facebook 广告，要用好自定义受众，同时，要重视广告的呈现效果，每一条广告都应该是一个完美的艺术品，它的内容、图片和标题要一眼就能吸引受众。

下面我们看几组引流效果不错的广告。如图 8-106 所示，这组幻灯片广告最大的优点就是简洁，只用几张图片就直接体现了品牌风格。图 8-107 所示的视频广告，以夸张有趣的舞台剧表演形式，成功吸引了需求用户的注意。图 8-108 所示的互动视频，使用了增强现实（AR）等工具来打动用户，用户可以使用屏幕上的各种工具，给自己打造各种妆容。

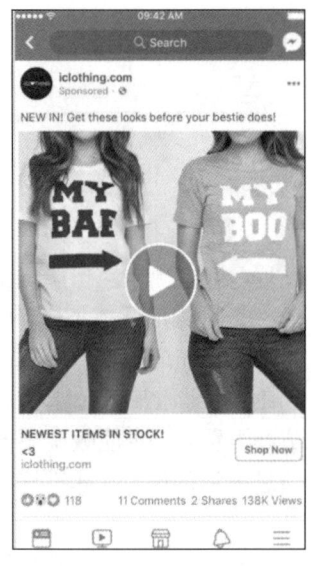

图 8-106

图 8-107

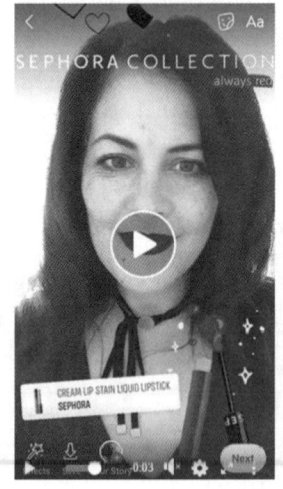

图 8-108

8.4.3 红人营销

红人营销是很多卖家惯用的一种营销方法。红人营销最重要的就是找到红人做合适的营销。具体需要注意以下几点：

（1）如果不知道如何快速找到红人，可以通过 Facebook 语法搜索、工具、网站来查找。

（2）产品是否跟红人过往测评的产品具有相关度，可以看他的 youtube 里测评的都是哪些产品。有些红人也会在介绍里直接告诉读者自己需要测评哪些类产品。所以，首要的一点是要红人真正对你的产品感兴趣。

（3）通过粉丝数量、帖子数量、点赞和转发数量及帖子的内容判断红人的质量。一般会选择粉丝数不少于 10W，视频观看量不少于 2K，数量较多以及和粉丝的互动率高的红人进行合作（可以根据情况而定）。

（4）与红人谈判价格和付款方式的时候要开门见山。

（5）合作之后密切关注效果，做好效果跟踪。

（6）越负责的红人，营销效果往往越好，要找对红人进行合作。

8.4.4 促销平台推广

做站外推广，专业的 Deal 站也是不错的选择。Deal 站发布的信息，基本都有关于产品的折扣和促销，很多国外购物党会定期登录网站，看看有没有自己喜欢的产品在打折。

1. 做 Deal 站需要考虑的几个方面

（1）产品评估。并不是每个类别的产品都适合做促销，都适合用 Deal 站来做引流，所以卖家必须对产品有一个充分的把握和认识，再判断能不能做促销，要不要做促销。

（2）做哪些网站的促销。促销网站的类型和方向是不一样的，受众群体和常用人群也是有差异的，有的科技类居多，有的服装类是主流，有的只做母婴等，虽然每个促销网站在短期内都会给产品带来比较多的流量，但选择的渠道是否合适决定了卖家产品的转化率和销售额。

（3）深入了解网站规则。每个国家都有很多本土的促销折扣网站，即便是同一个国家的促销折扣网站，在政策和流程上也都有差异，所以中国卖家一定要在了解其规则的基础上进行营销，不要一上来就狂轰滥炸或是进行违规操作，被封了账号和 IP 就得不偿失了。

2. Slickdeals 介绍

目前为止，Slickdeals（www.slickdeals.net）是美国流量最大、忠实用户最多的 Deal 站，也是目前效果最好的 Deal 站。它的特点是允许社区成员发布自己所找到的好的促销信息，再通过其他成员的投票结果判定这条信息的好坏，优质的促销信息将有机会得到更多的曝光。

Slickdeals 发贴要求包括（后 3 条非强制要求）：

- 亚马逊店铺 Feedback 数量要超过 1000 个（这是 Slickdeals 官方要求的必要条件）；
- 要发布的产品的 Review 数量要超过 50 个；
- 折扣力度一定要合理，折后价格太高建议不要发；
- 该产品的分值最好不低于 4.0 分（分值太低比较难进入"Popular Deals"榜单）；

Deals 经发布后，将出现在 http://slickdeals.net/deals/ 页面，出单量比较大，持续时间较长。图 8-109 所示就是一条由于获得 61 个大拇指而被置顶的亚马逊促销信息。一旦上到首页，一天的单量能达到 1000 以上。

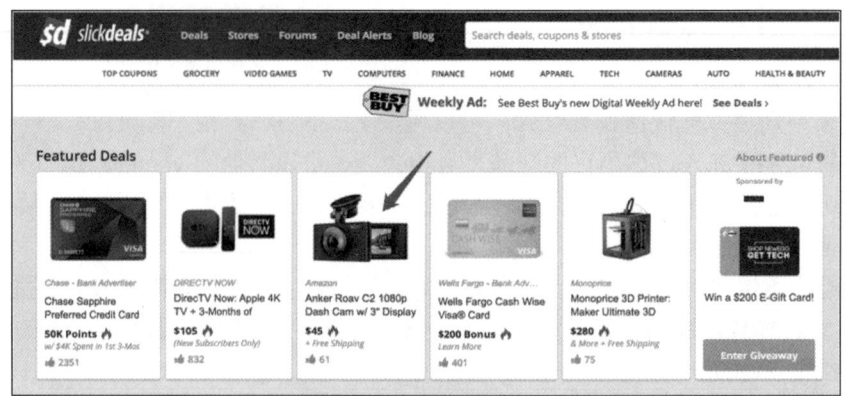

图 8-109

值得注意的是，Slickdeals 对促销信息的发布管控严格，禁止卖家自注册账号或者联系其他论坛红人发布促销信息。卖家想要发布商品的促销信息，必须联系官方的工作人员，资质审核通过后，Slickdeals 会交给自己的编辑团队进行发布。

即便是商品促销信息发布了，商家也不能自行评论和点赞，官方认为这不是真实的用户行为，是卖家的自我营销，这样做的后果是立刻被封 ID 和 IP，甚至被封了品牌。针对一些经常给商家发布促销内容的红人，Slickdeals 也加大了审核力度，因为有些红人是拿了报酬去做广告的，发布的促销信息性价比并不高。

如果没有通过官方审核，但卖家依旧想做 Slickdeals 平台，可以自己注册账号并且认真养号；或者购买红人大号，或者跟红人谈合作。而这一切的基础，都在于卖家的产品本身和卖家给出的促销力度。

3. 其他主要 Deal 站一览

（1）美国：Dealplus（www.dealplus.com）。DealsPlus 是一个折扣交易和优惠券信息网站，用户可以在网站里轻松地找到最优惠的交易和优惠券信息。一般而言，只要 code 有效，帖子会长期存在，持续时间较长。

（2）美国：Woot（www.woot.com）。Woot 是亚马逊旗下的知名团购网站，在被亚马逊收购后仍保持着独立运营，口碑和流量都还不错。在 Woot 上，一般商品都比较便宜，而且经常有低折扣的好产品出现。

（3）英国：Hotukdeals（www.hotukdeals.com）。这是一个带有论坛性质的折扣网站，拥有 30 多万的用户，这些用户会将自己发现的产品折扣信息发布出来与其他用户分享，因此也是跨境电商平台亚马逊卖家一个不错的选择。

（4）法国：Dealabs（www.dealabs.com）。这是即时更新法国特价信息的一个网站，与中国的"什么值得买"有些类似。

（5）德国：Mydealz（www.mydealz.de）。德国人比较喜欢这个网站，它每天都会发布大量的超级折扣信息，基本上从日常的衣食住行到娱乐活动都有，而且时常会有一些惊人的折扣出现，甚至是免费的产品。

【本章小结】

本章从站内营销（CPC 推广、站内促销、优惠券、秒杀、Prime 专享折扣和节日营销）和站外营销（Facebook 主页引流、Facebook 广告投放、红人营销、促销平台推广）两方面详细介绍了基于亚马逊平台的站内外引流技巧。

【进一步阅读资料】

Anker 是怎样推起一个爆款的

今天要研究的案例是 Anker 最近新推起来的一个爆款——行车记录仪。这个产品的完整名字是"Anker Roav Dash Cam C1"。我们都知道 Anker 是做充电零配件起家的，而最近这一年多来它也在陆续拓宽自己的产品线，进行多品牌运营。Roav 就是 Anker 专门针对车载类产品推出的品牌，作为一个独立的品牌在运营。

这款行车记录仪上线亚马逊的时间是 2017 年 4 月 19 日。该产品与市场上相等价位的大部分产品在外观以及功能上没有特别大的差异（除 WiFi 连接手机功能外，但该功能槽点很多）。但是，它在不到一个月的时间（21 天），在亚马逊的电子产品（Elections）大类目跻身前一千名，并一直稳步上升，目前排名一百多名左右，如图 8-110 所示。

产品图片	产品名称	上线时间	零售价格	最优售价	评价数量
	Anker Roav Dash Cam C1	4/19/2017	$99.99 $67.99 $89.99	$63.99	254 170VP 84非VP

*数据截至：7/27/2017

图 8-110

下面我们来看看它究竟做了哪些渠道的推广。我们将从媒体博客、社区论坛、视频营销和 Deal 站这四个方面来探究。

1. 媒体博客

在媒体博客渠道上，Anker 似乎没有策略性地去运营。发表的测评文章不多，但是得到了 Life Hacker 和 The Wirecutter 的测评，得到了很多的曝光。其他文章多为自发性测评，如表 8-2 所示。

表 8-2 Anker 发表的测评文章

网站名	网站流量	文章名	发布时间
Life Hacker	62.8M	Anker's Racing Into the Car Accessory Market With an Affordable Dash Cam	5/14/2017
The Wirecutter	9.8M	The Best Dash Cam	5/16/2017
Dash Cam Reviews	3.5K	Anker Roav DashCam C1 Review	5/22/2017
Technically Well	29.8K	Anker Roav Dash Cam Review	5/24/2017
Nerd Techy	591.3K	Anker Roav Dash Cam Review	7/2/2017

2. 社区论坛

在论坛这个渠道上，Anker 也没有花大力气去推。在行车记录仪相关的论坛上能找到几篇消费者或者 Anker 粉丝的测评，文章如下：

https://dashcamtalk.com/forum/ ... 9049/

https://www.rdforum.org/showthread.php?t=61888

https://forums.imore.com/acces ... .html

https://www.reddit.com/r/Dashc ... hcam/

https://forums.macrumors.com/t ... 7752/

3. 视频

在视频方面，Anker 也没有特别重视，自己的频道制作了一个产品安装的介绍视频（该视频同时用在亚马逊 Listing 上），同时邀请了一两个红人做了视频的测评，其他多为普通消费者的自主分享。

4. Deal 站

以上渠道，Anker 似乎都没有策略性地去做。博客、论坛和视频等测评多为自发性的。

Anker 主要集中精力在站外 Deal 上面。站外 Deal 是 Anker 这款行车记录仪成为爆款卖起来的主要推手。上线不到一个月 Anker 就开始在站外上 Deal。通过 Kinja 和 Slickdeals 的多次大力推荐，销量和排名有了爆发性增长。特别是 Kinja，每次 deal 基本会推一周时间左右。长时间持续的 Deal 带来了稳定的流量和销量。

综上所述，Anker 这款产品的推爆原因主要在于：

（1）品牌效应加持。Anker 品牌口碑良好，得到绝大部分客户的认可和媒体的青睐。

（2）Deal 价格有优势。获得 Kinja、Slickdeals 及其他折扣网站的大力推荐，每次活动都能大卖，而且活动持续时间长。

（3）卓越的客户服务能力。亚马逊商品详情页上的 Review 快速增加，差评改好评及时有效（首页的好评有几个是差评改过来的）。

（4）产品品质良好，市场需求大。

（资料来源：知无不言跨境电商社区，http://www.wearesellers.com/question/4277）

【练习与思考】

1. 做 CPC 广告的前提条件是什么？
2. 亚马逊的站内广告类型有哪些？
3. 手动广告有哪三种匹配模式？
4. 否定关键词有什么作用？
5. 自动广告的优缺点分别是什么？
6. 影响广告表现的是哪几个因素？
7. 开设手动广告，应该如何找关键词？
8. 站内促销的形式有哪些？
9. 申请秒杀活动的条件是什么？
10. 列举国外主流社交媒体。

11. 站外推广的形式有哪些？

【实验项目】

根据给定的广告报表，理解报表中各项数据代表的含义，对广告报表数据进行分析，并提供改进建议：

（1）如何优化广告报表；

（2）如何从中提取关键词进行手动广告。

以小组为单位，完成实验报告。

第 9 章

跨境电商物流与海外仓

【学习目标】

1. 理解 FBA、FBM 与海外仓三种配送方式的特点
2. 理解并掌握 FBA 的基本流程
3. 理解并掌握 FBA 订单操作的步骤
4. 理解并掌握自发货订单操作的步骤

【思维导图】

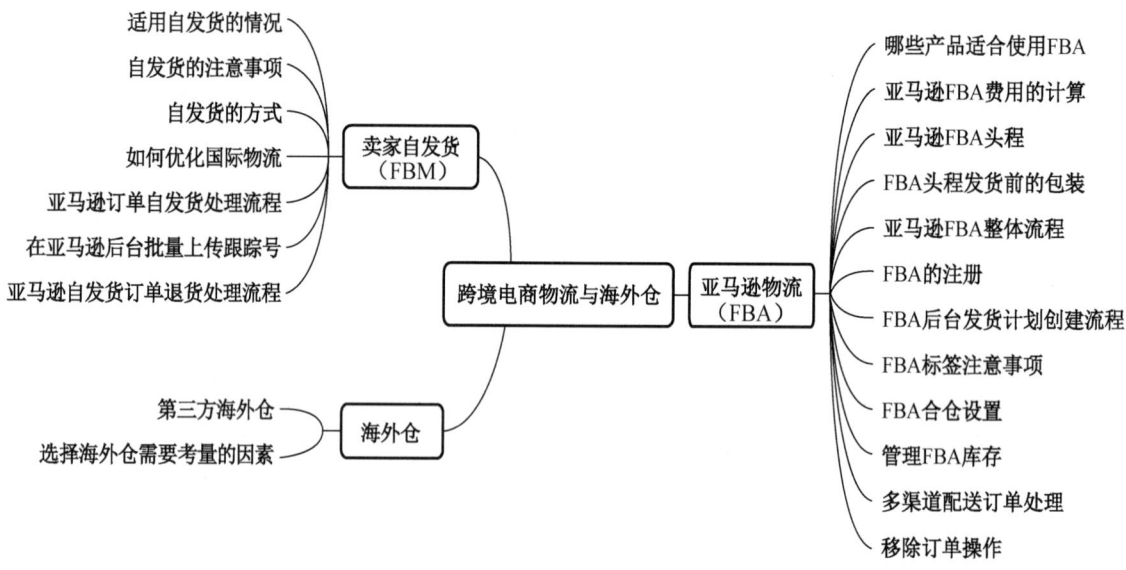

【导入案例】

小余刚刚开始做亚马逊电商时,每次上架一个 Listing,最后都石沉大海。小余百思不得其解,于是请教资深卖家。老卖家回复:做亚马逊 FBA 是标配,这个亚马逊最大的竞争优势你都不去使用,你不是辜负了这个平台吗?虽然亚马逊的配送、操作费用较高,但合理把控还是完全能控制在可承受范围内的。另外,发 FBA 会有备货带来的风险,这个依然完全可以把控。

小余又问:可否先自发货养养 Listing,等表现不错了再发 FBA?老卖家回复:亚马逊新店有 3 个月流量红利,新品有 2~4 周流量红利,等你养养 Listing 后观察观察情况再说时,流量红利期已所剩无几了。所以建议是选择 FBA,并且产品上架一开始就发 FBA。

小余恍然大悟,从此采取了 FBA 的发货方式,销量也开始稳步增长。

不过，最近小余又遇到了一件烦心事。他在美国站卖的一种陶瓷杯子，收到了小红旗。这个 Lisitng 出了六单，却有三个买家退货，都说碎了。小余反省，这确实是自己的问题，因为在发货的时候，小余没有给杯子加上泡沫包装，直接就用纸箱包着发的。当时进货的时候，小余进了好几种，包装上有带泡沫，有不带泡沫的，小余就抱着侥幸心理，把不带泡沫的放在中间，把带泡沫的放在外围，一起发出去了，心想可能不会碎。

现在亚马逊给了三种选择：一是下架；二是销毁库存；三是重新上架，但是重新上架后如果再收到差评，可能又会出现小红旗。小余痛定思痛，还是选择把产品全部销毁，打算重新进一批加泡沫包装的，毕竟销量还不错。只是加了泡沫以后，成本要上涨了，价格还得再重新核算一下。

这个案例告诉我们，选择 FBA 发货方式，能帮助产品在亚马逊平台上获得更大的竞争优势。同时，在发货前，不要为了节约成本而选择不够安全的包装，以免带来不必要的麻烦。

（资料来源：作者根据相关资料整理）

9.1 亚马逊物流（FBA）

物流是跨境电商非常重要的一个环节，对买家的购物体验有着重要的影响。

亚马逊上有三种主流的发货方式：FBA（Fulfillment by Amazon，即亚马逊物流）、FBM（Fulfillment by Merchant，即卖家自发货）以及海外仓。每种发货方式都有其独特的特点，每个涉足亚马逊平台的卖家，都要结合自己的实际情况去选择适合自己的发货方式。

FBA 是指由亚马逊提供的高标准物流，包括仓储、拣货、包装、配送、收款、客服和退货在内的所有物流服务的总称。FBA 服务流程如图 9-1 所示。

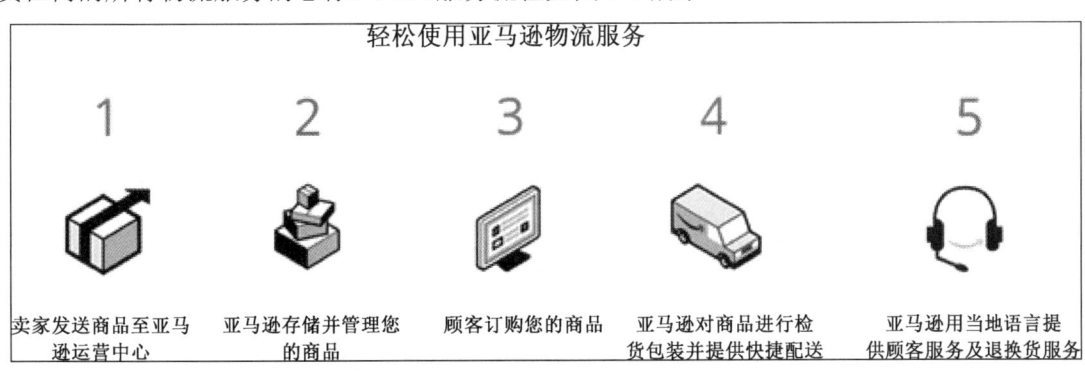

图 9-1

FBA 作为亚马逊专属的物流模式，极大地提升了买家的购物体验，也是官方推荐的物流模式。目前在 8000 个美国城市，亚马逊超过 100 万件商品可以做到当天送达（中午前订购，当天可送达）和一天送达（下午订购，次日晚上 9 点前可送达）；超过一亿件商品可以做到两日内送达。

从买家角度而言，选择 FBA 是极有好处的：一是 FBA 配送时效性强，能够缩短客户的收货时间和提高购物体验，客户更愿意选择使用 FBA 发货的产品；二是买家如果对购买的产品不满意，可以把产品直接退到亚马逊 FBA 仓，亚马逊客服人员通常会无条件答应退货。

从卖家角度而言，利弊参半。好处是可以提升配送效率，可以提高产品曝光率，有助于提高产品排名，增加获得黄金购物车的可能性，增加产品销量。另外，FBA 所导致的任何由物流带来的中差评可以由亚马逊移除，减少卖家的客服成本，对店铺的绩效也有帮助。但劣势在于：FBA 费用高，客户退货率高，且产品损坏率高。被退回的产品可以选择退回国内给卖家或是由 FBA 销毁。如果选择退回国内就算进口，国内关税极其高昂；如果选择由 FBA 销毁，也要收取销毁费用。

虽然 FBA 对卖家的不利之处是显而易见的，但 FBA 是亚马逊买家比较认可的物流方式，FBA 也是目前大部分卖家的选择。

9.1.1 哪些产品适合使用 FBA

拥有以下特点的产品非常适合使用 FBA。

1. 质量、性能过硬的产品

这样的产品一般不会出现退换货情况，可以很大程度上减少卖家损耗。

2. 体积小、利润高的产品

产品体积小，易于运输，可以节约成本，但需要提醒的是，产品售价不宜设得过低。因为由 FBA 发货会产生相关的手续费和各种交易费用，如果产品售价过低，利润也会降低。建议发 FBA 的产品的售价定在 6 美元以上。

9.1.2 亚马逊 FBA 费用的计算

卖家选择以 FBA 方式进行发货，除了要清楚 FBA 头程的费用，还要清楚 FBA 费用。可参阅亚马逊全球开店网站（https://gs.amazon.cn/），了解亚马逊最新物流费用。

FBA 费用的计算公式如下：

FBA 费用=物流配送费用+月仓储费用+库存配置服务费

1. 物流配送费用

即使用 FBA 发货时亚马逊收取的费用，一般按件收取。每件收多少费用又跟产品的重量、尺寸有关。物流配送费用在不同时期会有调整。

亚马逊物流配送费用要根据 FBA 的尺寸标准、重量标准、体积重量标准进行综合判断。

2. 月仓储费用

亚马逊的产品根据尺寸划分可以分为标准尺寸和超标准尺寸；根据性质划分，又可以分为媒介产品和非媒介产品。而卖家销售的产品绝大部分都属于标准尺寸的非媒介产品。当卖家使用 FBA 发货时，使用 FBA 仓服务，就需要交 FBA 仓租，每月按体积收费，每年也会有一次或两次调整。

3. 库存配置服务费

也就是合仓费用。当卖家将发货方式转换为 FBA 发货时，亚马逊会将卖家的商品随机分仓到 1~3 个仓库。亚马逊默认是分仓的，但对于一些货量不是很大、货值也不是很高的产品，分仓会增加卖家的头程费用，卖家可以设置为合仓。也就是说，如果设置分仓就不用出这笔库存配置服务费，设置了合仓才需要收取。

卖家还可以在亚马逊的卖家后台上找到亚马逊物流收益计算器辅助计算 FBA 费用，网址为：

https://sellercentral.amazon.com/hz/fba/profitabilitycalculator/index?lang=en_US。

9.1.3 亚马逊 FBA 头程

从国内发往亚马逊 FBA 仓的整个运输流程，中间包括清关、缴纳关税等环节，我们称之为 FBA 头程。

中国卖家选择的海外 FBA 仓一般集中于欧洲、日本、北美，那么卖家可以根据这些海外 FBA 仓的地址、货物的体积和重量、时间要求来选择不同的运输方式（空运或海运）。

1. 空运方式

（1）空运的流程与时效

空运的整个流程为：国内提货→国内机场出发→空运到目的港→分区派送至 FBA 仓。空运的速度比较快，但费用也会很高。

（2）空运涉及的费用：运费、关税

其中，运费是主要费用。使用不同的国际物流发货，运费也是不一样的。卖家可向国际物流公司咨询具体的费用，同时，国际物流公司也会根据 FBA 仓具体的地址、产品的体积和重量来核算价格。

通过国际物流公司进行 FBA 头程运输也有可能会产生关税，不同国家有关进出口货物的关税政策是不一样的，在不同时期也会有所调整。以美国为例，海外进口物品的免税额原来是 200 美元，但从 2016 年 3 月起调到了 800 美元，只要进口物品的申报价值没有超过 800 美元，就不会产生关税。免税额提高了，对中国卖家来讲，也是一个很好的发展机会。

直发快递如 DHL、UPS、Fedex，一般 20 千克以下价格较为优惠，适合紧急补货。此外，快递都是免预约入库的，但是要注意亚马逊不作为清关主体，不负责清关和缴税，一定要做好申报和关税预付，并且要提前落实当地的清关进口商。一般物流公司可以提供税号借用，但要收取一定的费用。

2. 海运方式

（1）海运的流程与时效

海运会涉及清关问题，以个人名义是很难通过的，一般都以公司名义。海运的出口方式包括整柜出口、散货出口、散杂船出口、滚装船出口。流程为：卖家准备 FBA 产品及相关单证→订舱→放舱→安排拖车→安排报关→确认放行→快递给 FBA 仓。

相较于空运，FBA 海运价格便宜，每立方米约 1500 元人民币，但是时间较长，从中国到美国，一般从发货到入库需要 40 天左右。如果是大卖家并且对时间没有太高要求，产品也不会因为受潮而有所损坏，可以选择走海运。

（2）海运涉及的费用和单证

海运涉及的费用包括运费、税金、报关费用、舱租、柜租等。具体的操作费用，卖家可向清关公司咨询，清关公司也会根据 FBA 仓的具体地址和运输产品的体积、重量来核算价格。同时因为货物的不同，要求提供的清关资料也会有所不同。卖家需要提前准备好单证资料，基本资料包括提单、合同、装箱单、发票等。

卖家在走 FBA 头程前，可以先了解选择的 FBA 仓所在国家的进口政策与贸易壁垒，为 FBA 头程运输做足准备。

对于物流公司的选择，一般建议选择有实力、价格较合理的物流公司，如亚马逊全球物流计划、出口易、4PX、三态、Webgishx、Egoglobal 等。

9.1.4　FBA 头程发货前的包装

亚马逊针对不同的商品类别，如母婴商品、尖锐商品、玻璃、陶瓷、易碎品、服装、织物、毛绒玩具、珠宝等商品类别有相关的预处理规定。卖家可以通过亚马逊全球开店网站（https://gs.amazon.cn/）进行了解。

9.1.5　亚马逊 FBA 整体流程

卖家使用 FBA 进行发货的整体流程如下：

【步骤 1】卖家将商品发送给亚马逊。
- 将商品信息上传到卖家平台。
- 让亚马逊配送全部库存或部分库存。
- 打印亚马逊提供的 PDF 标签或使用亚马逊物流贴标服务。
- 使用亚马逊的物流或选择其他承运人。

【步骤 2】亚马逊存储卖家的商品。
- 亚马逊接收并扫描卖家的库存。
- 亚马逊记录商品尺寸以便进行存储。
- 卖家通过亚马逊的集成跟踪系统监控库存。

【步骤 3】买家对商品下单。
- 非亚马逊 Prime 会员，只有总价超过 25 美元的订单才符合免费配送的资格，总价金额不符合免费配送条件的，还必须额外支付配送费用。
- 亚马逊 Prime 会员购买亚马逊物流配送的商品，可以享受免费的配送服务。

【步骤 4】亚马逊分拣并包装商品。
- 亚马逊利用高速分拣和分类系统定位商品。
- 买家可以要求将该订单与其他由亚马逊配送的商品合并配送。

【步骤 5】亚马逊配送商品。
- 亚马逊根据买家选择的配送方式配送。
- 亚马逊为买家提供跟踪信息。
- 对于在亚马逊上所下订单，买家可以联系亚马逊寻求客户服务。

9.1.6　FBA 的注册

首先，如果卖家从未使用过 FBA 发货，需要先注册亚马逊 FBA 物流服务。

【步骤 1】进入亚马逊卖家后台，单击右上角的"设置"→"账户信息"菜单，找到"您的服务"下的"亚马逊物流"，如图 9-2 所示。

图 9-2

【步骤2】在图 9-2 中的"亚马逊物流"旁单击"注册"选项，进入如图 9-3 所示页面，完善相关信息即可完成注册。

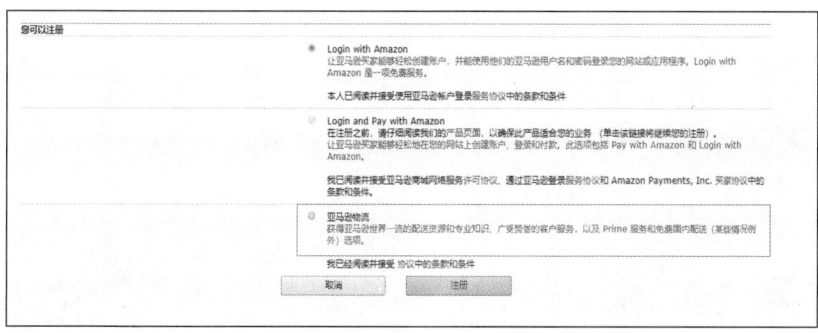

图 9-3

9.1.7　FBA 后台发货计划创建流程

卖家将自己的商品发送至亚马逊运营中心，FBA 的发货计划创建流程如下：

【步骤1】进入卖家后台，选择根目录"库存"→"管理库存"，勾选需要转换的 SKU，选择"转换为'亚马逊配送'"选项，如图 9-4 所示。

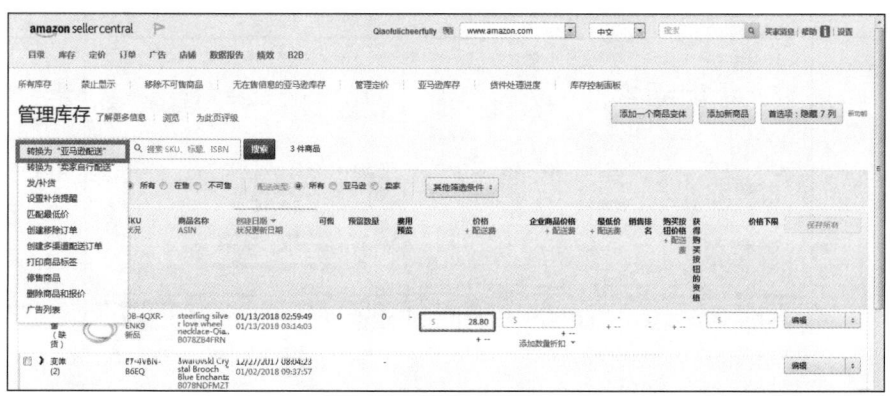

图 9-4

【步骤2】选择"亚马逊条形码"选项，单击"转换并发送库存"按钮，如图 9-5 所示。

第 9 章　跨境电商物流与海外仓　231

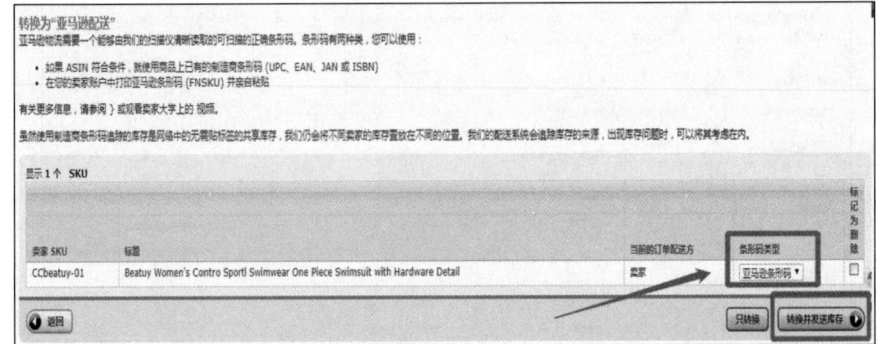

图 9-5

【步骤 3】单击"添加危险品信息"按钮（如图 9-6 所示），在弹出的"要求的商品信息"页（如图 9-7 所示），按实际情况如实选择，然后单击"提交"按钮。此时，原有的"添加危险品信息"变成了"已完成"（如图 9-8 所示），单击"保存并继续"按钮。

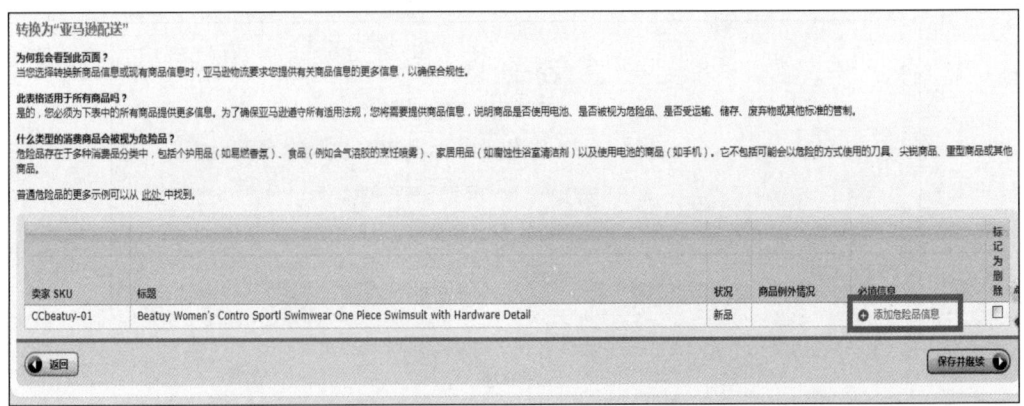

图 9-6

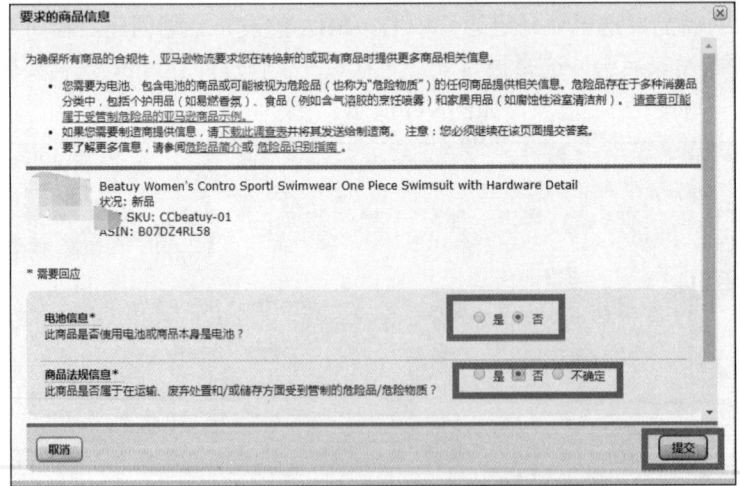

图 9-7

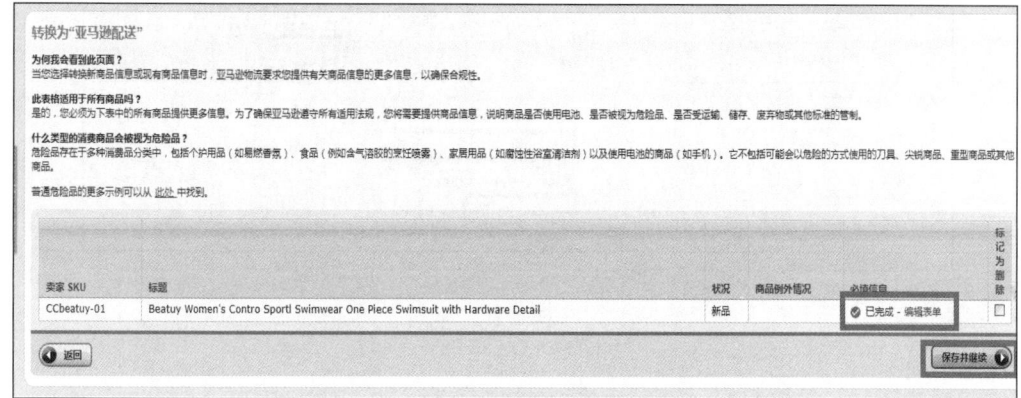

图 9-8

【步骤 4】在"发/补货"页面,首先选择"创建新的入库计划"或是"添加至现有入库计划";接着填写发货人+发货地址(可随时更改),设置发货地址(发货地址可以是默认地址或新建地址);然后选择"包装类型"是混装商品(即多个 SKU 商品混合在一起)还是"原厂包装发货商品"(即单一 SKU 商品);最后,单击"继续处理入库计划"按钮,如图 9-9 所示。

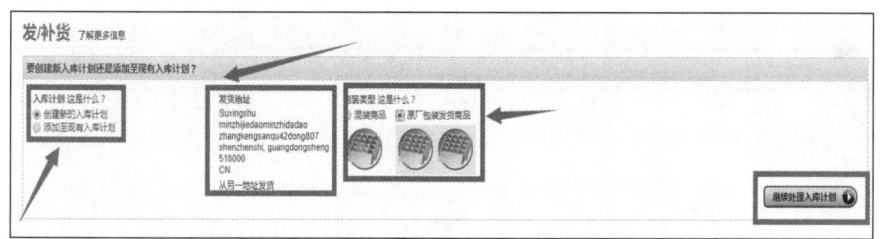

图 9-9

【步骤 5】在"设置数量"下的"所有商品"页面(如图 9-10 所示),首先检查是否还有什么信息需要填写及是否有 SKU 是亚马逊禁售的(页上角的标志可以辅助判断)。如果要添加其他商品,可以在右上角单击"添加商品"按钮,在该页面左下方可以删除现有计划或复制过去创建的计划。填写"每个装运箱的商品数量""装运箱数量"后,如果在创建 Listing 时未填写包装尺寸,还应按照实际情况填写装运箱尺寸数量等信息(如图 9-11 所示)。"设置数量"操作完成后,单击"继续"按钮进入下一步,如图 9-10 所示。

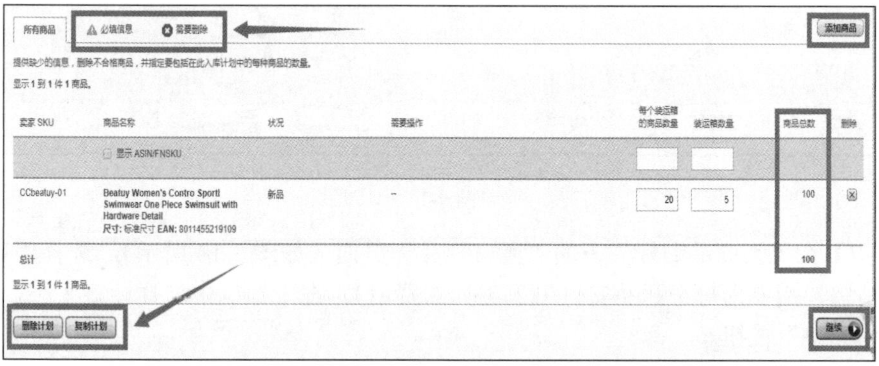

图 9-10

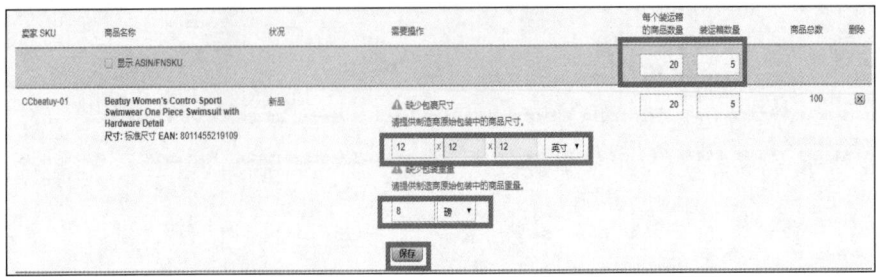

图 9-11

注意事项：
- 包装尺寸建议填写真实尺寸，或者比较接近的预估值。不要太离谱，因为涉及 FBA 配送费用，以免触发入库审核，影响入库绩效。
- 发货数量与实际入仓数量不能超过 5% 的误差，否则可能导致无法入仓或者收到亚马逊警告。

【步骤 6】在"预处理商品"下的"所有商品"页面（如图 9-12 所示），可以通过页面上的"准备指导"，判断该商品是否需要预处理，选择商品的预处理方，一般选择"卖家"，如图 9-13 所示。

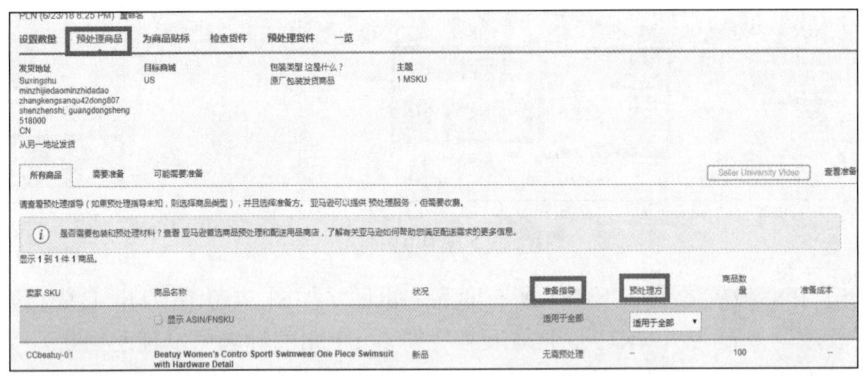

图 9-12

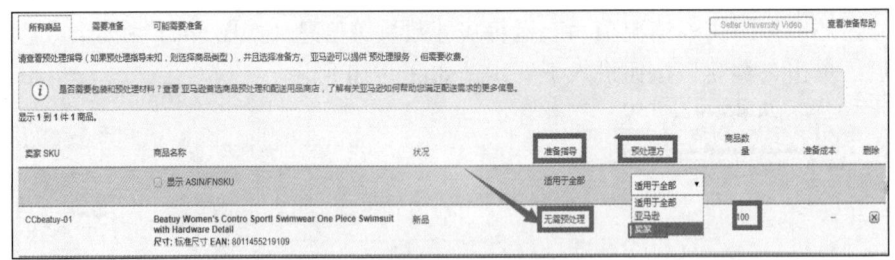

图 9-13

【步骤 7】在"为商品贴标"下的"所有商品"页面（如图 9-14 所示），选择"卖家"（如果选择亚马逊，需要为每个商品支付 0.2 美元的费用）。在下拉框中选择标签大小，单击"为此页面打印标签"按钮。

234 ▶▶ 跨境电子商务实务

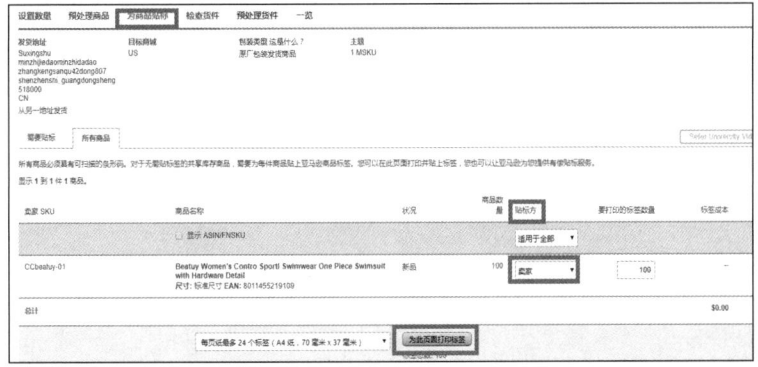

图 9-14

商品标签,亚马逊称之为 FNSKU,示例如图 9-15 所示。

图 9-15

【步骤 8】在"检查货件"页面(如图 9-16 所示),在"新建"处填上名称,方便卖家自己标识,查看预处理服务费、寄送地址(要注意检查亚马逊方给的配送地址,如果有两个地址,那就是被分仓了),单击"批准并继续"按钮,转入如图 9-17 所示"查看货件"页面,单击"处理货件"按钮。

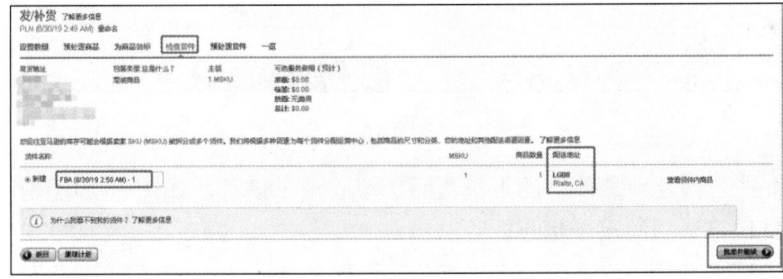

图 9-16

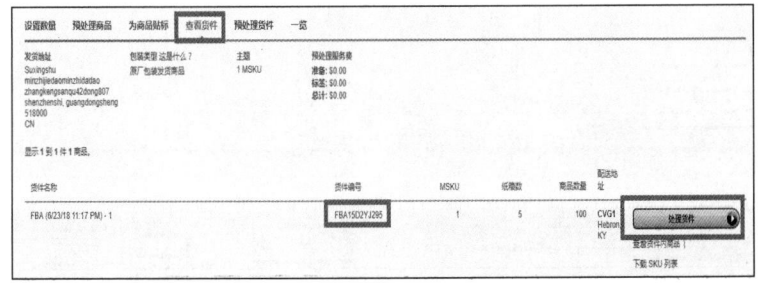

图 9-17

【步骤9】在"预处理货件"页面，如图9-18所示，如果卖家需要调整数量，单击"检查并修改商品"按钮，但是只限于在±5%或±6件范围内进行调整，超出这个范围就需要以"添加商品"的方式来完成，否则亚马逊将收取额外费用。

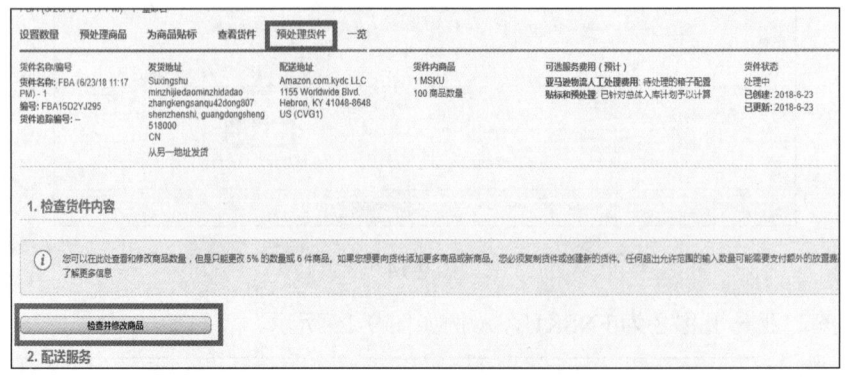

图9-18

【步骤10】在"预处理货件"的下拉页面，选择配送方式（一般选择"小包裹快递"，要和负责发货的物流商沟通确认后选择）和配送商，如图9-19所示。

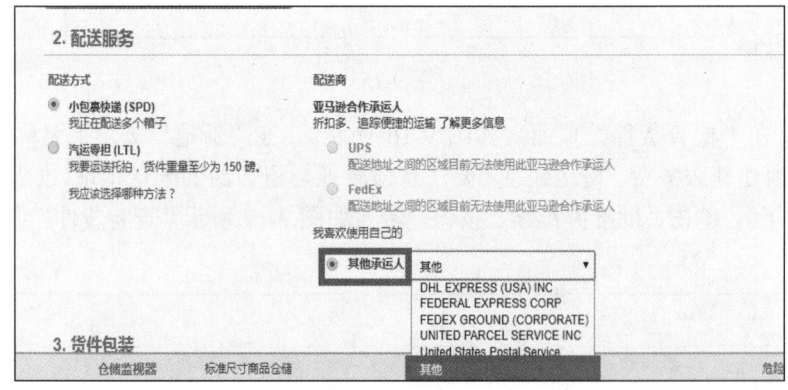

图9-19

【步骤11】在"预处理货件"的下拉页面，填写箱子信息，如图9-20所示。卖家还可以选择以上传文件的方式填写箱子信息。

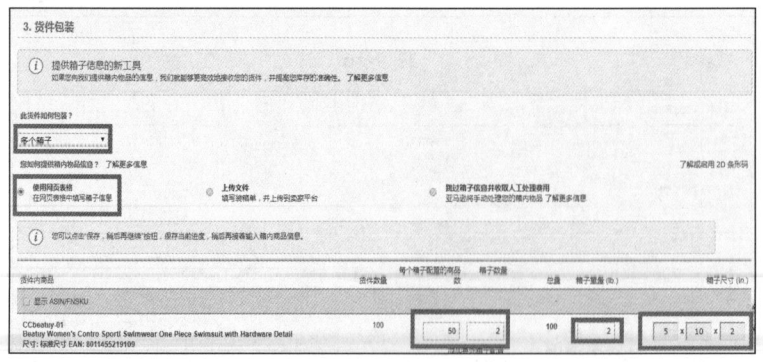

图9-20

【步骤 12】在"预处理货件"的下拉页面，选择纸张类型，打印箱子标签，打印完毕单击"完成货件"按钮，如图 9-21 所示。打印出的箱子标签实例如图 9-22 所示。

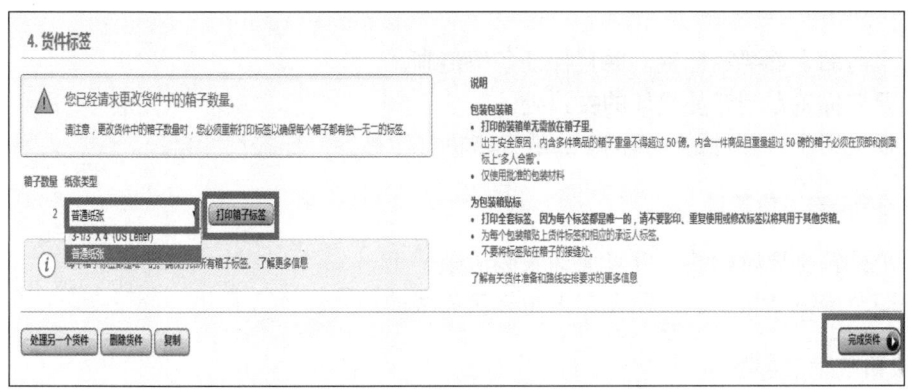

图 9-21

图 9-22

【步骤 13】在"一览"页面（如图 9-23 所示），卖家可以添加货件的追踪编码（货件寄出后再填编码也可以）。如果货件已经寄出，记得单击"标记为已发货"按钮，以免影响入库。

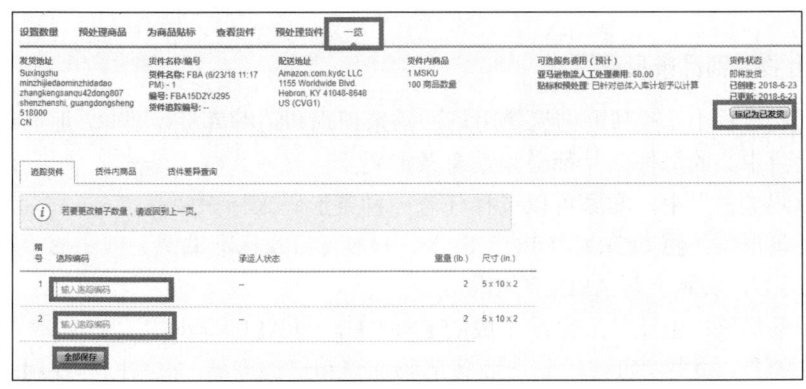

图 9-23

至此，就完成了一个 FBA 的发货计划。

9.1.8 FBA 标签注意事项

1. 商品标签注意事项

- 每个商品上都要贴标签，并且保证条码清晰。
- 不要把标签贴到容易损坏的接口处。
- 可以使用不干胶+激光打印机/热敏打印机打印标签，标签尺寸自选。

2. 外箱标签注意事项

- 每个外箱都要贴标签，并且保证条码清晰。
- 每箱至少贴 2 张，建议贴在左上角外箱显眼的地方。

3. 最新政策的影响

自 2018 年中美贸易战以来，由于政策的影响，卖家若是出口商品到美国、欧洲，外箱和每个商品上都要贴上"Made in China"标签，否则会被当地海关扣下、退回。商品标签和外箱标签分别如图 9-24 和图 9-25 所示。卖家可以把后台下载的标签导入 PDF 编辑器里编辑完再打印。

图 9-24   图 9-25

4. 亚马逊物流商品条形码要求

在整个配送过程中，亚马逊物流使用条形码来识别和追踪库存。因此，亚马逊要求卖家发送至亚马逊运营中心的每件商品都必须贴有条形码。

在"条形码类型"中，卖家可以选择任意一种条形码来标识商品：

- 制造商条形码：由 GCID、UPC、EAN、JAN（日本标准编码）或 ISBN 等编码所生成的 FNSKU，实际上与 ASIN 码相同。
- 亚马逊条形码：由亚马逊系统生成的 FNSKU，与 ASIN 不同。

需要注意的是，如果卖家使用制造商条形码标识和追踪商品，将与同样使用制造商条形码的其他卖家的相同商品进行共享。因此，一般建议卖家使用亚马逊条形码给商品贴标。

5. FNSKU

FNSKU 是 FBA 的商品标签编码（如图 9-26 所示），是亚马逊物流用来识别和跟踪库存的编码，一个做 FBA 的商品 SKU 对应一个 FNSKU，只有做 FBA 的商品才会有这个编码。

图 9-26

FNSKU 不同于 SKU，具体区别可参考表 9-1。

表 9-1　FNSKU 与 SKU 的区别

	FNSKU	SKU
含义	FBA 的商品标签编码	商品库存进出计量的基本单元
对象	发 FBA 的商品	所有商品
编写方式	系统生成	卖家编写

9.1.9　FBA 合仓设置

之前谈到，在创建发货计划的"检查货件"页面，如果亚马逊方给了不止一个仓库地址，那就是被分仓了。为了避免这种现象，卖家在创建亚马逊 FBA 发货计划之前，可以设置是否进行合仓。

1. 合仓设置的步骤

【步骤 1】进入亚马逊卖家后台，在右上角"设置"下选择"亚马逊物流"选项，如图 9-27 所示。

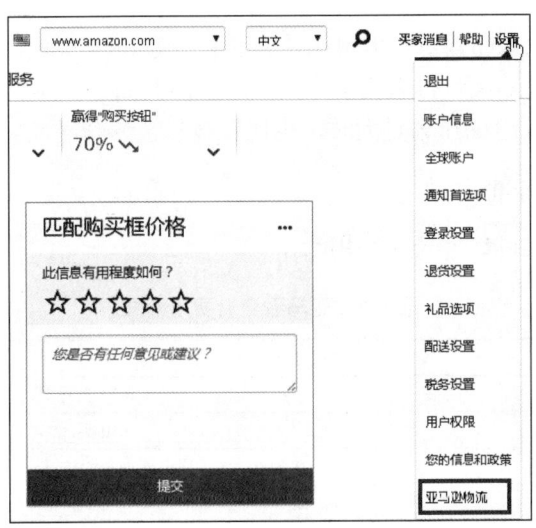

图 9-27

【步骤 2】在"入库设置"中单击"编辑"按钮，如图 9-28 所示。

图 9-28

【步骤 3】选择"库存配置服务"选项,单击"更新"按钮完成,如图 9-29 所示。

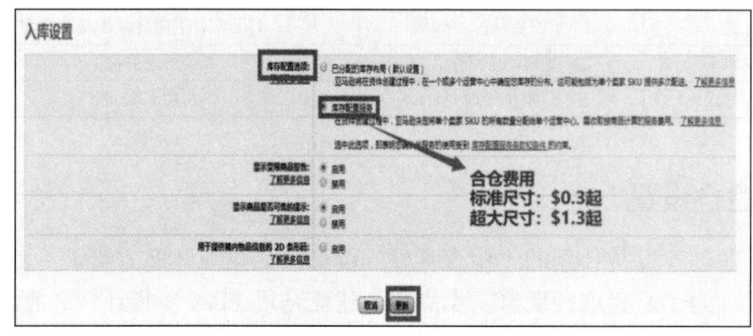

图 9-29

2. 容易被分仓的情况

- 服装、珠宝、鞋子、图书音像制品、超大尺寸的商品、被视为危险品的商品,这样的商品就算卖家进行了合仓设置,也会被分配到不同的仓库。
- 单个 FBA 计划中 SKU 数量过多也比较容易被分仓。
- 发货计划里包含商品类目排名相差比较大的不同商品。
- 销售旺季时,FBA 仓储压力过大时,也比较容易被分仓。

3. 亚马逊合仓费用标准

亚马逊合仓费用标准可参考表 9-2 中所示。

表 9-2 亚马逊合仓费用标准

标准尺寸(每件商品)	
小于或等于 1 磅	0.30 美元
1~2 磅	0.40 美元
超过 2 磅	0.40 美元 +(超出首重 2 磅的部分)×0.10 美元/磅
大件商品(每件商品)	
小于或等于 5 磅	1.30 美元
超过 5 磅	1.30 美元 +(超出首重 5 磅的部分)×0.20 美元/磅

(资料来源:亚马逊全球开店:https://gs.amazon.cn/)

注意：对于重量超过 1 磅的大号标准尺寸非媒体类商品，以及所有小号、中号和大号超大尺寸商品，用于计算每件商品的费用的重量是体积重量或者商品重量（以较大值为准）。商品重量是指单个商品的重量。体积重量等于商品体积（长×宽×高，以立方英尺为单位）除以 139（2018 年 2 月 22 日起执行的新标准）。

9.1.10　管理 FBA 库存

亚马逊库存页面提供了亚马逊物流库存的视图。查看路径为：登录卖家后台→"库存"→"管理亚马逊库存"。在此页面（如图 9-30 所示），除了 SKU、商品名称、状况和商品价格，还可以找到以下信息（这页上的数字卖家自己都不能修改）：

【入库数量】显示分配给入库计划、前往运营中心途中或正在运营中心处理的商品的数量。

【可售数量】显示可向买家配送的商品的数量。

【不可售数量】显示目前在运营中心但不可出售的商品的数量。不可售的原因可能包括：

- 运输中的损坏；
- 亚马逊造成的损坏；
- 客户造成的损坏；
- 商品自身有问题。

【预留数量】预留有以下 3 种情况：

- 买家订单：这些商品用于配送买家订单。
- 运营中心转运：这些商品转运于不同运营中心之间，以将库存转移至距离买家更近的地方。"运营中心转运"状态下的商品无法供买家购买。转运通常需要 1～5 个工作日才能完成。
- 运营中心处理中：这些商品被发往运营中心进行其他处理，如商品尺寸、重量验证或尚待调查。

【费用预览】显示商品售出后的预计费用。

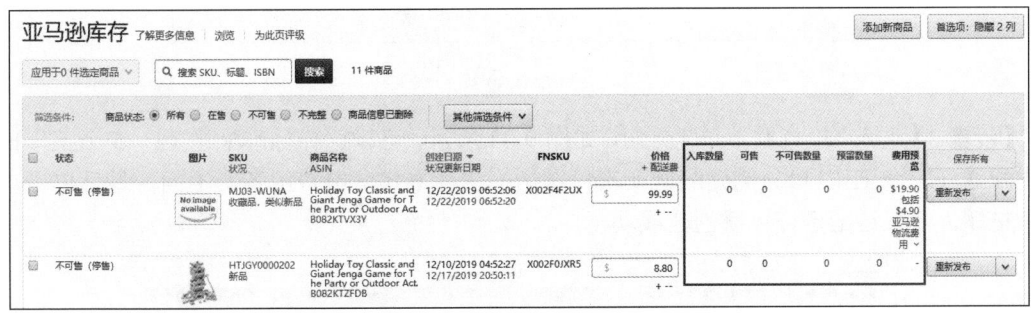

图 9-30

9.1.11　多渠道配送订单处理

亚马逊 FBA 配送的货件不需要卖家操作，但在某些特定情况下，仍然需要卖家通过 FBA 系统操作并下达发货指令。FBA 仓库根据卖家提交的信息打包发货，并收取相应的订单处理费。这些情况包括但不限于以下两种情况：情况一，第三方平台的订单需要通过亚马逊 FBA 发货时，需要创建多渠道配送订单；情况二，由于售后等原因需要给买家额外发送货件时，可以使用多渠道配送。多渠道配送费用比 FBA 费用要高很多，卖家可以登录后台帮助页面进行查看。

创建多渠道配送订单的操作步骤如下：

【步骤 1】进入后台"管理库存"界面，勾选要创建多渠道配送订单的商品，开始创建多渠道配送订单，如图 9-31 所示。

图 9-31

【步骤 2】填写要创建的多渠道配送订单的具体信息，如图 9-32 所示。在下拉页面，填写正确的配送数量后单击"继续"按钮。

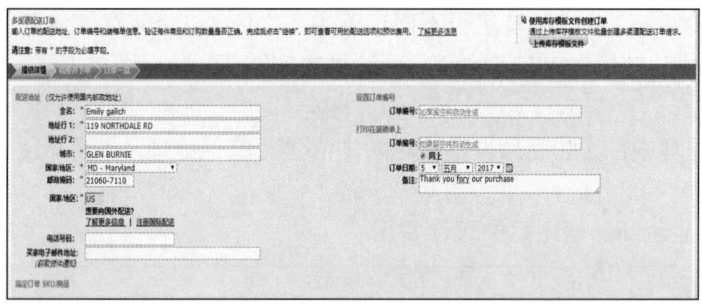

图 9-32

【步骤 3】进入"检查并下单"界面，如图 9-33 所示，可以选择标准配送（3～5 个工作日）、优先配送（2 个工作日）、优先配送（次日送达）三种方式，但费用各有不同。最后单击"下单"按钮，多渠道配送订单就创建成功了。

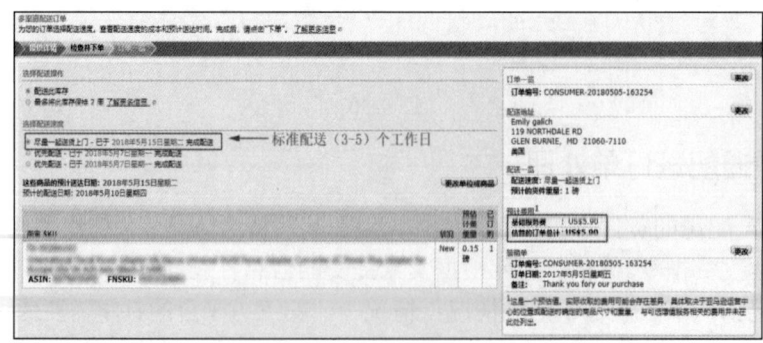

图 9-33

9.1.12 移除订单操作

1. 需要移除订单的情况

首先来看看什么情况下需要创建移除订单。

第一种情况：商品滞销产生长期仓储费、商品停售或其他卖家原因，需要将现有 FBA 库存配送到自建或第三方的海外仓。

第二种情况：卖家的 FBA 库存中有不可售（Unfulfillable）商品。不可售商品产生的原因可能有以下几种。

（1）运输中的损坏

亚马逊 FBA 收到卖家发出的货物后会检查每个商品。如果商品的标签有损坏，导致扫描不出具体的信息，那就不能销售；如果商品的包装破损，也可能不能出售；如果包装里面的商品破损，同样不能出售。

（2）亚马逊造成的损坏

分为两种情况，第一种情况是"Warehouse Damage"，即亚马逊在接收 FBA 货物入仓的过程中发生的损坏；第二种情况是"Carrier Damage"，即 FBA 出单（亚马逊发货），结果买家收到的商品的外观或者包装上有明显的损坏，买家联系亚马逊要求退货。这是亚马逊在运输环节造成的损坏。这两种情况亚马逊都会给卖家赔偿。

（3）客户造成的损坏

买家收到货后要求退货（不是商品性能的原因要求退货），但是在退回来的过程中，商品发生了损坏。

（4）商品自身有问题

FBA 商品发出去后，买家收到货，但因为商品的性能和使用方面有问题而感到不满意，联系亚马逊退货。

如果卖家没有在不可售库存产生后 30 天内及时创建移除订单，不会对账号产生影响，但 FBA 会自行处理这些库存，所有的处理费用将由卖家承担，并且期间还会产生额外的仓储费用。卖家可以根据不可售商品的类别、价值、损坏程度来综合评估，选择对不可售商品的处理方式。

2. 移除订单的步骤

移除订单的创建步骤如下：

【步骤 1】进入后台"管理库存"界面，勾选要创建移除订单的商品，选择"创建移除订单"选项，如图 9-34 所示。

【步骤 2】填写要移除订单的具体信息。在这一步，可以选择的移除方法包括配送到地址（Ship-to-Address）、弃置（Dispose）两种。需要说明的是，只有选择"配送到地址"才需要填写配送地址（如图 9-35 所示），如果选择"弃置"，亚马逊会直接销毁不可售的库存。

【步骤3】进入"检查并下单"界面，单击"下单"按钮，移除订单就创建完成了。

3. 亚马逊移除订单费用

移除订单费用按照移除的商品件数收取。通常情况下，移除订单会在 10～14 个工作日内处理完毕。但是，在假日季和移除高峰季（2 月、3 月、8 月和 9 月），处理移除订单可能需要长达 30 天或更长时间。费用如表 9-3 所示。

图 9-34

图 9-35

表 9-3 亚马逊移除订单费用

服务	标准尺寸（每件商品）	超大尺寸（每件商品）
退还	0.50 美元	0.60 美元
弃置	0.15 美元	0.30 美元

（数据来源：亚马逊全球开店：https://gs.amazon.cn/）

9.2 卖家自发货（FBM）

FBM（Fulfillment by Merchant），即卖家自发货，指卖家在收到客户订单后，从国内供应商或者仓库直接发货给国外客户，即卖家自己负责仓储、分拣、包装、派送和客户服务等一系列活动，也称为中国直邮。

对卖家来说，自发货的优势在于：一是库存可控，库存资金占用小，资金周转率高；二是发货渠道选择多，操作更灵活。

同时，自发货也存在不可避免的劣势：一是在亚马逊上的排名和曝光度会直线下降，出单量多数情况下都不理想；二是虽然自发货可选择的渠道多，但是时效可控性不强，容易造成客户的中差评，此外追踪率和迟发率很难控制，没掌控好就会影响账号绩效；三是卖家必须要亲自处理包装、运输、客户服务和退货问题，使得卖家不得不花费大量的时间和人力在这上面。

9.2.1 适用自发货的情况

FBM 最方便用来做新品测试。在卖家对市场判断不明的情况下,相比在 FBA 仓中大量囤货,自发货的成本更低。

在实际运营中,有些卖家会选择 FBA 与 FBM 双管齐下的办法。特别是在 FBA 库存断货的情况下,可以跟卖自己的 Listing,并设为自发货,等 FBA 到仓后再将自发货的 Listing 关掉就可以了。

另外,如果卖家拥有固定的复购客户且不在乎排名,那么不妨选择自发货。

9.2.2 自发货的注意事项

卖家选择自发货,应注意以下几点:
- 在平台规定的备货周期(48 小时)内,从中国发货出去。并把国际物流运单号回传到销售平台。
- 客服应及时处理因发货原因而造成的客户不满意。
- 缺货处理要及时,不要因为库存不准确或者供应商缺货等原因,造成订单缺陷率提升。
- 节假日可以在海外仓提前少量备货,以便及时发货。

9.2.3 自发货的方式

目前,自发货所使用的物流方式包括邮政包裹、快递渠道和专线物流模式。

1. 邮政包裹

邮政包裹的网络渠道遍布全球,比其他物流方式的覆盖面更广,对于亚马逊中小卖家而言,2 千克以下的商品可选用邮政小包,2 千克以上的商品用邮政大包,当然一些情况下也可以考虑 EMS(快递渠道)。

邮政小包是指中国邮政开展的一项国际、国内邮政小包业务服务,属于邮政航空小包的范畴,可寄达全球 230 多个国家和地区的各个邮政网点。它价格便宜、清关方便,但时效性方面没有什么优势,尤其到了旺季爆仓的时候,可能会受到比以往更多的客户投诉。中国出口跨境电商 70%的包裹都是通过邮政系统投递的。其中中国邮政占据 60%左右。

小包一般分为两种形式:挂号和平邮。挂号会提供可查询的跟踪号,用跟踪号能够在网络上查询到物流信息,这项服务需要额外收取挂号费。如果不挂号的话,基本上无法对包裹进行跟踪,只能查到中国海关的出关信息,查不到物流追踪信息,遇到旺季(比如黑色星期五、圣诞节等),邮寄过程可能会达到 30~50 天。

2. 快递渠道

国际快递主要有 DHL、TNT、FedEx 和 UPS 四大巨头,国内快递主要有 EMS、顺丰、四通一达等。其中四大巨头的速度和服务无可挑剔,但价格也偏贵,它们自建全球网络,进行世界各地的本地化物流服务,可以把货运到全球大多数的国家和地区,并且在官网能得到实时的物流追踪信息。

四大巨头有着各自的优势领域和地区,DHL 是欧洲地区,TNT 是中东和东欧,UPS 是北美地区,FedEx 是东南亚地区,优势地区基本上 2~4 个工作日可以抵达。

另外，快递渠道对于商品审核比较严格，对带电、特殊品类商品的寄送在诸如包装和质量认证等方面有一定的限制和要求，快递渠道更适合高货值、客户时效性要求高的商品。

3. 专线物流模式

跨境专线物流一般是通过航空包舱方式运输到国外，再通过合作公司进行目的国派送的。专线物流的优势在于其能够集中大批量到某一特定国家或地区的货物，通过规模效应降低成本。因此，其价格比商业快递低一些，但时效性也慢一些，目前比较著名的有燕文物流、中外运安迈世等，可以对包裹进行追踪，按具体的路线来收费，一般4~7个工作日可以到达。

9.2.4 如何优化国际物流

当卖家店铺出现订单后，应及时导出订单，由人工对订单进行审核，来确定国际物流方式。国际物流选择的正确与否，也直接影响卖家利润，要根据以下几点来判断。

1. 平台规定的配送周期。

如果卖家设置的运送周期为10天，一般可以选择国际专线物流小包运送，物流成本可以降低。

2. 根据客户下单时对运送的要求。

若客户在卖家设置的运送价格基础上，另行增加额外的运送成本，要求3日到达，卖家也只能选择国际快递运送商品，如DHL、联邦快递、UPS、TNT、EMS等。

3. 优化物流

当卖家每天的销售量达到一定数量时，可以不断地丰富国际物流配送方式，经常和物流公司进行洽谈，争取折扣。优化物流也是增加利润的一个重要环节。

9.2.5 亚马逊订单自发货处理流程

亚马逊订单自发货处理流程为：亚马逊后台操作订单→打包发货→投递包裹→客户收货。下面是详细的亚马逊订单自发货后台操作流程：

【步骤1】进入卖家后台，选择根目录"订单"→"管理订单"，如图9-36所示。

图9-36

【步骤2】筛选订单。

进入界面后可以看到所有的订单信息，在红色框里通过订单状态、订单发货日期、配送日期、销售渠道、配送服务等各种条件筛选订单，如图9-37所示。

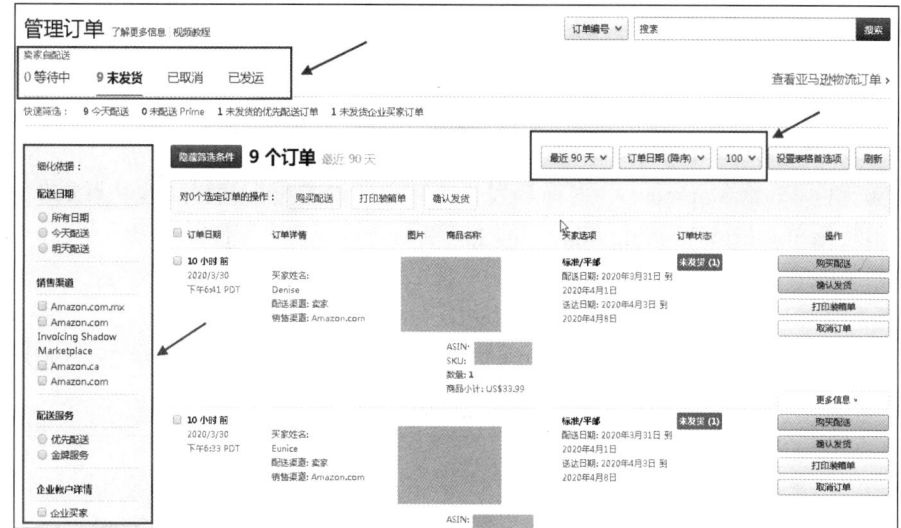

图 9-37

如果前面的不能满足，可以直接通过订单编号、ASIN、SKU 等进行订单搜索，如图 9-38 所示。

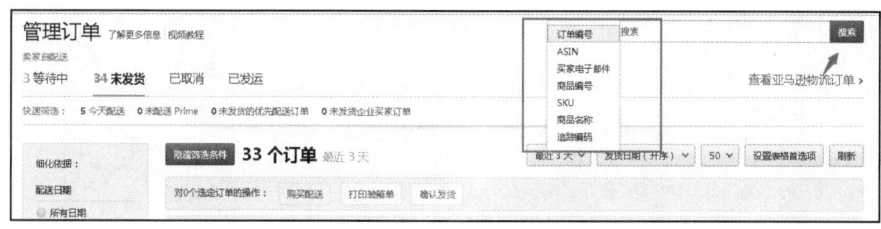

图 9-38

在订单信息页面，有订单未发货的话系统会有提示，如图 9-39 所示。

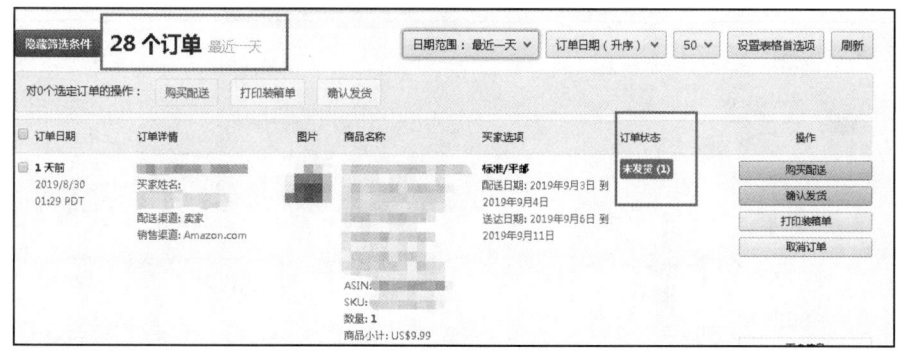

图 9-39

【未发货订单】页面上的各个按钮说明如下：
- 购买配送（Buy Shipping）：基于美国本土卖家的服务，选择当地的第三方快递服务。
- 确认发货（Confirm Shipment）：确认订单。
- 打印装箱单（Print Packing Slip）：在买家有要求或者卖家觉得有必要时才打印，不一定非要打印出来。

第 9 章 跨境电商物流与海外仓

- 取消订单（Cancel Order）：30 分钟之内买家可以取消订单，超过 30 分钟之后买家想取消订单，需要向卖家提出申请。如果超出 30 分钟之后，卖家收到买家取消订单申请，建议取消订单原因选择买家取消，这样对卖家的影响是最小的。

【已发货订单】页面上的各个按钮说明如下：
- 编辑货件（Edit Shipment）：对前期发货不完善的地方进行编辑，建议不要在这里编辑。
- 打印装箱单（Print Packing Slip）：同上。
- 退款（Refund Order）：给买家退款。

【步骤 3】对订单进行发货操作，单击"确认发货"按钮，如图 9-40 所示。点开"承运人"可以选择各种自发货方式（如 UPS、FedEx 等），填写快递运单号，接着单击"确认发货"按钮就完成了亚马逊卖家自配送订单的发货流程，如图 9-41 所示。

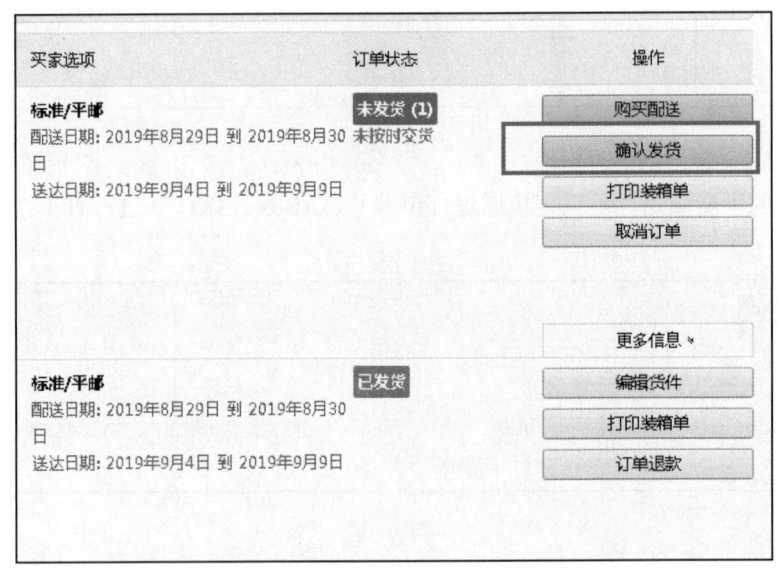

图 9-40

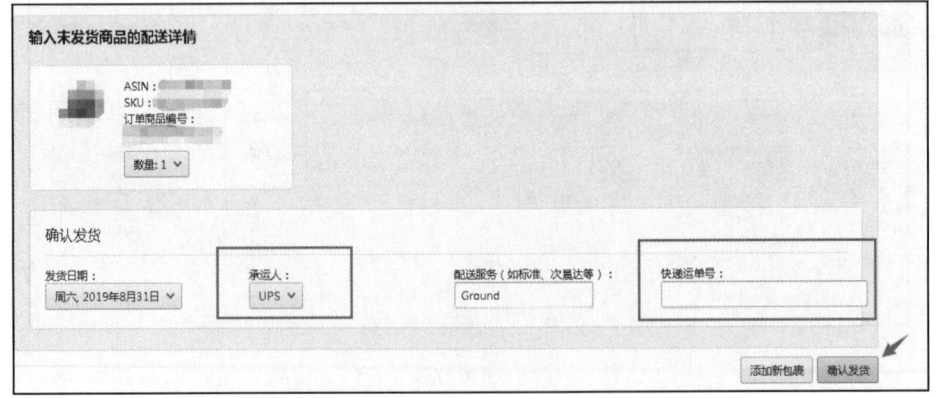

图 9-41

9.2.6 在亚马逊后台批量上传跟踪号

在亚马逊后台批量上传物流跟踪号的步骤如下：

【步骤 1】下载表格。进入卖家后台主页找到“订单”按钮，然后选择“上传订单相关文件”选项，会看到一个“下载模板”按钮，单击进入新页面后会出现“发货确认模板”，下载这个表格，如图 9-42 所示。

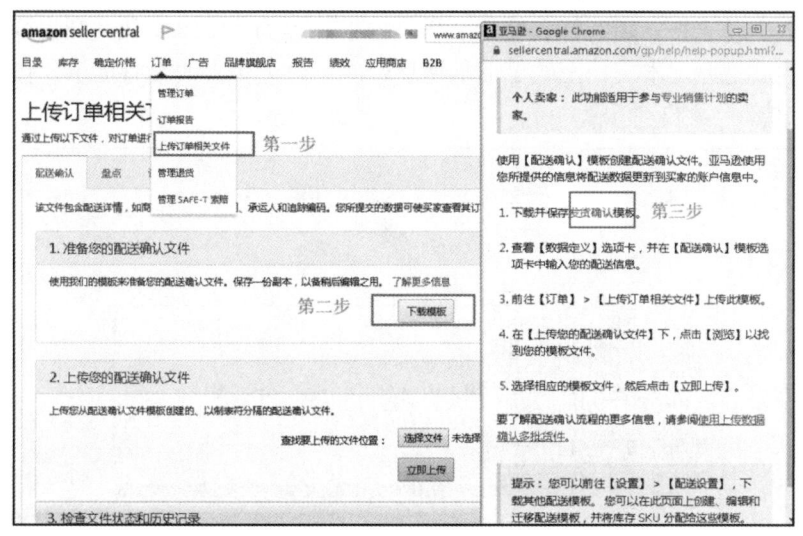

图 9-42

【步骤 2】填写信息。在刚下载的 Excel 表格里的第二个工作表【Shipping Confirmation】里填写需要的信息，如图 9-43 所示。

	A	B	C	D	E	F	G	H
1	order-id	order-item-id	quantity	ship-date	carrier-code	carrier-name	tracking-number	ship-method
2	123-1234561-1234567	28942255586434	1	2019-07-18	USPS		LK123456789CN	First-Class
3	567-1694567-1234545	25648459865478	5	2019-07-18	USPS		LK956458792CN	First-Class
4	123-1234598-6524587	65478953698545	2	2019-07-18	USPS		LK132657989CN	First-Class
5	363-1255557-1234567	26598759854567	1	2019-07-18	USPS		LK956436992CN	First-Class
6	243-4569712-6523659	32159876248795	1	2019-07-18	USPS		LK023697458CN	First-Class
7								
8	注意，此表格必须为微软EXCEL，不能为金山的WPS，表格内容按需要填写，不要乱填乱改否则会上传失败							
9								
10								

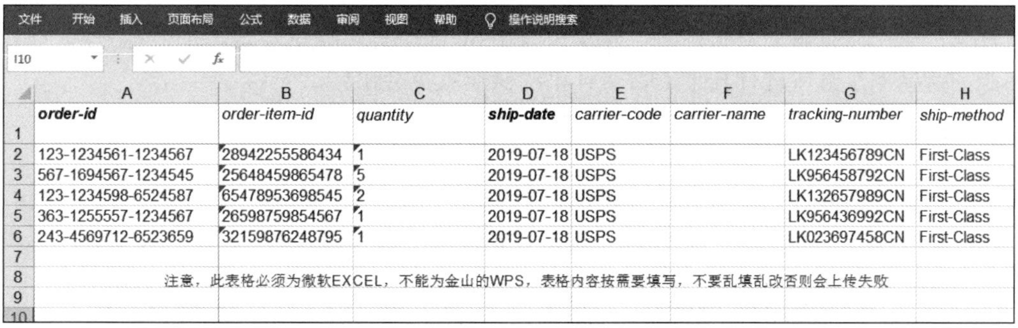

图 9-43

本表各属性解读：

- order-id：订单号。
- order-item-id：订单物品号。
- quantity：数量。
- ship-date：发货时间，格式为 yyyy-mm-dd（太平洋时间），例如 2019-07-19。
- carrier-code：物流商代码，仅支持 Blue Package，USPS，UPS，UPSMI，FedEx，DHL，DHL Global Mail，Fastway，UPS Mail，Innovations，Lasership，Royal Mail，FedEx

SmartPost，OSM，OnTrac，Streamlite，Newgistics，Canada Post，ity Link，GLS，GO!，ermes Logistik ppe，Parcelforce，TNT，Target，SagawaExpress，NipponExpress，YamatoTransport。如果不属于上述物流则选择 Other。

- carrier-name：物流商名称。当 carrier-code 是 Other 的时候此选项才填写。
- tracking-number：跟踪号。
- ship-method：如 First Class 等。

【步骤 3】上传表格。填写好表格后，将 Excel 另存为"文本文件（制表分隔符）"，如图 9-44 所示。然后把此文本文档上传至亚马逊后台即可。上传失败会有提示，按照提示修改之后可再重新上传。

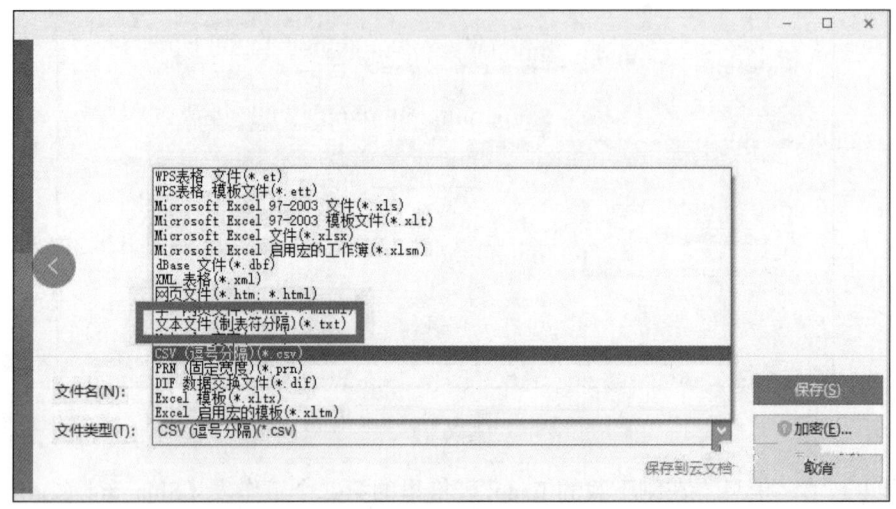

图 9-44

注意：第一次批量上传跟踪号，建议大家用 3~5 个订单先试一试，把流程先走一遍。在不熟悉的情况下，直接进行几十上百个订单的操作难免会出错。

9.2.7 亚马逊自发货订单退货处理流程

亚马逊后台自发货订单退货处理的步骤如下：

【步骤 1】进入卖家后台，选择根目录"订单"→"管理退货"，如图 9-45 所示。

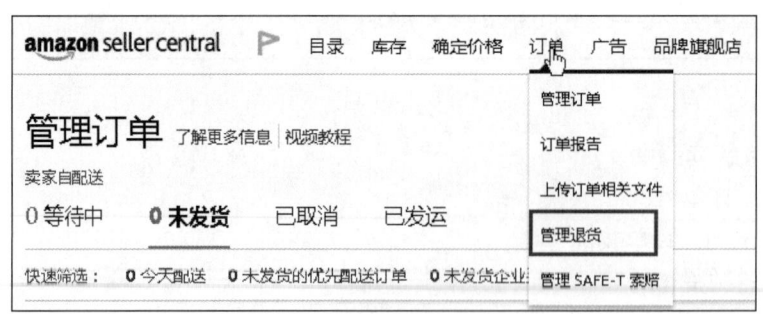

图 9-45

进入"管理退货"界面后，可以看到页面搜索栏底下会有需要授权（Authorize Required）、已批准（Completed）、已完成（Authorized）、已关闭（Closed）、通过亚马逊商城交易保障索赔（With A-to-Z Guarantee Claims）这些状态，如图9-46所示。

【步骤2】筛选订单。我们可以筛选各种状态的退货申请（Return Request），如图9-46所示就是一个新的退货在等待卖家处理。

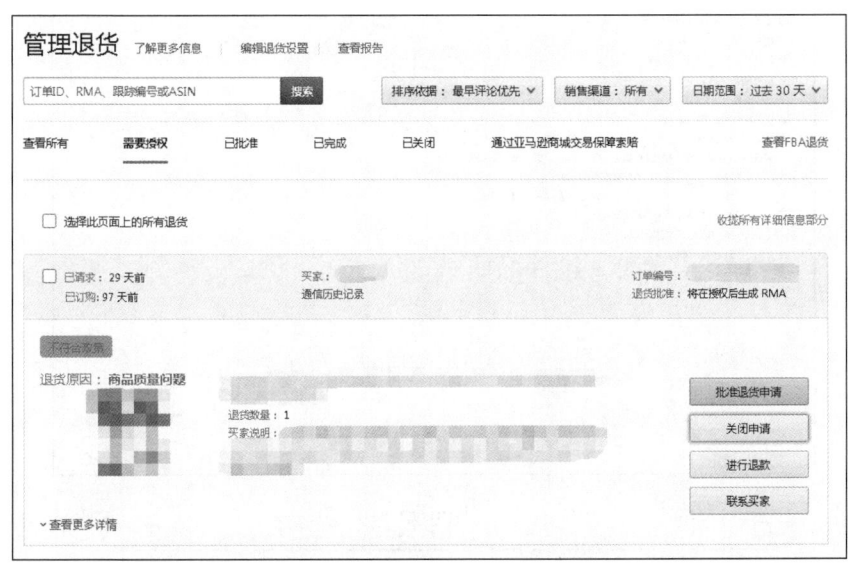

图9-46

"管理退货"页面上的各个按钮说明如下：

- "联系买家"（Contact Buyer）：遇到退货纠纷时，我们的第一反应一定是要联系客户。客户提交退货申请肯定是有不满意的地方，这些不满意的地方我们可以通过退货原因和买家评论了解一个大概内容，但是要在深入了解问题的同时和客户协商解决问题才是我们的最终目的，沟通是我们解决问题的第一步，沟通好了或者沟通未果，我们要根据具体情况采取下一步动作。
- "批准退货申请"（Authorize Request）：如果卖家觉得货值不大，或者退货麻烦，可以不要退货，直接退款给客户。但如果卖家决定要客户把货物退回，那么请一定要记住：收到退货了才给客户退款，否则有可能"钱货两空"。
- "关闭申请"（Close Request），即取消退货申请。一般这种操作是卖家与买家双方协商一致的解决方案，买卖双方都可以选择取消退货申请，但是这是基于双方沟通后协商一致的结果，而不是单方面的任意取消，卖家取消退货申请是需要填写取消原因的。
- "进行退款"（Issue Refund）：单击"进行退款"按钮，将订单的款项如数退给买家。

【情况1】关闭退货申请的操作。

如果买家想要关闭退货申请，在图9-46的基础上，首先单击"关闭申请"按钮，就会进入如图9-47所示的页面，选择一个关闭退货申请的理由，然后单击"关闭申请"按钮即可。

【情况2】同意退货申请的操作。

如果买家同意退货，在图9-46的基础上，首先单击"批准退货申请"按钮，就会进入如图9-48所示的页面，直接选择图中勾选的两项，亚马逊会发一份关于退货的邮件给客户，客户退回货物的时候需要把邮件中的Label打印出来塞到退货的包裹里面，这两项大家直接按照

图 9-48 中所示的固定选择即可。

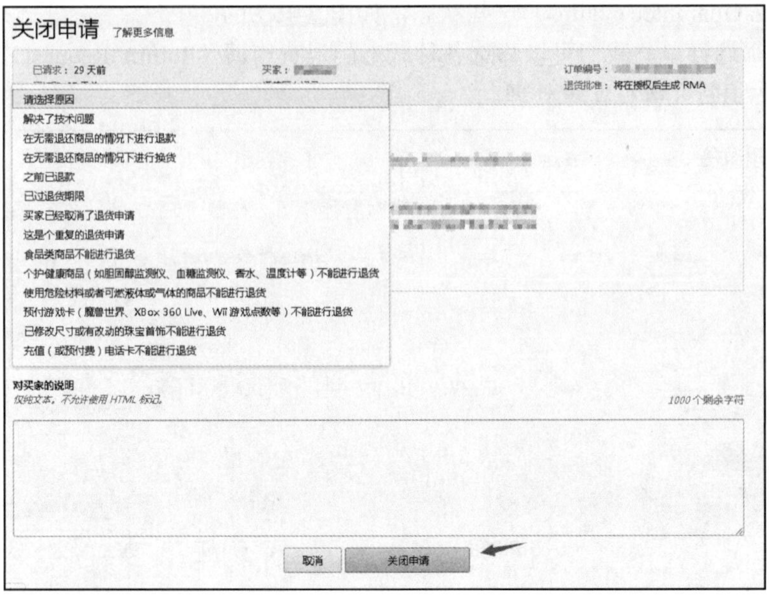

图 9-47

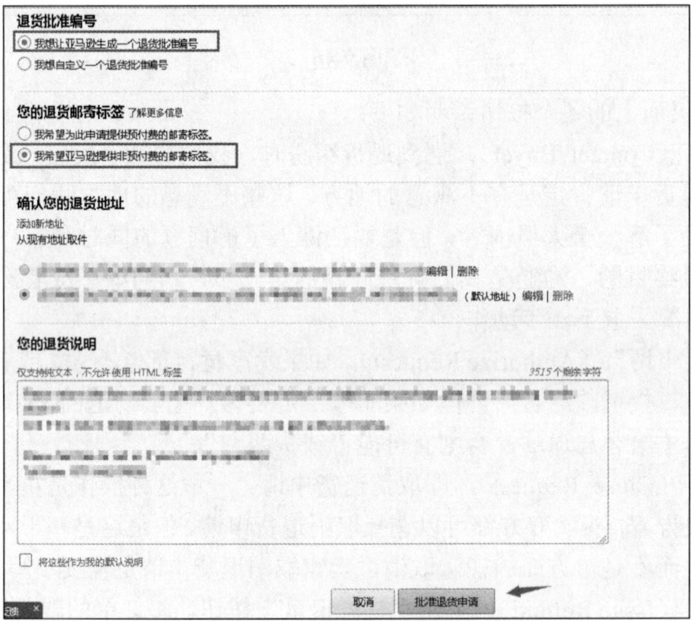

图 9-48

9.3 海外仓

近年来,海外仓一直是跨境电商卖家所热衷的模式。海外仓可以有效地规避物流高峰塞车。以圣诞节、万圣节等国外节日为例,货物、包裹集中在节前后大量发货,国际物流商一时难以将超负荷的货量全部发走，导致货物囤积，极大地影响货物的发货时效。如果采用海外仓，就可以按往年同期销售或者销售预计来预算未来一段时间的销售量，将部分货量提前发货至海外仓库，有效地规避因物流塞车带来的种种恶性循环。

海外仓分三种：第三方海外仓、定制海外仓、自建海外仓。后两种海外仓，卖家必须自身拥有一定实力才可以考虑，特别是资金实力。通常情况下，卖家使用海外仓大多是借助第三方海外仓。

9.3.1 第三方海外仓

第三方海外仓，即第三方海外仓储服务。它是指由物流服务商独立或共同为卖家在销售目标地提供的货品仓储、分拣、包装、派送的一站式控制与管理服务。卖家将货物存储到当地仓库，当买家有需求时，第一时间做出快速响应，及时进行货物的分拣、包装以及配送。

相比 FBA 与卖家自发货，第三方海外仓的优势如下：

（1）第三方海外仓可以给卖家提供头程清关服务，有的甚至是包含代缴税金、派送到仓的一条龙服务。第三方海外仓和 FBA 一样，需要提前在海外仓库备好货。但是相对于 FBA 来说，第三方海外仓是可以提供头程清关服务的。

（2）更低的仓储物流成本。海外仓也可以提供货品仓储、分拣、包装、派送的一条龙服务，综合费用成本比 FBA 低很多。

（3）灵活性相对 FBA 会强很多。第三方海外仓一般都是和国内物流商合作的，国外仓库都有华人驻守，沟通起来方便快捷。第三方海外仓没有平台限制，无论在哪个平台售卖，都可以使用第三方海外仓。

（4）海外中转。海外仓还可以作为海外中转仓库，特别是旺季时候，有些卖家出现亚马逊平台断货，如果第三方海外仓有货，可以直接从海外仓调拨到 FBA 仓，节省从国内发货的时间，及时补足库存。

（5）关于退换货商品，如无质量问题，第三方海外仓可重新更换标签或者重新包装，再次上架销售，减少损失。

（6）相对于 FBA 来说，第三方海外仓对于商品的限制和包装没有那么严格，而且对于外箱有破损的，海外仓还可以在收取一定费用的基础上帮忙换箱。

虽然第三方海外仓有着上述种种优势，但与亚马逊 FBA 相比，海外仓服务商不具备亚马逊的服务优势。亚马逊可以给卖家的商品在平台上增加曝光度，但使用第三方海外仓，卖家需要自己做站内外的推广来增加店铺的业绩。此外，由 FBA 所导致的任何中差评，亚马逊都会移除，卖家无须操心，而使用海外仓所引起的中差评，海外仓不一定能提供售后与投诉服务，就算提供了，也不一定能够成功消除客户留下的中差评。

9.3.2 选择海外仓需要考量的因素

卖家在借助第三方海外仓时，也要综合考量第三方海外仓多个方面进行选择。

（1）考量服务商系统的处理能力，是否可以支撑卖家的单量，是否可以帮助卖家做一些基本的数据分析。

（2）考量海外仓的整体仓储服务水平。比如卖家的订单需要当天发货，第二天或第三天才发货的话就会影响卖家账号的表现。有些海外仓服务商号称自己海外仓有大量员工处理发货，实际上在海外也就几个人，尤其是在美国和欧洲国家，劳动力成本高昂，且工作观念不同，当地员工可能每两个小时就需要休息一次，没有紧迫感。同时因为地域和时间的差异，国内的卖家也不方便实时沟通。如果出现订单丢失，甚至一整批货丢失，卖家连补货都来不及，对销售将会产生非常大的不良影响。

（3）考量海外仓服务商的退换货服务。会不会提供一些退换货的辅助服务，如贴换标、质检、盘点等。

除了以上三个方面，保证货物的安全性，包括清关的时效，以及合规化程度等方面也都是要考量的。

在尾程派送上，第三方海外仓的渠道基本是美国 USPS、英国皇家邮政及其他的本地快递公司。因此，尾程方面，只要能在时效和仓库出货效率上达到要求，基本差别不大。

最后需要说明的是，在物流的选择上，卖家可以有 FBA、FBM 以及海外仓等多种选择，但在实际运营中，真正存在考验的并不是物流的选择，而是企业的生产能力、供应链韧性和质量控制。坚持以推动高质量发展为主题，提升国际循环质量和水平，加快建设现代化经济体系，着力提高全要素生产率，着力提升产业链供应链韧性和安全水平，这既是二十大的精神导向，也是跨境电商能持续健康发展的内在要求。

【本章小结】

本章介绍了亚马逊物流（FBA）、卖家自发货（FBM）及海外仓三种物流方式的优缺点，并详细介绍了卖家通过亚马逊物流（FBA）和卖家自发货（FBM）方式在亚马逊平台上发货的各种操作流程。

【进一步阅读资料】

你不可不知的亚马逊全球物流"入门"绝技

2019 年，秣马历兵的上半场已经结束，收割利润的下半场马上开始！

对于大部分卖家来说，下半年的旺季也要开始准备了。接下来的时间里，备货、出货的规模和频次会明显上升。另外，FBA 从 7 月 1 号开始会按照新的库存绩效指数（Inventory Performance Index，IPI）给卖家分配库存。这些都对卖家的供应链管理提出了更专业的要求，特别是在繁忙的旺季，卖家需要简单、高效和稳定的物流解决方案以便做到更加精准地对库存进行管理，控制成本，前端销售做贡献。

亚马逊全球物流凭借亚马逊覆盖全球的物流服务网络，加上丰富的操作经验和专业的海外团队，可以为出口卖家提供境内境外无缝对接、全程可控的一站式物流服务。除此之外，亚马逊全球物流还为卖家提供了独家绝招：免费锁仓和快速入仓。

1. 免费锁仓，化零为整

目前，免费锁仓服务的基本规则是：通过亚马逊全球物流出运货物的卖家可以享受免费锁仓服务。锁仓范围包括：

- 标准货物锁到美西运营中心 ONT8 / LGB8 其中固定的一个。
- 非标准货物锁到美中运营中心 IND2 / IND5 / MDW6 / MDW9 其中固定的一个。
- 超大件货物锁在美中运营中心 MDW8。

在锁仓方向一致的情况下，这些货物就可以被统一安排、统一出运，以达到降低运费单价的目的。

除了美国的固定收货仓库，国内有9大集货城市（上海、宁波、深圳、广州、香港、厦门、北京、天津、青岛），这些地点并不是随便选的，这几个集货地都是客户出口量比较集中的地方，同时也都靠近自贸区和保税港，便于交通运输。

其实，亚马逊全球物流涵盖FBA入仓前的头程服务，中国出口卖家的货物只要交付到了亚马逊手上，就只需要等待商品运输到销售地点了，这将帮助中国出口卖家更好地开拓各国市场，并解决包括跨境监管、税收、语言、货运和支付等多重壁垒，将商品全面覆盖到各个国家。

2. 快速入仓，临门一脚

亚马逊全球物流的客户还享有独特的"优先预约"权，能够让货物"快速入仓"。实践证实，相比于其他物流服务商，"快速入仓"服务能够让卖家的货物提前近一周入仓。特别是在销售旺季，可以确保货物快速及时地入仓，避免因旺季爆仓长时间排队等候而错过黄金销售机会。

针对中国出口卖家的物流痛点，亚马逊全球物流可为客户提供免费锁仓及快速入仓服务，这不仅去掉了货代、转运等零散的中间环节，更为卖家大大节省了时间成本和资金成本。目前，全球开店的用户可以通过招商经理申请亚马逊全球物流，也可以拨打亚马逊物流电话400-910-5669或给官方发邮件咨询（contact-us-agl-cn-sales@amazon.com）。

（资料来源：亚马逊全球开店，https://gs.amazon.cn/agl.html）

【练习与思考】

1. FBM和FBA的区别是什么？
2. 对于卖家而言，使用FBA有哪些优势？
3. 什么是原装发货和混装发货？原装发货的标准是什么？
4. FBA头程发货时，外箱和商品各需要贴什么标签？
5. 什么是FNSKU？
6. 什么是FBA头程？列举几种头程运输的方式。
7. 对于自发货商品，亚马逊对物流的要求是什么？

第 10 章▶▶

跨境电商支付

【学习目标】

1. 了解亚马逊平台的买家支付方式
2. 了解亚马逊平台的卖家收款方式
3. 理解并掌握使用工具进行收款的流程

【思维导图】

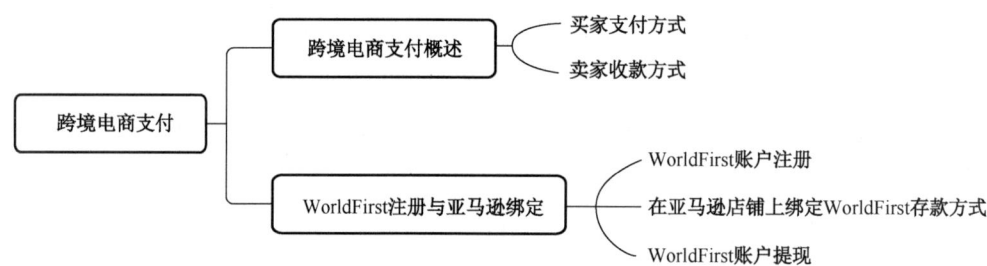

【导入案例】

近年来，随着跨境电商的蓬勃发展，跨境电商支付行业也经历了野蛮生长的时期，各家在费率上一降再降，甚至有些采用 0 费率，试图以此争夺更多的卖家，抢占更多的市场份额。此外，随着跨境电商行业的不断迭代升级，企业需求越来越多样化。跨境支付服务商已经不仅仅满足于提供收款这样简单的服务，而是更多地参与到跨境电商流程的方方面面，比如供应链金融、海外仓储物流、保险、税务等。

宁波某跨境电商公司财务小李负责公司店铺的收款，兢兢业业的她每天总是想着如何为公司节省财务成本，而她正是各家跨境电商收款服务商希望争取的对象，经常会有不同收款服务商的销售代表来公司拜访，根据店铺月收款流水谈各种优惠方案，各家也都给出了十分具有吸引力的费率和配套服务方案。

在过去的一年多时间里，小李基本上把自己手头负责的店铺的收款在各家主流跨境收款方都换了一遍，她认为只要有更好的费率和优惠，每一次更换都是实实在在的成本节约。有一次她把刚更新收款账号还没半年的一个主店铺进行了切换，第二天上班，公司运营反馈主账号登录不上去，提示密码错误，在多次修改完密码成功登录后，发现店铺竟然被冻结了！

小李赶紧开 Case 询问客服，最后才得知，店铺由于近期的收款方式更换被系统误判为存在账号安全风险，以为被黑客盗号了，为确保卖家资金安全采取了强制移除销售权限的措施。在来来回回申诉沟通一周后，店铺最终才被恢复，但是这一周刚好是"黑五"和"网一"的销售旺季，整个店铺的销售因此受到了极大影响，很多商品的排名因此也出现大幅下降，很难再回到之前的位置。小李也受到了公司严厉的处分，虽然她的出发点是为了公司利益，但却给公司造成了不必要的损失。

从这个案例我们知道，跨境电商收款方式的设置是关系店铺安全的大事，不能仅仅从费率去考量用哪一家，而要综合多方面去评估哪一个收款服务商更适合自己的实际需要，选择正规的、合适的跨境收款服务商。同时要确保店铺收款信息的稳定，切忌频繁切换更改，如果不得不进行更换，要提前联系客服进行登记报备，防止被亚马逊误判而冻结账户。

（资料来源：作者根据相关资料整理）

10.1 跨境电商支付概述

10.1.1 买家支付方式

支付是电子商务的重要环节。在国内，目前的移动支付几乎已经覆盖所有国人。而国外的情况则稍有不同，因为银行体系的完备，国外电子商务交易更多使用银行卡支付，人们使用第三方支付的观念并没有形成，这就造成了国外支付方式的多样化。

作为目前世界上最大的电商平台，亚马逊还没有自己独立的第三方支付，亚马逊支付有多种方式可以完成。

从买家角度而言，只需要有一张带有"VISA"标志的或"MasterCard（万事达）"标志的信用卡/银行卡，就可以完成支付。此外，还可以使用美国运通卡、晚餐俱乐部卡（仅适用于美国账单地址）、中国银联卡（银行卡）、亚马逊商店卡等完成支付。

10.1.2 卖家收款方式

从中国卖家的角度而言，收款方式可以选择用美国银行卡账户、中国香港银行卡账户以及第三方收款工具来完成。第三方收款工具中，Payoneer 与 WorldFirst 成立时间较早，属于老牌支付工具。除此之外，近年来中国本土也出现了一些跨境支付工具，如 Pingpong（成立于 2015 年）、连连支付（成立于 2017 年）和 Skyee（成立于 2018 年）等。表 10-1 中是几种支付方式的对比。

表 10-1 几种收款方式的对比

	Payoneer	WorldFirst	Pingpong	美国银行账户	香港银行账户
手续费[1]	1.2%	0.3%	1%	45 美元/笔	2.5%汇损，亚马逊资金需要强制换成港币
注册费	0	0	0	1～3 万美元（注册美国公司费用）	500~5000 港币（注册香港公司费用）
提现时效	1～3 个工作日	1～3 个工作日	1 个工作日	7 个工作日内	7 个工作日内
支持币种	多币种[2]	多币种[3]	美/日/欧/港	仅美元	需兑换成港币
人民币提现	支持	支持	支持	不支持	不支持
年费	无	无	无	有	有

注[1]：手续费和第三方收款工具的实时政策有关，可能有变化。

[2]：Payoneer 可以为跨境电商用户开设美元、欧元、英镑、日本币种的收款银行账号，收款覆盖全球 200 多个国家和地区。

[3]：WorldFirst 可以为跨境电商用户开设美元、欧元、英镑、日元、加元、澳元、新西兰元、新加坡元、港元、离岸人民币币种的国际收款账户。

卖家需要在安全性、通用性的基础上，结合提现时效和提现费用等因素选择收款方式。目前，美国银行卡的申请资质要求较高，香港银行卡的转款手续费较高，因此选择这两种收款方式的卖家相对较少，Payoneer、WorldFirst、Pingpong 是大部分亚马逊平台卖家更为偏向的选择。如果转账金额较高，卖家也可以通过支付工具方的客户经理争取更低的手续费。

此外还需要注意的是，亚马逊的付款周期是 14 天，即从卖家注册成功之日开始，亚马逊每隔 14 天会将货款打到卖家的收款账户上。新账户的货款会被亚马逊扣留一部分，留待下个周期再将扣留部分转给卖家。

以下以 WorldFirst 为例，说明如何使用第三方支付工具实现与亚马逊店铺的绑定和提现。

10.2　WorldFirst 注册与亚马逊绑定

WorldFirst（万里汇），国内一般简称 WF、WF 卡。WorldFirst 是一家注册于英国的顶级国际汇款公司，成立于 2004 年。WorldFirst 是亚马逊官方推荐的收款方式之一。

2019 年 2 月，万里汇完成了所有权变更，成为蚂蚁金服集团全资子公司。在被蚂蚁金服收购后，万里汇可以和支付宝之间进行无限制、不设交易限额的提现。

10.2.1　WorldFirst 账户注册

【步骤 1】登录 WorldFirst 官网地址：https://www.worldfirst.com.cn/cn/online-sellers/。单击页面上的"注册"按钮，进入注册流程。

【步骤 2】在"请选择您申请的账户类型"页面，选择账户类型和店铺主要经营范围，并单击"下一步"按钮，如图 10-1 所示。此处以个人账户为例。

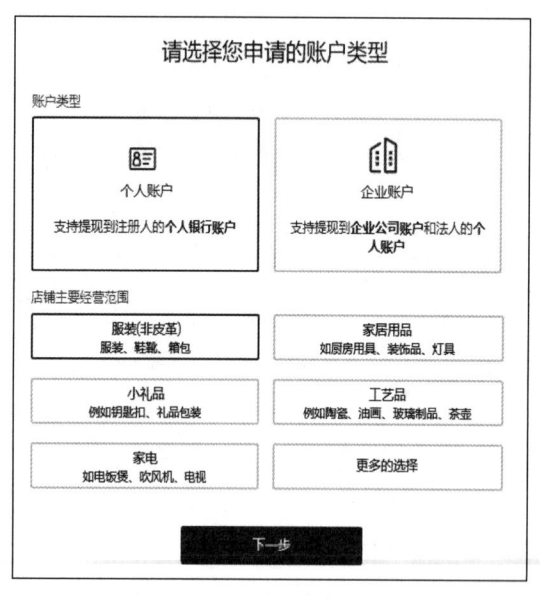

图 10-1

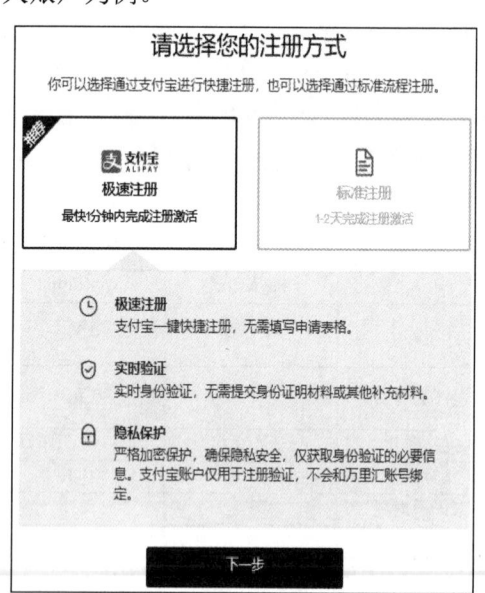

图 10-2

【步骤 3】在"请选择您的注册方式"页面（如图 10-2 所示），如果选择"支付宝极速注册"，则无须填写申请表格，实时完成身份验证。单击"下一步"按钮，进入支付宝登录页面，如图 10-3 所示。

图 10-3

【步骤 4】使用支付宝登录后，进入"授权完成创建万里汇 WorldFirst 账号"页面，如图 10-4 所示。其中，电子邮件和手机号码均来自支付宝的授权。

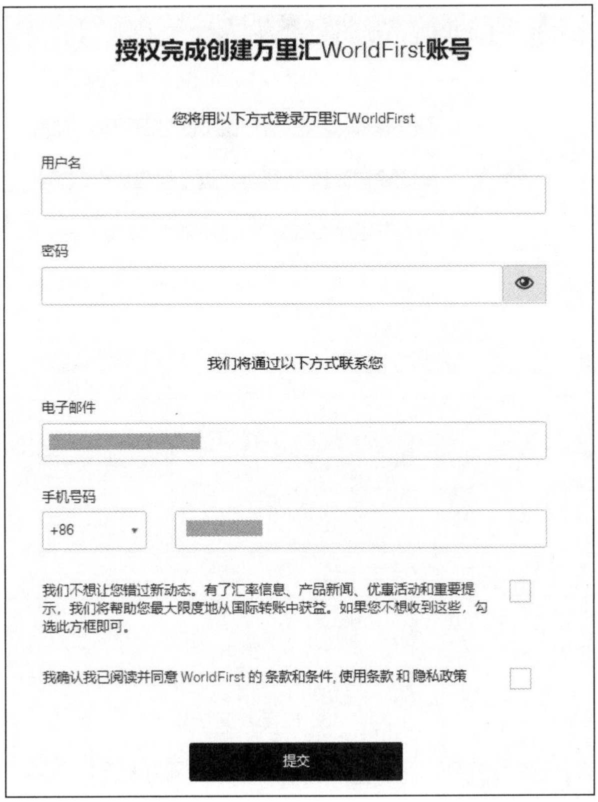

图 10-4

【步骤 5】设置用户名和密码，勾选相关协议，单击"提交"按钮，进入如图 10-5 所示页面。随后，WF 客服（中国香港电话）将打电话进行确认，验证完相关信息才算成功开通。

第 10 章 跨境电商支付

图 10-5

10.2.2 在亚马逊店铺上绑定 WorldFirst 存款方式

完成电话确认的 24 小时后,便可登录 WorldFirst 账户,此时才算成功开通。下面以美国站为例,说明如何将 WorldFirst 设置为亚马逊收款账户。

【步骤 1】登录 WorldFirst 账户,在首页的 USD 账号下单击"查看账单"按钮,如图 10-6 所示。

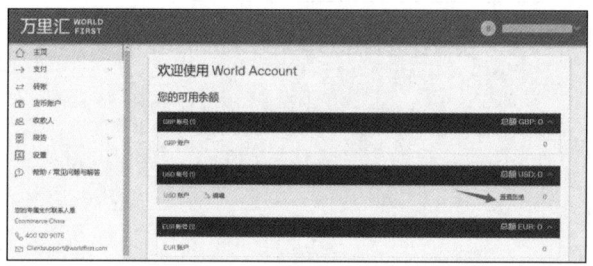

图 10-6

【步骤 2】记录下账户页面上出现的 9 位汇款路径号码、银行账号,如图 10-7 所示。

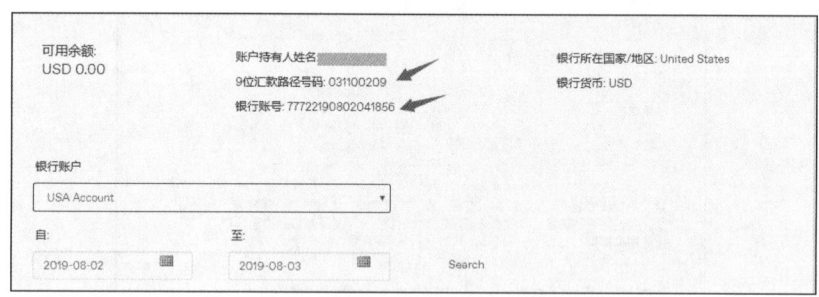

图 10-7

【步骤 3】登录亚马逊卖家平台,单击"设置"→"账户信息"→"存款方式"按钮,如图 10-8 所示。

【步骤 4】在"存款方式"页面上,单击"添加新的存款方式"按钮,如图 10-9 所示。

【步骤 5】在"添加新的存款方式"界面(如图 10-10 所示),填写账户持有人姓名、9 位数的银行识别代码、银行账号,即可设置新的存款方式。

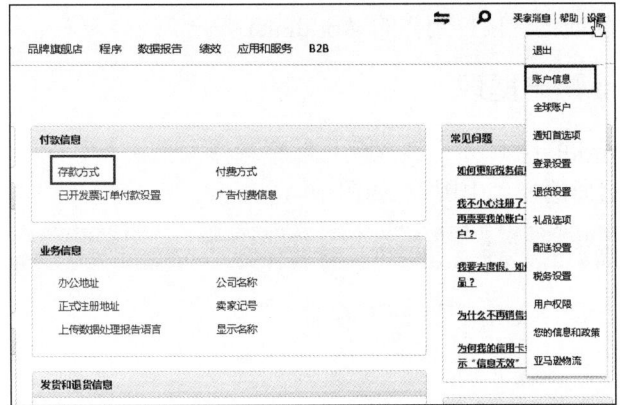

图 10-8

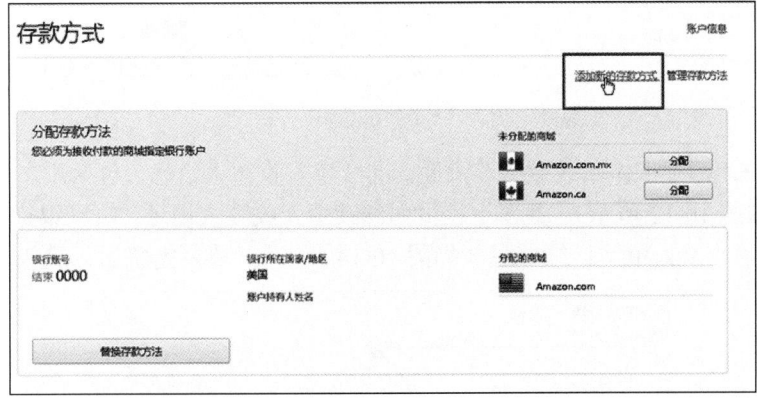

图 10-9

图 10-10

第 10 章 跨境电商支付

此后,亚马逊的款项将直接打到你的 WorldFirst 账户。

10.2.3 WorldFirst 账户提现

【步骤1】登录 WorldFirst 账户,在左侧导航栏选择"收款人"→"创建新收款人",并在"收款人国际/地区"页面选择"中国",如图 10-11 所示。

图 10-11

【步骤2】在"添加或编辑收款人"页面,继续填入收款人信息,包括账户货币(人民币)、收款人名称(如图 10-12 所示),并在下拉页面继续填入收款人地址,收款银行名称、账号(如图 10-13 所示),收款人中文详细信息(如图 10-14 所示),填写完整后,进入下一步。

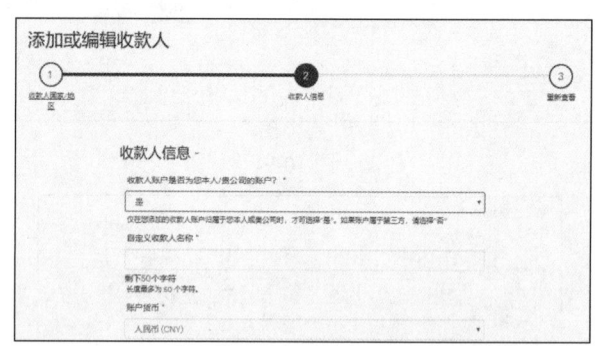

图 10-12

图 10-13

【步骤3】在"重新查看"页面进行信息的检查并确认,完成收款人创建。

【步骤 4】在左边的菜单栏中选择"支付"→"进行支付"选项,选择对应的账户,如图 10-15 所示。

【步骤5】从已经创建好的收款人账户中选择支付对象,输入转账金额和预约交易日即可,如图 10-16 所示。

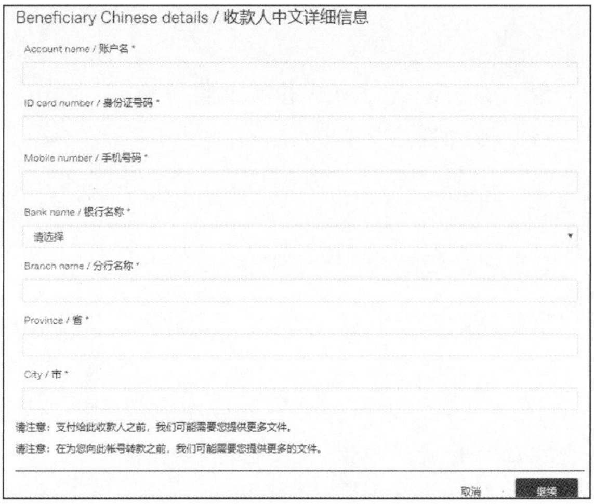

图 10-14

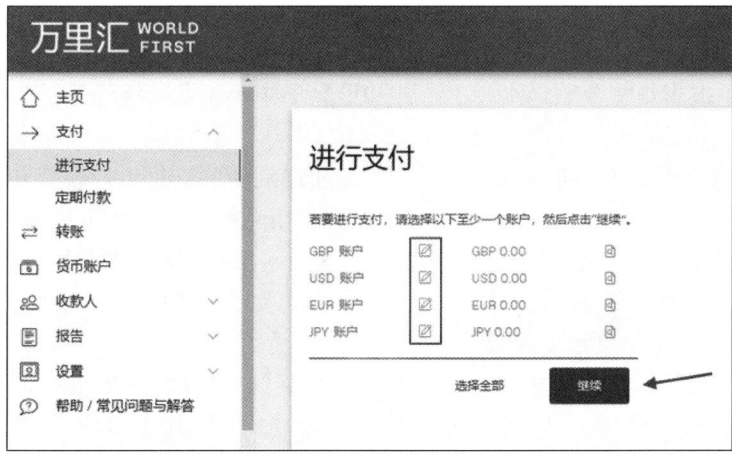

图 10-15

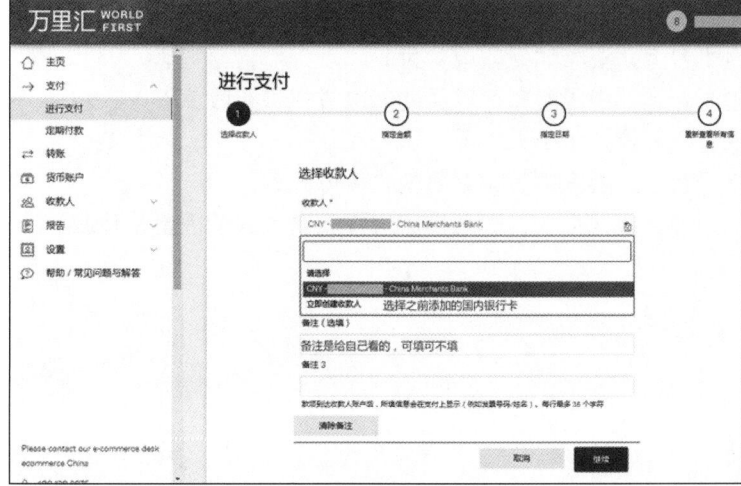

图 10-16

第 10 章 跨境电商支付

【本章小结】

本章介绍了亚马逊平台上的买家支付方式和卖家收款方式。此外，本章以 WorldFirst 为例，介绍了收款工具的注册、与亚马逊绑定收款的流程。

【进一步阅读资料】

出海记：蚂蚁金服全资收购英国 WorldFirst

中国金融服务巨头蚂蚁金服收购了英国跨境支付企业万里汇（WorldFirst），全球化战略再进一步。

2019 年 2 月 14 日，英国跨境支付公司万里汇完成所有权变更，成为蚂蚁金服集团子公司。这意味着双方交易顺利通过必要的交易审批，已完成交割。

WorldFirst 创始人兼 CEO 乔纳森·奎因（Jonathan Quin）当天通过电子邮件向客户宣布了上述消息，强调 WorldFirst 提供给全球用户的产品和服务保持不变，并期待与支付宝的强强联手，更好地服务全球小微企业。

有外媒报道称，蚂蚁金服为此次收购付出的对价约是 7 亿美元。2 月 15 日，蚂蚁金服方面回应称："暂不披露具体金额，实际上，并购给全球中小企业跨境经营带来的长远价值远大于此。"

WorldFirst 成立于 2004 年，总部位于伦敦，通过创新的支付生态系统向从事国际贸易的用户、小企业和在线商户提供服务，是英国第三大外币兑换公司，为全球 66 个网上销售平台服务，也是亚马逊官方的战略合作伙伴，目前拥有 8 万多活跃客户，年交易量超过 100 亿英镑。2010 年 WorldFirst 进入中国，提供国际电商平台收款及结汇服务，为电商卖家提供美元、欧元、英镑、日元、加元和澳元收款服务。

事实上，WorldFirst 与阿里巴巴之间的合作早已展开。比如，WorldFirst 已经与阿里巴巴旗下的 Lazada 合作，为印尼、马来西亚、菲律宾、新加坡和泰国的商户提供国际支付服务。

（资料来源：搜狐网，http://www.sohu.com/a/341962304_120114341）

【练习与思考】

1. 在亚马逊平台上，买家如何完成支付？
2. 在亚马逊平台上，中国卖家可以借助哪些方式进行收款？
3. 亚马逊的付款周期是多少天？
4. 在亚马逊平台上，卖家可否频繁更换收款方式？
5. 从卖家的角度，谈谈你认为影响卖家选择收款方式的因素是什么？

第 11 章

亚马逊客户服务

【学习目标】

1. 了解亚马逊客户服务的工作内容和职责范围
2. 理解并掌握客户服务的沟通技巧

【思维导图】

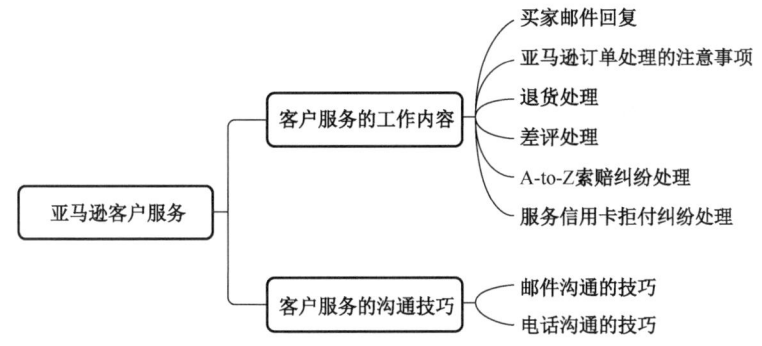

【导入案例】

一天,运营人员小王在操作店铺的过程中,发现后台绩效模块中有一个买家发起的chargeback(服务信用卡拒付)。根据亚马逊平台规则,信用卡拒付属于卖家绩效中订单缺陷率的考核内容,而且订单缺陷率在考核时间段内不能超过1%,所以遇到这种情况要及时解决。小王发现问题之后立即查询相应的订单,但这个订单已经发货了,如果不及时处理,一旦超过亚马逊平台规定的卖家申诉的时效(7天),小王不仅会财货两空,店铺绩效也会受影响。于是,小王发邮件联系买家,积极地与买家沟通,但不幸的是,一直未收到买家的回复。于是,在申诉时效到期之前,小王向亚马逊平台提出申诉。在向亚马逊提交了运单号、发货时间等一些细节资料作为证据后,小王最终申诉成功,买家的拒付请求不成立。通过申诉,小王不仅挽回了损失,而且维护了账号的安全。

本案例中,小王认真、及时地去处理和维护店铺的绩效指标,从而保证了店铺长期良性的健康发展。之前,我们讲过亚马逊平台为确保用户良好的购物体验而"重买家,轻卖家"的经营理念,本章将介绍亚马逊的客户服务(简称"客服")体系,解读如何做好客户服务工作。

(资料来源:陆金英,祝万青,王艳.跨境电商操作实务(亚马逊平台)[M].北京:中国人民大学出版社,2018)

11.1 客户服务的工作内容

亚马逊推荐卖家使用 FBA（亚马逊物流），如果卖家采用 FBA 方式发货，客服和退货工作都由亚马逊来完成。

如果卖家采用的是自发货方式，客服和退货工作都由卖家自己来完成。因此，本章的客服工作仅针对卖家采用自发货的情况。

跨境电商卖家想要留住客户，提升客户满意度，让客户主动推荐所购商品给身边的人并成为回头客，提供优质的客户服务至关重要。反之，如果客服能力差，工作效率低，无法及时解决客户的问题，则会造成客户的流失。此外，客户服务可以创造产品或服务的差异化，提高企业的核心竞争力，延长产品的生命周期并且产生附加价值。

客服人员的职责包括：与客户沟通，处理买家邮件；自发货订单处理；催评；错、漏、缺、损等问题处理；退货订单处理；索赔、差评处理；跟卖警告；平台沟通等。

自发货订单操作和订单退货操作已在此前的章节中介绍过，此处不再赘述。此处着重介绍买家邮件回复、退货处理、差评处理、索赔纠纷处理。

11.1.1 买家邮件回复

1. 日常的买家消息回复

日常客服工作，首先就是买家消息的回复。登录卖家中心，可以在首页上方找到"买家消息"入口，如图11-1所示。这是运营人员每天需要监视的一个板块。

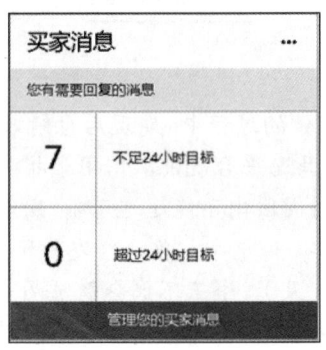

图 11-1

虽然从2018年10月1日起，亚马逊删除了原本账户绩效指标里的买家联系响应时间（Contact Response Time）一项（在原本的账户绩效指标里，亚马逊规定买家消息 24 小时内回复次数>90%；延迟回复≤10%），但从目前的实际运营来看，如果消息回复超过 24 小时的次数过多，仍然会影响账户绩效。

特别是在春节等一些节假日里，一定要安排人员轮流负责消息的处理，以免因为未及时回复消息影响绩效。

2. 回复买家邮件的步骤

【步骤 1】及时查看买家邮件。卖家可以在卖家中心首页的"绩效"→"买家消息"页面点击查看买家邮件，如图 11-2 所示。亚马逊将买家邮件和卖家邮件合成消息页面，以方便消息的查看。卖家也可以进入邮箱来查看和回复买家的邮件。消息页面的左边一栏是按主题展示的列表，并以红字形式显示消息的到期时间（以 24 小时为限）。

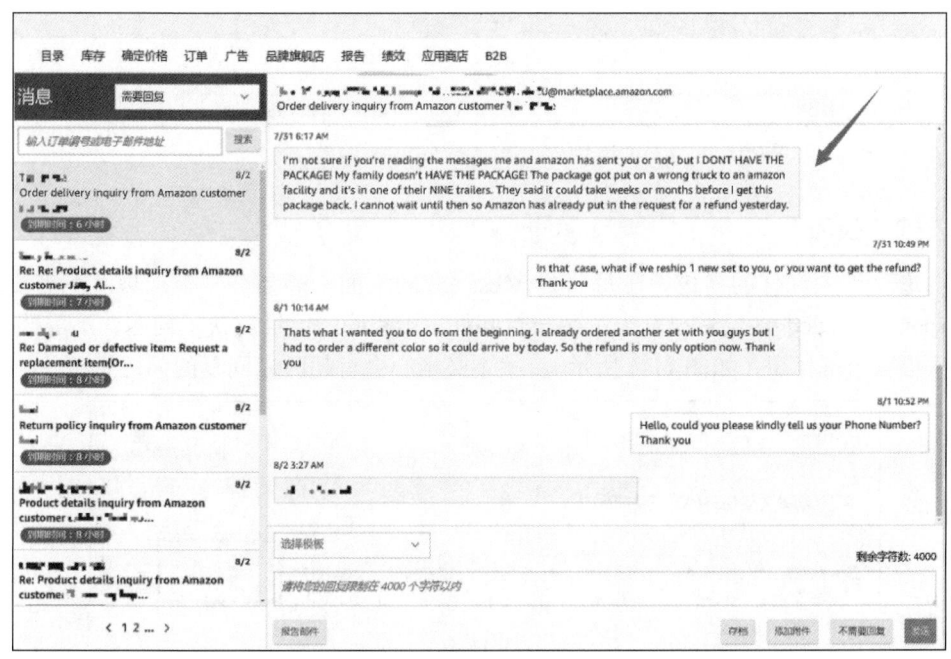

图 11-2

【步骤 2】分析买家邮件内容。卖家可以看到买家邮件的详细内容。卖家需要有针对性地分析买家邮件的内容和诉求，提炼出邮件核心内容，即买家想要通过邮件交流解决的问题，如询问商品的价格、商品的相关信息及最近的优惠活动等。

【步骤 3】邮件格式和问候语的应用。一般来说，买家是以口语化的形式来发送消息的，因此，在回复买家的消息时，客服用口语化的措辞，言简意赅地表达清楚回复的意思即可，同时，要注意表达上的礼貌和委婉。回复消息注重的是时效性。

当我们因为有求于客户而主动联系客户时，建议按照一般商务函电的格式要求，在表达核心信息之外，加上一些问候语、礼节性用语。

开头可以使用以下格式：

Dear ××, thank you for your order and we do attach importance to every consumer's experience.（尊敬的××，感谢您的订单，我们重视每一位消费者的体验。）

结尾可以加入问候语和落款，这样显得正式，如：

Best Regards；

Sincerely；

Customer Experience Manager of ×× STORE。

【步骤 4】解决核心问题。回复邮件的核心要点就是内容的表达，解决买家最关心的问题，最终提升买家体验。因此，用简洁而又得体的语言提供解决方案，是回复邮件的核心要点。最后单击"发送"按钮（如图 11-3 所示），就完成了这封售后邮件的回复。

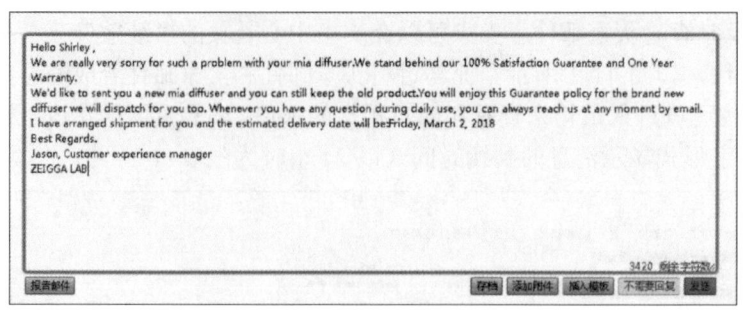

图 11-3

3. 一个小技巧

亚马逊基于人性化的考虑，在每一封 Message 的下面，都会有一个选项"不需要回复"（No Response Needed）。当客户发来了某一封邮件，卖家确定已经解决了问题，不需要再回复时，卖家可以一键标识（如图 11-4 所示），就不必担心会有超时未回复的问题了。

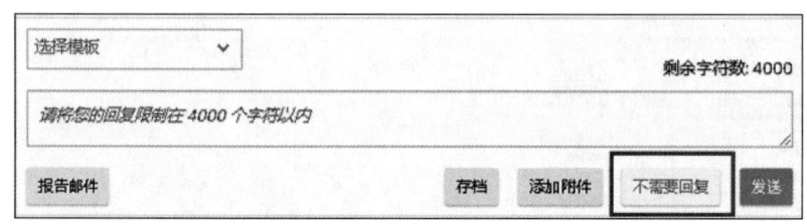

图 11-4

11.1.2 亚马逊订单处理的注意事项

1. 关于发货期限

系统默认发货是 2 天，这个发货时间可以在后台设置，如果超过设定的发货时间，将会影响及时发货率。同时，必须在订单日期 30 天内向亚马逊确认订单发货。否则，亚马逊将自动取消订单，而且即使卖家已配送订单，也不会获得付款。在第 30 日截止日期前一周，卖家可以在"管理订单"中看到一条警告"请在××××之前确认发货，以避免订单被取消"，接着会收到电子邮件通知。

2. 关于订单的处理

以下是关于订单的几个常见问题及处理方法。

（1）如果在尚未发货（或没有点击"确认发货"）时买家提出取消订单，怎么办？

处理方法：联系买家，询问导致其想退货的具体原因。如果买家明确表示要求退货，一般给予退货处理。

（2）如果买家只是以邮件形式要求取消订单，并未取消订单，怎么办？

处理方法：联系买家，咨询其想取消订单的原因。如果买家执意取消或者没有回复，并且开了取消订单的申请，就在订单处理页面单击"取消订单"按钮，取消原因选择"买家取消"就可以了，这样不会影响卖家绩效。

(3) 如果已经点击"确认发货",但是商品还没有寄出去,买家提出退货申请,怎么办?

处理方法:联系买家,询问其想要退货的具体原因。如果买家愿意先看货,可以先给买家寄货(但可能最终还是会发生退货)。如果买家执意退货,直接在订单管理页面给买家退款即可。

(4) 如果已经点击"确认发货",商品已经寄出去,买家提出退货申请,怎么办?

处理方法:联系买家,询问其退货的具体原因。如果买家执意退货,就让买家拒收(如果买家拒收,物流方不会收取运费),然后在订单管理页面给买家退货。一般是等货寄回国内后再退款,但为了避免差评和亚马逊交易保障索赔,建议尽早退款。退货后退款给客户一般需要3~5个工作日,最终时间以亚马逊转款时间为准。

11.1.3 退货处理

1. 官方退货政策解读

亚马逊规定,平台大多数商品购买30天内可以申请退货。对于买家提出的退货请求,第三方卖家必须提供退货地址、预付标签。当商品价值超过100美元时,要为商品投保。

汽车用品、婴儿用品、收藏品、数码产品、礼品卡、定制产品、危险物品、珠宝和手表等类目不符合30天内可以申请退货的条件(具体以特殊类目要求为准)。具体类目卖家可以查看"Help"(如图11-5所示)下的"Returns"目录(如图11-6所示)。单击"Returns"按钮,可见亚马逊官方退货政策(如图11-7所示)。

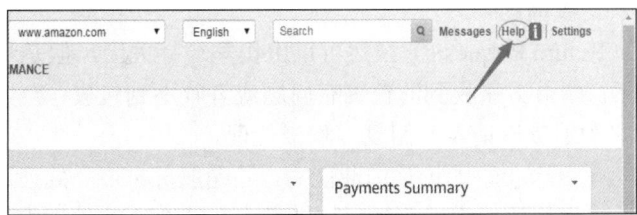

图 11-5

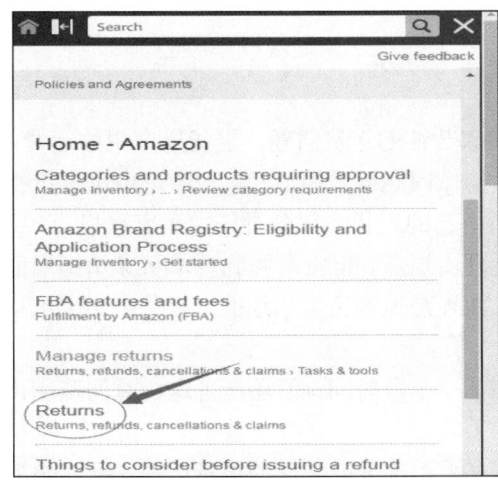

图 11-6

图 11-7

2. 及时处理退货申请

买家有很多种理由发起退货申请,如果卖家不能妥善解决这些问题,可能会导致买家留下低星反馈(Feedback),从而影响绩效指标。在非常重视买家购物体验的亚马逊平台上,根据退货政策,卖家并不占优势。那么,应该如何处理退货问题,降低退货率呢?

(1)了解买家退货的真实原因。

卖家在收到买家的退货申请后,需在 48 小时内回复买家并提供退货地址。因为每个买家退货的原因都不一样,所以,卖家可以先与买家进行站内短信沟通,了解买家退货的真实原因。

(2)针对性地解决退货问题。

买家的退货请求(Return Requests)虽然可以由卖家自行关闭,但是最好的方法还是双方协商处理。一般情况下,如果买家收到的包裹有问题或者收不到包裹,会先使用站内短信联系卖家。卖家需要对买家的退货申请及时回复,积极处理。

卖家在退货沟通这个环节上,无论是沟通能力,还是服务态度、处理速度,都要让买家感觉到自己在很积极地、快速地解决退货问题。如果卖家在这个环节处理得很用心,说不定能感动买家,让买家取消退货申请。但如果卖家已经尽力了,买家非要退货,那么卖家还是应该顺从买家的意思。

3. 运费问题

退货过程中,会涉及卖家苦恼的运费问题。退货所产生的运费及相关费用由谁承担呢?

(1)由产品质量和发货操作问题导致的退货,一般是由卖家承担相关物流费用。由物流原因导致的产品破损或丢包所引起的退货,部分责任由卖家承担。

(2)亚马逊支持买家无理由退货,但没有强制要求买家承担退回运费。以美国站为例,由买家原因引起的退货申请,如果是退回美国当地的,运费由买家承担;如果是退回中国的,国际物流费则由卖家来承担。

(3)当某个产品被使用了一小段时间,但还在可退货时间范围内,买家提出退货申请,在这种情况下,产品已经是二手状态。出于自身利益考虑,卖家可以和买家协商,提出收取部分产品的损耗费用,或者由买家承担部分或全部的退货运费。不过如果买家坚决不同意,还是要由卖家来承担退货运费及相关费用。

4. 确认退货后产品的处理方式

（1）对产品打些折扣，如果货值小，直接送给买家。

如果买家想要退货，但退的产品可能只是略有瑕疵，并不影响产品的使用，卖家可以与买家协商，给买家打些折扣。即建议买家不退货，且卖家退回部分款项给买家。这种做法，买家不会吃亏，对卖家也有好处。如果产品的货值很小，而退回的运费却比产品价值高很多的话，选择退回会很不划算。卖家不如做个顺水人情，将产品留赠买家，货款也一并退给买家，以此博取买家好感，图个好评。

（2）按发货地址原路退回。如果产品价值比较高，卖家向买家提供退货地址，按照正常的退货流程，让买家将产品退回国内。为了节省运费，卖家可以提醒买家使用指定的运输方式或将产品妥善包装，并附上写有退货信息的小便签以便卖家确认。当卖家收到退回产品，该检测的检测，该换包装的换包装，确认能否二次销售。

（3）退到卖家指定的当地地址。如果卖家在当地有货仓或者其他仓储服务地址，可以通知买家将产品退回当地，这样可以节省国际运费。将货物集中放在当地，如果后期有新的订单，卖家也可以考虑二次销售；或者累积到一定的退货量时，再集中运回国内，批量退回的费用会便宜一些。

（4）直接弃货。如果卖家向买家核实后，发现产品确实有质量问题或已遭到破坏，没有再退回来的必要，卖家可以选择直接弃货，并将货款全部退还买家。

11.1.4 差评处理

收到差评的情况通常有以下几种：没有沟通直接留评价的、沟通不畅造成彼此误解而留评价的、退款后依然留了评价的。

面对以上情况，卖家要做出有针对性的、全面的分析，有的放矢地和客户进行沟通。

如果是自身问题导致的差评，那么卖家应主动联系客户，解决评价所涉及的问题。卖家要在收到差评后的第一时间联系客户，在联系的邮件中，卖家的态度一定要诚恳，同时针对问题给出解决方案。如果客户是对产品质量不满意，卖家可以主动提议给予客户退款或重新补发等解决方案，卖家的提议要围绕评价内容展开，同时要尽量提供给客户超预期的解决方案，以达到平息客户不满情绪的目的。只有让客户看到了超预期的解决方案，同时感受到你的真诚，才有可能谅解并协助你修改差评。

这里要特别提醒的是，虽然在实际操作中卖家经常会有需要联系客户修改、移除差评的需求，这也是对改善后续销售最为有效的手段，但是从亚马逊平台规则来看，任何以补偿或给予好处的形式诱导消费者删除、修改评论的行为，都会被判定为违规，涉嫌操纵平台评论内容的真实性，严重的会导致店铺冻结。因此，在与客户交流的过程中，特别是在后台邮件沟通里，切忌出现"删除评论""修改好评"等敏感字眼，因为亚马逊机器人每天都在监测卖家后台违规操作和信息，邮件中的遣词造句要委婉含蓄、把握好尺度，尽快给出让消费者满意的解决方案，并使其自愿删除、修改差评是最理想的结果。

11.1.5 A-to-Z 索赔纠纷处理

1. 什么是亚马逊商城交易保障索赔

亚马逊对购买商品的所有买家实施保护政策，如果买家不满意第三方卖家销售的商品或服务，买家可以发起亚马逊商城交易保障索赔（Amazon A-to-Z Guarantee Claim，简称"A-to-Z"或"A-to-Z 索赔"），保护自己的利益。

2. 买家发起 A-to-Z 索赔的原因

一般情况下，买家在发起 A-to-Z 索赔前都会先联系卖家，告诉卖家自己的真实需求，如果买家不满意卖家服务，提出的问题没有得到解决，买家才会发起 A-to-Z 索赔。买家发起索赔的原因有：买家未收到订单；商品与描述不符；买家已退货，但未收到退款；卖家拒绝退货。

3. 如何处理 A-to-Z 索赔

亚马逊规定，在买家提出索赔之日后 3 天内，卖家需要回复关于索赔的邮件通知。如果卖家不做任何响应，3 天之后亚马逊就会默认买家赢。亚马逊会批准买家的索赔要求，直接退款给买家，同时会根据与卖家的协议，从卖家账户扣除全额索赔金额。

卖家着手处理 A-to-Z，好好与买家沟通是很有必要的。为了使买家撤消索赔，也可以做一些退让，如考虑退全款或部分退款、重发货物、送点小礼物等。

（1）买家自愿撤消索赔，无须申诉。

3 天内撤消 A-to-Z 索赔不计入 ODR，如果经过双方沟通后达成一致，买家愿意直接关闭索赔，则无须亚马逊介入仲裁。如果超过 3 天买家再主动撤销，这单索赔还是会计入卖家 ODR。所以，买家最好能在 3 天之内关闭索赔。

（2）买家不愿意撤消索赔，卖家可进行申诉。

如果卖家多次联系买家，买家却一直不回复，或者买家提出的要求是卖家无法满足的，双方无法协调，那么，卖家可以进入亚马逊发来的索赔邮件通知，点击"Represent to Amazon"，提供自己收集好的资料，让亚马逊介入仲裁。

11.1.6 服务信用卡拒付纠纷处理

1. 什么是服务信用卡拒付

服务信用卡拒付（Service Credit Card and Chargeback）是指持卡人在支付后一定期限内向银行申请拒付账单上的某笔交易，拒付的原因有卡被盗、未收到货物、货物与订单不符、重复扣款等。

拒付情况的产生一般是由于货物与订单不符或未收到货物造成的。而货物与订单不符又与产品质量或者出货前没有认真检查发货有关，一旦买家在收货后有负面反馈，卖家需要积极与买家沟通，拿出一个能解决问题的方案。

服务信用卡拒付和 A-to-Z 不同的是，亚马逊买家可以通过信用卡银行索赔，并由银行再向亚马逊反馈，亚马逊属于中间媒介。

2. 卖家的处理办法

卖家可以通过以下两种方式之一对信用卡拒付索赔作出回应。

（1）立即发起退款，即卖家承认过错。被亚马逊判定为卖家过错的索赔，会计入 ODR，最终影响账户指标。

（2）卖家不同意退款，可以在卖家平台"绩效"菜单中的"信用卡拒付索赔"页面上进行申诉，也可以通过回复亚马逊发送给卖家的信用卡拒付电子邮件来进行申诉。

注意：卖家必须在收到电子邮件之日起 7 个日历日内对信用卡拒付索赔作出回应。否则，亚马逊可能会从卖家的账户中扣除交易金额。

11.2 客户服务的沟通技巧

11.2.1 邮件沟通的技巧

1. 行文规范

以邮件形式沟通，一定要使用规范地道的文本表达，避免以很生硬、很不礼貌的方式与客户沟通，因为这会增加对方的反感，降低成功的概率。

就修改差评邮件来说，不建议卖家通过 Google 翻译等工具翻译之后就直接发出，因为机器语言总是和真实表达以及其中想要包含的语气会有不小的出入，而修改差评邮件往往只有一两次沟通的机会，所以，客服一定要慎之又慎，把握不准的，不妨请朋友代写或者写完后找有经验、有水平的朋友帮忙把关。

2. 有效沟通

一定要记得的一点是，为了修改差评去联系客户，对整个订单的状况一定要非常清楚，对客户一定要礼貌、客气、真诚、不欺骗。同时，联系修改差评的邮件，一般以间隔两天、最多联系三次为宜，如果已经联系了三次，客户依然没有回复，那么基本上可以放弃了，再多联系，就可能让客户觉得是骚扰，进而被投诉到平台，那就得不偿失了。

3. 沟通理念

在沟通理念方面，中国卖家最容易出现的一种思路是：我已经给你道歉了，你为什么还给我留差评？在这里需要提醒的是，无论退款与否，交易中引起客户不满意，都需要从客户的不满意考虑，向客户表示抱歉，即便你将货物送给客户了，款也退了，客户不满意，你依然要表示歉意，要用真诚的语言换取客户态度的转变。

客服的第一要务不是争辩，而是平息事态。当一个客户对产品或者服务不满意时，首先要做的是依据对方的观点进行引导，在平息客户的怒气之后再引导到你想要达成的结果。客服工作要想让客户满意，道歉是首先要做到的事项。

11.2.2 电话沟通的技巧

不要仅仅依靠邮件沟通，打电话也是解决问题的有效手段。

这主要是考虑有些用户没有及时登录邮箱，或者根本没有登录邮箱的习惯，所以可能会没看到卖家发的邮件。但切记不可频繁打电话，客户如果觉得被骚扰会更不好处理。同时，打电话一定要注意时差，不要在客户的休息时间打电话。另外，打电话宜开门见山地说明来意，并且一定要事先准备好要讲的内容，以免电话接通后词不达意。电话中一定要表现出诚意，表示很尊重每一位客户，希望他们能满意所提供的服务，产品有任何问题都可以跟自己联系，保证一定会帮忙解决问题。

【本章小结】

本章介绍了亚马逊平台上客户服务的工作内容，从买家邮件回复、订单处理、退货处理、差评处理等方面给出具体建议。同时，也介绍了邮件和电话的沟通技巧。

【进一步阅读资料】

一个亚马逊卖家的真实遭遇

这是一个亚马逊卖家的真实遭遇。

卖家遭遇的情况是，客户对产品不满意，留了一星的"Feedback"，卖家给客户发了如下的邮件，希望客户能够修改差评。结果是，客户不仅没有修改差评，反而又补加了一条新的"Review"，卖家表示"瞬间觉得太残忍了"，但实际上，问题很大程度上出在卖家的这封邮件中，它无意中造成了客户的进一步不满。

卖家发出的两封邮件如下。

邮件一：

Dear Savanna，

Thank you all the same, I also use iPhone 7 and some of our customer use iOS10. I don't know what happened with this item, but really want to deal with this problem, but I can't see it. Please return it to Amazon. When I received it, we will check what happened and deal with it, but would you mind remove your bad review for me, please, and I also don't want get this item problem. But you know some of electronic products can't be controlled, we sold this item for 1 year. We always try our best to solve any problem and improve our quality for all customers. Please understand me, you know Amazon have very strict policy for products quality. we sold not fake products, just appear one of it doesn't work. Please give a chance. OK？

邮件二：

Dear Savanna，

Merry Christmas! Have you try other iPhone？ Maybe there is some wrong with your iPhone, please try other iPhone. and if you confirm other phone doesn't work all the way, I can send you a new item or refund you, maybe you got one item which doesn't work, but it can't show all of our products can't be worked, please understand me. We will provide our best service and best solution for you. thank you so much. dear Savanna.

这两封邮件都是从解释和辩论的角度，告诉客户自己的产品应该没有问题，客户应该如何进行测试。客户之所以留差评，就是因为已经遭遇了问题，在这个时候，卖家给客户提供的自己产品如何好以及应该如何使用产品的数据，其实在很大程度上是在为自己辩解，就是在告诉客户"你无知，你不懂，你应该如何如何"，没有任何人会觉得自己不行，而这封邮件恰恰把客户置于"我不行"的位置，所以，客户在收到邮件之后进一步留差评也是理所当然的事情。

如果产品价值不高，在联系客户的时候，首先就是要告诉客户："非常抱歉我们的产品质量问题给您带来不便，基于我们为顾客提供100%满意的服务标准，我们愿意给您提供金额退款，或者重发（但为了修改差评的快捷性，一般不建议重发），希望您能够在收到退款后帮忙协助更新一下评价"，等等。当然，有些产品因为功能和使用的不规范性，可能存在部分买家不懂得如何使用的情况，这时卖家可以在邮件的后半部分做出合理的引导和使用说明，但一定不要说产品经过严格的测试,所以不可能存在产品质量问题,以及"我使用了我们的产品没有问题,你一定未正确使用"等这样的解释,无疑是在向顾客说"你是个骗子,这东西你都不会用",这自然会进一步激起客户的不满。

尽管卖家联系客户,并且认真地写了邮件,可以说是很努力的,但是,因为立场问题,导致整个状况向更糟糕的方向发展。整个事件的诱因,无非是卖家在联系客户的过程中,没有站在客户的立场上去看待问题。所以,对于卖家来说,在处理差评修改和账号申诉的时候,一定要学会换位思考,当卖家想明白了对方的处境,在写邮件时自然会考虑对方的感受,如此写出来的邮件,才会更有说服力。

当然,邮件中的标点使用不规范、大小写不规范等,也说明卖家并没有经过系统性的学习和总结,不规范的写法也会给邮件减分不少。

(资料来源:豆瓣网,https://www.douban.com/note/611446903/?from=author)

【练习与思考】

1. 亚马逊规定卖家处理买家消息的时限是多长?
2. 差评的处理方法有哪些?
3. 如果买家提出退货,卖家的处理办法都有哪些?
4. 什么是 A-to-Z 索赔?卖家应该如何处理 A-to-Z 索赔?

【小组任务】

假设卖家刚上的一款新品收到差评(Review),以小组为单位,撰写邮件以争取买家修改差评。

第 12 章

亚马逊账号风险与安全管理

【学习目标】

1. 理解并掌握亚马逊账号状态受到影响的原因
2. 掌握账号申诉的流程
3. 理解并掌握商标查询的方法

【思维导图】

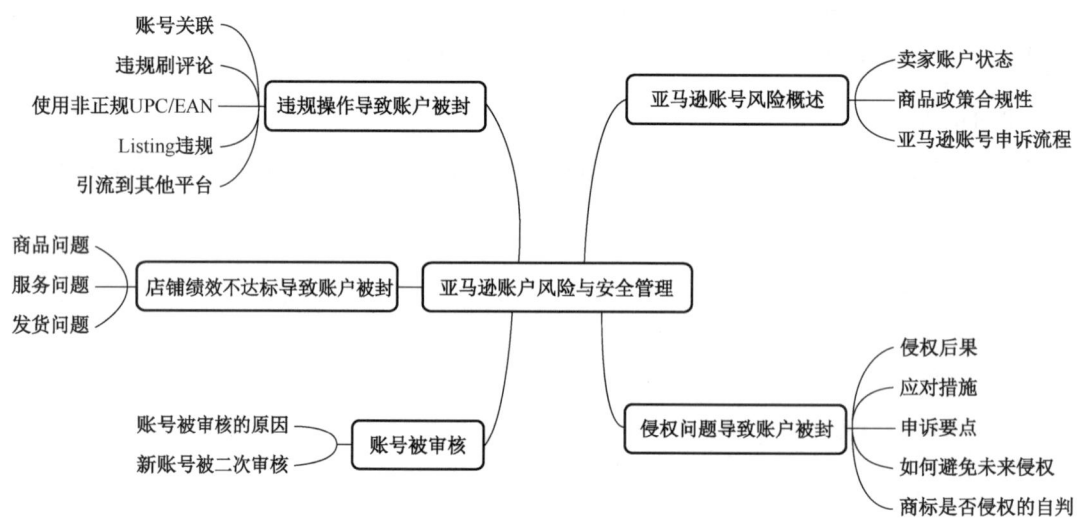

【导入案例】

上个月，Kevin 的账户被冻结了。以下是 Kevin 的经历分享：

"第一天：收到账户冻结通知。

大半夜的，刚和策划组的小伙伴们聚完餐，手机上就收到一则坏消息，我的亚马逊卖家账户被冻结了！看到通知的瞬间，我就想到了从一开始就知道的原则：做亚马逊，就必须得遵守亚马逊的政策。随后我就迷惑了，一直都是规规矩矩地卖货，怎么就被冻结了账户呢？因为已经是半夜，电脑也没在身边，所以我决定先回家，然后睡觉。

第二天：调查和申诉。

睡了三四个小时醒过来，我马上拿出自己的笔记本电脑，并泡了一杯浓浓的咖啡。首先，我查看了一下 Performance Notification，很快就意识到，这次冻结原本是可以避免的。因为几天前亚马逊就发通知说，我们库存里有禁售产品的 Listing。不幸的是，我们的系统出了故障，没能及时收到这个通知。尽管我们把这个 ASIN 放在了禁售列表中，但是并没有删除这个 Listing。于是，我按照亚马逊的指示，开始拯救行动，最后提交了一份申诉。

第三天：等待。

这一整天，我和同事们一直在等待之中，但是一无所获。如果你也有这种时候，一定要继续保持冷静。在等待过程中，我也在继续扩建自己的收入来源，这项计划在刚做亚马逊的时候就有了，毕竟风险那么大，鸡蛋不能都放在一个篮子里。

第四天：账号成功获救。

8月11日凌晨，也就是在账户冻结大约48小时后，我们收到了亚马逊的回复。谢天谢地，这次是个好消息：我们审查了你的卖家账户和行动计划，决定恢复你的销售权限。同时，亚马逊也警告说，如果再次销售禁售产品，可能就会永久移除我们的销售权限了。"

通过 Kevin 的案例，我们总结如下：

1. 重视所有 Performance Notification，并迅速采取行动。
2. 在出现问题时，一定要努力保持冷静，找出解决问题的方法。
3. 找到系统出现故障的根源，以防类似事件再次发生。
4. 按照亚马逊给出的信息，清晰地阐述自己的行动计划。
5. 一定要多备几种收入来源。
6. 当然，在亚马逊上，合规经营，尽量规避风险才是安全经营的有效方法。

（资料来源：雨果网，https://www.cifnews.com/ask/article/1455）

12.1 亚马逊账号风险概述

亚马逊作为美国最大的线上零售电子商务平台，是全球体量最大的跨境电商平台，蕴藏着无限商机。同时，亚马逊也是一个非常注重消费者体验和服务的平台，为了给买家提供更好的服务，亚马逊制定了一套绩效标准，用于规范卖家的行为，如果卖家没有达到指标或者严重超标的话，账户的状态就会受到影响。

除此之外，卖家也不能触碰政策红线，违反政策的后果主要是会收到亚马逊的警告信息，严重的话会导致账户被关停。

目前因为侵权和账户关联的原因被关停账号的，申诉成功的概率较小；因为违规操作（除却账户关联）、店铺绩效的原因被关停账号的，申诉成功的概率较高。

12.1.1 卖家账户状态

卖家账户的状态一般有四种情况。

- 活动（Active）：卖家账户处于正常状态，可以在亚马逊上销售商品，按照正常进度支付款项。
- 正在审核（Under Review）：卖家账户可以在亚马逊上销售商品，但当前正在接受亚马逊的审核，在完成审核前，卖家账户只能接收资金，但无法转出资金。
- 受限制（Restricted）：卖家账户已受限制，可能无法销售某些类别中的商品，或只能销售自行配送的商品。
- 暂停（Suspend）：卖家账户不能在亚马逊上销售商品，资金被暂时冻结。也称为账户被封。

除了账户状态是 Active（活动）不会有提示，其他都属于账户异常状态，在卖家中心主页上方会出现三角号警示，如图 12-1 所示。

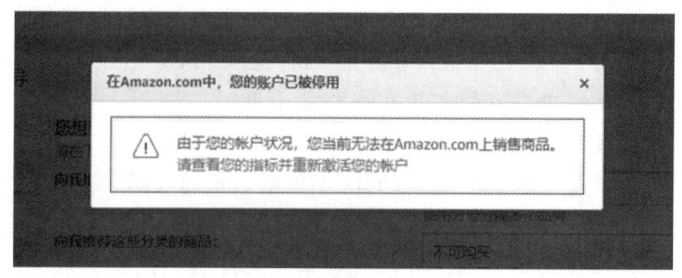

图 12-1

12.1.2 商品政策合规性

近年来，亚马逊愈发严格，除了侵权及账户关联会被关停账户，亚马逊还加大了对违规刷评论、违规合并 Listing 的惩处力度，稍有不慎就可能导致账号被封，卖家付出的心血随之付诸东流。

维护账号安全，关键在于遵守规则。不仅运营人员要懂得维护账号安全，客服和决策人员也同样要清楚这些规则。毕竟，亚马逊账号运营过程中，引发账户被封的风险存在于运营的各个方面。具体细则可参阅亚马逊官方政策（https://gs.amazon.cn/policy.htm）。

查看账户状况的路径为：卖家后台主页→"绩效"→"账户状况"，如图 12-2 所示，分为客户服务绩效、商品政策合规性和配送绩效三块，中间部分即商品政策合规性。商品政策合规性的绩效目标为："没有收到投诉或出现违反政策的行为。"

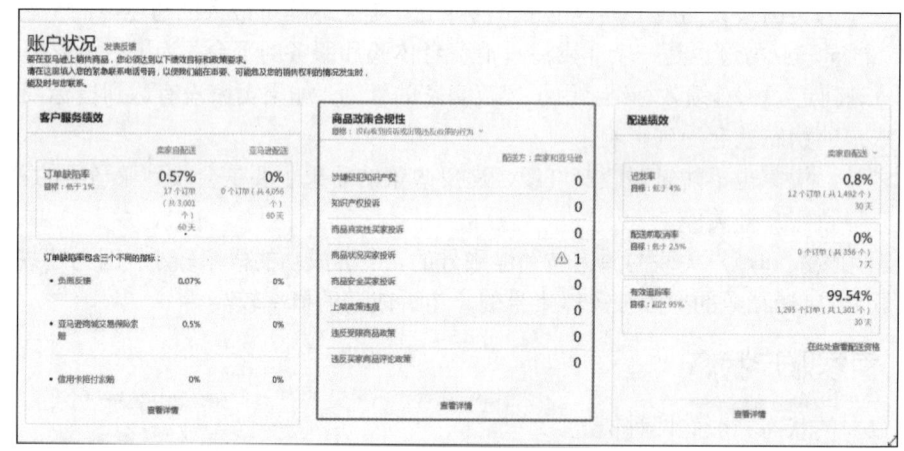

图 12-2

商品政策合规性包含涉嫌侵犯知识产权、知识产权投诉、商品真实性买家投诉、商品状况买家投诉、商品安全买家投诉、上架政策违规、违反受限商品政策、违反买家商品评论政策等指标。单击"查看详情"按钮，可以查看违规详情，如图 12-3 所示。

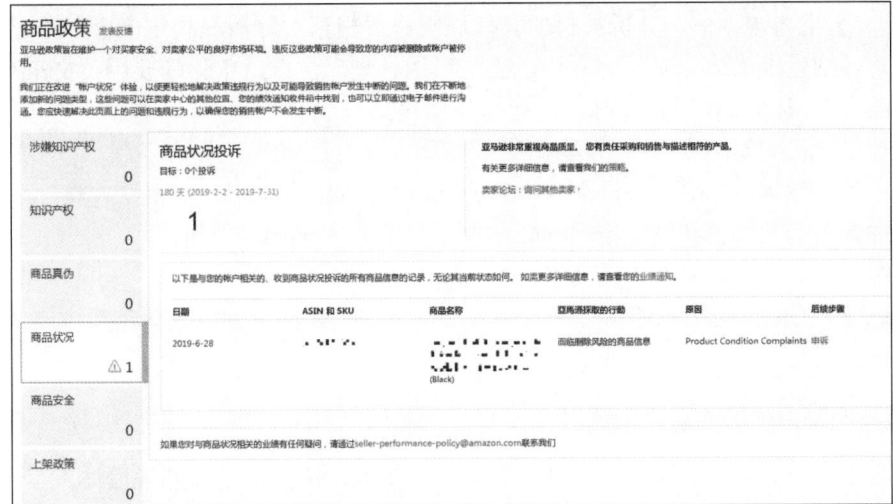

图 12-3

12.1.3 亚马逊账号申诉流程

1. 亚马逊账户申诉流程

卖家如果违反了亚马逊的政策，将收到亚马逊的警告，即"小红旗"，如图12-4所示。亚马逊发的通知邮件里，会告知卖家具体的原因。有一些警告可能不太严重，并不会危及账户，卖家做出相应处理即可。

图 12-4

如图12-4中所示，卖家收到通知：账户已经被移除了销售权限，这就表示账户被封了。

通常，卖家有3次申诉机会，若3次申诉亚马逊都没有直接回复卖家，那么账号就没有机会再拿回来了。所以，卖家要珍惜申诉机会，第一封申诉邮件非常关键，材料不足或逻辑不清的情况下不要尝试无效沟通，避免问题升级。

卖家的账号申诉流程一般有如下5个步骤：

【步骤1】仔细查看亚马逊卖家后台发给你的业绩通知，或者查看注册邮箱的邮件通知。确认被移除销售权的具体原因。亚马逊一般会明确指出账户存在的问题、处罚的结果，并且写明需要卖家做出的改变或行动计划。

【步骤2】找到被封的原因后，内部讨论是不是存在违规操作的环节，以及不符合平台运营逻辑的行为。

【步骤3】准备申诉信,分析被封的具体原因,并根据实际情况制定一个行动方案,列出具体步骤,详细且准确地向亚马逊介绍自己之后的计划。注意,申诉信要用英文来写。

【步骤4】将申诉邮件发给亚马逊。操作步骤包括:

- 登录自己的卖家账户;
- 单击"业绩通知/Performance Notifications"按钮;
- 找到关于卖家权利被撤销的通知,单击"申诉/Appeal"按钮。
- 填写申诉信,并单击"提交申诉/Submit Appeal"按钮。

【步骤5】关注你的注册邮箱,亚马逊卖家绩效评估团队会回复你店铺申诉结果,一般2日内会做出回复。

2. 亚马逊账户申诉流程注意要点

(1)必须在核心问题上陈述、举证,有理有据地表达清楚,千万别说废话。

(2)所提交的内容一定要经得起推敲和检验。亚马逊申诉是美国团队人工审核,必要时会通过中国官网对卖家提供的资料做出筛查。千万不要伪造材料,特别是,千万不要PS材料。

(3)不要病急乱投医,让不专业的人接手处理,只会错失申诉的机会。

(4)不要完全抄袭模板的内容,每个账户都有不同的情况,不能模板化处理。2019年亚马逊的525封号事件中,甚至有卖家因为参考别人的模板申诉被判为账号关联。

12.2 侵权问题导致账户被封

美国是一个非常重视知识产权保护的国家,亚马逊平台也不例外。中国卖家由于知识产权意识淡薄,一旦上传的商品涉及侵权,很容易触发账户被封。目前,平台上因为侵权问题导致关店的占比在90%以上。

亚马逊规定,卖家需维护四类知识产权:版权(Copyright)、商标权(Trademark)、发明专利权(Utility Patent)和设计专利权(Design Patent)。

中国卖家在亚马逊平台上的侵权行为主要有品牌侵权、图片侵权、商品外观侵权三种情况。目前亚马逊平台也存在一些不良卖家,看见某款商品销量大增,便抢先对商品外观进行注册,中国卖家原本合法合规的经营反而成了侵权行为。为此,建议中国卖家一定要提升知识产权意识,以保护自己的合法权益。

12.2.1 侵权后果

一旦涉及品牌侵权、图片侵权、商品外观侵权,或是卖家非法跟卖某个商品,产权所有人或法定代理人可能就会向亚马逊提起诉讼。侵犯知识产权会导致卖家亚马逊账号被审查,资金被冻结,轻则Listing被移除,重则账号被关停。

【案例1】品牌侵权(卖家由于未经品牌官方授权进行跟卖被投诉,亚马逊发出如下通知)

Your Amazon.com selling privileges have been removed

Hello,

We are reviewing your Amazon seller account for the reason(s) listed below. During our review, you will not be able to sell on Amazon.

Funds will not be transferred to you, but will stay in your account while we work with you to address these concerns. You can see your balance and settlement information in the Payments section of Seller Central. If you have questions about those, please write to payments-funds@amazon.com.

In order to sell on Amazon again, please address the following concern(s):

You are offering items that may be inauthentic. A list of these items is provided below:

ASIN: B01AEICVRC

Brand: Spahr Bedding

Title: Spahr Bedding Waterproof Mattress Protector - Hypoallergenic Mattress Cover - Cotton Terry Bed Topper for Dust Mite, Allergy Protection - Noiseless, Cool-Sleeping, Breathable - Twin Size

ASIN: B07DWS3DX4

Brand: HOPPIC

Title: HOPPIC 1.8W Small Solar Water Pump with Different Water Flows, Solar Fountain for Bird Bath Garden Small Pound

ASIN: B07C1GZW9X

Brand: CYLEN

Title: CYLEN Bamboo Infused Luxury Viscose Rayon Premium Hypoallergenic 100% Waterproof Cooling Mattress Protector Vinyl Free Mattress Cover -15 year warranty (King)

Please send us the following information:

– Copies of invoices, receipts, contracts, delivery orders, or authorization letters from your supplier issued in the last 365 days. The quantity of items shown should match your inventory.

– If you are not the brand owner, provide an authorization letter and a complete set of documentation, including authorization letters, to prove a valid supply chain.

– If you are the brand owner, provide a copy of the brand registration certificate, and business license or personal identity card.

– Contact information for your supplier, including name, phone number, address, email, and website.

You can send .pdf, .jpg, .png, or .gif files. These documents must be authentic and unaltered. We may call your supplier to verify the documents. You may remove pricing information, but the rest of the document must be visible. We will maintain the confidentiality of your supplier contact information.

Please send all of the information requested above to：

pq-seller-assessment@amazon.com.

We will review your information and decide if you may sell on Amazon again. If you do not send the required information within 17 days, we may no longer allow you to sell on Amazon.

Learn more about our policies in Seller Central Help:

– Amazon Anti-Counterfeiting Policy

(https://sellercentral.amazon.com/gp/help/201165970)

– Intellectual Property Violations

(https://sellercentral.amazon.com/gp/help/201361070)

- Policies and Agreements (https://sellercentral.amazon.com/gp/help/521)

Sincerely,
Seller Performance Team
Amazon.com
http://www.amazon.com

12.2.2　应对措施

当亚马逊通知卖家存在侵权行为后，卖家要积极应对，应对的具体措施包括：

- 仔细阅读通知，浏览内容指南和防伪政策。
- 找出侵犯知识产品法和亚马逊政策的产品或相关 listing 信息。
- 如果是缺乏品牌授权书，应根据要求提供发票及品牌授权书。一般需要提交正规的增值税发票来证实购货渠道（普通的增值税发票有带店铺网址也可），发票内容需包含供货商名称、地址、电话，以及店铺网址；采购方的名称、地址、电话等信息；内容包含货品名称、数量、金额等；发票日期为 90 天内开具为宜。
- 如果是涉嫌侵权，应联系知识产权所有人，直接与他们对话，通常情况下他们比律师更易交流。如果找不到知识产权所有人，就联系亚马逊在暂停账号通知邮件里提到的法定代理人。
- 请求知识产权所有人或代理人撤销投诉。
- 如果知识产权所有人或其代理人没有回复，那就联系律师帮忙。
- 如果卖家承担得起账号被停的成本，可以等到与产权所有人把事情解决后再写具体改善计划(POA)。
- 写一份行动计划，包括产权所有人同意撤销投诉。
- 如果投诉未撤销，那就给亚马逊提交一份详细的步骤清单，表明卖家和自己的律师采取哪些措施规避未来侵权行为，或证明投诉的不合理性。
- 检查质量管理措施，对员工进行培训，让他们识别易侵权产品和 listing 类型。
- 下架或清理导致亚马逊账号被停的所有库存商品以及禁止在平台销售的商品。
- 向亚马逊提起申诉，并采取以上措施。

12.2.3　申诉要点

当卖家被商标持有者（或专利持有者）投诉侵权时，卖家应对的具体措施包括：

- 第一时间下架侵权商品，不要抱有侥幸心理，并检测整个店铺是否有类似商品，一定要全部下架。
- 联系邮件中给出的投诉者，承认错误乃无心之失，言辞诚恳，告知已经下架所有相关商品，并承诺不再销售他们品牌的商品，同时抄送给亚马逊 notice 邮箱。

卖家的申诉信要点应包括：

- 有进货发票和其他有效证明可以提交作为辅助资料。
- 说明已经在第一时间删除商品并保证不再销售。
- 加大商品品牌/专利/真伪方面的检测，100%确定没有问题才会上架。
- 组建专人团队负责核查商品信息，包括商品的外观、品牌、工厂资质等。
- 提供供应商的联系信息、官网信息，证明有正规的进货渠道。

- 在申诉信中，做出保证不再犯错的承诺。

【案例2】亚马逊侵权申诉信（一次性通过）

Dear sir/madam,

Thanks for your patience about our issue. We sincerely apologize for the inconvenience brought to you.

We got to recognize that we made a mistake and may infringe the intellectual property rights of others. When we received your email about this issue, we have created remove order of our FBA stock to prevent the similar complaint.

Now we have sent an email to

amazonsupport@amazon.com

at June 15, 2017 plead them to withdraw the complaint and we have to make a commitment to them: we will never sell this products again in the future and to our behavior made the most sincere words of apology, and we also Cc the email to Amazon, but we haven't received any responded up until now. We will keep our eyes on this issue and I hope that we can find an amicable solution to this issue through the consultation process.

We take the following measures after we got your email:

1. Since we got the Warning Notice of Intellectual Property Rights Infringement about our ASIN：（此处为侵权的ASIN码） may infringe the intellectual property rights of others, we have remove all the inventory stop selling at first time, now we have deleted this listing now and we no longer sell it again.

2. We have contacted the rights owner for retracting the complaints and made the sincerest words of apology, but we haven't received any responded up until now, we will closely watch the reply.

About this issue, we have taken the following steps to help us to resolve the issue and prevent similar complaints.

1. We have checked all the listing detail from title, image, description and bullet point to ensure have no information in misunderstanding. And we are firmly deleting all the listings that could show any signs of conflicts with intellectual property rights.

2. We have establish the professional handling team to take care of listing 100% match on description, images, bullet points, & search terms, etc. Never make more mistakes of the Product Design or Brand.

3. We have organized our own research department to make sure we can sell our own products with our own design & model instead of purchasing from our supplier, to prevent any possible infringement problems on Trademarks & Packages & Design.

4. All of the email or complaint answered and resolve under 24 hours. Provide a good after-sales service.

Hope you can give us a chance again. If there's any other information you need, please feel free to contact us.

Yours sincerely，店铺名 Appeal Service

12.2.4 如何避免未来侵权

根据卖家是否具有自有品牌的情况,卖家可以从以下方面着手避免未来侵权的情况。

1. 对于自有品牌产品

(1) 刊登产品信息时,要特别注意使用的词语,确保一切都是原创。
(2) 在商标数据库中检测品牌关键词或短语,比如 Justia Trademarks。
(3) 刊登自有品牌产品之前,确保它是独一无二的,即使已经通过专利审核。

2. 从第三方进货的情况

(1) 如果有可能,了解每一件产品的知识产权所有人和销售权代理人。
(2) 确保刊登的所有产品信息包括图片,都具有知识产权所有人的认可。
(3) 记录每一件产品的项目清单和发票,在刊登前进行检查。
(4) 确保拿到的文件是发票,而不是订单的确认、形式发票、商业发票等。
(5) 调查供应商和他们的竞争对手,避免从不能提供相关文件的批发商那里进货。

总而言之,避免亚马逊账号因触犯知识产权而被封取决于卖家的商业模式,自有品牌应在刊登前准备好可能面对的审核,品牌跟卖的情况应保存好供货商提供的合法文书。

12.2.5 商标是否侵权的自判

这里我们简单分享关于美国商标和美国外观专利的检索渠道,帮助卖家对自己的产品是否侵权做一个基本的判断。

1. 美国商标查询

【步骤1】打开查询链接(https://www.uspto.gov/trademark),如图12-5所示,单击"TESS"选项进入商标数据库搜索页面。

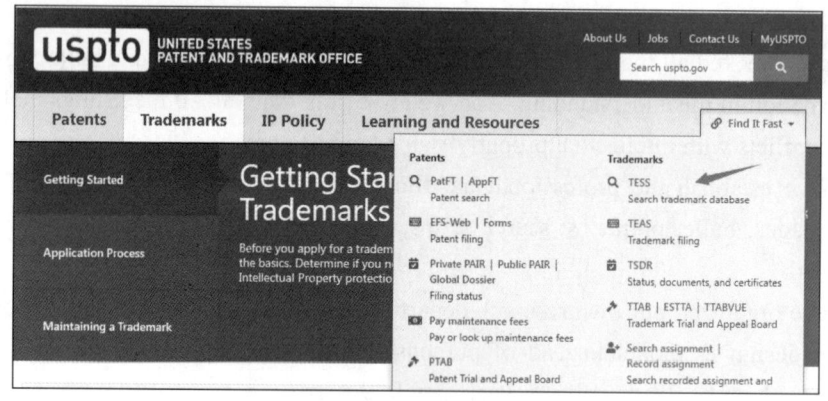

图 12-5

【步骤2】单击"Basic Word Mark Search (New User)"选项,如图12-6所示。
【步骤3】在"Search Term"方框处输入商标名称,如"adidas",如图12-7所示,再单击"Submit Query"按钮提交。

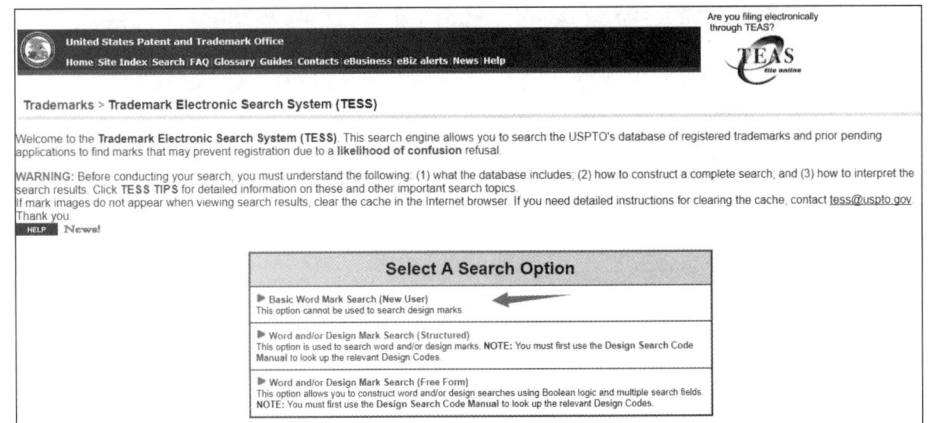

图 12-6

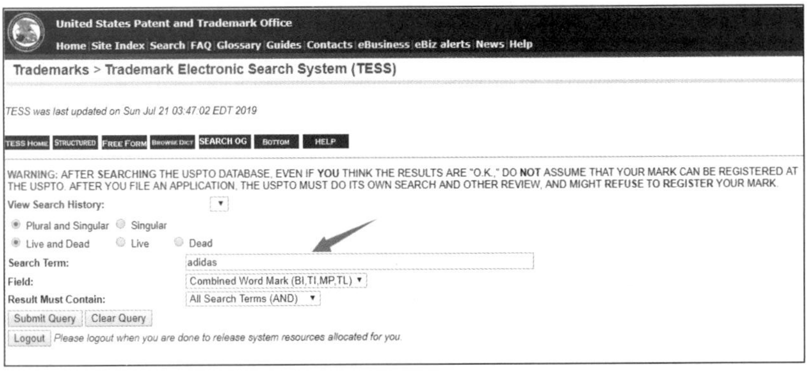

图 12-7

【步骤4】如图 12-8 所示，查询到 57 个匹配的商标（仅截取部分页面）。

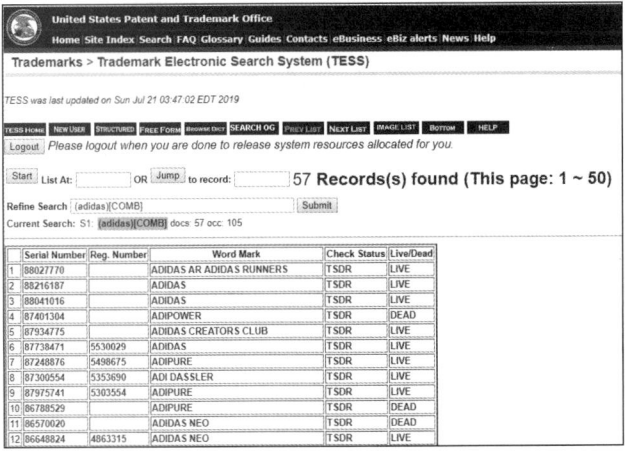

图 12-8

2. 美国专利查询

【步骤1】打开查询链接(https://www.uspto.gov/patent)，如图 12-9 所示，单击"PatFT"选项进入专利数据库搜索页面。

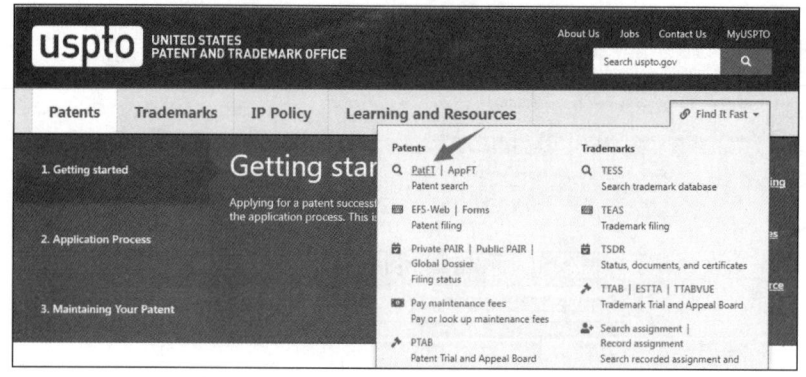

图 12-9

【步骤 2】在"Term 1"方框处输入需要查询的专利关键词如"spinner toy"(如有多个关键词可以在"Term 2"方框中继续填入),如图 12-10 所示,单击"Search"按钮提交。

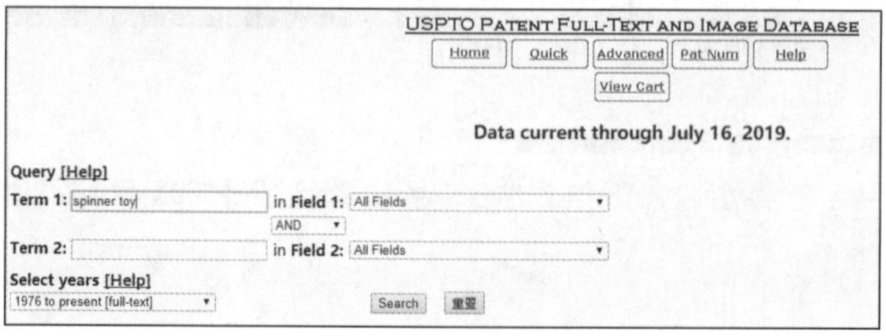

图 12-10

【步骤 3】如图 12-11 所示,查询到 13 个匹配的记录(仅截取部分页面)。点进去逐一对比,如果觉得两者相似,那么就有侵权的风险。

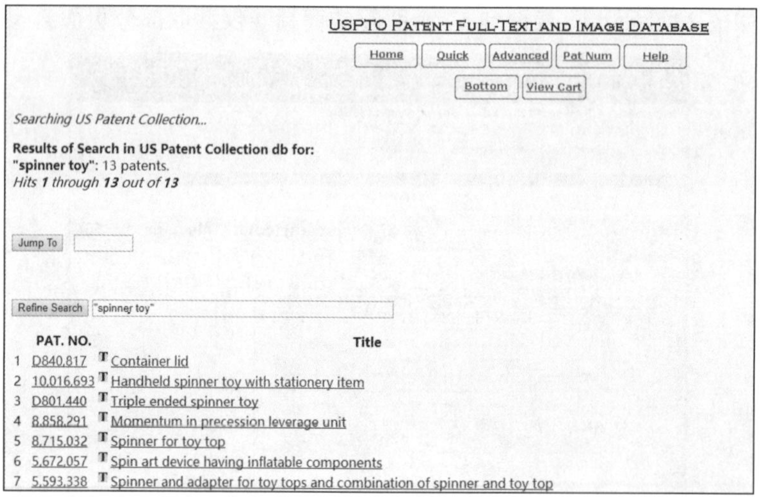

图 12-11

判断是否专利侵权时,应以普通消费者的眼光和认知水平为准,不应当以该外观设计专利所属者的审美观察能力为准。当两款产品整体形状相同、视觉效果一样,只有局部微观不一致时就很可能存在风险,因为这个"不一致",可能从消费者角度来看是一个并不会留意的细节。

12.3 违规操作导致账户被封

12.3.1 账号关联

之前我们在"账户关联"一节中介绍过,如果发现一个卖家拥有 2 个或 2 个以上同站点的亚马逊账号,这些账号就会被亚马逊判定为关联账号。

1. 能否通过申诉的方式解封关联账号

如果卖家的账号出现关联,还被亚马逊封号,能否申诉要看以下 3 种情况:

(1) 如果卖家的某个账号因违规被封号,其他账号又和这个违规账号关联,那么卖家申诉解封账号成功的概率很低;

(2) 要是卖家账号关联是在新注册账号和旧账号间出现的,那么卖家可以将其中一个账号进行关闭;

(3) 卖家的账号和消费者账号出现关联,那么卖家申诉成功的可能性较大。

2. 账号被封的申诉要点

通常,卖家在亚马逊的账号因为关联被封时有 3 次申诉机会,如果 3 次申诉都没有成功,或者是亚马逊没有直接回复卖家,那么申诉就是失败了。

申诉信的申诉要点如下:

(1) 亚马逊卖家在写申诉信时,首先要强调自己只有一个账号,且目前这个账号并没有出现违规情况,各方面的行为表现较好,或者通过一些事实来说明自己是优质卖家,例如自己的产品在消费者人群中很受欢迎,销量也不错等。

(2) 可以试着向亚马逊提出重新核查账号关联的请求,或者请亚马逊告诉自己,账号关联的是什么账号,会导致自己的账号被封。

(3) 卖家可以向亚马逊保证,会严格地遵守亚马逊的政策规则,在未来会提供更好的产品和服务给消费者,提升消费者的购物体验。

为了避免遇到亚马逊账号关联问题,卖家在亚马逊注册账号前要确保所有信息的独立性,让亚马逊系统认为这些账号都是不同卖家在独立运营的。在账号关联被封时,可以通过写申诉信给亚马逊,申请解封账号,但是要注意自己的态度和申诉内容的书写,提高申诉成功的可能性。

12.3.2 违规刷评论

好评的数量及质量是亚马逊卖家追求的目标,但使用"好评返现"诱惑买家或者"雇水军",是违法亚马逊政策的,一旦被亚马逊查出来,存在账号被封的风险。

12.3.3 使用非正规 UPC/EAN

如果在淘宝网购买或者用自动生成器生成 UPC/EAN,风险很高。一旦被使用正规 UPC/EAN 的卖家投诉,下架商品 Listing 是必然的,甚至可能被封账号,因此卖家需要通过正规渠道购买有效的 UPC/EAN。

12.3.4 Listing 违规

容易被亚马逊判断为 Listing 违规的情况包括：
- 直接抄袭其他卖家的 Listing，包括标题、图片、详情描述，尤其是挪用品牌卖家的图片，容易被投诉侵权。
- 在 Listing 标题中加入秒杀、大促、降价等诱导性广告词语，出现公司、促销、物流、运费或其他任何与商品本身无关的信息。
- 不准确的商品信息，商品图文介绍与实物严重不符。

以上情况可能导致商品被强制移除、账号销售权限受限制、账号被冻结或账号被关闭。建议卖家遵守亚马逊的 Listing 标题规范，如实填写商品描述信息，保证商品实物与图片一致。

12.3.5 引流到其他平台

部分卖家选择同时在亚马逊和别的平台开店，通过邮件、站内短信或者在站内的 Listing 标题图片添加促销内容，引导买家到站外平台购买。这些行为如被亚马逊发现，会受到警告或关店。

12.4 店铺绩效不达标导致账户被封

亚马逊规定的卖家绩效指标如下：
- 订单缺陷率 ＜1%
- 配送前取消率 ＜2.5%
- 迟发率 ＜4%
- 有效追踪率 ＞95%

如未达到标准，可能会导致卖家的销售权限被移除。以下具体从商品、服务和发货的角度阐述。

12.4.1 商品问题

如果卖家的商品存在功能缺陷、与描述严重不符、将过期商品当新品卖、销售假货或存在疑似欺诈买家或亚马逊的行为，那么很容易引起差评或索赔纠纷，从而影响订单缺陷率(ODR)指标。订单缺陷率一旦严重超标，账号容易被审核、受限或暂停。所以，卖家需要严格控制自家商品的质量。

12.4.2 服务问题

如果卖家对买家发来的站内短信、邮件咨询等爱搭不理，或者在日常运营中遇到比较挑剔的买家时，直接拒绝对方的要求并发生争吵，容易导致买家留下差评或索赔投诉，从而影响订单缺陷率（ODR）指标，导致账户被审核、受限或暂停。另外，卖家客户服务质量在很大程度上直接影响卖家的搜索排名，所以卖家要尽可能减少与买家发生产生分歧或冲突。

12.4.3 发货问题

由于发货问题而导致店铺绩效受影响的情况包括：

1. 延迟发货

延迟发货主要是针对自发货的情况而言的。亚马逊规定，超时发货被认定为延迟发货。亚马逊规定迟发率应小于 4%。如果超标，可能会收到亚马逊的警告邮件，情节严重者，很有可能导致账号受限。

2. 物流跟踪问题

如果买家无法用卖家录入订单的追踪编码(快递单号) 跟踪物流信息，或者有未收到货却显示包裹已被签收的情况，则将被计入无效追踪率数据。有效追踪率需要达到 95%，在特定商品分类下达不到此目标，卖家有可能丧失在该分类下销售非亚马逊物流商品的权限。

3. FBA 货件绩效

发 FBA 时，货件最好严格按照亚马逊的要求来发，不得超尺寸、超重等。如果经常出现违规情况，可能被亚马逊警告，情节严重的可能被拒绝使用 FBA（例如，某 SKU 的发货数量超过亚马逊建仓时的计划数量，就会收到亚马逊的警告。另外，绝对不能发送发货计划里没有的商品）。

12.5 账号被审核

首先需要说明的是，几乎每个账号，尤其是新账号都有可能出现被审核（Under Review）的情况，这是亚马逊平台基于经营安全的考量对平台账号做出的经营评估和考核行为。

12.5.1 账号被审核的原因

账号被审核，最常出现的情况包括：

1. 新账号短时间内销量猛增

作为新账号，没有或者只有很少的评价和客户反馈，当销量迅速增加时，会引起平台的注意：卖家是否诚信，是否会出现放款后不发货的情况，卖家品质把控是否过关，是否会出现大量不良品纠纷，卖家的客服水平如何，是否会与顾客沟通不畅等。基于此，亚马逊会在系统自动检测后对收款予以截留，以留出一定的时间来评估该账号的状况。

2. 正常运营的账号短时间内出现异动

一个正常运营的账号，短时间内出现异动，比如销量忽高忽低，纠纷、差评突然增多，发货时效突然拉长等，这些信息都在向亚马逊传递账号可能存在潜在的风险，此时，亚马逊也会对收款截留，留出时间评估账号风险。

3. 出现侵权遭投诉行为

如果短时间内一个账号连续出现多起侵权遭投诉事件，亚马逊系统检测中还发现这个账户的在售产品依然有潜在侵权产品，此时，亚马逊平台会发出邮件提醒，同时审核卖家的账号，以做出更深入的风险评估。

12.5.2 新账号被二次审核

触发新账户被二次审核的原因一般有两个：
- 注册好的账号一直没有上产品，多数发生在自注册的卖家里；
- 卖家的产品在短时间里订单大增，总订单或是总销售大涨。

对于新账户，要把握好销售节奏。虽然这种审核本身并无大碍，但对账号的正常运营还是会有比较大的影响的。例如，审核中可能会发现原本较小的问题也要求卖家提供各种采购单据、授权书等；对于已经投入资金和精力运营打造的 Listing，也有可能在审核期间被暂停销售（审核大概要花 1 个月左右的时间），而暂停销售必然会影响 Listing 的曝光、流量和排名。为了避免这种情况，卖家也可以联系亚马逊客户经理，在合适的时机主动触发二审。

正常情况下，新注册用户一周内会收到亚马逊的审核后续邮件，要求提供以下信息：
- How long you've been in business（在亚马逊经营的时间）；
- The sources of your inventory（货物来源）；
- Anticipated monthly sales on Amazon.com（预计每个月店铺的销售额）；
- The availability of items for shipping（可发货的库存数量）；
- The address of any retail locations（实体店的地址）；
- Links to other websites where you are actively selling（在其他平台销售的链接）；
- Tracking information for recently shipped orders（近期订单的追踪信息）；
- Dun and Bradstreet (D-U-N-S) Number（D-U-N-S 号码，即企业编码）。

尽快通过二次审核的办法，就是尽快尽可能全面地提供亚马逊要求的资料，更多地向亚马逊证明你的实力和团队配置，以上问题的回复直接决定账号是否给予开通销售权限。

【本章小结】

本章详细介绍了各种情形下亚马逊账号可能面临的风险及应对措施。在亚马逊平台上，侵犯知识产权、账号关联、违规行为、店铺绩效不达标、账号二审都会影响账户的运营，合规经营，尽量规避风险才是安全经营的有效方法。

【进一步阅读资料】

如何注册美国商标

1. 注册美国商标的步骤

【步骤1】查询商标是否已被注册

在注册商标前，需要先查看自己的商标是否已经被别人注册了。登录美国商标查询网站进行查询（参阅"12.2.5 商标是否侵权的自判"一节）。网站地址为：https://www.uspto.gov/trademark。

【步骤2】准备好所需要的资料

进行美国商标注册需要准备的资料有：
- 申请人资料（身份证、营业执照）。
- 商标资料（商标名称或设计的 Logo，图标需清晰）。
- 注册商品或服务类别。
- 商标使用证据(本国商标注册证明文件，带商标标识的商品、包装、合同单据、报关单等，最早在美国使用的日期等)。
- 联系人姓名、电话、传真、中文地址(英文翻译) 。

【步骤 3】提交美国商标申请

将准备好的资料提交到美国商标局（https://www.uspto.gov/trademark），申请入口如图 12-12 所示。一般在申请后 3~5 个工作日内就会得到一个申请号，接着等待 1~3 个月，才会进入下一阶段。但是对于在美国亚马逊开店的卖家来说，在拿到了申请号后就可以在亚马逊后台进行备案了，这点是大家需要注意的。

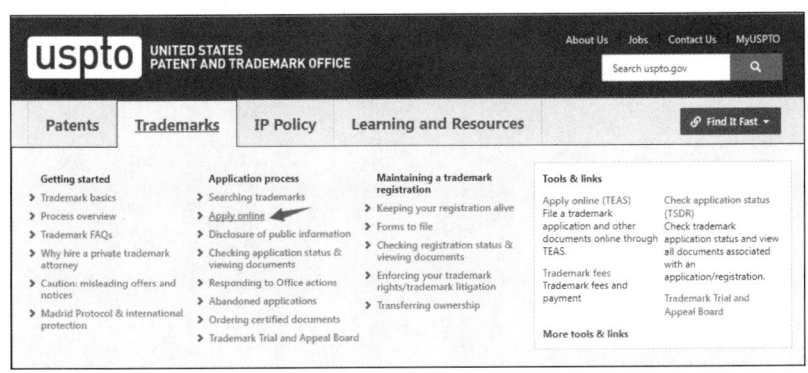

图 12-12

【步骤 4】商标审查

对于符合最基本要求的商标会进行下一步的审查，大约要 3~5 个月后出审核结果。

【步骤 5】公告

商标符合要求的被刊登在商标公告上，然后有 30 天的异议期。在 30 天异议期无人反对的，就会进行到下一步登记，大约需要 3 个月的时间。

【步骤 6】注册成功

在公告的过程中没有异议的商标就会被核准注册，美国商标局会根据邮寄地址发放商标证。美国商标注册成功后，有效期是 10 年，到期后要申请延续注册。

2. 注册商标的注意事项

申请美国商标一般需要 8~12 个月左右，费用是 225 美元。由于需要经过美国商标管理部门的审核和相应的公示程序，无法保证 100%通过。如果商标被驳回，则须重新提交注册。如果不成功，之前缴纳的受理费也不会退还。为了提高自己商标的成功率，卖家们在注册商标的时候需要注意：

（1）使用 6 个字母以上的商标名称，字母少的相似度高，注册失败率大；

（2）不要使用与知名品牌相似的词语，如"NIKER""ADIDADA""DIORO"等这些词语看起来高大上，但被驳回的风险也是极高的。即使通过了，在入驻电商平台使用时也会有风险。

【练习与思考】

1. 什么情况下亚马逊产品属于侵权？
2. 卖家应如何避免侵权？
3. 哪些因素会导致亚马逊冻结账户？
4. 简述亚马逊的账号申诉流程。

【小组任务】

假设你的卖家账户收到了一封由于绩效不达标账户被移除销售权限的亚马逊警告，以小组为单位，模拟一次申诉。

附录 A

亚马逊常用专有名词解释

亚马逊专有名词	释 义	操 作 提 示
SKU	商品库存进出计量的基本单位,卖家需要对每一款商品的每个变体都定义一个 SKU,便于平台对商品的识别	亚马逊系统自动生成或卖家自己编写
UPC	商品通用条码,主要用于美国和加拿大地区	向中国物品编码中心进行申请或找第三方服务购买
ASIN	亚马逊自己的商品编号,在亚马逊平台上具有唯一性	亚马逊系统自动生成,不需要卖家自行添加
EAN	EAN 码是一种商品用条码,前缀码、识别码等通用于全世界	向中国物品编码中心进行申请或找第三方服务购买
GCID	在亚马逊进行品牌备案后,系统内部生成的品牌标识符	亚马逊系统自动生成
Individual Seller Plan 个人卖家销售计划	亚马逊账号类型的一种,卖家如果选择个人卖家销售计划,不用支付店铺租金,没有权限创建活动促销计划,几乎没有机会抢夺黄金购物车	亚马逊卖家注册账号时进行选择
Professional Seller Plan 专业卖家销售计划	亚马逊账号类型的一种,卖家如果选择专业卖家销售计划,需要向亚马逊支付 39.99 美元的月租金,可以创建活动促销计划,有更大机会抢夺黄金购物车	亚马逊卖家注册账号时进行选择
FBA 亚马逊物流	指由亚马逊提供的高标准物流,包括仓储、拣货、包装、配送、收款、客服和退货在内的所有物流服务的总称	在卖家后台进行亚马逊物流注册才能使用
FBM 卖家自发货	指由卖家自行发货,亚马逊仅作为销售平台,卖家需借助如国际邮政、国际快递、国际专线等第三方快递服务派送至买家手中	在卖家后台选择自发货运费模板设置
FNSKU	FNSKU 不同于 SKU,是 FBA 的商品标签编码,只有做 FBA 的商品才会有,一个做 FBA 的商品 SKU 对应一个 FNSKU	亚马逊系统自动生成
Listing 商品详情页	亚马逊平台的商品详情页面	卖家后台上传,前台显示
Amazon Prime 亚马逊会员	Amazon Prime 服务计划是针对买家的一项方便注册会员购物的增值计划。在有效期内,任何亚马逊自营或 FBA 商品,提供不限金额、重量的免费的 2 日达服务	买家在亚马逊平台上自行购买

续表

亚马逊专有名词	释　义	操 作 提 示
Amazon's Choice	具有这个标志的商品，是亚马逊根据综合条件评估出来的商品，并且已经被亚马逊收录到语音购买的推荐里	亚马逊系统进行评估得出
#1 New Releases	如果商品在类目的 Hot New Release 榜单里排第一，商品详情页就会有这个橘黄色的标识	亚马逊系统自动生成
Best Seller	亚马逊平台上某个商品类目下最畅销的卖家	亚马逊系统进行评估，主要指标为销量
Sponsored Products 广告商品	亚马逊平台上的商品广告，与淘宝直通车、百度竞价类似，卖家设定价格、关键词，在被搜索时有机会展现商品，只有被点击才需要付费	在卖家后台进行设置
Buy Box 黄金购物车	黄金购物车是买家最方便的购物位置，黄金购物车是亚马逊综合各项评分来推荐的，买家更青睐有黄金购物车的商品	亚马逊系统根据各项指标进行评估
Search Term 搜索关键词	如果卖家设置的搜索关键词与用户的搜索词一致，商品就会显示在用户的搜索结果中	后台上传 Listing 的时候填写
Bullet Points 商品特性	描述出商品最突出的卖点，最多填写五行	后台上传 Listing 的时候填写
Product Description 商品描述	商品的详情介绍，可以写品牌的起源故事、商品的特点、质量保证、包装内容等信息	后台上传 Listing 的时候填写
Enhanced Brand Content 图文版品牌描述	也称为 A＋页面：卖家申请品牌备案后，可以获得的一种图文结合版的商品详情介绍	品牌备案后才能使用该功能
Review 商品评论	Review 显示在 Listing 上，是亚马逊用户对商品本身做出的评价，与卖家服务水平和发货时效等方面无关	由买家直接留评
Verified Purchase 验证购买	商品评论如有此标识，表示做出评论的顾客在亚马逊上购买了该商品。如果用户以较大折扣购买或从未购买过该商品，评论不会显示这个标签	由买家直接留评
直评	即用户在并未购买商品的情况下对商品做出的评价	由买家直接留评
刷单	即卖家请人假扮顾客用以假乱真获取销量及好评，提高网店的排名和星级	这种做法有风险，在亚马逊上属于违规操作
测评	即卖家通过给用户寄商品来获取真实 Review	2016 年 10 月新规后，这种做法在亚马逊平台上不再合规，有风险
Feedback 买家反馈	是客户针对购买的订单做出的评价，其评价内容包含商品品质、服务水平、发货时效和物品与描述的一致性等方面	由买家直接留评
跟卖	不同卖家的同款商品共用一个详情页，但只有跟卖商品与被跟卖商品一模一样的情况下才能跟卖	在卖家后台查找对方的 ASIN 码进行跟卖
Test Buy 测试购买	是反跟卖的一种方法，简单说就是先去想要投诉的店铺里购买商品，收到货之后便可以向亚马逊投诉商品有问题或者侵权，购买流程和普通买家的购买流程一样	直接购买跟卖者的商品

续表

亚马逊专有名词	释 义	操 作 提 示
Today's Deal/Deal of the Day 黄金秒杀	Deal of the Day 是需要找招商经理申请的秒杀。该秒杀持续一天，报名是免费的	找招商经理申请，没有招商经理可以找服务商
Best Deal/Savings & Sales BD 秒杀	Savings & Sales 是需要找招商经理申请的秒杀。该秒杀持续两周，报名是免费的	找招商经理申请，没有招商经理可以找服务商
Lightning Deals 秒杀	Lightning Deals 是卖家可以直接在卖家后台申请的一种秒杀，普通会员可以持续 4 小时，Prime 会员可以持续 6 小时	亚马逊系统会根据各项指标来推荐秒杀商品，卖家必须在这个基础上进行秒杀的申请
Giveaways 亚马逊抽奖	设置给买家来参与的抽奖方式：有随机抽奖、抽幸运数字、优先中奖三种模式，买家和卖家都可以设置亚马逊抽奖	卖家可以在前台/后台进行申请，买家可以在前台设置，活动创办人必须支付产生的金额和预估费用
Coupons 优惠券	即商品折扣，亚马逊前台有 Amazon Coupon 专区，买家可以在这个专区购买有优惠券的商品。此外，在搜索结果列表或类目列表中，Coupon 标志也会出现	在卖家后台进行设置
独立站	独立站是指自己或自己团队公司作为开发者和所有人，从服务器、域名、规划、设计、后台、前端、上线、推广都由自己完成，并拥有网站的所有权和使用权。独立站有助于品牌塑造	可以在站外找专业团队搭建，有能力可以自己搭建
红人推广	红人推广就是借助 Facebook、Instagram 等社交媒体平台上红人的强大粉丝召唤力来推广商品	需要到国外一些社交媒体平台上寻找红人来谈合作
Sessions 买家访问次数	即所选时间范围内浏览过单个销售页面的用户数，同一个 IP 的用户不管点几次只算一次	在卖家后台数据报告中查看
Page View(PV) 页面浏览次数	即所选时间范围内单个销售页面的浏览量，同一个 IP 多次点击浏览都会被计入浏览次数	在卖家后台数据报告中查看
Unit Session Percentage 订单转化率	订单转化率=特定时期的订单总数/买家访问次数	可以在卖家后台数据报告中查看
客单价	商品在亚马逊平台上的销售价格	在卖家后台进行设置
CPC/PPC 广告	即按点击付费广告，也称为 ASP 广告（Amazon Sponsored Products），当用户点击商品广告时，卖家才需要为此付费	在卖家后台进行设置
手动广告	手动广告允许卖家创建自定义关键词进行竞价	在卖家后台进行设置
自动广告	亚马逊会根据商品信息，将广告定位到所有相关卖家搜索，自动匹配关键词	在卖家后台进行设置
Campaign 广告活动	广告活动由一个或多个广告组成。可以使用广告组将类似的 SKU 集合起来	在卖家后台进行设置
Ad Group 广告组	广告组是一组共享相关关键词和商品的广告。可以考虑将属于相同分类和价格范围的商品分为一组	在卖家后台进行设置

续表

亚马逊专有名词	释 义	操 作 提 示
Customer Search Term 客户搜索词	即客户在平台上搜索框内输入的真实搜索词	客户在前台输入,亚马逊系统自动捕获,卖家可在广告报表中查看
Keywords 关键词	卖家在 CPC 广告中设置关键词,用来实现与买家搜索词的匹配	在卖家后台进行设置
Broad Match 宽泛匹配	买家搜寻的关键词中只有少部分匹配或是有关联性	在卖家后台进行设置
Phrase Match 短语匹配	买家搜索词与关键词的部分一致	在卖家后台进行设置
Exact Match 完全匹配	买家搜索词与关键词完全一致	在卖家后台进行设置
Clicks 广告点击量	广告被点击的次数	在卖家后台数据报告中查看
Impressions 广告曝光量	广告被展示的次数	在卖家后台数据报告中查看
Budget 每日预算	卖家愿意一天内在某个广告活动上花费的金额(并不是真正意义上的每日预算)	在卖家后台进行设置
Total Spend 广告总花费	所有广告活动中累计点击次数的总花费	在卖家后台数据报告中查看
Suggested Bid 建议竞价	亚马逊官方给出的单个关键词点击支付价格的建议	在卖家后台进行查看
Default Bid 默认竞价	愿意为广告组中的所有关键词单个点击所支付的统一价格	在卖家后台进行查看
CPC 每次点击成本	每一次点击广告所产生的花费	在卖家后台数据报告中查看
CTR 点击转化率	点击量与曝光量的比率,指广告在被买家看到后点击量与曝光量的比率	在卖家后台数据报告中查看
CR 订单转化率	订单数与点击量的比率,指买家点击广告后商品的订单数与点击量的比率	在卖家后台数据报告中查看
ACoS 广告投入产出比	ACoS=广告总支出÷广告总销售额×100%	在卖家后台数据报告中查看
Dynamic bidding, down only 动态竞价—— 只降低	如果卖家开启了这个功能,亚马逊将根据广告在过去的历史表现、消费者的购买行为,以及其他数据实时监控卖家的广告表现状况等各种指标进行判断,确定广告获得转化的可能性,如果判断卖家的广告不太可能带来商品销售时,会自动降低竞价	在卖家后台进行设置
Dynamic bidding, up and down 动态竞价—— 提高和降低	如果卖家开启了这个功能,相当于给了亚马逊根据广告的转化情况上下调整你的关键词竞价的权利。根据亚马逊公告,该设置允许亚马逊为了使这条广告出现在搜索结果的顶部位置,会自动将竞价提高,最高提高 1 倍	在卖家后台进行设置

续表

亚马逊专有名词	释义	操作提示
Fixed bids 固定竞价	当卖家选择这一策略时，亚马逊不会改动你的广告关键词竞价	在卖家后台进行设置
QS 广告质量得分	广告质量得分＝转化率＋点击率＋广告历史表现＋相关度＋类目节点	亚马逊系统自行计算
自然排名/搜索排名	按关键词排名	亚马逊系统自行计算
广告排名	广告中的关键词排名	亚马逊系统自行计算
Negative Keyword 否定关键词	当买家使用否定关键词搜索时，广告不会出现在该搜索词的搜索结果中	在卖家后台进行设置
关联	亚马逊规定，一个卖家只能拥有一个店铺，而"关联"是指亚马逊通过技术手段，获取卖家相关信息，通过匹配关联因素，判断多个店铺账号是否属于同一卖家的	亚马逊系统自行判别
VPS 虚拟服务器	简单地说，VPS就是一台拥有公网IP的服务器。使用VPS可以实现桌面远程访问，尤其是多账号运营的时候，用固定IP注册登录账号，可以防范账户关联	目前常用的VPS有阿里云、华为云和亚马逊AWS，卖家可以找服务商购买
VPN 虚拟专用网络	VPS是通过在公用网络上建立专用网络，进行加密通信，从而帮助远程用户安全访问内部网络的一种方式	找服务商购买
Categories and Products Approval 分类审核	亚马逊官方规定，亚马逊卖家账户申请成功之后，需要选择销售商品的方向，其中有些商品品类，如Jewelry（珠宝）类目，只有审核通过之后才可以在亚马逊平台上进行销售	在卖家后台进行申请
Amazon Brand Registry 品牌备案	指在亚马逊平台上进行品牌注册，以帮助卖家实现更好的品牌保护和营销功能	在卖家后台进行申请
Amazon A-to-Z Guarantee claim 亚马逊商城交易保障索赔	亚马逊对在平台上购买商品的所有买家实施保护政策，如果买家不满意第三方卖家销售的商品或服务，买家可以发起亚马逊商城交易保障索赔（Amazon A-to-Z Guarantee claim，简称"A-to-Z"或"A-to-Z 索赔"）	买家通过前台提出索赔
Service Credit Card Chargeback 服务信用卡拒付	服务信用卡拒付是指持卡人在支付后一定期限内向银行申请拒付账单上的某笔交易，拒付的原因有被盗卡、未收到货物、货物与订单不符、重复扣款等。服务信用卡拒付和A-to-Z不同的是，亚马逊买家可以通过信用卡银行索赔，再由银行向亚马逊反馈，亚马逊属于中间媒介	买家通过前台提出索赔
Case	简单来说就是通过后台的卖家支持或客服，以在线聊天、邮件或电话方式咨询问题，称为开Case	在卖家后台联系卖家支持或客服

附录 B

亚马逊各项指标释义

亚马逊指标	释义	目标	高于或等于临界值的后果	优化方法
OR（Order Defect Rate）订单缺陷率	指卖家在60天内产生的1星或2星差评（Negative Feedback）和索赔（Claim）纠纷的订单在所有订单总数中所占的比例	<1%	可能收到亚马逊的预警提示，严重时亚马逊会审核卖家的店铺或者移除卖家的销售权利	1.降低退货率（联系买家，发邮件）2.减少1星和2星差评（联系买家上好评）3.减少客户投诉、索赔 4.提升商品质量和发货速度
CR(Cancellation Rate) 配送取消率	指在相关时间段内，卖家在确认发货之前，因为缺库存或者某种原因，主动取消买家的订单在所有订单中所占的比例	<2.5%	严重时会导致账户停用	1.联系客服，协助取消；2.联系客户主动取消
LSR(Late Shipment Rate) 迟发率	指在预计发货日期超过10天或30天才确认发货的订单占订单总数的百分比。	<4%	严重时会导致账户停用	在亚马逊规定时间内发货
VTR(Valid Tracking Rate) 有效追踪率	指在相关时间段内，具有有效追踪编码的货件数在所有订单货件总数所占的比例	>95%	严重时会导致账户停用	增加专门的发货管理员，管理发货并做好记录
OTDR(On-time Delivery) 准时交货率	指在相关时间段内，买家能够在卖家承诺的预计配送日期之内收到的货件数在所有订单货件总数所占的比例	>97%	目前不会因卖家未达到此绩效目标而施加处罚。但买家在预计时间内没有收到包裹，可能会多次向卖家询问物流情况，降低客户体验	1.准时发货 2.选择更加优质、时效高的第三方物流

亚马逊指标	释义	目标	高于或等于临界值的后果	优化方法
RDR(Return Dissatisfaction Rate) 退货不满意率	指在买家向卖家提出退货请求的前提下，卖家未在48小时内答复，或者拒绝买家而收到的负面反馈在所有反馈中所占的百分比	<10%	目前，亚马逊不会对未满足此绩效目标的卖家施加处罚，但问题未得到解决的买家更有可能提交负面反馈和提出亚马逊商城交易保障索赔	1.自动批准退货 2.每日检查是否有退货请求 3.迅速回复，解决买家问题 4.监控负面反馈，收到负面反馈的退货请求更容易导致卖家提出索赔
CRT (Contact Response Time) 联系回复时间	指卖家在24小时内回复买家发起的消息的百分比	24小时内回复次数>90%	目前该指标已经不在账户状况的面板下，但是实际运营中，超过24小时回复积累太多的话，也会影响账户状况	安排专人负责处理买家的消息，逢年过节安排好值班工作
CX(Customer Experience) 买家满意度状况	这是一项综合指标，基于最近的订单和买家反馈得到的数据，能帮助卖家识别问题	优秀	不会导致亚马逊对卖家采取任何账号级别行动。该指标旨在帮助卖家，而不是帮助亚马逊识别表现不佳的卖家	及时查看上架商品的买家满意度，阅读客户评论，根据买家的反馈及时优化商品和商品信息
CTR(Click Through Rate) 点击转化率	点击量与曝光量的比率，指广告在被买家看到后的点击量与曝光量的比率	≥5%	点击率过低意味着销量低	优化文案，提高广告质量得分
CR(Conversions Rate) 订单转化率	订单数与点击量的比率，指买家点击广告后商品的订单数与点击量的比率	≥10%	转化率过低意味着商品竞争力小	优化文案，提取关键词，优化评论
ACoS(Average Cost of Sales) 广告投入产出比	ACoS=广告总支出÷广告总销售额×100%	新品期不考虑ACoS值，三周后需控制到行业水平	ACoS过高,意味着广告花费大，转化率低，销售不理想	优化广告关键词

参 考 文 献

[1] 陆金英,祝万青,王艳. 跨境电商操作实务(亚马逊平台)[M]. 北京:中国人民大学出版社,2018.
[2] 海猫跨境编委会. 大卖家(第二版)[M]. 上海:华中科技大学出版社,2017.
[3] 纵雨果. 亚马逊跨境电商运营从入门到精通[M]. 北京:电子工业出版社,2018.
[4] 老魏. 亚马逊跨境电商运营宝典[M]. 北京:电子工业出版社,2019.
[5] 华杉,华楠. 超级符号原理[M]. 上海:文汇出版社,2019:128.
[6] 宋晶,洪志燕,周爱国. 文化差异下的跨境电商网络营销策略研究[J]. 上海商学院学报,2017,5,81-87.
[7] 刘晋飞. 制造业跨境电商企业成长的影响因素分析[J]. 经济问题,2018,4,89-96.
[8] 胡丽霞. 基于企业招聘信息的跨境电商人才需求情况调查分析[J]. 电子商务,2018,2,66-67.
[9] 中国电子商务研究中心[EB/OL]. http://www.100ec.cn/detail--6501317.html.
[10] 亚马逊全球开店[EB/OL]. https://gs.amazon.cn/.